그림으로 개념을 이해하는

그로킹 알고리즘

개정판

그로킹 알고리즘(개정판)

초판 1쇄 발행 2017년 4월 1일
개정판 1쇄 발행 2025년 1월 2일

지은이 아디티야 바르가바 / **옮긴이** 김도형 / **펴낸이** 전태호
펴낸곳 한빛미디어(주) / **주소** 서울시 서대문구 연희로2길 62 한빛미디어(주) IT출판1부
전화 02-325-5544 / **팩스** 02-336-7124
등록 1999년 6월 24일 제 25100-2017-000058호
ISBN 979-11-6921-328-8 93000

총괄 배윤미 / **책임편집** 박민아 / **기획** 최승헌 / **편집** 이미향 / **교정** 이미연
디자인 표지 윤혜원 내지 박정우 / **전산편집** 이소연
영업 김형진, 장경환, 조유미 / **마케팅** 박상용, 한종진, 이행은, 김선아, 고광일, 성화정, 김한솔 / **제작** 박성우, 김정우

이 책에 대한 의견이나 오탈자 및 잘못된 내용은 출판사 홈페이지나 아래 이메일로 알려주십시오.
파본은 구매처에서 교환하실 수 있습니다. 책값은 뒤표지에 표시되어 있습니다.

한빛미디어 홈페이지 www.hanbit.co.kr / 이메일 ask@hanbit.co.kr
자료실 www.hanbit.co.kr/src/11328

그림으로 개념을 이해하는

그로킹 알고리즘

개정판

아디티야 바르가바 지음 김도형 옮김

한빛미디어 Hanbit Media, Inc.

추천사

이제는 그 어느 때보다 많은 사람이 프로그래밍을 배워야 합니다. 물론 일부는 소프트웨어 엔지니어나 웹 개발자처럼 직업적으로 프로그래밍을 합니다. 하지만 과거에는 프로그래밍이 필요하지 않던 많은 직업에서도 그 능력을 요구하고 있으며, 앞으로는 더 중요해질 것입니다. 또한 프로그래밍은 우리가 살아가는 기술 중심의 세계를 이해하는 데도 도움이 됩니다.

안타깝게도 우리는 프로그래밍의 혜택을 평등하게 누리지 못하고 있습니다. 예를 들어, 북미의 컴퓨터 과학Computer Science 교육 과정에서는 여성과 일부 민족 또는 인종의 참여가 매우 저조합니다. 프로그래밍과 컴퓨터 과학은 보다 다양한 그룹으로 확대되어야 합니다. 이를 해결하기 위해서는 편견을 극복하고 더 많은 교사를 양성하며 더 다양한 학습 경험을 제공하는 등 여러 방면에서 더 많은 사람이 프로그래밍의 세계에 들어올 수 있도록 해야 합니다.

바르가바의 책은 프로그래밍을 더 잘하기 위한 핵심 요소인 알고리즘에 입문할 수 있는 새로운 길을 제시한다는 면에서 기대가 큽니다. 어떤 사람들은 알고리즘을 공부하는 방법이 단 한 가지, 즉 두꺼운 수학식으로 가득 찬 알고리즘 책을 읽고 모든 것을 이해하는 방법밖에 없다고 생각합니다. 그러나 이 방법은 충분한 시간적 여유와 높은 학습 능력이 있는 사람만이 가진 특권이며, 꼭 그렇게 공부해야 하는 경우에만 해당됩니다. 이는 모든 사람이 똑같은 목적으로 알고리즘을 공부할 것이라 단정하는 것이며 올바른 방법이 아닙니다.

솔직히 저는 이런 수학 중심의 알고리즘 책을 좋아합니다. 다른 컴퓨터 관련 교수들과 마찬가지로 그런 책들이 저에게 도움이 되기 때문입니다. 하지만 공부하는 방식이 다른 사람들에게도 똑같이 적용된다고 생각하는 것은 문제가 있습니다. 우리에게 필요한 것은 다양한 독자들에 맞게 설계된 모든 분야의 컴퓨터 과학 학습 자료입니다.

이 책은 수학적 지식이 필요 없는 알고리즘 입문서를 원하는 사람들을 위해 만들어졌습니다. 이 책에서 가장 인상적인 것은 바르가바가 포함하기로 한 내용이 아니라 포함하지 않기로 한 내용입니다. 이런 책에 모든 것을 다 담을 수는 없습니다. 너무 방대할 뿐더러 그게 요점이 아니니까요.

바르가바는 풍부한 강의 경력을 기반으로 적은 분량으로도 깊이 있는 내용을 효과적으로 가르칩니다. 예를 들어, 11장 '동적 프로그래밍'을 읽으면서 다른 알고리즘 책에서는 다루지 않는 독자 예상 질문에 바르가바가 세심하게 답하는 모습에 감탄했습니다.

이 책이 알고리즘을 처음 접하는 분이나 지금까지 적절한 자료를 찾기 어려웠던 분 모두에게 도움이 되기를 바랍니다. 즐거운 공부가 되길!

다니엘 징가로, 토론토 대학

역자의 글

자료구조나 알고리즘에 대한 책은 지금까지 수십 권이 출간되었고, 그중 파이썬을 기반으로 한 책도 여러 권 있습니다. 하지만 제가 공부했던 어떤 책도 이 책처럼 컴퓨터 알고리즘의 핵심 아이디어를 쉽고 재미있게 설명해 주는 책은 없었습니다. 번역하는 동안 마치 동화책이나 소설책을 읽는 듯 부담 없이 읽으며 즐길 수 있었습니다.

자료구조와 알고리즘은 보다 효율적인 프로그램을 만들기 위해 가장 중요한 요소입니다. 과거에는 프로그래머에게 자신이 사용하는 프로그래밍 언어로 다양한 알고리즘을 직접 구현할 수 있는 능력이 필수적이었습니다.

지금도 이러한 사실은 변함없지만 대부분의 프로그래밍 언어에 고급 자료구조와 알고리즘이 이미 각종 라이브러리 형태로 제공되고 있어 누구나 쉽게 사용할 수 있게 되었습니다. 반대로 생각하면 자신이 사용하는 라이브러리가 어떤 핵심 아이디어를 통해 만들어졌는지를 이해하는 것이 더 중요해졌다는 뜻입니다.

이 책은 이러한 목적을 위해 노력하는 분들에게 큰 도움이 될 것이라 믿습니다. 파이썬을 사랑하는 사람으로서 국내 파이썬 커뮤니티에 또 한 권의 파이썬 서적을 소개할 수 있어 기쁩니다. 이 책을 번역할 수 있는 기회를 준 최승헌 책임님께 감사드립니다.

마지막으로 언제나 저를 응원하고 지지해 주며, 이 책의 오타를 세심하게 찾아 준 아내 임희준에게 진심으로 고마움을 전하고 싶습니다.

옮긴이 **김도형**

저자의 글

저는 프로그래밍을 취미로 처음 시작했습니다. 『VISUAL BASIC 6 FOR DUMMIES』라는 책으로 기본을 배웠고, 더 많은 것을 배우기 위해 다른 책들을 찾아보았습니다. 하지만 알고리즘이라는 주제는 저에게 난공불락이었습니다. 처음 접한 알고리즘 책의 목차를 훑어보며 '드디어 알고리즘을 이해할 수 있겠구나'라는 기대감에 부풀었지만, 내용이 너무 방대해서 몇 주 만에 포기하고 말았죠. 훌륭한 교수님을 만나고 나서야 알고리즘의 기본 개념들이 얼마나 단순하고 우아한지 알게 되었습니다.

2012년에 처음으로 그림을 활용한 블로그 게시물을 작성했습니다. 저는 시각적으로 학습하는 것을 선호하고, 그림으로 설명하는 것에 익숙했기 때문입니다. 그 이후로 함수형 프로그래밍, Git, 머신러닝, 동시성에 대해 그림 중심의 블로그 글을 몇 개 썼습니다. 처음 글을 쓰기 시작했을 때만 해도 저는 평범한 작가였습니다. 기술적 개념을 설명하는 것은 쉽지 않습니다. 좋은 예제를 생각해 내거나 어려운 개념을 설명하는 데는 상당히 많은 시간이 걸립니다. 그래서 어려운 내용은 종종 넘겨 버리곤 했습니다. 제 블로그 글 중 하나가 인기를 얻은 후에 동료에게 "당신의 글을 읽었는데, 여전히 이해가 안 돼요."라는 말을 듣고 여전히 글쓰기에 대해 배워야 할 것이 많다는 사실을 깨달았습니다.

블로그를 운영하던 중 매닝 출판사로부터 그림으로 설명하는 책을 써 보지 않겠냐는 제안을 받았습니다. 매닝 출판사의 편집자들은 기술적 개념을 설명하는 데 많은 노하우를 가지고 있었고, 저에게도 많은 도움을 주었습니다. 제가 이 책을 쓴 이유는 하나입니다. 저는 어려운 기술 주제를 잘 설명하는 책을 쓰고 싶었고, 누구나 읽기 쉬운 알고리즘 책을 만들고 싶었습니다.

이 책의 초판은 2016년에 출간되었고, 10만 명 이상의 사람들이 이 책을 읽었습니다. 많은 사람이 시각적 학습 방법에 공감했다는 사실이 매우 기쁩니다.

이번 2판에서도 제 목표는 변함없습니다. 그림 설명과 기억에 남을 만한 예제를 사용하여 알고리즘의 개념을 쉽게 이해할 수 있도록 구성했습니다. 이 책은 코딩 방법은 알고 있지만 수학적 지식 없이 알고리즘에 대해 더 깊게 배우고 싶은 독자를 위해 만들었습니다. 2판은 1판의 부족한 부분을 보완했습니다. 많은 독자분이 요청하신 트리tree에 대한 설명을 두 개의 장으로 추가했으며, NP-완전NP-completeness 개념도 더 구체적으로 설명했습니다. NP-완전은 매우 추상적인 주제지만, 이 내용이 여러분께 도움이 되길 바랍니다.

제 글은 첫 번째 블로그 글 이후 많이 발전하였습니다. 여러분께서 이 책을 쉽고 유익하게 읽으실 수 있기를 바랍니다.

지은이 **아디티야 바르가바**

이 책의 특징

이 책의 처음 3개 Chapter는 알고리즘 기초에 대한 내용입니다. 필자의 경험상 빅오 표기법과 재귀는 초보자에게 어려운 주제입니다. 그래서 이 부분에 더 많은 시간을 할애했습니다.

- Chapter 1에서는 첫 번째 실용 알고리즘인 이진 탐색을 배웁니다. 또, 빅오 표기법을 사용하여 알고리즘의 속도를 분석하는 방법도 배웁니다.
- Chapter 2에서는 배열과 연결 리스트라는 두 가지 기본 자료구조에 대해 배웁니다. 이는 책 전체에 걸쳐 해시 테이블과 같은 고급 자료구조를 만드는 데 사용합니다.
- Chapter 3에서는 다양한 알고리즘에 사용되는 기술인 재귀에 대해 배웁니다.

책의 나머지 부분에서는 폭넓게 응용할 수 있는 알고리즘들을 소개합니다.

- 문제 해결 기법은 Chapter 4, 10, 11에서 다룹니다. 문제를 직면했을 때 어떻게 풀어야 할지 모르겠다면 분할 정복(Chapter 4)이나 동적 프로그래밍(Chapter 11)을 시도해 보세요. 또는 효율적인 해결책이 없을 경우 탐욕 알고리즘(Chapter 10)을 사용해 대략적인 답을 얻을 수도 있습니다.
- 해시 테이블은 Chapter 5에서 다룹니다. 해시 테이블은 매우 유용한 자료구조입니다. 여기에는 사람의 이름과 이메일 주소 또는 사용자 이름과 관련된 비밀번호 같은 키와 값 쌍의 집합이 포함됩니다. 해시 테이블의 유용성은 아무리 강조해도 지나치지 않습니다. 문제를 해결하고자 할 때는 보통 "해시 테이블을 사용할 수 있을까?"와 "이것을 그래프로 모델링할 수 있을까?"라는 두 가지 계획으로 시작합니다.
- 그래프와 트리 알고리즘은 Chapter 6, 7, 8, 9에서 다룹니다. 그래프는 소셜 네트워크, 도로 네트워크, 뉴런 또는 기타 연결 집합과 같은 네트워크를 모델링하는 방법입니다. 너비 우선 탐색(Chapter 6)과 다익스트라 알고리즘(Chapter 9)은 네트워크에서 두 지점 사이의 최단 거리를 찾는 방법으로, 이 방법을 사용하여 두 사람 사이의 거리 또는 목적지까지의 최단 경로를 계산할 수 있습니다. 트리도 그래프의 한 유형입니다. 트리는 데이터베이스(주로 B 트리), 브라우저(DOM 트리) 또는 파일 시스템에서 사용합니다.
- KNN은 간단한 머신러닝 알고리즘으로 Chapter 12에서 다룹니다. KNN을 사용하여 추천 시스템, OCR 엔진, 주가 예측 시스템 등 값을 예측하거나 개체를 분류하는 시스템을 만들 수 있습니다.
- Chapter 13에서는 선형 회귀, 역 인덱스, 병렬 알고리즘 등 더 자세히 알아 두면 좋을 알고리즘에 대해 설명합니다.

이 책의 구성

이 책은 입문자가 쉽게 읽고 따라 할 수 있도록 구성했습니다. 본문 내용은 단계별로 전개되며, 새로운 개념이 나오면 바로바로 설명하거나 어느 장에 설명되어 있는지 언급해 두었습니다. 또, 핵심 개념을 확실히 익힐 수 있도록 TIP이나 연습문제로 여러 가지 설명을 보강했습니다.

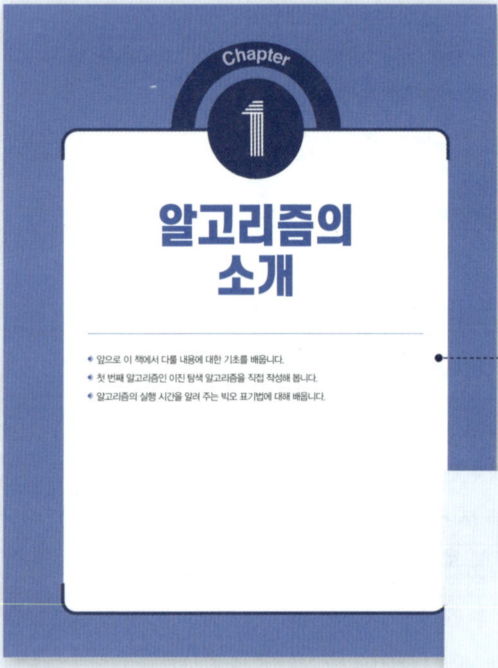

Chapter 1

알고리즘의 소개

- 앞으로 이 책에서 다룰 내용에 대한 기초를 배웁니다.
- 첫 번째 알고리즘인 이진 탐색 알고리즘을 직접 작성해 봅니다.
- 알고리즘의 실행 시간을 알려 주는 빅오 표기법에 대해 배웁니다.

이 장에서 배울 내용

이 장에서 앞으로 배울 내용을 한눈에 파악할 수 있습니다.

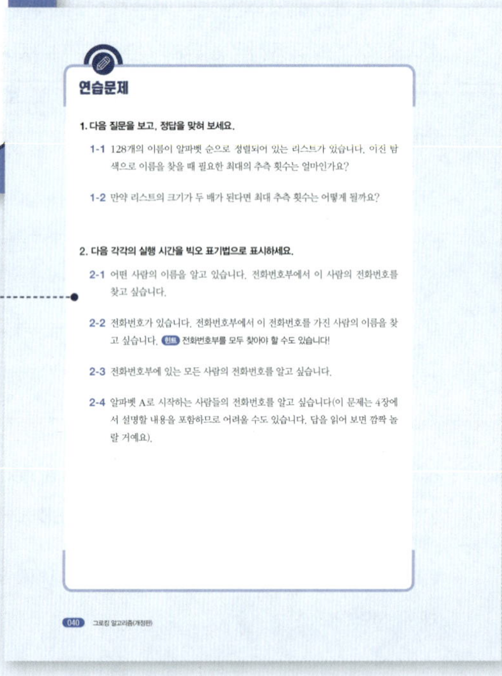

연습문제

1. 다음 질문을 보고, 정답을 맞혀 보세요.

1-1 128개의 이름이 알파벳 순으로 정렬되어 있는 리스트가 있습니다. 이진 탐색으로 이름을 찾을 때 필요한 최대의 추측 횟수는 얼마인가요?

1-2 만약 리스트의 크기가 두 배가 된다면 최대 추측 횟수는 어떻게 될까요?

2. 다음 각각의 실행 시간을 빅오 표기법으로 표시하세요.

2-1 어떤 사람의 이름을 알고 있습니다. 전화번호부에서 이 사람의 전화번호를 찾고 싶습니다.

2-2 전화번호가 있습니다. 전화번호부에서 이 전화번호를 가진 사람의 이름을 찾고 싶습니다. 힌트 전화번호부를 모두 찾아야 할 수도 있습니다!

2-3 전화번호부에 있는 모든 사람의 전화번호를 알고 싶습니다.

2-4 알파벳 A로 시작하는 사람들의 전화번호를 알고 싶습니다(이 문제는 4장에서 설명할 내용을 포함하므로 어려울 수도 있습니다. 답을 읽어 보면 깜짝 놀랄 거예요).

040 그로킹 알고리즘(개정판)

연습문제

이 장에서 배운 내용을 복습하며 직접 연습문제를 풀어 봅니다. 풀이는 이 책의 마지막에서 제공합니다.

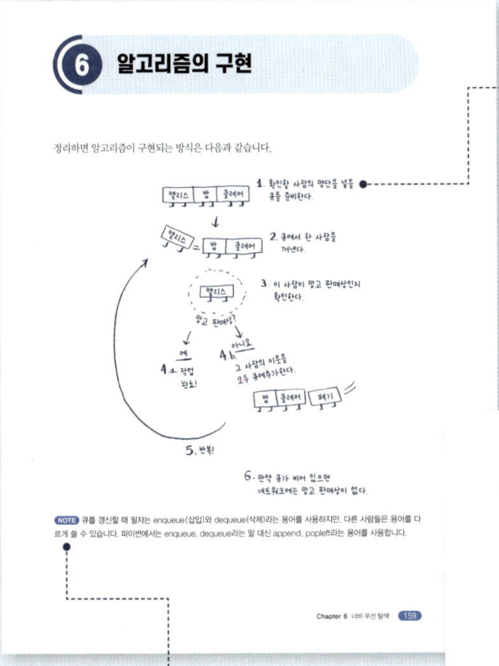

6 알고리즘의 구현

정리하면 알고리즘이 구현되는 방식은 다음과 같습니다.

NOTE 큐를 갱신할 때 필자는 enqueue(삽입)와 dequeue(삭제)라는 용어를 사용하지만, 다른 사람들은 용어를 다르게 쓸 수 있습니다. 파이썬에서는 enqueue, dequeue라는 말 대신 append, popleft라는 용어를 사용합니다.

Chapter 6 너비 우선 탐색 159

상세한 이미지

복잡하고 지루한 설명 대신 알기 쉽게 설명된 그림으로 책을 보는 재미를 더했습니다.

소스 코드

코드와 관련한 중요 개념에 대해서도 자세히 설명합니다.

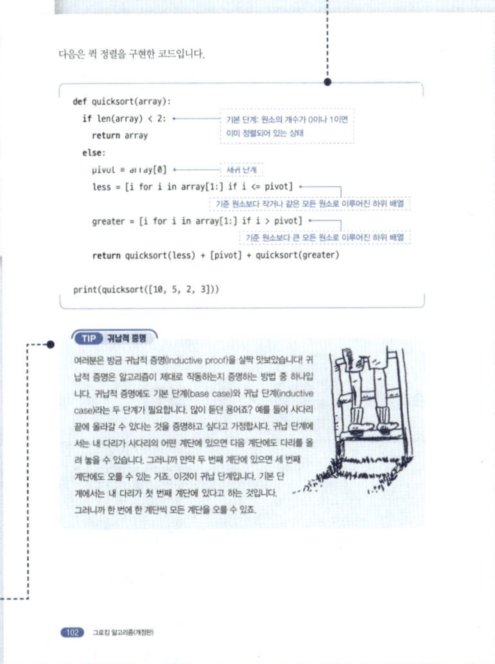

다음은 퀵 정렬을 구현한 코드입니다.

```
def quicksort(array):
  if len(array) < 2:        기본 단계: 원소의 개수가 0이나 1이면 이미 정렬되어 있는 상태
    return array
  else:
    pivot = array[0]        재귀 단계
    less = [i for i in array[1:] if i <= pivot]        기준 원소보다 작거나 같은 모든 원소로 이루어진 하위 배열

    greater = [i for i in array[1:] if i > pivot]        기준 원소보다 큰 모든 원소로 이루어진 하위 배열

    return quicksort(less) + [pivot] + quicksort(greater)

print(quicksort([10, 5, 2, 3]))
```

TIP 귀납적 증명

여러분은 방금 귀납적 증명(inductive proof)을 살짝 맛보았습니다! 귀납적 증명은 알고리즘이 제대로 작동하는지 증명하는 방법 중 하나입니다. 귀납적 증명에도 기본 단계(base case)와 귀납 단계(inductive case)라는 두 단계가 필요합니다. 많이 듣던 용어죠? 예를 들어 사다리 끝에 올라갈 수 있다는 것을 증명하고 싶다고 가정합시다. 귀납 단계에서는 내 다리가 사다리의 어떤 계단에 있으면 다음 계단에도 다리를 올려 놓을 수 있습니다. 그러니까 만약 두 번째 계단에 있으면 세 번째 계단에도 오를 수 있는 거죠. 이것이 귀납 단계입니다. 기본 단계에서는 내 다리가 첫 번째 계단에 있다고 하는 것입니다. 그러니까 한 번에 한 계단씩 모든 계단을 오를 수 있죠.

102 그로킹 알고리즘(개정판)

NOTE

본문 내용을 이해하기 위해 필요한 정보나 주의해야 할 사항에 대해 간략히 설명합니다.

TIP

본문에서 다루지 못한 내용이나 알아 두면 좋은 내용을 추가로 설명합니다.

소스 코드 다운로드

이 책의 모든 코드 예제는 Python 3를 사용합니다. 다음 링크에서 다운로드받을 수 있습니다.

- **한빛미디어 자료실:** http://hanbit.co.kr/src/11328
- **원서(Manning) 홈페이지:** https://www.manning.com/books/grokking-algorithms-second-edition
- **GitHub:** https://github.com/egonschiele/grokking_algorithms

Contents

Contents

Chapter 5 해시 테이블

Chapter 6 너비 우선 탐색

Chapter 7 트리

Chapter 8 균형 트리

Contents

Chapter 11 동적 프로그래밍

Chapter 12 KNN 알고리즘

Contents

APPENDIX

Chapter 1

알고리즘의 소개

- 앞으로 이 책에서 다룰 내용에 대한 기초를 배웁니다.
- 첫 번째 알고리즘인 이진 탐색 알고리즘을 직접 작성해 봅니다.
- 알고리즘의 실행 시간을 알려 주는 빅오 표기법에 대해 배웁니다.

1 시작하기에 앞서

알고리즘은 어떤 일을 하기 위한 명령의 집합입니다. 이런 의미에서 모든 코드를 알고리즘이라고 부를 수 있겠지만, 이 책에서는 좀 더 재미있는 부분을 다룹니다. 이 책에서 선택한 알고리즘은 다른 코드보다 속도를 빠르게 하거나, 아주 흥미로운 문제를 풀기 위한 것이죠. 몇 가지 예를 들어 볼게요.

- 1장에서는 이진 탐색이라는 알고리즘을 사용해서 어떻게 코드의 속도를 빠르게 할 수 있는지 설명합니다. 예를 들어 실행해야 할 단계가 40억 단계에서 32단계로 줄어들 수 있어요!
- 내비게이션은 6장부터 9장에서 배울 그래프 알고리즘을 사용해서 목적지까지의 최단 경로를 계산합니다.
- 11장에서 배울 동적 프로그래밍을 사용하면 체커 게임을 하는 인공지능 알고리즘도 구현할 수 있습니다.

모든 알고리즘을 설명한 다음에는 예제를 보여 줄 겁니다. 그리고 빅오Big O 표기법을 사용해서 알고리즘의 실행 시간을 알려 주고, 마지막으로 그 알고리즘으로 풀 수 있는 여러 가지 다른 문제들도 살펴볼게요.

성능에 대해 알아야 하는 것들

이 책에 있는 모든 알고리즘은 여러분이 원하는 프로그래밍 언어가 무엇이든 간에 대부분 이미 구현되어 있을 것입니다. 그러므로 여러분이 스스로 모든 알고리즘을 코딩해야 할 필요는 없습니다. 하지만 알고리즘 간 차이점을 이해하지 못한다면 미리 구현해 놓은 알고리즘은 별로 쓸모가 없습니다. 이 책에서는 여러 알고리즘의 장단점을 배우게 됩니다. 예를 들어, 병합 정렬을 사용해야 할까요? 아니면 퀵 정렬을 사용해야 할까요? 혹은 배열과 리스트 중 어느 것이 더 좋을까요? 단순히 다른 자료구조를 사용하는 것만으로도 성능이 크게 달라질 수 있습니다.

문제를 풀기 위해 알아야 하는 것들

독자 여러분은 지금까지 엄두도 내지 못한 문제들을 해결하는 방법들을 배우게 될 것입니다. 예를 들면 다음과 같은 것들이죠.

- 비디오 게임을 만들고 싶다면 그래프 알고리즘을 이용해서 사용자를 따라다니는 인공지능 시스템을 만들 수 있습니다.
- KNN 알고리즘을 사용해 추천 시스템을 만드는 것을 배웁니다.
- 어떤 문제는 적절한 시간 내에 풀 수 없습니다! NP-완전 문제에 대한 내용에서는 어떤 문제가 적절한 시간 내에 풀 수 없는 문제인지 알아내고, 대략적인 답을 구할 수 있는 알고리즘을 보여 줍니다.

이 책을 모두 읽으면 이런 예뿐만 아니라 널리 사용되는 대부분의 알고리즘을 알게 될 것입니다. 새롭게 배운 지식을 기반으로 인공지능, 데이터베이스 등에서 사용되는 더 구체적인 알고리즘을 배울 수도 있고, 지금 하고 있는 일에서 어려운 부분을 해결할 수도 있겠죠.

TIP 알아 두어야 할 점

이 책을 읽으려면 기초적인 수학은 알고 있어야 합니다. 예를 들어 함수 $f(x) = x \times 2$가 있을 때 함수 $f(5)$의 값을 계산할 수 있나요? 답은 10입니다. 이 문제의 답을 맞혔다면 이 책을 읽는 데 무리가 없을 것입니다.

그리고 이 책에서는 모든 예제에 파이썬을 사용하기 때문에 파이썬에 익숙하다면 내용을 더 쉽게 이해할 수 있습니다. 만약 프로그래밍 언어를 전혀 몰라 무언가 하나 배우고 싶다면 파이썬을 추천합니다. 초보 프로그래머에게 최고의 언어예요. 그렇지만 자바스크립트와 같은 다른 프로그래밍 언어만 알고 있어도 이 책을 보는 데 문제는 없습니다.

2 이진 탐색

전화번호부에서 누군가의 번호를 찾고 있는 중이라고 가정해 보죠(옛날에는 전화번호부란 책자가 있었어요!). 찾을 사람의 이름은 알파벳 K로 시작합니다. 어떻게 찾는 것이 좋을까요? 전화번호부의 처음부터 K로 시작하는 이름이 나올 때까지 페이지를 한 장씩 차례대로 넘기면서 찾는 방법이 있습니다. 하지만 필자라면 그 방법보다는 일단 책 한가운데를 펼치는 방법을 사용할 겁니다. 알파벳 순서대로라면 전화번호부의 중간쯤에 K로 시작하는 이름이 있을 테니까요.

사전에서 단어를 찾을 때도 마찬가지죠. 찾으려는 단어가 알파벳 O로 시작한다면 마찬가지로 사전의 중간부터 펼쳐 볼 겁니다.

페이스북에 로그인한다고 생각해 보세요. 페이스북은 일단 여러분의 계정이 진짜로 존재하는지 확인하기 위해 데이터베이스에서 여러분의 아이디를 찾아야 합니다. 아이디가 "karlmageddon"이라고 가정하죠. 페이스북은 알파벳 A부터 시작해서 차례대로 이 아이디를 찾을 수도 있겠지만, 중간 어디쯤에서 찾기 시작하는 것이 더 나을 수도 있습니다.

이런 문제를 **탐색**search 문제라고 합니다. 그리고 앞에서 예로 든 모든 경우에 **이진 탐색**binary search이라는 알고리즘을 사용할 수 있습니다.

이진 탐색은 알고리즘입니다. 입력으로는 정렬된(정렬에 대해서는 나중에 설명합니다) 원소 리스트를 받습니다. 이진 탐색 알고리즘은 리스트에 원하는 원소가 있으면 그 원소의 위치를 반환하고, 아니면 null 값을 반환합니다.

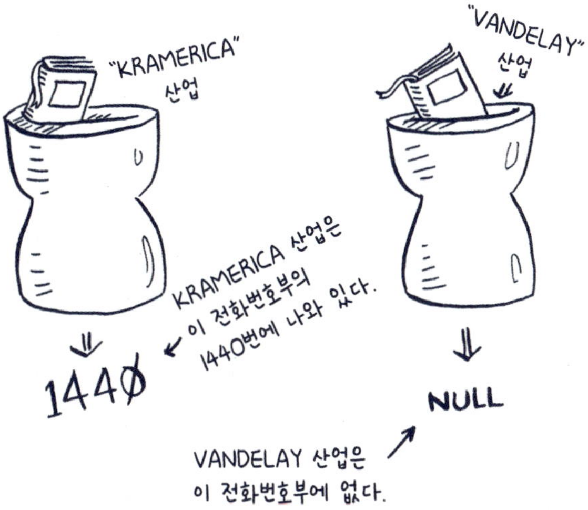

▲ 이진 탐색을 사용하여 전화번호부에서 회사 이름 찾기

이진 탐색이 어떻게 작동하는지 예를 들어 보죠. 1과 100 사이 숫자를 하나 생각합니다.

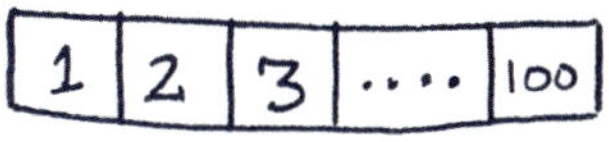

이제 가능한 한 가장 적은 횟수의 추측으로 이 숫자를 알아내야 합니다. 한 번 추측할 때마다 알아내야 하는 숫자보다 제시한 숫자가 더 작은지, 더 큰지, 맞는 숫자인지 알 수 있습니다.

만약 1, 2, 3, 4, … 순서대로 모두 추측한다면 다음 그림과 같겠죠.

◀ 숫자를 추측하는 나쁜 방법

이런 방법을 **단순 탐색**simple search(바보 같은 탐색이라는 말이 더 맞을지도 몰라요)이라고 합니다. 한 번 추측할 때마다 추측한 숫자 하나가 답이 아니라는 것을 알게 될 뿐입니다. 만약 답이 99라면 답에 도달하기까지 99번 추측해야 해요!

더 좋은 탐색 방법

더 좋은 방법이 있습니다. 100의 중간, 즉 50부터 시작하는 방법입니다.

"50이 더 작다"라는 대답 하나로 숫자의 절반이 답이 아니라는 것을 알 수 있습니다! 1부터 50까지의 숫자가 더 작다고 하니까 이번에는 남은 51과 100까지의 숫자 중 중간에 해당하는 75로 추측해 봅니다.

75가 더 크다는 것을 알았으므로 앞에서와 마찬가지로 75와 같거나 더 큰 숫자들을 제외할 수 있습니다. 이진 탐색에서는 매번 남은 숫자 중 가운데 숫자를 말하고 대답에 따라 그보다 큰 혹은 작은 숫자들을 한꺼번에 없앨 수 있습니다. 다음으로는 63(50과 75의 중간)이 정답인지 추측해 봅니다.

이것이 바로 이진 탐색입니다. 여러분은 방금 첫 번째 알고리즘을 배웠습니다! 얼마나 많은 숫자를 답에서 제외했는지 다시 살펴볼게요.

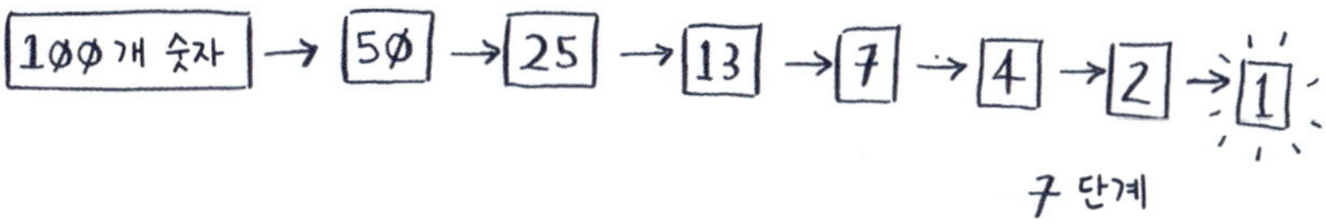

▲ 이진 탐색을 사용하면 단계마다 대략 절반의 숫자를 없앨 수 있다.

한 번에 아주 많은 숫자를 제거할 수 있기 때문에 어떤 숫자가 답이 되든지 최대 7번 만에 정답을 맞힐 수 있습니다.

이번에는 사전에서 단어를 찾고 있다고 가정해 보죠. 이 사전에는 240,000개의 단어가 있습니다. 최대 몇 번 만에 정답을 찾을 수 있을까요?

단순 탐색(SIMPLE SEARCH): ______ 번

이진 탐색(BINARY SEARCH): ______ 번

만약 찾으려는 단어가 사전의 제일 끝에 실려 있다면 단순 탐색으로는 240,000번 추측해야 하겠죠. 하지만 이진 탐색으로는 남은 단어의 절반을 한 번에 제외시킬 수 있습니다.

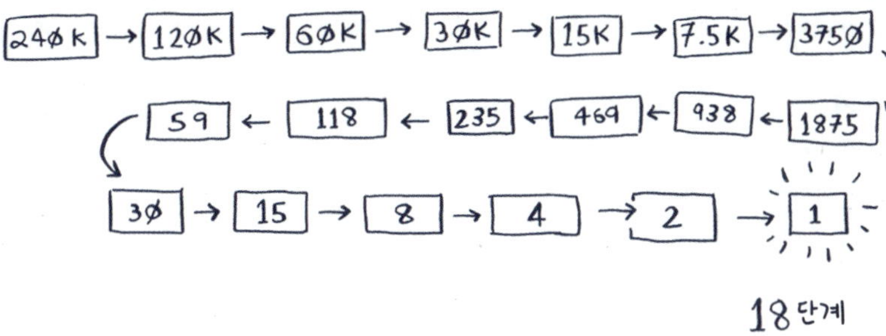

그러니까 이진 탐색으로는 18번 만에 정답을 찾을 수 있습니다. 단순 탐색과 비교가 안 되죠! 만약 n개의 원소를 가진 리스트에서 이진 탐색을 사용하면 최대 $\log_2 n$번 만에 답을 찾을 수 있습니다. 단순 탐색이면 최대 n번이 필요할 수도 있습니다.

TIP 로그

로그가 무엇인지는 몰라도 거듭제곱은 알죠? $\log_{10} 100$이라는 수는 “10을 몇 번 곱해야 100이 될까?”라고 묻는 거예요. $10 \times 10 = 100$이니까 답은 2입니다. 그러니까 $\log_{10} 100 = 2$가 되는 것이죠. 즉, 로그는 거듭제곱의 반대말입니다.

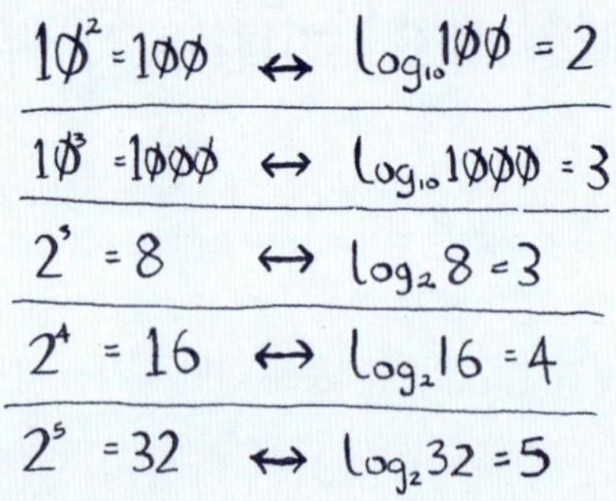

▲ 로그는 거듭제곱의 반대말

이 책에서 잠시 후에 빅오 표기법을 사용해서 실행 시간을 나타내는 방법을 알아볼 텐데, 이때 모든 log 함수는 $\log_2$를 뜻합니다. 단순 탐색으로 원소를 찾을 때는 최악의 경우 모든 원소를 살펴봐야 합니다. 리스트에 숫자가 8개 있다면 최악의 경우 8개를 모두 확인해야 한다는 말입니다. 이진 탐색을 사용하면 최악의 경우에도 log n개의 숫자만 확인하면 됩니다. 리스트에 숫자가 8개 있다면 $2^3 = 8$, 즉 $\log 8 = 3$이므로 3번만 확인해도 됩니다. 원소가 1,024개이면 $2^{10} = 1024$, 즉 $\log 1{,}024 = 10$이므로 10개만 확인해도 충분합니다.

NOTE 이 책에서는 로그(log)를 자주 사용하기 때문에 로그의 의미를 이해하고 있어야 합니다. 로그가 어렵다면 칸 아카데미(khanacademy.org)에서 로그를 이해할 수 있도록 도와주는 좋은 동영상을 찾아보기 바랍니다.

NOTE 이진 탐색은 리스트의 원소들이 순서대로 정렬되어 있어야만 사용할 수 있습니다. 예를 들어, 전화번호부에 있는 이름은 알파벳 순서로 정렬되어 있기 때문에 이름을 찾는 데 이진 탐색을 쓸 수 있죠. 만약 이름이 순서대로 정렬되어 있지 않다면 어떻게 될까요? 이제부터 알아보겠습니다.

이제 파이썬으로 이진 탐색을 하는 프로그램을 만들어 보겠습니다. 다음 예제 코드에서는 배열을 사용합니다. 배열이 뭔지 몰라도 다음 장에서 설명하니까 걱정할 필요는 없습니다. 원소를 저장할 수 있는 상자들이 일렬로 늘어선 것을 배열이라고 부른다는 것만 알고 있으면 됩니다. 상자에는 0부터 시작하는 번호가 붙어 있습니다. 첫 번째 상자는 0번, 두 번째 상자는 1번, 세 번째 상자는 2번 이렇게 말이죠.

NOTE 코드에서 리스트(list)와 배열(array)이라는 용어는 같은 의미로 사용됩니다. 이 코드는 파이썬으로 되어 있으므로 배열을 리스트라고 합니다.

예제 코드의 `binary_search` 함수는 정렬된 배열 하나와 어떤 항목 하나를 받습니다. 만약 그 항목이 배열 안에 있으면 배열에서의 항목 위치를 반환합니다. 탐색을 하면서 현재 배열 중 어느 부분을 탐색해야 하는지를 기억해 두어야 합니다. 처음에는 배열 전체가 탐색 범위입니다.

```
low = 0
high = len(arr) - 1
```

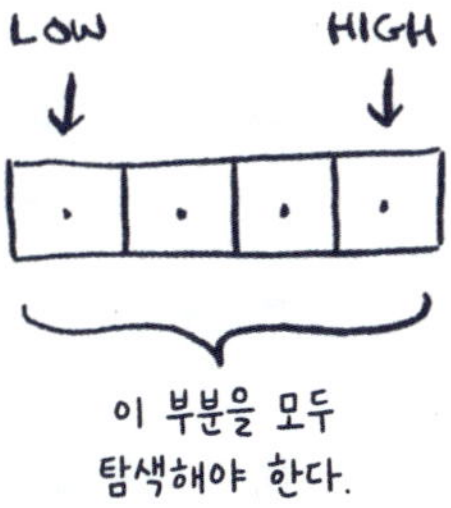

우선 가장 가운데 있는 원소를 확인해 봅니다.

```
mid = (low + high) // 2
guess = arr[mid]
```

파이썬은 (low + high)가 짝수가 아닐 경우 자동으로 mid 값을 정수로 내림합니다.

만약 추측한 값이 입력 항목의 값보다 작으면 low 값을 다음과 같이 변경합니다.

```
if guess < item:
  low = mid + 1
```

만약 추측한 값이 입력 항목의 값보다 크면 high 값을 변경합니다. 전체 코드는 다음과 같습니다.

```
def binary_search(arr, item):
  low = 0
  high = len(arr) - 1

  while low <= high:
    mid = (low + high) // 2
    guess = arr[mid]
    if guess == item:
      return mid
    elif guess > item:
      high = mid - 1
    else:
      low = mid + 1
  return None

my_list = [1, 3, 5, 7, 9]

print(binary_search(my_list, 3))  # => 1
print(binary_search(my_list, -1)) # => None
```

- low = 0, high = len(arr) - 1: low와 high는 전체 리스트 중에서 어떤 부분을 탐색해야 하는지 알려 줍니다.
- while low <= high: 만약 탐색 범위를 하나의 항목으로 줄이지 못했으면 계속 실행합니다.
- mid = (low + high) // 2: 가운데 숫자를 확인합니다.
- if guess == item: 항목을 찾았습니다.
- elif guess > item: 추측한 숫자의 값이 입력 항목의 값보다 큽니다.
- else: 추측한 숫자의 값이 입력 항목의 값보다 작습니다.
- return None: 항목이 리스트에 없습니다.
- my_list = [1, 3, 5, 7, 9]: 확인해 봅시다.
- # => 1: 잊지 마세요. 리스트 번호는 0부터 시작합니다. 두 번째 상자의 번호가 1입니다.
- # => None: 파이썬에서 None은 아무것도 아니라는 뜻입니다. 지정한 항목이 없다는 것을 알려 줍니다.

실행 시간

이 책에서 알고리즘에 대해 말할 때는 항상 그 알고리즘의 **실행 시간**running time에 관해 설명하겠습니다. 아마 독자 여러분은 시간이나 저장 공간을 절약해 주는 가장 효율적인 알고리즘을 선택하고 싶을 겁니다.

만약 이진 탐색을 사용하면 얼마나 많은 시간을 절약할 수 있을까요? 첫 번째 사용했던 방법은 숫자를 하나하나 확인하는 단순 탐색이었습니다. 이 방법을 쓰면 리스트에 100개의 원소가 있는 경우 100번 추측해야 합니다. 만약 40억 개의 원소가 있다면 40억 번 추측해야 하죠. 그러니까 추측해야 할 최대 횟수는 리스트의 길이와 같습니다. 이를 **선형 시간**linear time이라고 합니다.

이진 탐색은 다릅니다. 만약 리스트 안에 원소가 100개 있다면 7번만 추측해도 되죠. 원소가 40억 개라고 해도 32번만 추측하면 됩니다. 굉장하지 않나요? 이진 탐색의 경우에는 **로그 시간**logarithmic time으로 실행됩니다.

지금까지 이야기한 것들을 정리해 보죠.

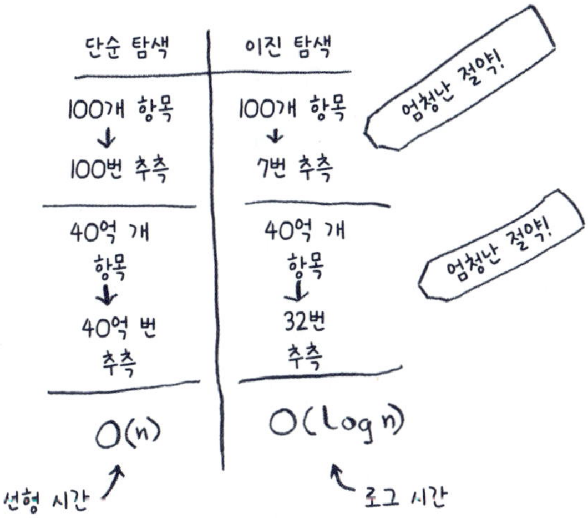

▲ 탐색 알고리즘의 실행 시간

3 빅오 표기법

빅오 표기법 Big O notation은 알고리즘이 얼마나 빠른지 표시하는 특별한 방법입니다. 누가 신경이나 쓰냐고요? 사실 여러분은 다른 사람이 만든 알고리즘을 자주 사용하게 될 것입니다. 그런 경우에는 그 알고리즘이 얼마나 빠른지 알아야겠죠? 여기에서는 빅오 표기법이 무엇인지 살펴보고, 몇 가지 일반적인 알고리즘의 실행 시간을 빅오 표기법으로 알려 드릴게요.

알고리즘 실행 시간이 증가하는 속도가 다르다면?

밥이라는 프로그래머는 미항공우주국NASA에서 탐색 알고리즘을 만들고 있습니다. 밥의 알고리즘은 달 착륙 로켓에 사용되어 어디에 착륙할지 계산하는 역할을 합니다.

다음은 두 개의 알고리즘 실행 속도가 어떻게 증가하는지 보여 주기 위한 예시입니다. 밥은 단순 탐색과 이진 탐색 중 어느 것을 사용할지 결정하려고 합니다. 선택할 알고리즘은 빠르면서 정확해야 합니다. 일단 속도 면에서는 이진 탐색이 더 빠르죠. 우주선이 어디에 착륙할지 결정할 수 있는 시간은 10초밖에 없고, 시간 안에 맞히지 못하면 끝장입니다. 반면에 단순 탐색 알고리즘은 만들기가 쉽습니다. 버그가 생길 가능성도 적고요. 로켓을 착륙시키는 코드에 버그가 있어서는 절대 안 됩니다. 밥은 더 신중하게 선택하기 위해 두 알고리즘을 100개의 원소를 가진 리스트에 적용해 보기로 했습니다.

원소 하나를 확인하는 데 1밀리초가 걸린다고 가정해 봅시다. 단순 탐색을 사용하면 100개의 원소를 확인하는 데 100밀리초가 걸립니다. 한편, 이진 탐색을 사용하면 7개($\log_2 100$은 약 7)의 원소만 확인하면 되니까 7밀리초가 걸리겠죠.

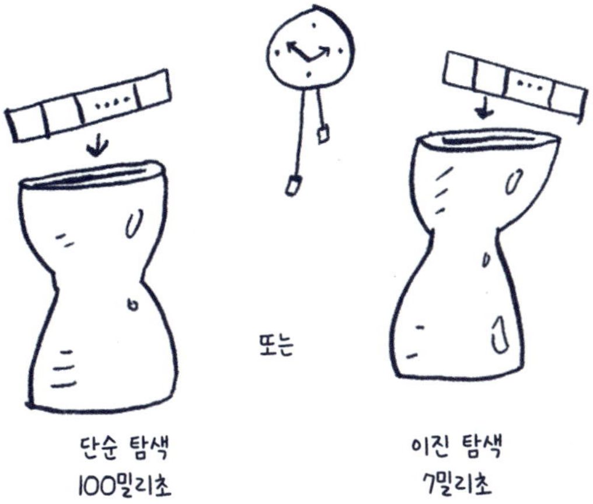

▲ 100개 원소를 가진 리스트에 대한 단순 탐색과 이진 탐색 실행 시간 비교

그런데 실제로는 리스트에 10억 개 이상의 원소가 있을 수도 있습니다. 이 경우에 단순 탐색은 시간이 얼마나 걸리고, 이진 탐색은 시간이 얼마나 걸릴까요? 다음 문단을 읽기 전에 먼저 스스로 답을 생각해 보세요.

밥이 10억 개의 원소에 대해 이진 탐색을 실행한 결과, 30밀리초($\log_2$ 1,000,000,000은 약 30)가 걸렸습니다. '30밀리초!' 밥은 생각했죠. '100개의 원소로 실행했을 때 이진 탐색은 7밀리초가 걸리고, 단순 탐색은 100밀리초가 걸렸으니까 이진 탐색이 단순 탐색보다 14배 빠르지. 그러니까 이번에 단순 탐색을 실행하면 $30 \times 15 = 450$ 밀리초가 걸리겠지? 주어진 시간이 10초니까 충분하군.' 밥은 단순 탐색을 사용하기로 결정했습니다. 과연 옳은 결정일까요?

아니요. 밥이 틀렸습니다. 전혀 옳은 선택이 아니죠. 10억 개의 원소에 대한 단순 탐색 실행 시간은 10억 밀리초, 그러니까 약 11일이 걸립니다! 이진 탐색과 단순 탐색의 실행 시간이 같은 속도로 증가하지 않기 때문입니다.

	단순 탐색	이진 탐색
100개의 원소	100밀리초	7밀리초
10,000개의 원소	10초	14밀리초
1,000,000,000개의 원소	11일	30밀리초

▲ 실행 시간은 매우 다른 속도로 증가한다.

원소의 개수가 증가해도 이진 탐색에 걸리는 시간은 얼마 늘어나지 않습니다. 하지만 단순 탐색에 걸리는 시간은 엄청나게 증가하죠. 그러니까 원소의 개수가 커질수록 이진 탐색은 단순 탐색보다 훨씬 빨라지는 겁니다. 밥은 이진 탐색이 단순 탐색보다 15배 빠르다고 생각했지만, 이것은 잘못된 생각입니다. 리스트에 원소가 10억 개 있으면 3천 3백만 배 빠릅니다. 그래서 알고리즘의 실행 시간이 얼마가 걸리는지만 고려할 것이 아니라, 리스트의 크기가 증가할 때 실행 시간이 어떻게 증가하는지도 파악해야 합니다. 이것이 바로 빅오 표기법을 사용하는 이유입니다.

빅오 표기법은 알고리즘이 얼마나 빠른지를 말해 줍니다. 예를 들어, 리스트의 크기가 n이라고 가정해 봅시다. 단순 탐색은 원소를 하나씩 확인하니까 n번을 연산해야 합니다. 그래서 빅오 표기법에 따른 실행 시간은 O(n)입니다. '초'와 같은 시간 단위는 어디로 갔을까요? 빅오 표기법은 속도를 시간 단위로 세지 않습니다. 빅오 표기법은 연산 횟수를 비교하기 위한 것이므로 수행해야 할 일이 많아질 때 알고리즘에 걸리는 시간이 어떤 식으로 증가하는지를 알 수 있습니다.

이진 탐색의 경우에는 크기가 n인 리스트를 확인하기 위해 log n번의 연산이 필요합니다. 빅오 표기법으로는 어떻게 쓸까요? 답은 O(log n)입니다. 일반적으로 빅오 표기법은 다음과 같이 씁니다.

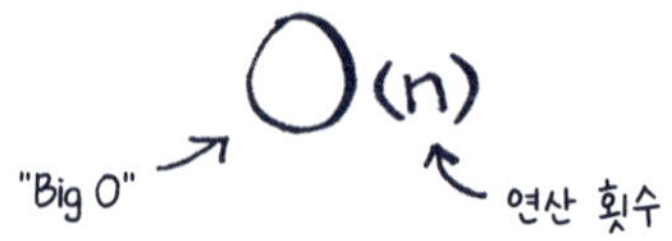

▲ 빅오 표기법은 이렇게 생겼다.

빅오 표기법은 알고리즘이 작동하기 위해 필요한 연산 횟수를 나타냅니다. 이 연산 횟수 앞에 커다란(Big) 알파벳 O를 쓰기 때문에 빅오 표기법이라고 부르죠(농담 같지만 정말입니다!).

이제 몇 가지 예를 살펴보죠. 다음 알고리즘들의 실행 시간이 어떻게 되는지 확인해 보세요.

여러 가지 빅오 실행 시간 살펴보기

다음은 집에서 종이와 연필로 따라 할 수 있는 몇 가지 예제입니다. 종이에 네모 칸이 16개 생기도록 격자grid를 그려야 한다고 가정합시다.

▲ 이 격자를 만드는 데 좋은 알고리즘은 무엇일까?

알고리즘 1

한 가지 방법은 네모 칸을 한 번에 하나씩 16개 만드는 것입니다. 빅오 표기법은 연산 횟수를 나타낸다고 했으니까 이 예에서는 네모 칸 하나를 만드는 것을 한 번의 연산이라고 하죠. 네모 칸을 16개 만들어야 하니까 한 번에 하나의 네모 칸을 만들면 몇 번의 연산이 필요할까요?

▲ 한 번에 하나의 네모 칸 그리기

이 방법으로 네모 칸을 16개 만들려면 16단계가 필요합니다. 알고리즘의 실행 시간은 어떻게 될까요?

알고리즘 2

이번에는 다음과 같은 알고리즘을 사용해 보세요. 우선 종이를 반으로 접습니다.

이 예에서는 종이를 한 번 접는 것이 하나의 연산입니다. 이렇게 하면 한 번의 연산으로 두 개의 네모 칸이 생깁니다.

종이를 다시 접고, 또 접고, 한 번 더 접습니다.

네 번 접은 뒤에 종이를 펼치면 네모 칸이 예쁘게 생깁니다! 한 번 접을 때마다 네모 칸의 수는 두 배가 되죠. 연산 4번으로 네모 칸 16개를 만들었습니다!

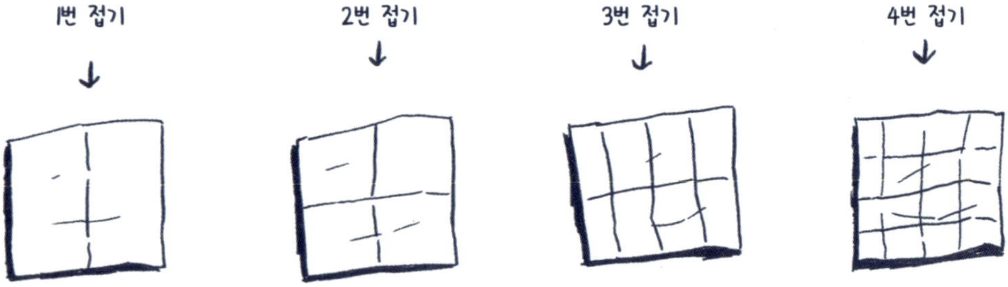

▲ 4번 접어서 네모 칸 만들기

한 번 접을 때마다 네모 칸의 수가 두 배씩 늘어나니까 4번 만에 네모 칸 16개를 만들 수 있습니다. 이 알고리즘의 실행 시간은 어떻게 될까요? 다음으로 넘어가기 전에 이 두 알고리즘의 실행 시간이 어떻게 될지 생각해 보세요.

정답 알고리즘 1의 실행 시간은 O(n) 시간, 알고리즘 2의 실행 시간은 O(log n) 시간입니다.

최악의 실행 시간을 나타내는 빅오 표기법

전화번호부에서 사람을 찾기 위해 단순 탐색을 사용한다고 가정해 보죠. 단순 탐색의 실행 시간이 O(n) 시간이란 것은 최악의 경우, 즉 전화번호부에 있는 모든 사람의 이름을 확인하는 경우를 뜻합니다. 만약 Adit라는 이름을 찾는다면 전화번호부의 맨 앞에 나올 수도 있습니다. 이 경우에는 단 한 번에 찾을 수 있으니까 모든 이름을 확인할 필요도 없습니다. 그래도 이 알고리즘의 실행 시간은 여전히 O(n) 시간인가요? 아니면 한 번에 찾았으니 O(1) 시간이라고 해야 하나요?

단순 탐색의 실행 시간은 어떤 경우에도 O(n) 시간입니다. Adit의 경우, 한 번에 찾기는 했지만 최선의 경우였고 빅오 표기법은 최악의 경우에 대한 것입니다. 다시 말하자면 최악의 경우 전화번호부에서 모든 이름을 확인해야 하는 것, 그것이 O(n) 시간입니다. 단순 탐색이 절대로 O(n) 시간보다 느려지지 않는다는 일종의 보장이 되는 것이죠.

NOTE 최악의 경우에 대한 실행 시간 외에 평균 실행 시간을 살펴보는 것도 중요합니다. 최악의 경우와 평균에 대한 비교는 4장에서 다루겠습니다.

많이 사용하는 빅오 실행 시간의 예

다음은 앞으로 자주 보게 될 다섯 개의 빅오 실행 시간을 빠른 것부터 느린 것까지 나열한 것입니다.

- **O(log n), 로그 시간:** 예 이진 탐색
- **O(n), 선형 시간:** 예 단순 탐색
- **O(n × log n):** 예 퀵 정렬(4장에 나옵니다)처럼 빠른 정렬 알고리즘

- **O(n²):** 예 선택 정렬(2장에 나옵니다)처럼 느린 정렬 알고리즘
- **O(n!):** 예 외판원 문제(바로 다음에 나옵니다)처럼 정말 느린 알고리즘

이 알고리즘들을 사용해서 16개의 네모 칸을 만드는 문제를 다시 생각해 보죠. 만약 첫 번째 알고리즘을 사용하면 격자를 완성하는 데 O(log n) 시간이 걸립니다. 만약 1초에 10번 연산할 수 있다고 가정했을 때, O(log n) 시간 알고리즘을 사용하면 16개의 네모 칸을 완성하는 데 4(log 16 = 4)번 연산하므로 약 0.4초가 걸립니다. 만약 1,024개의 네모 칸을 그려야 한다면 10(log 1,024 = 10)번 연산해야 하므로 약 1초가 걸립니다.

두 번째 알고리즘은 더 느려서 O(n) 시간이 걸립니다. 16개의 네모 칸을 그리려면 16번 연산해야 하고, 1,024개의 네모 칸을 완성하려면 1,024번 연산해야 합니다. 시간으로는 얼마나 걸릴까요?

여기에 다섯 알고리즘의 시간을 빠른 것부터 느린 것 순으로 정리했습니다.

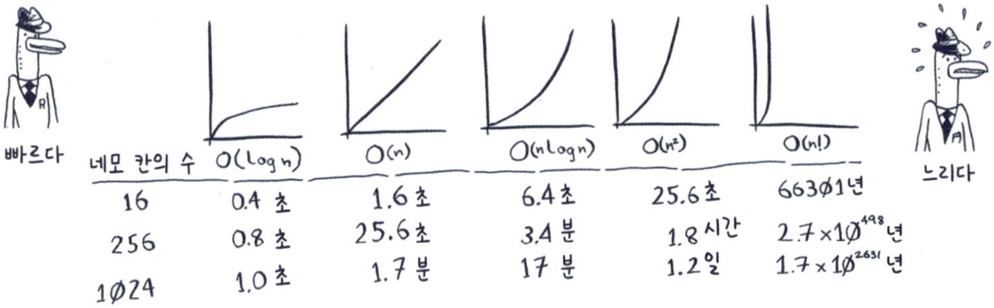

물론 이것은 가장 흔한 5가지 실행 시간을 정리한 것이고 다른 실행 시간도 있습니다.

여기에서 다룬 내용들은 약간 단순화했습니다. 실제로는 이렇게 깔끔하게 빅오 표기법으로 표시할 수 없는 경우도 있지만, 지금은 이 정도만 알아도 됩니다. 알고리즘 몇 개를 더 배운 후 4장에서 다시 빅오 표기법을 설명하겠습니다. 지금은 일단 다음 내용을 기억하세요.

- 알고리즘의 속도는 시간이 아니라 연산 횟수가 어떻게 증가하는지로 측정합니다.
- 이렇게 하면 입력 데이터의 크기가 늘어날 때 알고리즘의 실행 속도가 얼마나 증가하는지 알 수 있습니다.

- 알고리즘의 실행 시간은 빅오 표기법으로 나타냅니다.
- O(log n)은 O(n)보다 빠르고, 찾으려는 리스트의 원소 개수가 증가하면 상대적으로 더 빨라집니다.

외판원 문제

지금까지 이 책을 읽은 독자 여러분은 이렇게 생각할 수도 있습니다. '설마 실행 시간이 O(n!) 시간인 알고리즘은 없겠지!' 그러나 그렇지 않습니다! 정말 실행 시간이 느린 알고리즘의 예를 보여 드리죠. 이 문제는 컴퓨터 과학에서 아주 유명한 문제입니다. 왜냐하면 실행 시간이 증가하는 것이 너무 엄청나서 아주 똑똑한 사람들도 더 이상 알고리즘을 향상시키는 것이 불가능하다고 생각하기 때문입니다. 바로 **외판원 문제**traveling salesperson problem입니다.

여기 한 외판원이 있습니다.

이 외판원은 도시 5곳을 방문해야 합니다.

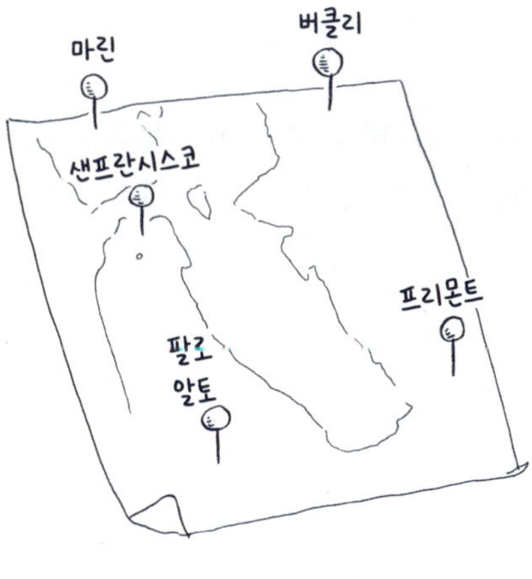

이 외판원의 이름을 오푸스라고 하죠. 오푸스는 가장 짧은 거리로 도시 5곳을 모두 방문하고 싶습니다. 이 문제를 푸는 방법 중 하나는 도시를 방문하는 모든 경로를 살펴보는 것입니다.

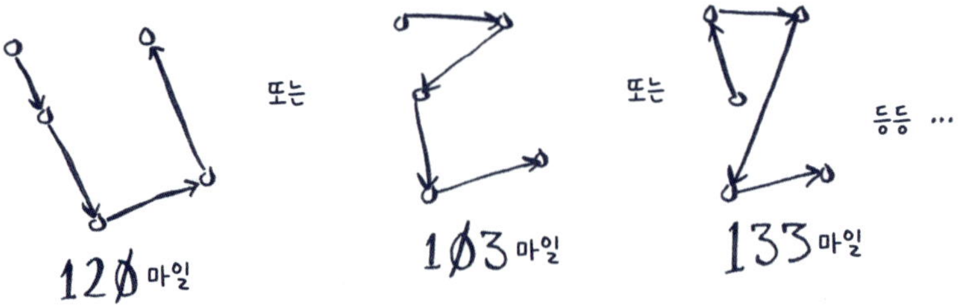

그다음 전체 거리를 더해서 가장 짧은 경로를 선택하면 됩니다. 도시가 5곳이면 120가지 경우가 있으므로 120번 연산하면 됩니다. 도시가 6곳이면 연산 횟수는 720번이 되고, 도시가 7곳이면 연산 횟수는 5,040번이 됩니다!

도시	연산
6	720
7	5040
8	40320
...	...
15	1,307,674,368,000
...	...
30	2,652,52,859,812,191,058,636,308,480,000,000

▲ 연산의 수가 무시무시하게 증가한다.

만약 도시가 n곳 있다면 결과를 계산하는 데 n!(n 팩토리얼)번의 연산이 필요합니다. 그러니까 O(n!) 실행 시간, 즉 팩토리얼 시간이 되죠. n이 아주 작은 값이 아니라면 이 값은 엄청나게 커집니다. 만약 도시를 100곳 이상 돌아야 한다면 사실상 계산이 불가능합니다. 태양이 먼저 사라질 정도로요.

그러니까 이 방법은 아주 안 좋은 방법입니다. 오푸스는 다른 알고리즘을 찾아야겠죠? 하지만 그것도 불가능합니다. 이 문제는 컴퓨터 과학에서 아직 풀지 못한 문제 중 하나입니다. 더 빠른 알고리즘은 아직 알려져 있지 않고, 아주 똑똑한 사람들은 이 문제를 풀기에 더 좋은 알고리즘이 존재하지 않는다고 생각합니다. 우리가 할 수 있는 방법은 대략적인 답을 얻는 것밖에 없습니다. 10장에서 더 자세히 설명하겠습니다.

1장에서 배운 내용

- 이진 탐색은 배열이 클수록 단순 탐색보다 아주 빠릅니다.
- O(log n)은 O(n)보다 빠릅니다. 리스트의 원소 개수가 증가하면 상대적으로 더 빨라집니다.
- 알고리즘의 속도는 시간으로 측정하지 않습니다.
- 알고리즘의 시간은 어떻게 증가하는가로 측정합니다.
- 알고리즘의 시간은 빅오 표기법으로 나타냅니다.

연습문제

1. 다음 질문을 보고, 정답을 맞혀 보세요.

1-1 128개의 이름이 알파벳순으로 정렬되어 있는 리스트가 있습니다. 이진 탐색으로 이름을 찾을 때 필요한 최대 추측 횟수는 얼마인가요?

1-2 만약 리스트의 크기가 두 배가 된다면 최대 추측 횟수는 어떻게 될까요?

2. 다음 각각의 실행 시간을 빅오 표기법으로 표시하세요.

2-1 어떤 사람의 이름을 알고 있습니다. 전화번호부에서 이 사람의 전화번호를 찾고 싶습니다.

2-2 전화번호가 있습니다. 전화번호부에서 이 전화번호를 가진 사람의 이름을 찾고 싶습니다. **힌트** 전화번호부를 모두 찾아야 할 수도 있습니다!

2-3 전화번호부에 있는 모든 사람의 전화번호를 알고 싶습니다.

2-4 알파벳 A로 시작하는 사람들의 전화번호를 알고 싶습니다(이 문제는 4장에서 설명할 내용을 포함하므로 어려울 수도 있습니다. 답을 읽어 보면 깜짝 놀랄 거예요).

Chapter 2

선택 정렬

- 자료구조에서 가장 기본이 되는 배열array과 연결 리스트linked list에 대해 공부합니다. 이들은 어디에나 사용할 수 있습니다. 배열은 1장에서 이미 사용했지만 이 책의 거의 모든 장에서 쓰게 될 거예요. 배열은 아주 중요한 주제이므로 집중해야 합니다! 하지만 때로는 배열보다 연결 리스트를 쓰는 것이 더 나을 때도 있죠. 이 장에서는 두 자료구조의 장단점을 설명하고 여러분의 알고리즘에 어떤 것이 적당한지 결정할 수 있도록 도와 줍니다.
- 처음으로 정렬sorting 알고리즘을 배웁니다. 많은 알고리즘은 정렬되어 있는 데이터만 사용할 수 있습니다. 앞서 배운 이진 탐색도 원소가 정렬되어 있을 때만 사용할 수 있죠. 이 장에서는 선택 정렬selection sort에 대해 공부합니다. 프로그래밍 언어 대부분은 정렬 알고리즘을 이미 가지고 있기 때문에 처음부터 다시 짜야 할 필요는 거의 없습니다. 선택 정렬은 4장에서 나올 퀵 정렬을 위한 기초 작업이라고 할 수 있습니다. 퀵 정렬quicksort은 정말 중요한 알고리즘이고 선택 정렬 알고리즘을 알고 있으면 이해하기 쉽습니다.

1 메모리가 작동하는 방식

여러분이 공연을 보러 가서 물건을 맡겨 놓는다고 상상해 보세요. 공연장에는 관객의 물건을 보관할 수 있는 서랍장이 준비되어 있습니다.

서랍 하나에는 물건을 하나만 담을 수 있습니다. 만약 여러분이 보관할 물건이 두 개라면 서랍도 두 개가 필요하다고 하겠죠.

여러분은 이 서랍에 물건을 보관할 수 있습니다.

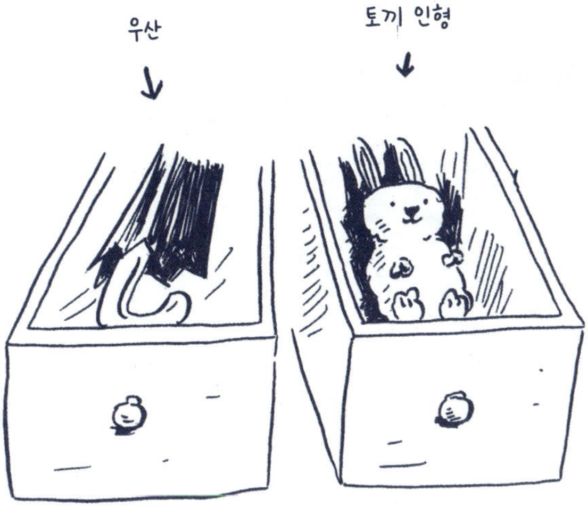

그럼 이제 마음 편히 공연을 볼 수 있습니다. 컴퓨터 메모리의 작동 방식도 이와 같습니다. 컴퓨터에는 엄청나게 많은 서랍이 있고, 각 서랍에는 주소가 붙어 있죠.

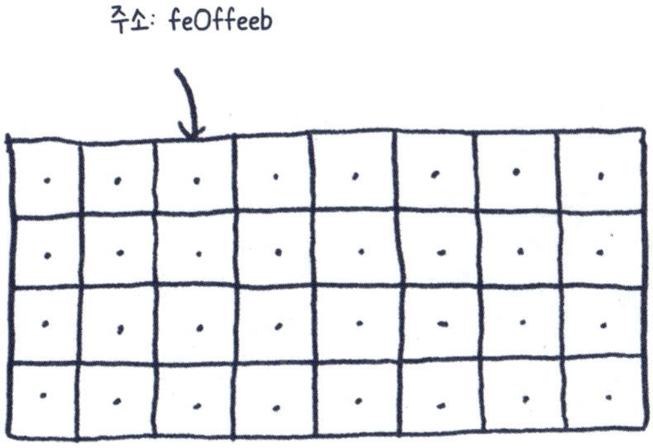

fe0ffeeb는 메모리에 있는 서랍의 주소입니다.

여러분은 메모리에 무언가를 저장해야 할 때마다 컴퓨터에 서랍, 즉 저장할 공간을 요청합니다. 그러면 컴퓨터는 무언가를 저장할 수 있는 주소를 알려 줍니다. 만약 원소를 여러 개 저장해야 한다면 배열과 리스트라는 두 방법 중 하나를 사용해야 합니다.

배열과 리스트는 각각 장단점이 있습니다. 두 방식의 차이점을 잘 알고 있어야 경우에 맞게 선택하여 사용할 수 있습니다.

TIP 알아 두어야 할 점

이 장에 나오는 성능 분석을 이해하기 위해서는 빅오 표기법과 로그를 알고 있어야 합니다. 만약 모르고 있다면 1장을 다시 읽어 보세요. 빅오 표기법은 이 책 전체에서 계속 사용합니다.

2 배열과 연결 리스트

때로는 여러 항목을 목록으로 메모리에 저장해야 할 때가 있습니다. 예를 들어, 해야 할 일 목록을 관리하는 앱을 만들고 있다고 가정해 보죠. 그러면 이 할 일들을 메모리 안에 목록으로 저장해야 할 것입니다.

이때 배열을 사용해야 할까요? 아니면 연결 리스트를 사용해야 할까요? 일단 배열이 더 이해하기 쉬우니까 배열을 사용해서 할 일 목록을 저장해 보죠. 배열을 사용하면 할 일들을 메모리에 차례대로 붙여서 저장합니다.

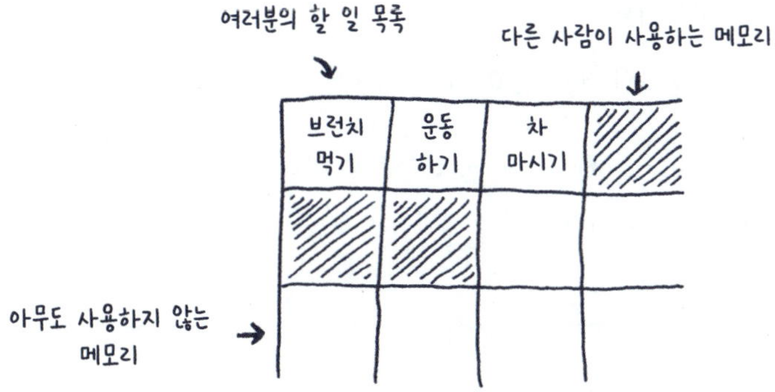

이제 네 번째 할 일을 추가하고 싶어졌다고 가정해 봅시다. 그런데 다음 서랍을 벌써 누군가가 차지하고 있습니다!

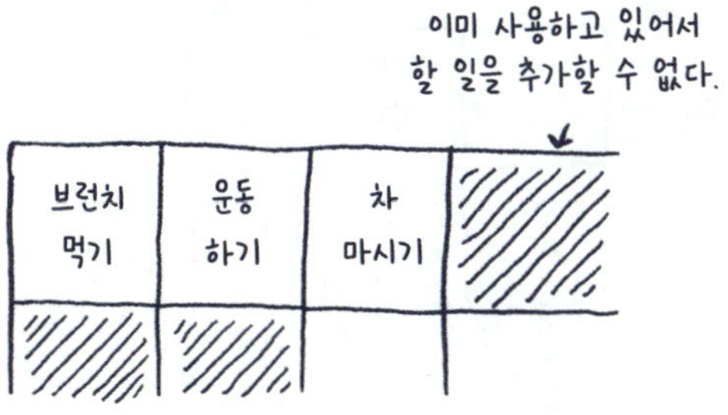

이 상황은 마치 친구들과 영화를 보러 극장에 가서 앉을 자리를 찾는 경우와 비슷합니다. 극장에서 또 다른 친구를 만나기로 했는데 이미 우리 옆자리에는 다른 사람이 앉아 있기 때문에 그 친구와 같이 앉을 수가 없습니다. 이런 경우에는 컴퓨터에 4개의 자리가 있는 다른 메모리 공간을 요청합니다. 그리고 4개의 할 일을 모두 그 자리로 옮겨야 하죠.

만약 또 다른 친구가 온다면 다시 자리가 모자라니까 또 전원이 같이 자리를 옮겨야 합니다. 힘들겠죠? 마찬가지로 배열에 새 원소를 추가하는 일은 쉽지 않은 일입니다. 만약 공간이 모자라서 매번 모든 원소를 메모리의 새로운 위치로 옮긴다면 배열에 원소를 추가하는 작업은 아주 느려지죠. 이를 고칠 수 있는 쉬운 방법 중 하나는 좌석을 미리 예약하는 거예요. 지금은 할 일 목록에 할 일이 3개밖에 없어도 만약을 대비해서 컴퓨터에 10개의 자리를 요청하는 겁니다. 그러면 전체 배열을 옮기지 않아도 10개까지는 할 일을 추가할 수 있습니다. 이 방법은 좋은 해결책이지만 몇 가지 단점이 있습니다.

- 만약 추가할 일이 생기지 않는다면 메모리를 쓸데없이 낭비한 게 되죠. 여러분도 그 자리를 사용하지 않지만 다른 어느 누구도 사용할 수 없으니까요.
- 만약 목록의 크기가 10개보다 커진다면 어차피 자리를 옮겨야 합니다.

그러니까 좋은 해결책이기는 해도 완벽한 해결책은 아니라는 겁니다. 연결 리스트를 사용하면 원소를 추가할 때 생기는 이런 문제를 해결할 수 있습니다.

연결 리스트

연결 리스트linked list를 사용하면 원소를 메모리의 어느 곳에나 둘 수 있죠.

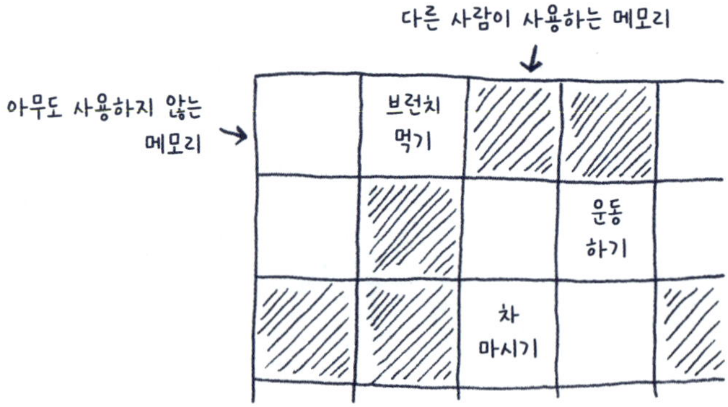

각 원소에는 목록의 다음 원소에 대한 주소가 저장되어 있습니다. 그러니까 여러 임의의 메모리 주소들이 하나의 목록으로 연결된 거죠.

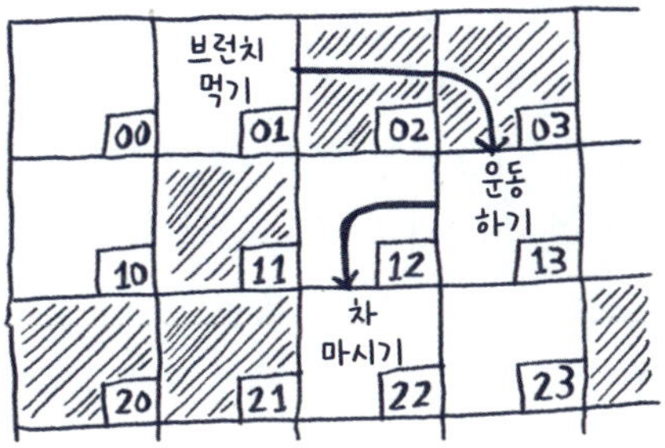

▲ 연결된 메모리 주소

이는 마치 보물찾기와 비슷합니다. 여러분이 첫 번째 주소로 가면 그곳에 이렇게 적혀 있습니다. '다음 보물은 주소 123에 있습니다.' 그래서 주소 123으로 가면 거기에는 또 이렇게 적혀 있죠. '다음 보물은 주소 847에 있습니다.' 이런 식으로요. 연결 리스트를 사용하면 원소를 추가하는 일이 쉽습니다. 그냥 메모리 아무 곳에나 원소를 넣고, 그 주소를 바로 앞의 원소에 저장해 놓으면 됩니다.

연결 리스트를 사용하면 원소를 옮길 일이 없습니다. 예를 들어, 다음과 같은 문제가 발생하지 않아요. 여러분이 친구 5명과 함께 인기 있는 영화를 보러 극장에 갔는데, 극장이 꽉 차서 6명이 같이 볼 수 있는 자리가 없습니다.

배열을 사용한다면 이 상황은 문제가 되죠. 예를 들어 10,000개의 자리가 있는 배열을 만들어야 하는데, 메모리에 10,000개의 공간이 있기는 하지만 10,000개가 모두 이어진 자리는 없을 수도 있습니다. 그러면 배열을 만들 수 없습니다! 하지만 연결 리스트를 사용한다면 이렇게 이야기하는 것과 마찬가지입니다. "일단 흩어져서 영화를 보자." 그러니까 배열을 만들 공간은 없어도, 연결 리스트를 만들 공간은 있는 것입니다.

이렇게 원소를 추가하기에는 연결 리스트가 좋다면, 배열이 연결 리스트보다 나은 점은 뭘까요?

배열

인기 순위 목록에서 상위 10개를 보여 주는 웹 사이트가 있다고 할 때, 이 웹 사이트는 페이지 뷰를 늘리기 위해 다음과 같은 전략을 쓸 수도 있습니다. 한 페이지에 10개를 모두 보여 주는 것이 아니라, 한 페이지에 하나만 보여 주고 '다음' 버튼을 클릭해야만 다음 순위를 보여 주는 거죠. 예를 들어 영화 속 최고의 악당 10명을 보여 주는 사이트에서 10명을 한 페이지에 모두 보여 주지 않는 겁니다. 대신 10위 악당부터 시작해서 계속 '다음' 버튼을 눌러야만 1위 악당까지 볼 수 있습니다.

이 방법은 광고할 수 있는 페이지를 10개로 늘리는 대신 보는 사람은 1위에 도달할 때까지 지루하게 '다음' 버튼을 누르고 있어야 합니다. 만약 모든 악당 목록을 한 페이지에 보여 주고, 각 악당의 이름을 클릭할 때마다 자세한 정보를 알려 준다면 훨씬 나을 겁니다.

연결 리스트에도 비슷한 문제가 있습니다. 연결 리스트에서는 마지막 원소를 보고 싶어도 바로 읽을 수 없습니다. 왜냐하면 그 주소를 바로 알 수 없으니까요. 대신에 2번 원소의 주소가 적힌 1번 원소의 주소로 가야 합니다. 그런 다음 2번 원소의 주소를 알아내어 3번 원소의 주소가 적힌 2번 원소의 주소로 갑니다. 이런 식으로 마지막 원소의 위치까지 가야 합니다. 만약 모든 원소의 값을 한 번에 읽어야 한다면 연결 리스트가 좋지만, 특정한 원소만 알고 싶다면 연결 리스트는 최악입니다.

배열array 은 다르죠. 배열에서는 모든 원소의 주소를 다 알고 있습니다. 예를 들어 배열에 다음과 같이 5개의 원소가 있고, 주소가 00부터 시작한다면 5번째 원소의 주소는 어디일까요?

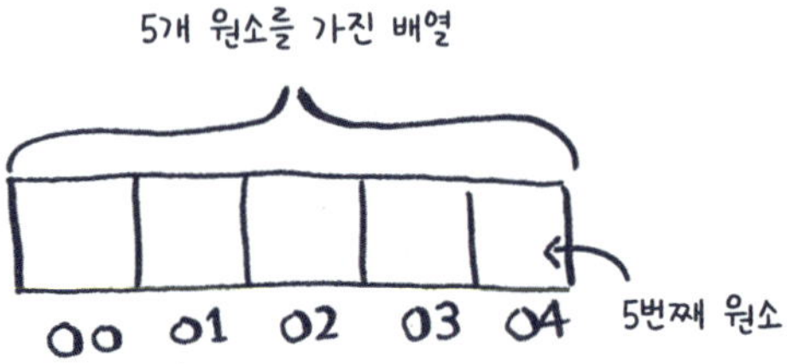

간단한 산수로 계산할 수 있습니다. 답은 04입니다. 배열은 배열 안 어떤 원소든 바로 찾을 수 있기 때문에 임의의 원소의 값을 읽는 데 최고입니다. 연결 리스트에서는 원소가 이웃하고 있지 않아서 몇 번째 원소가 어디에 있는지 바로 계산할 수 없습니다. 두 번째 원소의 주소를 알려면 첫 번째 원소로 가야 하고, 세 번째 원소의 주소를 알려면 두 번째 원소로 가야 합니다. 원하는 원소에 도착할 때까지 이것을 반복해야 합니다.

용어

배열의 원소에는 위치 번호가 붙어 있습니다. 이 위치 번호는 1이 아니라 0부터 시작합니다. 예를 들어, 다음 배열에서 20의 위치 번호는 1입니다.

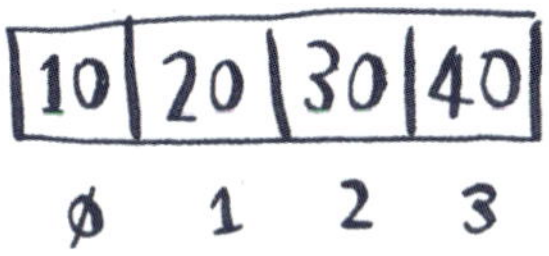

그리고 10의 위치 번호는 0입니다. 프로그래밍을 처음 시작할 때는 이 방식 때문에 혼란스럽기도 하죠. 모든 종류의 배열 기반 코드에서 시작 위치를 0으로 하면 프로그램 작성이 쉬워집니다. 그래서 프로그래머는 이 방식을 고수합니다. 거의 모든 프로그래밍 언어는 배열의 원소 위치가 0부터 시작하죠. 여러분도 곧 익숙해질 거예요.

원소의 위치를 **인덱스**index라고 합니다. 그래서 '20은 위치 1에 있다'고 말하지 않고, '20은 인덱스 1에 있다'고 말하는 것이 올바른 표현입니다. 이 책에서도 위치 대신 인덱스라고 말하겠습니다.

배열과 리스트에서 기본 연산을 하는 데 걸리는 실행 시간을 표로 정리했습니다.

	배열	리스트
읽기	O(1)	O(n)
삽입	O(n)	O(1)

O(n) = 선형 시간
O(1) = 상수 시간

질문 왜 배열에 원소를 삽입하는 데 O(n) 시간이 들까요? 만약 배열의 가장 앞부분에 원소를 삽입한다고 가정해 보세요. 어떻게 해야 하죠? 시간이 얼마나 걸릴까요? 이 질문에 대한 답을 다음 절에서 찾아보세요!

목록의 가운데에 삽입하기

지금까지는 할 일 목록의 맨 끝에 무언가를 추가했습니다. 그런데 만약 할 일 목록이 달력과 같아서 실제 해야 할 순서대로 할 일을 삽입해야 한다고 생각해 봅시다.

▲ 정렬되지 않음

▲ 정렬됨

원소를 배열이나 리스트의 중간에 삽입한다면 배열과 리스트 중 어느 것이 나을까요? 리스트는 이전 원소가 무엇을 가리키는지만 바꾸면 되므로 리스트에 삽입하는 것이 훨씬 쉽습니다.

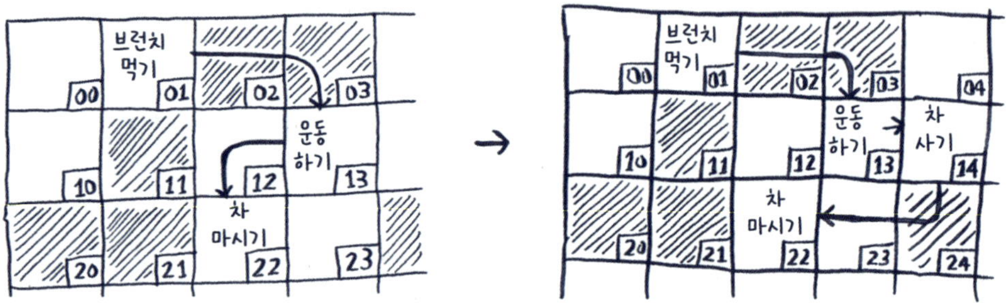

하지만 배열에서는 다음에 오는 모든 원소의 위치를 바꾸어야 하죠.

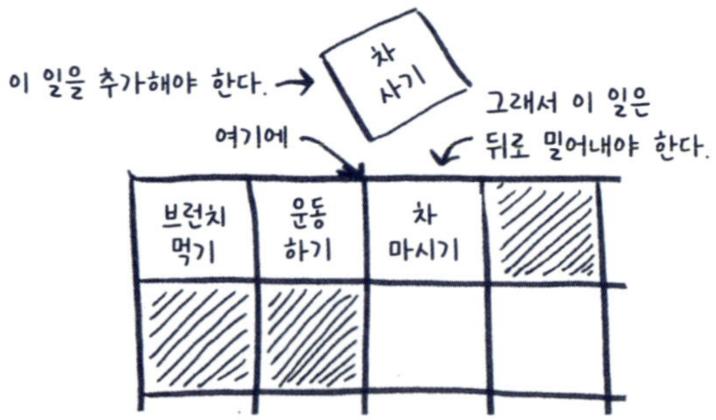

만약 공간이 부족하면 모든 원소를 새로운 장소로 복사해야 합니다! 그래서 중간에 원소를 삽입하려면 리스트가 훨씬 낫습니다.

TIP 포인터

연결 리스트에서 각 원소는 다음 원소를 가리킨다고 이야기했습니다. 하지만 도대체 어떻게 하는 걸까요? 포인터를 사용하면 됩니다.

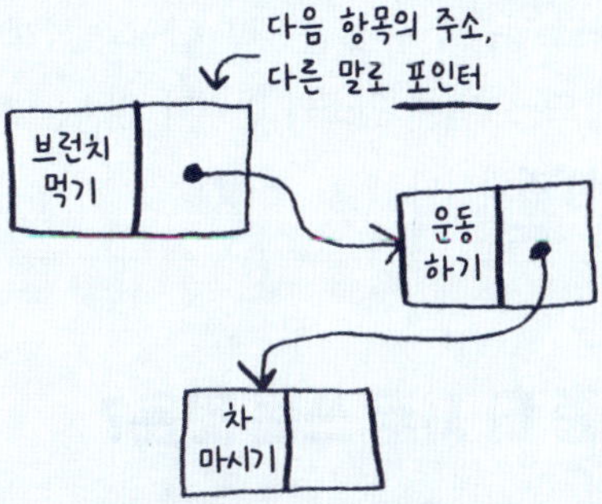

연결 리스트의 각 원소는 다음 원소의 주소를 저장하기 위해 약간의 메모리를 사용합니다. 이를 포인터(pointer)라고 합니다. 특히 C와 같은 저수준 언어를 사용하여 프로그래밍하는 경우 포인터라는 용어를 자주 접하게 되므로 그 의미를 알아 두는 것이 좋습니다.

삭제하기

만약 원소를 삭제하고 싶을 때는 어떨까요? 이 경우에도 이전 원소가 가리키는 위치만 바꾸면 되기 때문에 리스트가 더 낫습니다. 배열에서는 원소 하나만 삭제하고 싶을 때도 모든 것을 다 옮겨야 합니다.

삽입할 때와 달리 삭제할 때는 실패하는 경우가 없습니다. 삽입할 때는 가끔 메모리에 남아 있는 공간이 없어서 실패할 수도 있습니다. 하지만 원소를 삭제하는 것은 언제나 할 수 있죠.

다음은 배열과 연결 리스트의 연산에 대한 실행 시간을 표로 나타낸 것입니다.

	배열	리스트
읽기	O(1)	O(n)
삽입	O(n)	O(1)
삭제	O(n)	O(1)

여기서는 삭제하는 원소에 바로 접근할 수 있을 때만 삽입과 삭제가 O(1) 시간이 된다는 점이 중요합니다. 연결 리스트에서도 첫 번째 원소와 마지막 원소는 보통 바로 접근할 수 있기 때문에 삭제하는 데 O(1) 시간만 걸립니다.

배열과 연결 리스트 중 더 자주 쓰는 것은?

배열이 연결 리스트보다 장점이 많아서 배열을 더 자주 사용합니다. 무엇보다 배열은 임의의 위치에 있는 원소를 읽을 수 있는 **임의 접근**random access이 가능합니다.

자료에 접근하는 방식에는 임의 접근과 순차 접근이라는 두 가지 방식이 있습니다. **순차 접근**sequential access은 원소를 첫 번째부터 하나씩 읽는 것을 뜻합니다. 연결 리스트는 순차 접근밖에 할 수 없습니다. 만약 연결 리스트에 있는 10번째 원소를 읽으려면 그 앞의 9개 원소를 모두 읽어서 10번째 원소로 가는 링크를 찾아내야 합니다. 반면에 임의 접근은 10번째 원소로 바로 건너뛸 수 있습니다. 배열에서는 임의 접근이 가능합니다. 임의 접근이 필요한 경우가 많다 보니 배열을 더 자주 사용하는 겁니다.

배열에서는 임의 접근 말고도 캐싱을 사용할 수 있어서 더 빠릅니다. 아마도 여러분은 다음 그림처럼 한 번에 하나씩 원소를 읽을 거라고 생각하겠죠?

그러나 실제로 컴퓨터는 속도를 빠르게 하려고 다음처럼 전체를 한꺼번에 읽습니다.

배열에서는 이렇게 전체 원소를 한 번에 읽는 것이 가능합니다. 하지만 연결 리스트에서는 불가능하죠! 다음 원소가 어디에 있는지 모르니까요. 다음 원소의 위치를 알기 위해서는 일단 그 앞의 원소를 읽어야만 합니다.

그래서 배열은 임의 접근이 가능할 뿐 아니라 순차 접근도 더 빠릅니다!

읽기 속도는 배열이 더 낫다고 했습니다. 그러면 메모리 효율성은 어떨까요? 앞에서 배열을 사용할 때 보통은 당장 필요한 것보다 많은 메모리를 요구한다고 했죠. 이렇게 더 많이 요구되는 메모리는 그냥 낭비되는 걸까요?

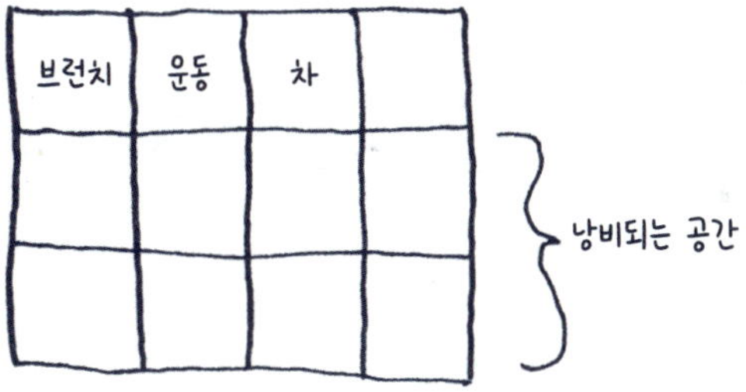

사실은 이렇게 낭비되는 공간이 연결 리스트보다 많지 않습니다. 연결 리스트를 사용하면 다음 원소의 주소를 저장해야 하기 때문에 모든 원소에서 메모리를 추가로 사용하게 됩니다. 따라서 연결 리스트에서는 각 원소의 크기가 매우 작은 경우 배열보다 더 많은 공간을 차지합니다.

다음은 같은 정보를 배열과 연결 리스트로 나타낸 것입니다. 연결 리스트가 배열보다 더 많은 공간을 차지하는 것을 볼 수 있습니다.

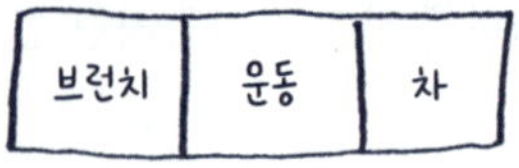

배열

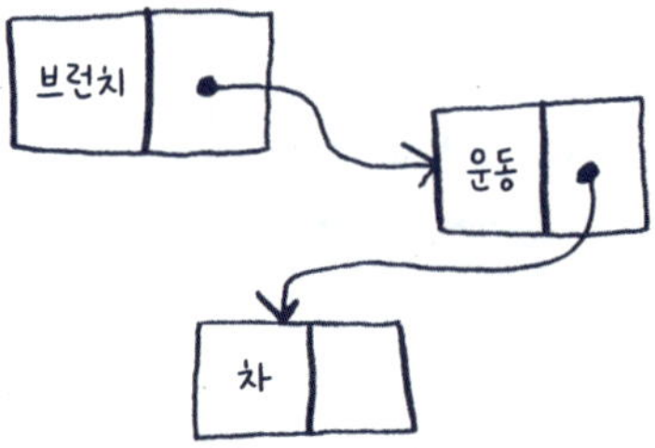

연결 리스트

물론 원소 하나하나의 크기가 크다면 포인터를 저장하는 데 사용하는 추가 메모리는 상대적으로 매우 작게 느껴질 수 있습니다.

이러한 이유로 특정한 경우를 제외하고는 연결 리스트보다 배열을 더 자주 사용합니다.

3 선택 정렬

이제 두 번째 알고리즘을 공부해 보겠습니다. 바로 **선택 정렬** selection sort 입니다. 이 절을 공부하려면 배열과 빅오 표기법을 이해하고 있어야 합니다.

여러분의 컴퓨터에 음악이 많이 저장되어 있다고 가정해 보죠. 가수별로 몇 번을 들었는지 다음과 같이 기록했습니다.

~♫~	재생 횟수
RADIOHEAD	156
KISHORE KUMAR	141
THE BLACK KEYS	35
NEUTRAL MILK HOTEL	94
BECK	88
THE STROKES	61
WILCO	111

이 목록을 가장 많이 들은 것부터 가장 적게 들은 것 순서로 정렬하여 좋아하는 가수 순위를 알고 싶다면 어떻게 해야 할까요?

한 가지 방법은 목록의 모든 항목을 살펴보고 가장 많이 들은 음악의 가수를 찾아 새로운 목록에 기록하는 것입니다.

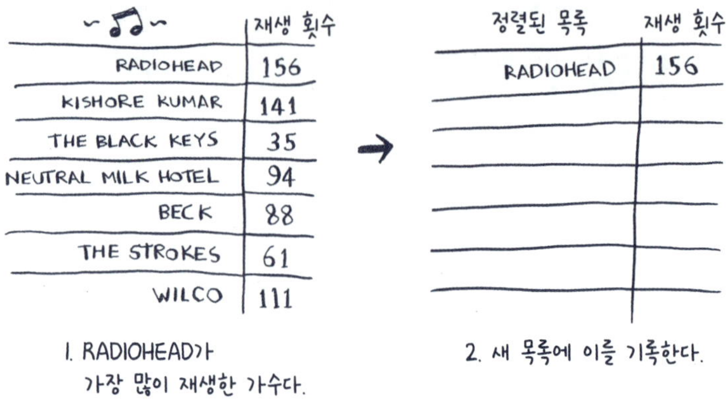

그다음으로 많이 들은 음악의 가수를 찾아서 반복합니다.

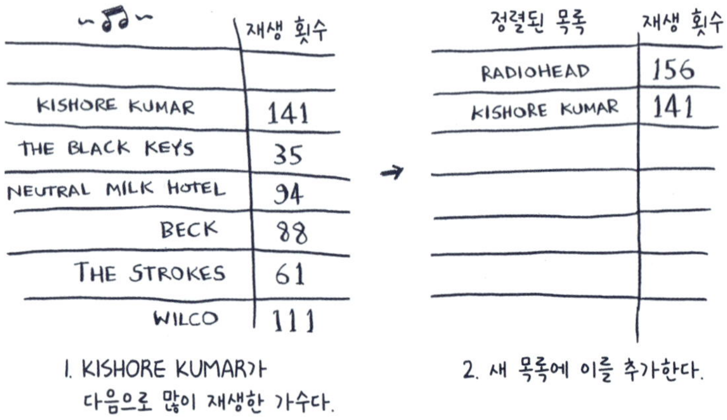

이런 식으로 반복하면 정렬된 목록을 얻을 수 있습니다.

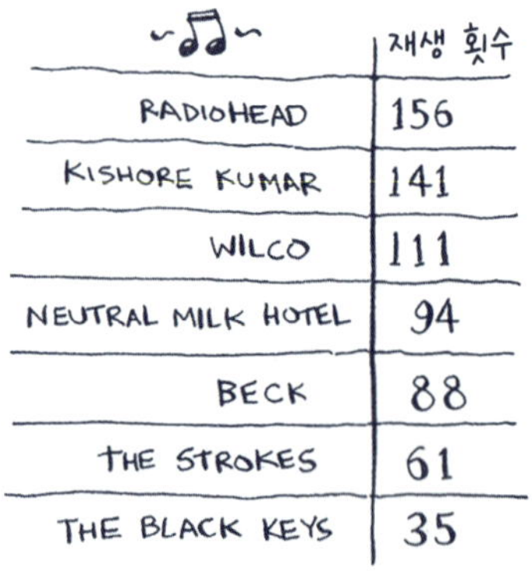

이제 컴퓨터 과학자의 입장에서 이 일을 하는 데 시간이 얼마나 걸리는지 계산해 보죠. O(n) 시간은 목록의 모든 원소를 한 번씩 건드려야 한다는 뜻임을 기억하세요. 예를 들어 단순 탐색을 할 때는 가수 목록에서 가수를 한 명씩 찾아봅니다.

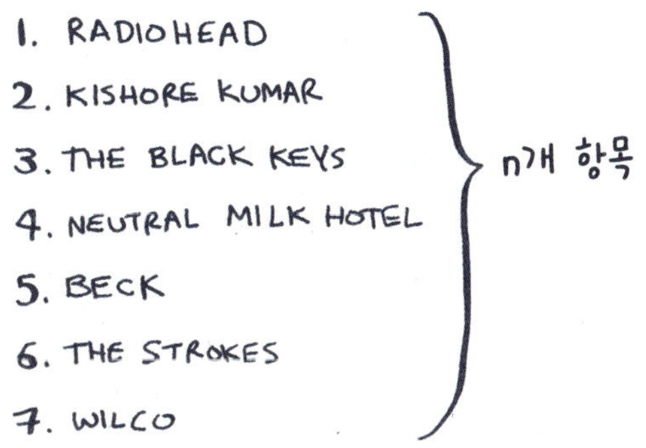

재생 횟수가 가장 많은 음악의 가수를 찾기 위해서는 목록의 모든 항목을 점검해야 합니다. 이때는 방금 보았듯이 O(n) 시간이 걸립니다. 그러니까 O(n) 실행 시간이 걸리는 연산을 n 번 해야 합니다.

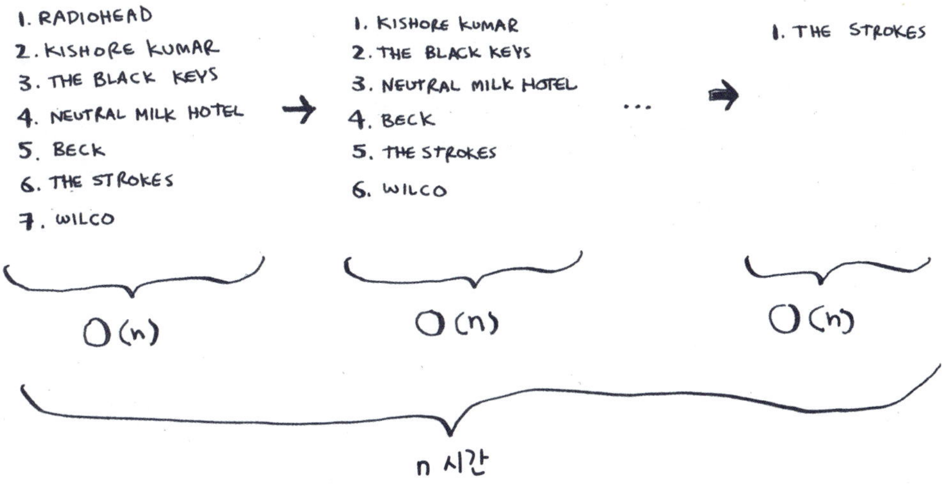

모두 합해서 $O(n \times n)$ 시간, 즉 $O(n^2)$ 시간이 걸립니다.

정렬 알고리즘은 매우 쓸모가 있습니다. 이제는 다음과 같은 항목에 대해 정렬할 수 있겠죠.

- 전화번호부의 이름
- 여행 날짜
- 이메일(새로운 것부터 오래된 것 순으로)

TIP 실행할 때마다 더 적은 항목 점검하기

아마도 앞의 설명에서 궁금한 점이 생겼을 수 있습니다. 이 연산을 할 때 실제로 점검해야 할 항목의 수는 줄어들고 있습니다. 최종적으로는 하나의 항목만 남죠. 그런데 왜 실행 시간은 $O(n^2)$일까요? 아주 좋은 질문이에요. 그 대답은 빅오 표기법의 상수와 관련이 있습니다. 자세한 설명은 4장에서 할 예정이지만 간단하게 설명해 볼게요.

실행할 때마다 n개의 항목을 모두 점검할 필요가 없다는 점은 맞습니다. 처음에는 n개의 항목을 점검하지만 다음에는 n−1, n−2, …, 2, 1로 줄어들죠. 평균적으로는 1/2×n개의 항목을 점검합니다. 실행 시간은 O(n×1/2×n)이 되겠죠. 하지만 빅오 표기법에서는 1/2과 같은 상수는 무시합니다(자세한 설명은 4장을 읽어 보세요). 그래서 O(n×n), 즉 $O(n^2)$이라고 씁니다.

선택 정렬은 깔끔한 알고리즘이지만 빠르지 않습니다. 퀵 정렬은 O(n log n) 시간밖에 걸리지 않는 더 빠른 정렬 알고리즘입니다. 4장에서 살펴보겠습니다.

4 예제 코드

음악 목록을 정렬하는 코드 대신 비슷한 코드를 구현해 보죠. 배열을 작은 정수에서 큰 정수 순서로 정렬하는 코드입니다. 우선 배열에서 가장 작은 원소를 찾는 함수를 작성합니다.

```
def findSmallest(arr):
  smallest = arr[0]          # 가장 작은 정수를 저장합니다.
  smallest_index = 0         # 가장 작은 정수의 인덱스를 저장합니다.
  for i in range(1, len(arr)):
    if arr[i] < smallest:
      smallest = arr[i]
      smallest_index = i
  return smallest_index
```

이제 이 함수를 사용해서 선택 정렬 코드를 작성합니다.

```
def selectionSort(arr):      # 배열을 정렬합니다.
  newArr = []
  copiedArr = list(arr)  // 내용을 바꾸기 전에 복사
  for i in range(len(copiedArr)):
    smallest = findSmallest(copiedArr)           # 배열에서 가장 작은 정수를 찾아서
    newArr.append(copiedArr.pop(smallest))       # 새로운 배열에 추가합니다.
  return newArr

print(selectionSort([5, 3, 6, 2, 10]))
```

2장에서 배운 내용

- 컴퓨터 메모리는 거대한 서랍장과 같습니다.
- 여러 항목을 저장하고 싶을 때는 배열이나 연결 리스트를 사용하세요.
- 배열을 쓰면 모든 항목은 이웃하는 위치에 저장됩니다.
- 연결 리스트를 쓰면 모든 항목이 흩어지지만, 각 항목이 다음 항목의 주소를 저장합니다.
- 배열은 읽기가 빠릅니다.
- 연결 리스트는 삽입과 삭제가 빠릅니다.

연습문제

1. 다음 설명을 바탕으로 물음에 답해 보세요.

1-1 가계부 앱을 개발하고 있다고 생각해 보세요. 돈을 어디에 썼는지 매일 앱에 기록합니다.

1. 식료품
2. 영화
3. SF 독서모임 회원 가입

월말이 되면 지출을 되돌아보고 소비 금액의 합계를 계산합니다. 그러니까 자료를 읽는 것보다 삽입하는 일이 훨씬 많습니다. 그럼 배열을 사용해야 할까요? 아니면 연결 리스트를 사용해야 할까요?

1-2 레스토랑에서 고객의 주문을 받아서 처리하는 앱을 만들고 있다고 가정하죠. 그 앱은 우선 주문 목록을 저장해야 합니다. 서빙 담당 직원은 이 목록에 계속 주문을 추가하고, 요리사는 목록에서 주문을 꺼내어 요리합니다.

이런 것을 주문 **큐**queue라고 합니다. 서빙 담당 직원은 큐의 뒤에 주문을 추가하고, 요리사는 큐의 앞에서 첫 번째 주문을 꺼내어 요리합니다.

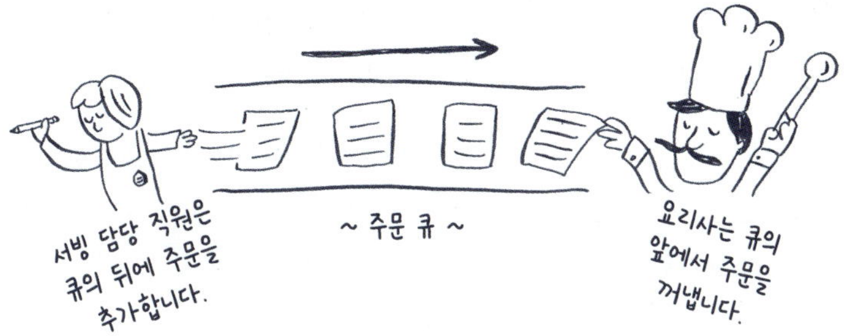

여러분은 이러한 큐를 구현하는 데 배열을 사용하겠습니까? 아니면 연결 리스트를 사용하겠습니까? **힌트** 연결 리스트는 삽입과 삭제에 좋고, 배열은 임의 접근에 좋습니다. 여기에서는 어떤 일을 해야 하죠?

연습문제

2. 사고 실험thought experiment을 해 보죠. 다음 설명을 바탕으로 물음에 답해 보세요.

2-1 페이스북이 사용자 이름 목록을 가지고 있다고 합시다. 누군가가 페이스북에 로그인하려고 하면 사용자 이름 목록에서 이름을 검색해야 합니다. 만약 사용자 이름 목록에 아이디가 없다면 로그인할 수 없겠죠.

사람들은 페이스북에 빈번하게 로그인합니다. 그럼 이름 목록 검색도 자주 이루어진다는 겁니다. 페이스북이 이 목록을 검색하기 위해 이진 탐색을 사용한다고 가정한다면, 이진 탐색을 하기 위해 임의 접근이 가능해야 합니다. 즉, 이름 목록 중간에 있는 값도 즉시 읽을 수 있어야 합니다. 이 경우에는 사용자 이름 목록을 구현하는 데 배열을 쓸까요? 아니면 연결 리스트를 쓸까요?

2-2 페이스북에는 새로운 사용자 등록도 자주 발생합니다. 만약 사용자 이름 목록을 저장하기 위해 배열을 쓰기로 했다면 삽입을 위한 배열에서 발생하는 단점은 무엇일까요? 현재 로그인할 때 이름을 찾기 위해 이진 탐색을 사용하고 있다고 가정했을 때, 이 배열에 새로운 사용자를 추가하면 어떻게 될까요?

2-3 페이스북은 사용자 정보를 저장하기 위해 배열이나 연결 리스트를 사용하지 않습니다. 다음과 같은 복합 자료구조를 생각해 봅시다. 26개 칸이 있는 배열이 있습니다. 각 칸은 각자 다른 연결 리스트를 가리키고 있습니다.

예를 들어, 배열의 첫 번째 칸은 A로 시작하는 모든 사용자 이름을 담은 연결 리스트를 가리키고, 두 번째 칸은 B로 시작하는 모든 사용자 이름을 담은 연결 리스트를 가리킵니다.

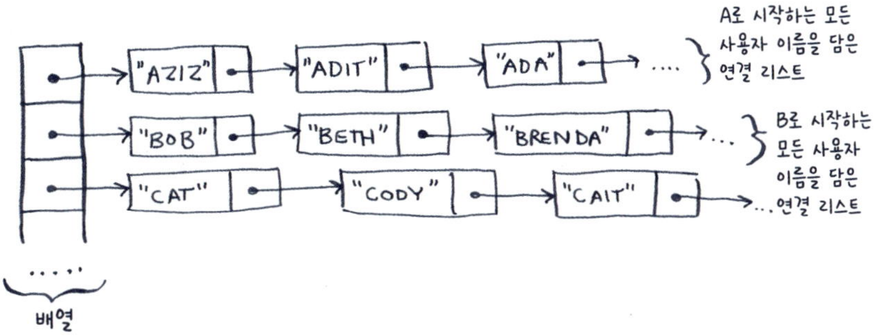

'Adit B'라는 사용자가 페이스북에 새로 등록하면 여러분은 이 이름을 리스트에 저장하기를 원하겠죠. 그러면 배열의 첫 번째 칸으로 가서 연결 리스트를 찾아 'Adit B'라는 이름을 마지막에 추가합니다. 만약 'Zakhir H'라는 이름을 검색하고 싶다면 26번째 칸으로 가서 Z로 시작되는 모든 이름을 가진 연결 리스트로 갑니다. 이 리스트를 검색하여 'Zakhir H'라는 이름을 찾습니다.

이런 복합 자료구조를 배열이나 연결 리스트와 비교해 봅시다. 검색이나 삽입을 할 때 어떤 방법이 빠를까요? 빅오 표기법까지 대답할 필요는 없고 그냥 어떤 자료구조가 빠른지, 느린지만 대답하면 됩니다.

Chapter 3

재귀

- 재귀recursion에 대해 공부합니다. 재귀는 여러 알고리즘에 쓰이는 코딩 기술로, 이 책의 나머지 장을 이해하기 위한 초석이 됩니다.
- 하나의 문제를 기본 단계base case와 재귀 단계recursive case로 나누는 방법을 배웁니다. 분할 정복divide-and-conquer 전략(4장에서 배웁니다)은 이런 간단한 개념을 사용하여 어려운 문제를 푸는 방법입니다.

1 시작하기에 앞서

이 장은 아주 흥미로운 장입니다. 우아한 문제 해결 방법 중 하나인 재귀를 다루기 때문입니다. 재귀는 필자가 좋아하는 주제 중 하나죠. 보통 사람들은 재귀를 아주 좋아하거나 아주 싫어합니다. 또는 처음에는 재귀를 아주 싫어하다가 몇 년 후에는 좋아하게 되기도 합니다. 필자는 세 번째 경우였죠. 몇 가지 조언을 드릴게요.

- 이 장에는 예제 코드가 많습니다. 직접 코드를 실행해서 어떻게 작동하는지 살펴보세요.
- 재귀 함수에 대해 설명할 텐데, 적어도 한 번은 연필과 종이를 가지고 재귀 함수가 실행되는 것을 그대로 따라가 보세요. 이렇게 말이죠. "팩토리얼에 5를 넣으면, 5와 팩토리얼에 4를 넣어서 나온 반환 값을 곱해서 반환하는데 팩토리얼에 4가 들어가면…" 하는 식으로요. 이렇게 함수의 실행을 직접 따라가다 보면 재귀 함수가 어떻게 작동하는지 공부할 수 있습니다.

이 장에는 **의사**(疑似)**코드**pseudocode 도 많이 있습니다. 의사코드란 문제와 풀이 방법을 간단한 코드 형태로 설명한 것입니다. 코드처럼 보이지만 실제로는 우리가 사용하는 말과 비슷합니다.

2 재귀

여러분이 할머니의 다락을 뒤지다가 자물쇠가 걸려 있는 비밀스러운 옷 가방을 보게 되었다고 상상해 보죠.

할머니께서는 그 옷 가방의 열쇠가 아마도 이렇게 생긴 다른 상자에 있을 거라고 말씀하셨습니다.

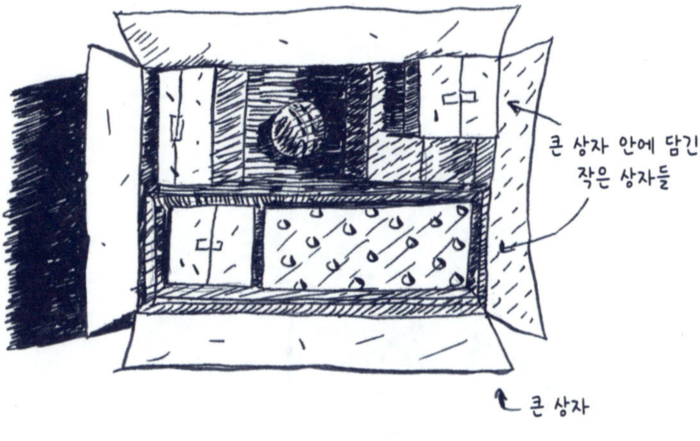

큰 상자 속에는 작은 상자들이 있고, 그 작은 상자들 안에는 더 작은 상자들이 있습니다. 열쇠는 그 상자들 속 어딘가에 있습니다. 열쇠를 찾기 위한 알고리즘은 무엇일까요? 더 읽어 나가기 전에 스스로 알고리즘을 생각해 보세요.

방법 중 하나는 다음과 같습니다.

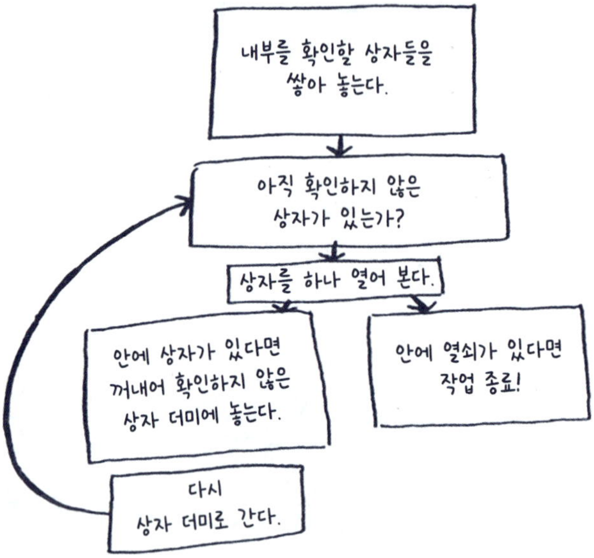

1 내부를 확인할 상자들을 쌓아 놓는다.

2 상자를 하나 열어 본다.

3 만약 안에 상자가 있다면 꺼내어 확인하지 않은 상자 더미에 놓는다.

4 만약 안에 열쇠가 있다면 작업 종료!

5 반복한다.

또 다른 방법도 있습니다.

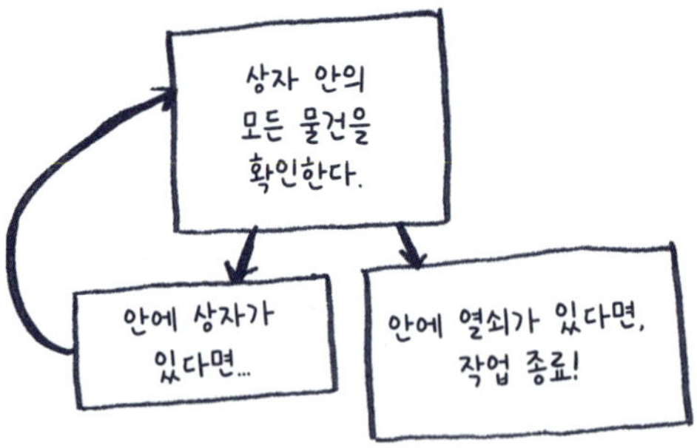

1 상자 안을 확인한다.

2 만약 안에 상자가 있다면 1단계로 간다.

3 만약 안에 열쇠가 있다면 작업 종료!

어떤 방법이 더 쉬워 보이나요? 첫 번째 방법은 while 반복문을 사용합니다. 상자 더미에 상자가 남아 있으면 상자를 살펴봅니다.

```
def look_for_key(main_box):
  pile = main_box.make_a_pile_to_look_through()
  while pile is not empty:
    box = pile.grab_a_box()
    for item in box:
      if item.is_a_box():
        pile.append(item)
      elif item.is_a_key():
        print("열쇠를 찾았어요!")
```

두 번째 방법은 **재귀**recursion를 사용합니다. 재귀란 함수가 자기 자신을 호출하는 것을 말합니다. 두 번째 방법을 의사코드로 쓰면 다음과 같습니다.

```
def look_for_key(box):
  for item in box:
    if item.is_a_box():
      look_for_key(item)   ← 반복
    elif item.is_a_key():
      print("열쇠를 찾았어요!")
```

두 방법 모두 같은 일을 하지만, 필자에게는 두 번째 방법이 더 명확해 보이네요. 재귀는 풀이를 더 명확하게 만들어 줍니다. 재귀를 쓴다고 성능이 더 나아지지는 않습니다. 사실 반복문이 더 성능이 좋은 경우가 많습니다. 이에 대해 스택 오버플로*에 있는 리 콜드웰Leigh Caldwell의 말을 인용해 보면 다음과 같습니다.

"프로그램에 반복문을 사용하면 프로그램의 성능을 향상시킬 수 있지만, 재귀를 사용하면 프로그래머의 능력을 향상시킬 수 있습니다. 상황에 따라 적절한 방법을 골라 사용하세요."

대부분의 중요한 알고리즘이 재귀를 사용하므로 재귀라는 개념을 잘 이해하는 것이 중요합니다.

* 역자주_ 프로그래머들이 코딩에 대한 질문을 주고받는 유명한 인터넷 사이트(https://stackoverflow.com)입니다.

3 기본 단계와 재귀 단계

재귀 함수는 자기 자신을 호출하기 때문에 실수로 무한 반복을 하는 함수를 만들기 쉽습니다. 예를 들어, 다음과 같이 카운트다운을 하는 함수를 만들고 싶다고 해 보죠.

```
> 3...2...1
```

여러분은 재귀를 사용하여 다음과 같은 코드를 만들 수도 있겠죠.

```
def countdown(i):
  print(i)
  countdown(i-1)

countdown(3)
```

이 코드를 실행시키면 곧 문제가 있다는 것을 눈치챌 수 있습니다. 바로 함수가 끝없이 실행되는 문제입니다!

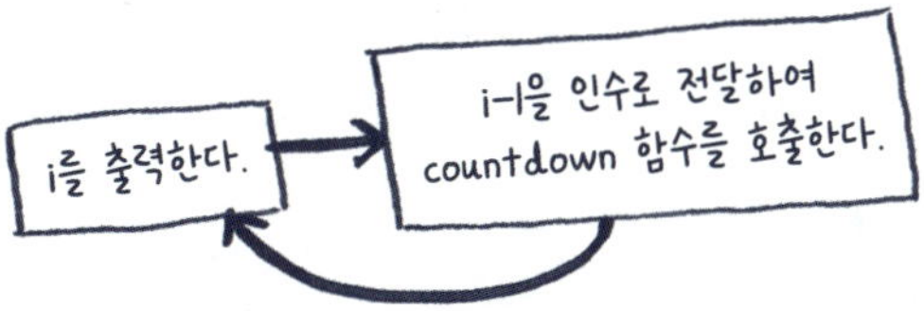

▲ 무한 반복

```
> 3…2…1…0…-1…-2…
```

(스크립트를 중지하려면 Ctrl+C를 누릅니다.)

재귀 함수를 만들 때는 언제 재귀를 멈출지 알려 줘야 합니다. 그래서 모든 재귀 함수는 **기본 단계**base case와 **재귀 단계**recursive case라는 두 부분으로 나누어져 있습니다. 재귀 단계는 함수가 자기 자신을 호출하는 부분입니다. 기본 단계는 함수가 자기 자신을 다시 호출하지 않는 경우, 즉 무한 반복으로 빠져들지 않게 하는 부분입니다.

이제 카운트다운 함수에 기본 단계 코드를 추가하죠.

```
def countdown(i):
  print(i)
  if i <= 1:          # 기본 단계
    return
  else:               # 재귀 단계
    countdown(i-1)

countdown(3)
```

이제 함수가 다음과 같이 기대한 대로 작동합니다.

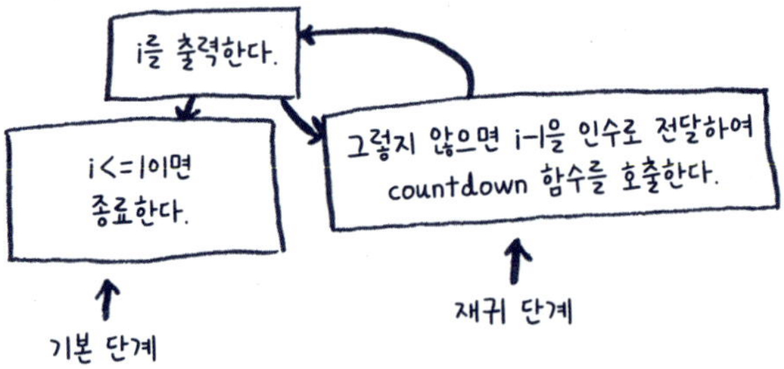

4 스택

이 절에서는 **호출 스택**call stack에 대해 다룹니다. 호출 스택은 프로그램에서 중요한 개념입니다. 호출 스택은 일반적인 프로그래밍에서도 중요하지만 재귀를 사용할 때 더욱 중요합니다.

여러분이 바비큐를 만든다고 상상해 보세요. 일단 바비큐를 준비하기 위해 할 일들을 접착식 메모지에 적어 놓습니다.

배열과 연결 리스트로 할 일 목록을 만드는 부분을 공부했을 때를 떠올려 보세요. 연결 리스트를 사용하면 항목을 어디든지 넣을 수 있었고, 어떤 항목이든 마음대로 삭제할 수 있었습니다. 접착식 메모지는 더 단순합니다. 새 항목을 추가할 때는 기존 목록 위에 덧붙입니다. 항목을 읽을 때는 가장 위에 있는 항목만 읽고 떼어 낼 수 있습니다. 그러니까 **푸시**push(삽입)와 **팝**pop(떼어 내고 읽기), 두 가지 일만 할 수 있죠.

푸시(PUSH):
가장 위에
새 항목을 추가한다.

팝(POP):
가장 위 항목을
떼어 내고 읽는다.

실제로 할 일 목록을 사용하는 것을 살펴보죠.

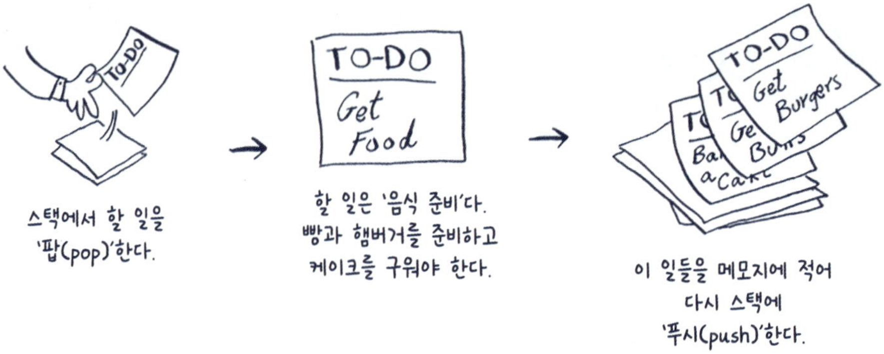

이런 자료구조를 **스택**stack이라고 합니다. 스택은 아주 단순한 자료구조입니다. 지금까지 여러분은 자신도 모르는 사이에 항상 스택을 사용하고 있었습니다!

호출 스택

컴퓨터는 호출 스택이라고 부르는 스택을 사용합니다. 어떻게 사용하는지 한번 살펴보죠. 여기에 간단한 함수가 있습니다.

```
def greet(name):
    print("hello, " + name + "!")
    greet2(name)
    print("getting ready to say bye...")
    bye()
```

이 함수는 여러분에게 인사말을 건넨 다음 다른 두 함수를 호출합니다. 여기에 그 두 함수의 코드가 있습니다.

```
def greet2(name):
    print("how are you, " + name + "?")
```

```
def bye():
    print("ok bye!")
```

이 함수를 호출하면 어떤 일이 일어나는지 하나씩 살펴보기로 하겠습니다.

NOTE print도 사실 파이썬 함수입니다. 하지만 이 예제에서는 쉽게 설명하기 위해 greet, greet2, bye만 함수라고 하겠습니다.

여러분이 `greet("maggie")`라는 함수를 호출하는 코드를 실행했다고 하죠. 그러면 우선 여러분의 컴퓨터는 이 함수 호출을 위해 메모리 상자를 하나 할당합니다.

이제 이 메모리를 사용합니다. `name`이라는 변수의 값이 `"maggie"`가 되었으므로 이 값을 메모리에 저장합니다.

여러분이 함수를 호출할 때마다 컴퓨터는 호출에 사용된 변수의 값을 모두 이런 식으로 저장합니다. 그다음에는 hello, maggie!라고 출력한 후, `greet2("maggie")` 코드로 다른 함수를 호출합니다. 이번에도 컴퓨터는 함수 호출에 필요한 또 다른 메모리 상자를 할당합니다.

컴퓨터는 이런 메모리 상자를 스택으로 사용합니다. 두 번째 상자는 첫 번째 상자 위에 올려진 상태입니다. 이제 how are you, maggie?라고 출력하고, 함수 호출 상태에서 반환return 하여 돌아와야 합니다. 함수가 반환되면 가장 위에 있는 상자는 팝 연산으로 인해 없어집니다.

이제 스택에서 가장 위에 있는 함수는 `greet` 함수가 되었습니다. 즉, `greet` 함수로 다시 돌아왔다는 뜻입니다. 사실 `greet2` 함수를 호출했을 때 `greet` 함수는 아직 실행이 완료되지 않은 상태였습니다. 이 부분이 가장 중요한 이야기입니다. 여러분은 어떤 함수를 호출하여 실행을 완료하기 전에 그 함수를 잠시 멈추고 다른 함수를 호출할 수 있습니다. 중지된 함수의 변수 값들은 모두 메모리에 저장되어 있습니다. `greet2` 함수의 실행을 완료하고 나면 `greet` 함수로 돌아가 멈추었던 위치에서 다시 실행할 수 있습니다. 이번에는 getting ready to say bye...라고 출력한 다음에 `bye` 함수를 실행합니다.

새로운 함수를 위한 메모리 상자가 스택 위에 더해집니다. 이제 ok bye!라고 출력한 다음 다시 함수 호출로부터 돌아옵니다.

이제 여러분은 다시 greet 함수로 돌아왔습니다. 더 이상 실행할 것이 없으므로 greet 함수에서도 반환하여 돌아옵니다. 이런 방식으로 여러 함수를 호출하면서 함수에 사용되는 변수를 저장하는 스택을 호출 스택이라고 합니다.

재귀 함수에서 호출 스택 사용

재귀 함수도 호출 스택을 사용합니다! 팩토리얼 함수factorial function가 어떻게 작동하는지 살펴보죠. factorial(5)는 5!이라는 뜻이고, 5!은 5×4×3×2×1로 정의되는 값입니다. 마찬가지로 factorial(3)은 3×2×1입니다. 재귀 함수를 사용해서 팩토리얼이 어떻게 계산되는지 알아봅시다.

```
def fact(x):
  if x == 1:
    return 1
  else:
    return x * fact(x-1)
```

이제 fact(3)을 호출합니다. 이 호출을 한 줄씩 따라가면서 스택이 어떻게 변하는지 살펴봅시다. 스택에서 가장 위에 있는 상자가 현재 호출하고 있는 fact 함수를 의미한다는 것을 명심하세요.

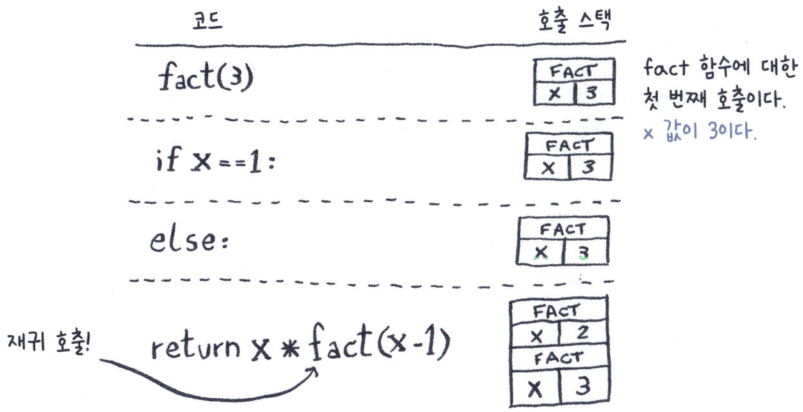

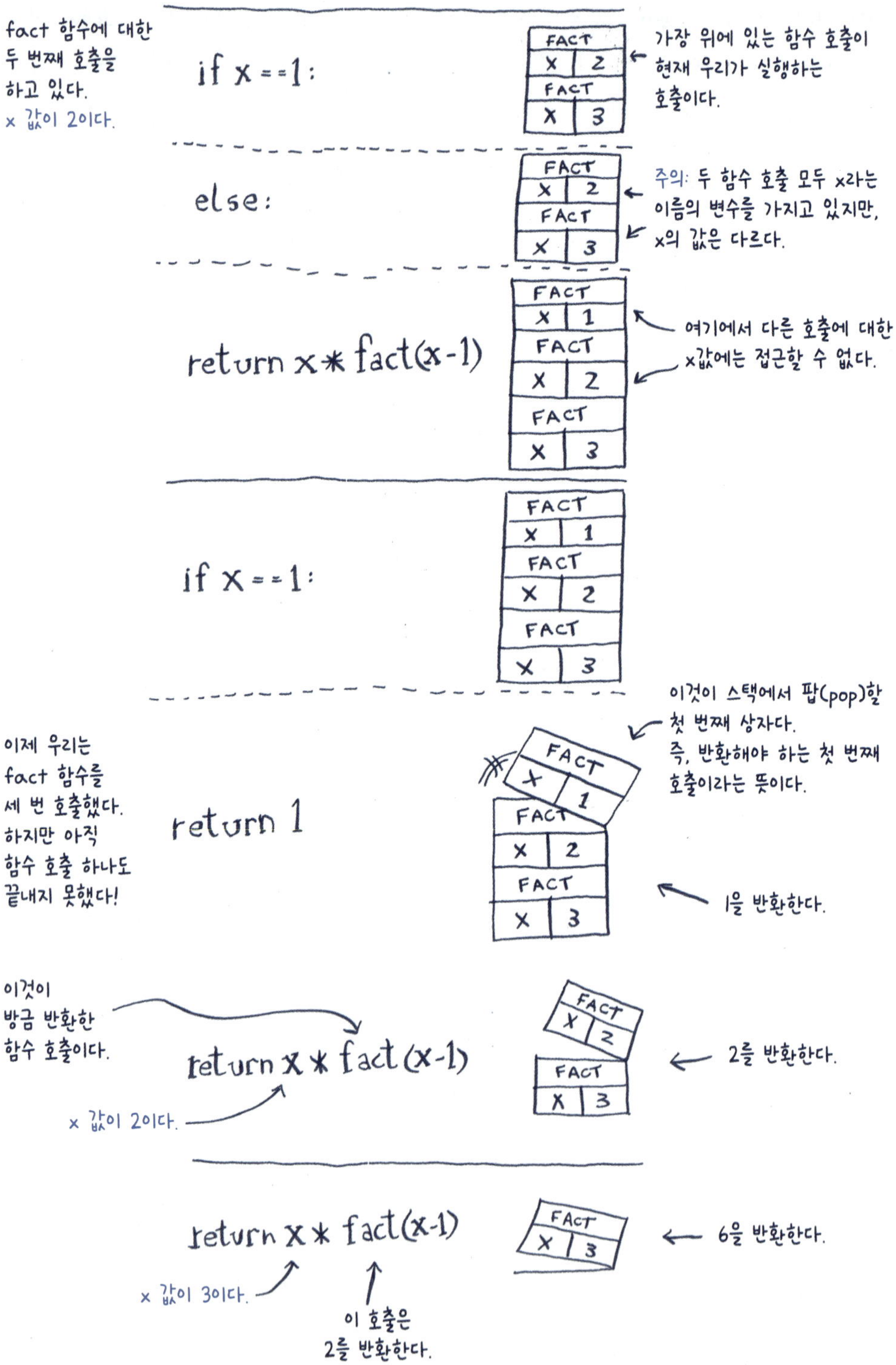

fact 함수에 대한 두 번째 호출을 하고 있다.
x 값이 2이다.
if x==1:
FACT x 2 FACT x 3
가장 위에 있는 함수 호출이 현재 우리가 실행하는 호출이다.
else:
주의: 두 함수 호출 모두 x라는 이름의 변수를 가지고 있지만, x의 값은 다르다.
return x*fact(x-1)
FACT x 1 FACT x 2 FACT x 3
여기에서 다른 호출에 대한 x값에는 접근할 수 없다.
if x==1:
이제 우리는 fact 함수를 세 번 호출했다. 하지만 아직 함수 호출 하나도 끝내지 못했다!
return 1
이것이 스택에서 팝(pop)할 첫 번째 상자다. 즉, 반환해야 하는 첫 번째 호출이라는 뜻이다.
1을 반환한다.
이것이 방금 반환한 함수 호출이다.
return x*fact(x-1)
x 값이 2이다.
2를 반환한다.
return x*fact(x-1)
x 값이 3이다.
이 호출은 2를 반환한다.
6을 반환한다.

fact 함수에 대한 각 호출이 자기만의 x 값 사본을 가지고 있다는 사실에 주의하세요. 서로 다른 함수 호출에 대한 x 값에 접근할 수 없습니다.

스택은 재귀에서 커다란 역할을 합니다. 이 장의 시작에 있던 예제에서 열쇠를 찾는 방법이 두 가지 있었죠. 다음은 첫 번째 방법을 다시 그림으로 표현한 것입니다.

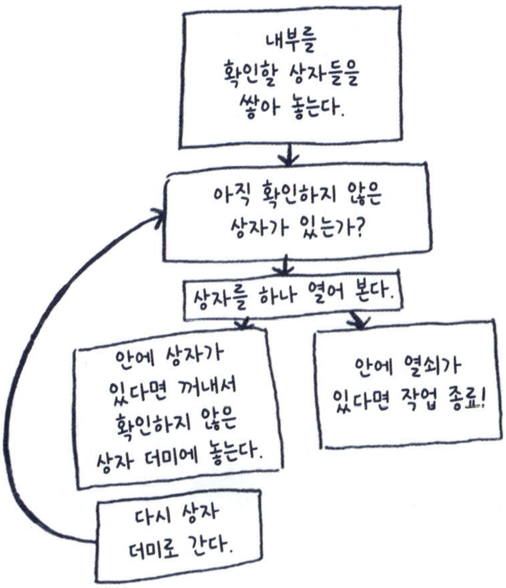

이 방식을 사용하면 확인할 상자의 더미를 만들고 어떤 상자를 더 확인해야 하는지 항상 알 수 있습니다.

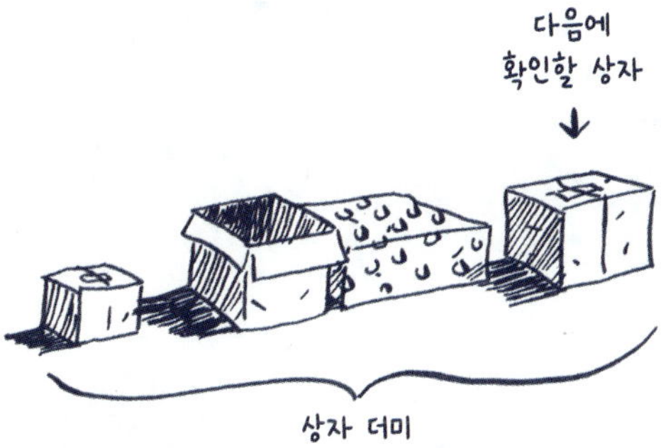

하지만 재귀적 방법에서는 상자 더미라는 것이 없습니다.

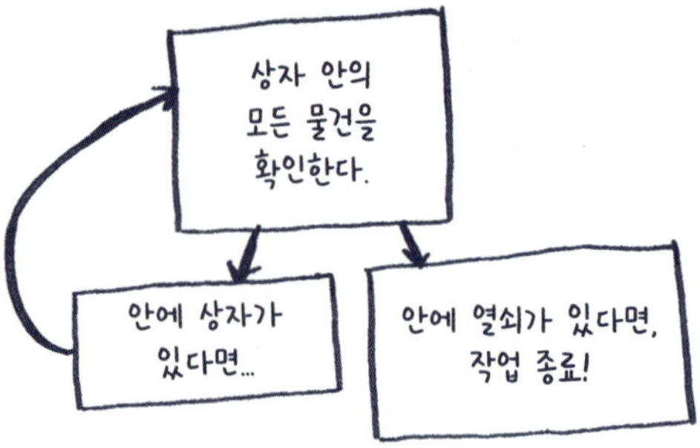

상자 더미가 없다면 알고리즘은 어떤 상자를 열어 봐야 하는지 어떻게 알 수 있을까요? 다음 그림처럼 예를 들어 보죠.

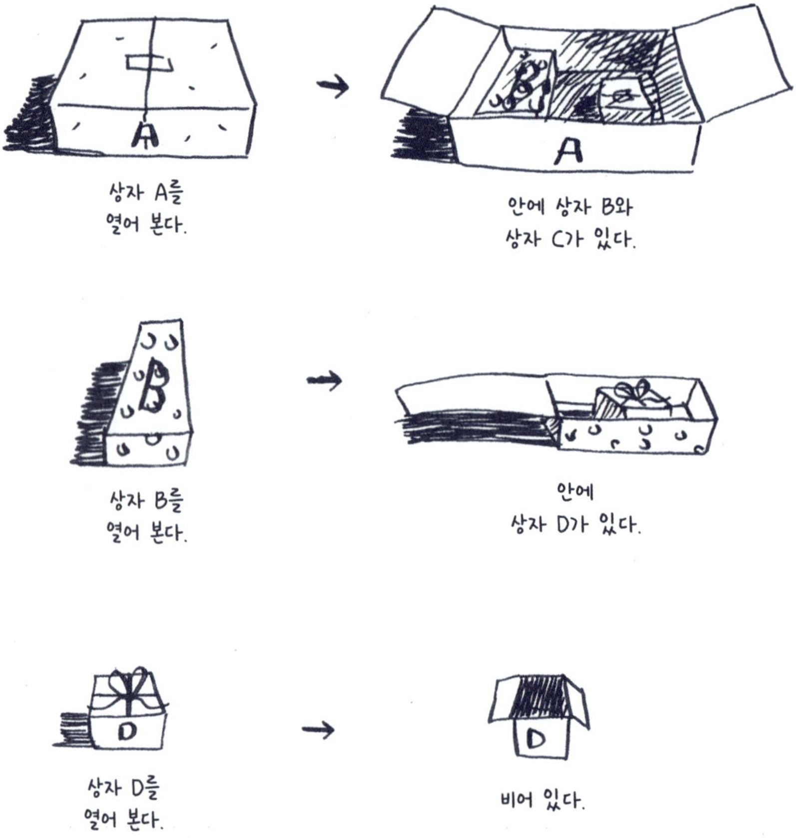

이 경우에 호출 스택은 다음과 같습니다.

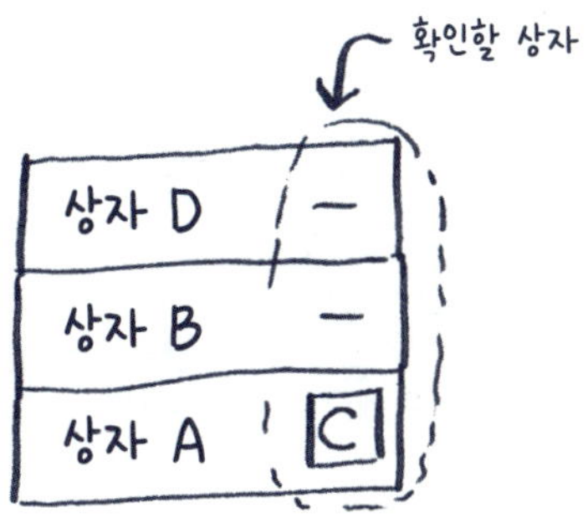

확인할 상자 더미는 스택에 저장되어 있군요! 그림에 표시된 스택은 절반쯤 완료된 함수 호출로 이루어진 스택이고, 각각에는 확인할 상자의 목록이 들어 있습니다. 스택을 사용하면 확인할 상자 더미를 여러분이 일일이 추적하지 않아도 되므로 편리합니다. 스택이 대신해 주니까요.

스택을 사용하면 편리하기는 하지만 그만큼의 대가를 치러야 합니다. 모든 정보를 저장해야 하므로 메모리를 많이 소비하죠. 함수를 호출할 때마다 메모리를 사용하게 됩니다. 스택이 너무 커졌다는 것은 컴퓨터가 과다한 함수 호출 정보를 저장하고 있다는 뜻입니다. 이렇게 되면 선택할 수 있는 방법이 두 가지 있습니다.

- 재귀 대신 반복문을 써서 코드를 다시 작성할 수 있습니다.
- 꼬리 재귀tail recursion라는 방법을 사용할 수 있습니다. 이 방법은 이 책에서 다루지 않는 고급 재귀 방법으로, 모든 프로그래밍 언어에서 지원하는 것은 아닙니다.

3장에서 배운 내용

- 재귀는 함수가 스스로를 호출하는 것입니다.
- 모든 재귀 함수는 기본 단계와 재귀 단계라는 두 부분으로 나누어져 있습니다.
- 스택에는 푸시와 팝이라는 두 가지 연산이 있습니다.
- 모든 함수 호출은 호출 스택을 사용합니다.
- 호출 스택은 너무 커질 수 있고 그러면 메모리를 엄청나게 소비하게 됩니다.

연습문제

1. 이렇게 생긴 호출 스택이 있다고 가정합시다.

이 호출 스택을 보고 어떤 정보를 알 수 있나요?
이제 재귀 함수에서 호출 스택이 어떻게 작동하는지 살펴봅시다.

2. 여러분이 어쩌다가 재귀 함수를 무한 실행하게 되었다고 가정합시다. 여러분이 앞에서 살펴봤듯이 컴퓨터는 함수를 호출할 때마다 스택에 메모리를 할당합니다. 재귀 함수를 무한 실행하면 스택에는 어떤 일이 발생할까요?

Chapter 4

퀵 정렬

- 분할 정복 divide-and-conquer 전략에 대해 공부합니다. 가끔씩 여러분이 공부한 어떤 알고리즘으로도 풀 수 없는 문제를 만날 수 있습니다. 이런 문제를 풀기 위해서는 다양한 기술을 통해 해결 방법을 알아내야 합니다. 분할 정복 전략은 여러분이 배우게 될 첫 번째 범용 기술 general technique 입니다.
- 실무에서 자주 사용되는 명쾌한 정렬 알고리즘 중 하나인 퀵 정렬 quicksort 을 공부합니다. 퀵 정렬은 분할 정복 전략을 사용합니다.

1 시작하기에 앞서

지난 장에서는 재귀에 대해 공부했습니다. 이번 장에서는 문제를 풀기 위한 새로운 기술에 초점을 맞춰 설명하겠습니다. 문제 해결 방법 중에서 가장 유명한 재귀적 기술인 **분할 정복**divide-and-conquer 전략에 대해 살펴봅시다.

이 장에서는 본격적으로 알고리즘의 핵심에 다가갑니다. 한 가지 유형의 문제만 풀 수 있다면 그 알고리즘은 유용하다고 할 수 없겠죠. 분할 정복 전략은 문제를 푸는 새로운 사고 방식을 제시합니다. 여러분의 문제 해결 도구 상자에 새로운 도구를 넣게 되는 거죠. 이제 새로운 문제에 부딪혀도 당황할 필요가 없습니다. 대신에 이렇게 질문해 보세요. "분할 정복 전략으로 이 문제를 풀 수 있을까?"

2 분할 정복

분할 정복 전략을 이해하는 데 시간이 조금 걸릴 수도 있습니다. 그래서 세 가지 예를 보여 드리려고 합니다. 우선 시각 자료를 하나 보여 드릴게요. 그다음에는 덜 아름답지만 조금 쉬운 예제 코드를 보여 드릴 것입니다. 마지막에는 분할 정복을 사용하는 정렬 알고리즘인 퀵 정렬을 설명합니다.

여러분이 농부이고, 다음 그림과 같은 농장을 가지고 있다고 가정합시다.

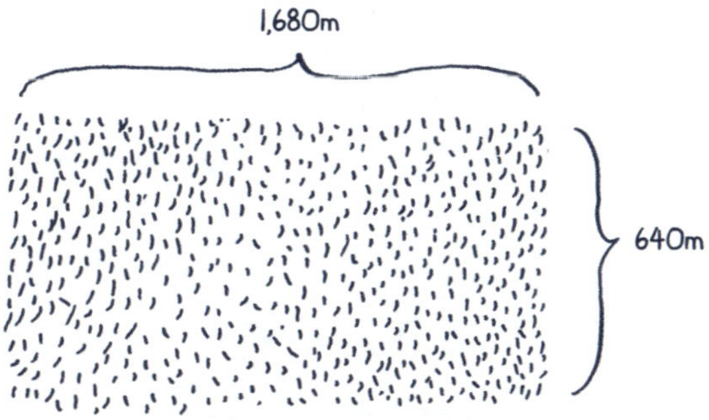

이 농장을 똑같이 생긴 정사각형 토지들로 나누고 싶습니다. 정사각형 토지의 크기는 최대한 크게 하고요. 그러니까 다음과 같이 나누는 것은 안 됩니다.

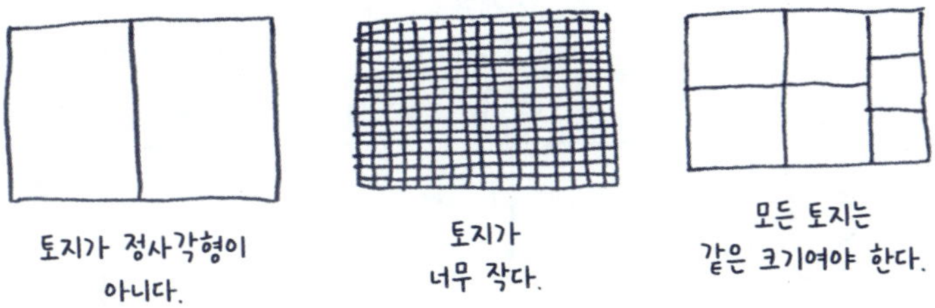

이 농장을 어떻게 똑같은 크기의 가장 큰 정사각형으로 나눌 수 있을까요? 분할 정복 전략을 사용해 봅시다! 분할 정복 알고리즘은 재귀 알고리즘입니다. 문제를 분할 정복 전략으로 풀기 위해서는 다음과 같이 두 가지 단계를 거칩니다.

1 기본 단계를 해결합니다. 이 부분은 가능한 한 간단한 문제여야만 합니다.

2 문제가 기본 단계가 될 때까지 나누거나 작게 만듭니다.

그럼 이 문제에 대해 분할 정복 전략을 적용해서 가장 큰 정사각형을 찾아봅시다.

우선 기본 단계를 풀어 봅니다. 가장 쉬운 기본 단계는 농장 한 변의 길이가 다른 변의 배수가 되는 경우입니다.

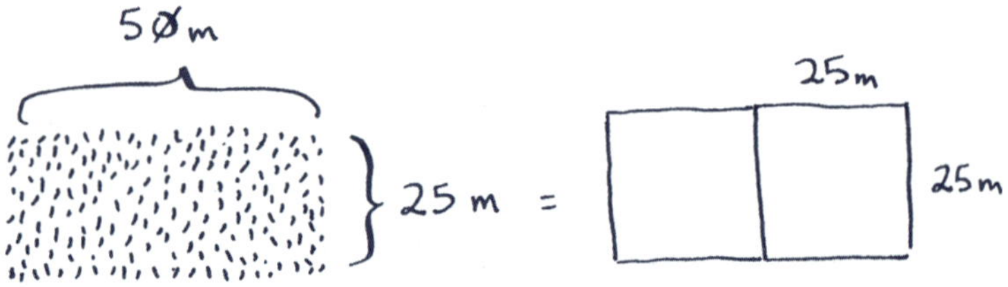

한 변의 길이가 25m이고 다른 변의 길이가 50m라고 가정합니다. 그러면 가장 큰 정사각형 토지는 25m×25m 크기입니다. 이 땅은 이러한 정사각형 두 개로 나눌 수 있습니다.

이제 재귀 단계를 풀어야 합니다. 분할 정복 전략이 활약할 타이밍입니다. 분할 정복 전략에 따르면 재귀 함수를 호출할 때마다 문제를 작게 나누어야 합니다. 여기에서는 문제를 어떻게 나눌까요? 조건에 맞는 가장 큰 상자를 알아내는 것부터 시작합니다.

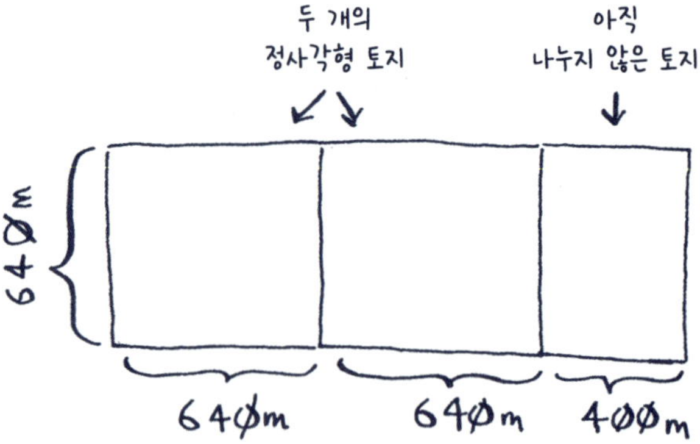

한 변의 길이가 640m인 정사각형 토지를 2개 만들 수 있지만, 아직 나누지 못한 토지가 남게 됩니다. 이제 이 문제를 푸는 핵심 아이디어가 등장합니다. 남은 토지를 나눌 때도 똑같은 방법을 사용하는 것이죠.

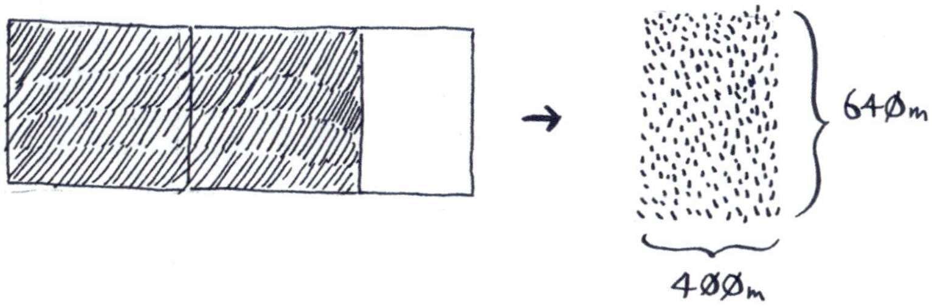

그러니까 원래는 1680m×640m 크기를 가진 농장의 토지를 나누는 문제로 시작했지만, 이제 더 작은 640m×400m 크기의 농장의 토지를 나누는 새로운 문제를 푸는 것입니다. 만약 나머지 크기의 농장에 맞는 가장 큰 정사각형을 찾으면 이 정사각형 토지 모양으로 전체 농장을 나눌 수 있습니다. 문제에서 주어진 농장의 크기가 1680m×640m가 아닌 640m×400m로 바뀐 것이죠!

TIP 유클리드 알고리즘

"만약 나머지 크기의 농장에 맞는 가장 큰 정사각형을 찾으면 이 정사각형 토지 모양으로 전체 농장을 나눌 수 있습니다."라는 말이 정말인지 명확하게 증명할 수 없어도 걱정하지 마세요. 이 증명은 쉽지 않거든요. 이 부분이 사실인지 명확하게 증명하는 것은 이 책에서 설명하기에는 조금 길고 복잡합니다. 그러니까 일단은 사실이라는 것을 믿고 진행해야 합니다. 만약 전체 증명 과정이 궁금하면 유클리드 호제법(互除法, Euclid's algorithm)에 대해 검색해 보세요. 칸 아카데미(Khan academy)에 좋은 설명이 있습니다(http://mng.bz/orm2).

똑같은 알고리즘을 다시 적용해 보죠. 640m×400m의 크기를 가진 농장으로 시작한다면 가장 큰 정사각형의 크기는 400m×400m가 됩니다.

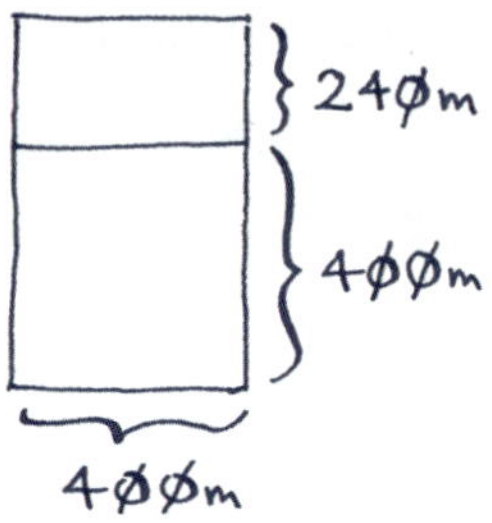

그러면 이제 남은 부분의 크기는 400m×240m입니다.

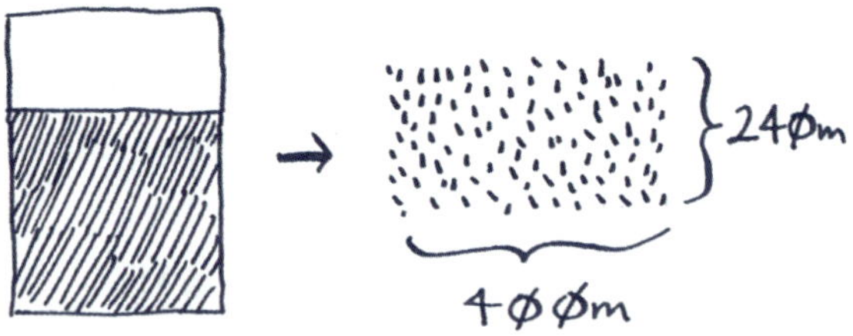

같은 방법으로 한 번 더 진행하면 나머지 240m×160m 크기의 농장에 대해서 가장 큰 정사각형을 또 찾을 수 있겠죠.

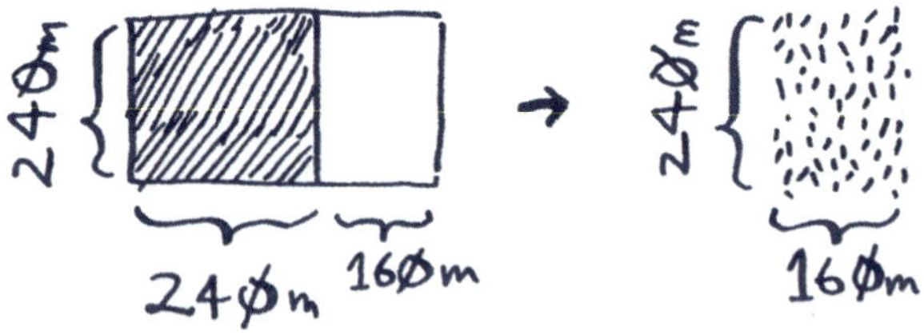

그리고 더 작아진 나머지 농장에 대해서도 정사각형을 찾을 수 있습니다.

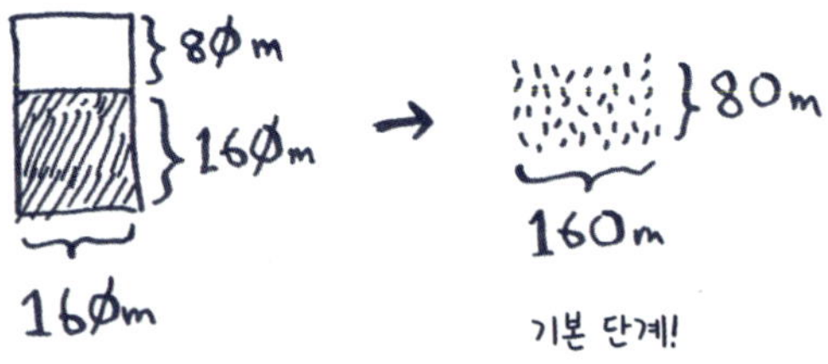

이것 보세요. 80은 160의 약수이므로 드디어 여러분은 기본 단계에 도달했습니다.

그러니까 원래의 농장을 나눌 수 있는 가장 큰 정사각형의 크기는 80m×80m인 것입니다.

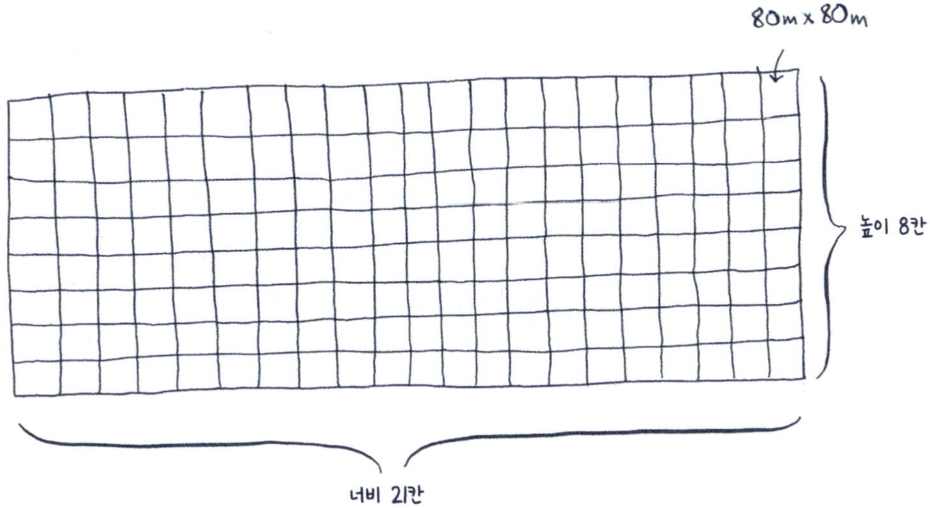

정리하자면 분할 정복 전략은 다음과 같이 작동합니다.

1 가장 간단한 경우로 기본 단계를 찾습니다.

2 여러분에게 주어진 문제를 작게 줄여서 기본 단계가 되도록 만드는 법을 찾아냅니다.

분할 정복 전략은 문제에 바로 적용할 수 있는 단순한 알고리즘이 아닙니다. 그보다는 문제를 풀기 위한 방법론에 가깝죠. 다른 예제를 하나 더 살펴보겠습니다.

여러분에게 숫자 배열이 하나 주어졌습니다.

여러분은 이 숫자들을 모두 더하여 합계를 구해야 합니다. 반복문을 사용하면 아주 간단하죠.

```
def sum(arr):
  total = 0
  for x in arr:
    total += x
  return total

print(sum([1, 2, 3, 4]))
```

재귀 함수를 사용해서 합계를 구하려면 어떻게 해야 할까요?

1단계: 기본 단계를 찾습니다. 가장 간단한 배열은 무엇일까요? 가장 간단한 경우부터 해 보죠. 만약 원소의 개수가 0개이거나 1개인 배열을 받으면 합계를 구하는 것은 간단합니다.

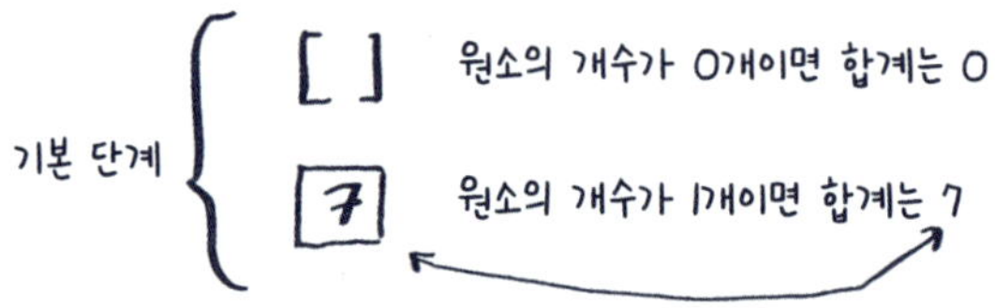

그러니까 이 경우가 기본 단계가 되겠네요.

2단계: 이제 재귀 함수를 호출할 때마다 호출 대상이 되는 배열의 크기가 점점 감소해야 합니다. 문제의 크기를 어떻게 줄일 수 있을까요? 다음과 같이 계산할 수도 있지만,

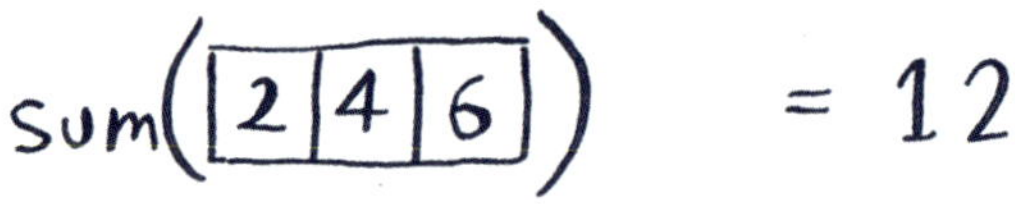

다음과 같이 계산해도 되죠.

어느 방법을 사용해도 답은 12입니다. 하지만 두 번째 방법에서는 sum 함수에 더 작은 배열을 넘깁니다. 즉, 문제의 크기를 줄였다는 말입니다!

sum 함수는 다음과 같은 방식으로 작동합니다.

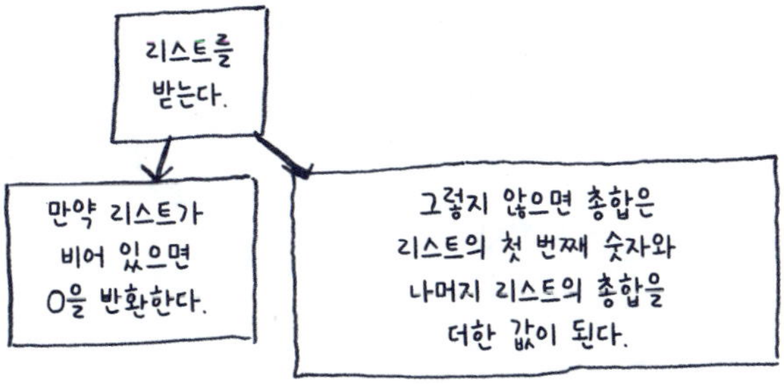

다음은 실제로 주어진 배열을 넣었을 때 작동하는 방식입니다.

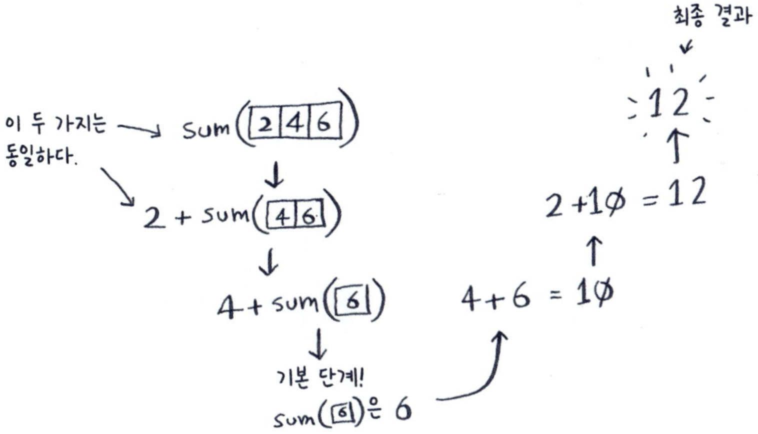

재귀에서는 상태를 추적한다는 점을 명심하세요.

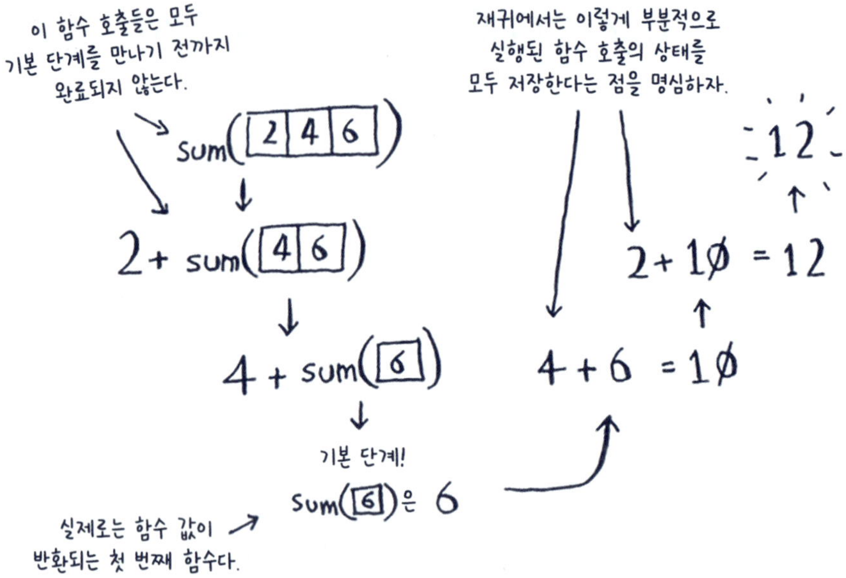

NOTE 배열을 포함하는 재귀 함수를 만들 때, 기본 단계는 보통 빈 배열이나 원소가 하나뿐인 배열이 됩니다. 만약 문제를 풀다 막히면 이 방법을 먼저 사용해 보세요.

TIP 함수형 프로그래밍 살펴보기

"반복문으로 풀 수 있는데 왜 재귀적으로 해야 하나요?" 여러분이 이렇게 물을 수도 있겠죠. 사실 이 방법은 함수형 프로그래밍(functional programming)을 살짝 맛본 거랍니다. 하스켈(Haskell)과 같은 함수형 프로그래밍 언어에는 반복문이란 것이 없습니다. 그러니 무조건 이렇게 재귀 함수를 사용해야만 하죠. 만약 재귀를 잘 이해하고 있으면 함수형 프로그래밍 언어를 익히는 것이 더 쉬워집니다. 예를 들어, 하스켈로는 합계 함수를 다음과 같이 만듭니다.

```
sum [] = 0                     -- 기본 단계
sum (x:xs) = x + (sum xs)      -- 재귀 단계
```

마치 함수 정의가 두 개 있는 것처럼 보이죠? 첫 번째 정의는 기본 단계이고, 두 번째 정의는 재귀 단계입니다. 이를 하스켈의 `if` 문으로 다시 쓰면 다음과 같습니다.

```
sum arr = if arr == []
          then 0
          else (head arr) + (sum (tail arr))
```

처음 살펴본 정의가 더 읽기 쉽죠. 하스켈에서는 재귀를 많이 사용하기 때문에 이와 같이 재귀를 쉽게 만들어 주는 특징들을 포함하고 있습니다. 여러분이 재귀를 좋아하거나 새로운 언어에 관심이 있다면 하스켈을 한번 살펴보세요.

3 퀵 정렬

퀵 정렬 quicksort 은 정렬 알고리즘입니다. 선택 정렬보다 훨씬 빠르고 실제로도 자주 사용합니다. 퀵 정렬도 마찬가지로 분할 정복 전략입니다.

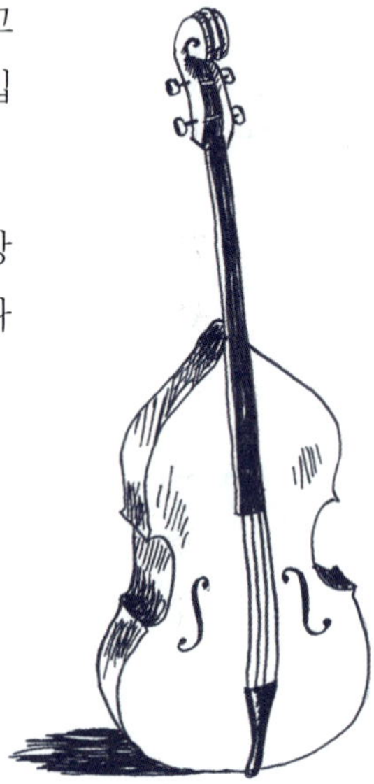

배열을 정렬하기 위해 퀵 정렬을 사용해 봅시다. 정렬하는 데 가장 간단한 배열은 무엇일까요? 지난 절에서 제가 드린 조언을 기억하나요? 맞아요. 아예 정렬할 필요도 없는 배열이 있습니다.

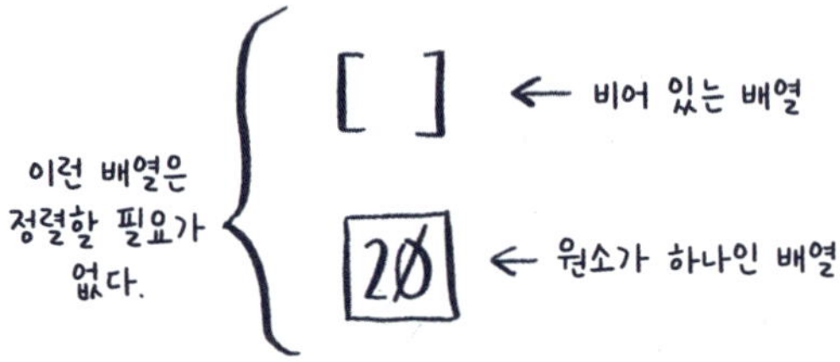

비어 있는 배열이나 원소가 하나인 배열이 기본 단계가 됩니다. 이때는 배열을 있는 그대로 반환하면 됩니다. 정렬할 것이 없죠.

```
def quicksort(array):
  if len(array) < 2:
    return array
```

더 큰 배열을 살펴봅시다. 원소가 두 개인 배열도 정렬하기 쉽습니다.

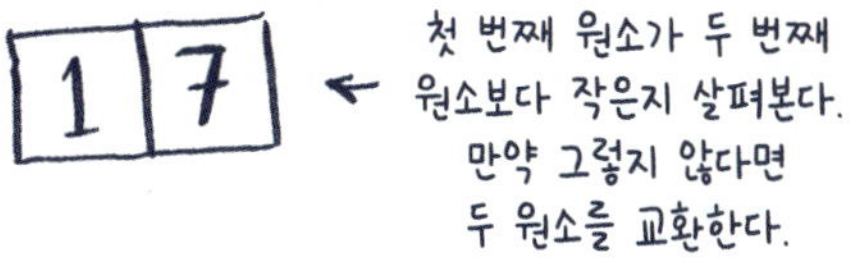

원소가 세 개인 배열은 어떨까요?

지금 여러분은 분할 정복 전략을 사용하고 있다는 것을 기억해야 합니다. 그러니까 이 배열을 기본 단계가 될 때까지 나눠야 하는 거죠. 퀵 정렬은 다음과 같이 작동합니다. 우선 배열에서 원소 하나를 고릅니다. 이 원소를 **기준 원소**pivot라고 합니다.

기준 원소를 어떻게 선택하는지는 나중에 설명하겠습니다. 지금은 일단 배열의 첫 번째 원소가 기준 원소라고 합시다.

이제 모든 원소를 기준 원소보다 작은 원소와 큰 원소로 분류합니다.

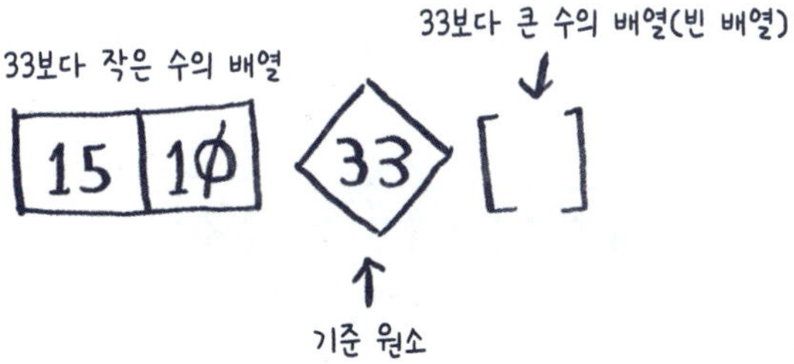

이것을 **분할**partitioning이라고 합니다. 이제 여러분 앞에 있는 것은 다음과 같습니다.

- 기준 원소보다 작은 숫자들로 이루어진 하위 배열sub-array
- 기준 원소
- 기준 원소보다 큰 숫자들로 이루어진 하위 배열

이 두 개의 하위 배열은 정렬되어 있지 않습니다. 단지 분할되어 있을 뿐이죠. 하지만 만약 이들이 정렬되어 있다면 전체 배열을 정렬하는 일은 아주 쉽습니다.

만약 하위 배열들이 정렬되어 있으면 **왼쪽 배열 + 기준 원소 + 오른쪽 배열**과 같이 배열들을 합칠 수 있습니다. 그러면 전체는 정렬된 배열이 됩니다. 위의 경우에는 [10, 15] + [33] + [] = [10, 15, 33]으로 정렬된 배열이 되죠.

그러면 하위 배열은 어떻게 정렬해야 할까요? 퀵 정렬의 기본 단계에서 원소가 없는 빈 배열(오른쪽의 하위 배열)이나 원소의 개수가 두 개인 배열(왼쪽의 하위 배열)을 정렬하는 방법은 이미 알고 있습니다. 그러니까 이 두 하위 배열에 대해서 퀵 정렬을 호출하고, 그 결과를 합치면 전체 배열이 정렬됩니다.

```
quicksort([15, 10]) + [33] + quicksort([])
> [10, 15, 33]   ← 정렬된 배열
```

이 방법은 기준 원소가 어떤 것이라도 작동합니다. 15를 기준 원소로 골랐다고 가정해 보죠.

두 하위 배열은 각각 원소를 한 개씩만 가지고 있습니다. 이런 하위 배열을 정렬하는 방법은 이미 알고 있죠? 그러면 여러분은 원소가 세 개인 배열을 정렬하는 방법도 알고 있는 겁니다. 방법은 다음과 같습니다.

1. 기준 원소를 고릅니다.
2. 배열을 기준 원소보다 작은 원소의 배열과 기준 원소보다 큰 원소의 배열, 이렇게 두 하위 배열로 분할합니다.
3. 하위 배열에 대해 재귀적으로 퀵 정렬을 호출합니다.

만약 배열의 원소의 개수가 4개이면 어떨까요?

33을 기준 원소로 골랐다고 가정합시다.

왼쪽의 배열은 원소가 3개입니다. 여러분은 이미 원소의 개수가 3개인 배열을 정렬하는 법을 알고 있으므로 재귀적으로 퀵 정렬을 호출하면 됩니다.

이제 여러분은 원소의 개수가 4개인 배열도 정렬할 수 있습니다. 원소의 개수가 4개인 배열을 정렬할 수 있으면 원소의 개수가 5개인 배열도 정렬할 수 있습니다. 왜일까요? 배열의 원소가 다음과 같다고 가정합시다.

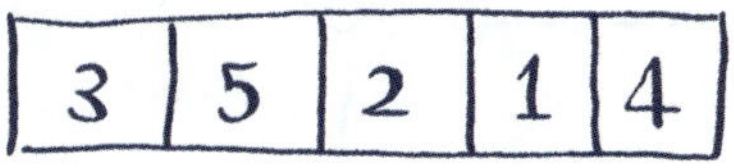

이 배열을 분할할 수 있는 방법은 기준 원소를 무엇을 고르느냐에 따라 다음처럼 달라질 수 있습니다.

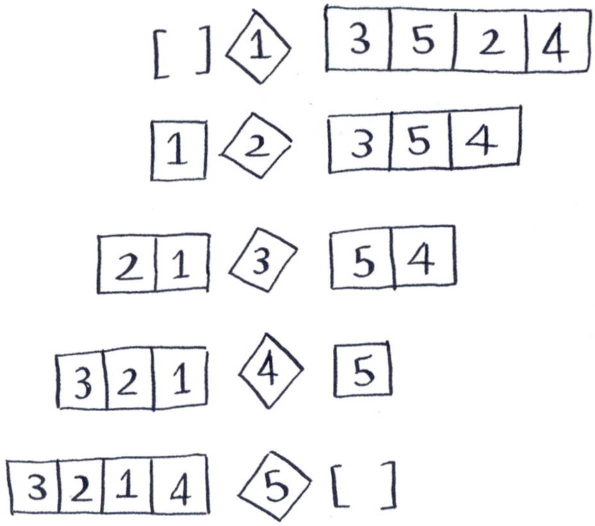

모든 하위 배열들이 0개부터 4개까지의 원소를 가진 것을 알 수 있습니다. 그리고 여러분은 퀵 정렬을 사용하여 원소의 개수가 0부터 4인 배열을 정렬하는 방법을 이미 알고 있습니다! 그러니까 어떤 원소를 기준 원소로 고르든 두 하위 배열에 재귀적으로 퀵 정렬을 호출하면 됩니다.

예를 들어, 기준 원소로 3을 고르면 다음과 같은 하위 배열에 대해 퀵 정렬을 호출합니다.

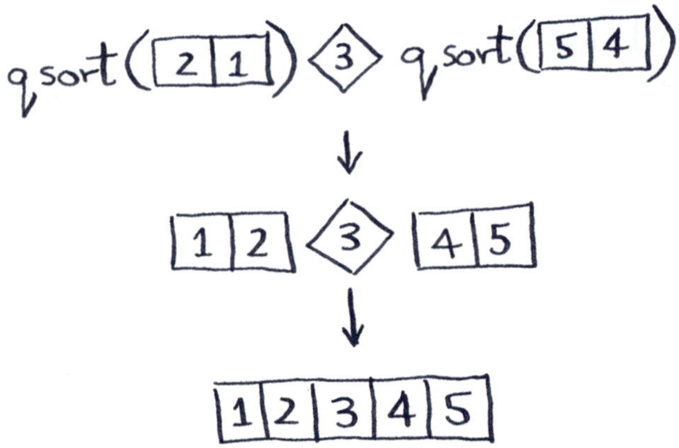

하위 배열들이 정렬되면 합쳐서 전체 배열을 정렬합니다. 기준 원소로 5를 고르더라도 마찬가지입니다.

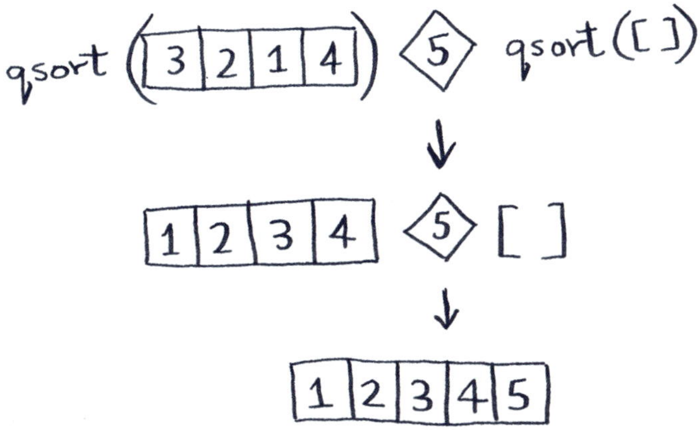

기준 원소로 무엇을 고르더라도 마찬가지로 작동하죠. 따라서 5개의 원소를 가진 배열도 정렬할 수 있습니다. 이와 같은 논리로 원소가 6개인 배열도 정렬할 수 있습니다.

TIP 귀납적 증명

여러분은 방금 귀납적 증명(Inductive proof)을 살짝 맛보았습니다! 귀납적 증명은 알고리즘이 제대로 작동하는지 증명하는 방법 중 하나입니다. 귀납적 증명에도 기본 단계(base case)와 귀납 단계(inductive case)라는 두 단계가 필요합니다. 많이 듣던 용어죠? 예를 들어 사다리 끝에 올라갈 수 있다는 것을 증명하고 싶다고 가정합시다. 귀납 단계에서는 내 다리가 사다리의 어떤 계단에 있으면 다음 계단에도 다리를 올려 놓을 수 있습니다. 그러니까 만약 두 번째 계단에 있으면 세 번째 계단에도 오를 수 있는 거죠. 이것이 귀납 단계입니다. 기본 단계에서는 내 다리가 첫 번째 계단에 있다고 하는 것입니다. 그러니까 한 번에 한 계단씩 모든 계단을 오를 수 있죠.

퀵 정렬에 대해서도 비슷한 논리를 주장할 수 있습니다. 기본 단계에서는 알고리즘이 가장 기본적인 경우, 즉 배열의 크기가 0이나 1인 경우에 대해 알고리즘이 작동한다는 것을 보여 줍니다. 귀납 단계에서는 퀵 정렬이 크기가 1인 배열에 대해 작동하면 크기가 2인 배열에 대해서도 작동한다는 것을 보여 줍니다. 마찬가지로 크기가 2인 배열에 대해 작동하면 크기가 3인 배열에 대해서도 작동하고, 이렇게 모든 크기의 배열에 대해 퀵 정렬이 작동한다고 말할 수 있습니다. 여기에서는 귀납적 증명에 대해 더 이상 깊이 들어가지는 않겠습니다. 다만 귀납적 증명은 흥미로운 주제일 뿐 아니라 분할 정복 전략과 함께 사용되기도 함을 알아 둡시다.

다음은 퀵 정렬을 구현한 코드입니다.

```
def quicksort(array):
  if len(array) < 2:        # 기본 단계: 원소의 개수가 0이나 1이면 이미 정렬되어 있는 상태
    return array
  else:
    pivot = array[0]        # 재귀 단계
    less = [i for i in array[1:] if i <= pivot]        # 기준 원소보다 작거나 같은 모든 원소로 이루어진 하위 배열
    greater = [i for i in array[1:] if i > pivot]      # 기준 원소보다 큰 모든 원소로 이루어진 하위 배열
    return quicksort(less) + [pivot] + quicksort(greater)

print(quicksort([10, 5, 2, 3]))
```

4 빅오 표기법 복습

퀵 정렬은 여러분이 선택한 기준 원소에 따라 처리 속도가 달라진다는 특징이 있습니다. 더 자세히 설명하기 전에 가장 일반적인 빅오 실행 시간 유형을 다시 살펴보겠습니다.

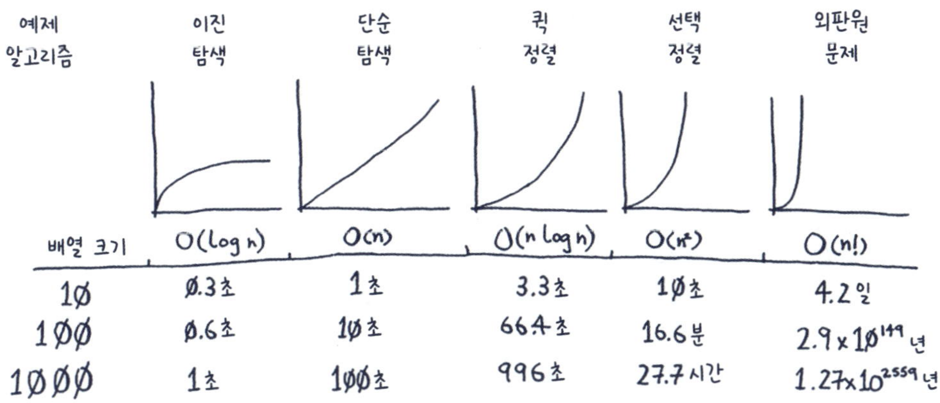

▲ 이 추정치는 1초에 10번 연산할 수 있는 느린 컴퓨터를 기준으로 했다.

여기에서는 초당 10번 연산하는 경우로 예를 든 것이므로 정확하진 않습니다. 다만 실행 시간이 어떻게 다른지 간략하게 보여 줄 뿐입니다. 사실 여러분의 컴퓨터는 초당 10번보다 훨씬 많은 연산을 할 수 있습니다.

각 알고리즘에 해당하는 실행 시간을 예로 들어 놓았습니다. 2장에서 공부한 선택 정렬은 $O(n^2)$ 실행 시간이죠. 매우 느린 알고리즘입니다.

병합 정렬merge sort이라고 부르는 정렬 알고리즘도 있는데, 이 알고리즘의 실행 시간은 $O(n \log n)$입니다. 훨씬 빠르죠! 퀵 정렬의 실행 시간은 좀 복잡한데, 사실 최악의 경우에는 $O(n^2)$이 될 수도 있습니다.

이 경우에는 선택 정렬만큼 느리죠! 하지만 이것은 어디까지나 최악의 경우를 말한 것이고, 평균적인 경우 실행 시간은 O(n log n)입니다. 그렇다면 다음과 같은 것들이 궁금해질 겁니다.

- 여기에서 최악의 경우와 평균적인 경우란 무엇을 뜻하나요?
- 만약 퀵 정렬이 평균적인 경우 O(n log n)이라면 병합 정렬은 항상 O(n log n)인가요? 그럼 왜 병합 정렬을 쓰지 않나요? 훨씬 빠르잖아요?

병합 정렬과 퀵 정렬 비교

리스트에 있는 모든 원소를 출력하는 간단한 함수가 있다고 합시다.

```
def print_items(myList):
  for item in myList:
    print(item)
```

이 함수는 리스트에 있는 모든 원소를 훑어보고 하나씩 출력합니다. 리스트 전체에 대해 반복문을 실행하므로 이 함수의 실행 시간은 O(n)입니다. 이번에는 원소를 출력하기 전에 1초 동안 대기하도록 이 함수를 다음과 같이 바꿔 보겠습니다.

```
from time import sleep
def print_items2(myList):
  for item in myList:
    sleep(1)
    print(item)
```

이제 하나의 원소를 출력하기 전에 1초 동안 멈춰 있을 겁니다. 두 함수를 사용해서 원소가 5개 있는 리스트를 출력한다고 가정해 봅시다.

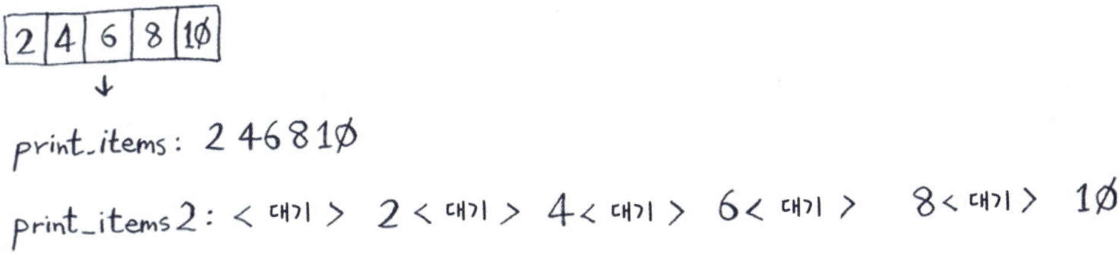

두 함수 모두 리스트를 한 번만 훑어보기 때문에 똑같이 O(n) 실행 시간이 걸립니다. 실제로는 어느 쪽이 더 빠를까요? `print_items`가 원소 출력 전에 1초 동안 기다리지 않기 때문에 훨씬 빠르겠죠. 빅오 표기법으로는 두 함수 모두 같은 속도를 가지지만, 실제로는 `print_items`가 더 빠릅니다. O(n)과 같은 빅오 표기법을 사용한다는 것은 이런 의미입니다.

c는 여러분의 알고리즘이 소비하는 어떤 특정한 시간으로, 이를 상수[constant]라고 부릅니다. 예를 들어, `print_items` 함수는 10밀리초×n 시간이 걸리고, `print_items2` 함수는 1초×n 시간이 걸리죠.

만약 두 알고리즘의 실행 시간이 서로 다른 빅오 표기법이라면 상수는 크게 문제가 되지 않기 때문에 이런 상수는 보통 무시합니다. 이진 탐색과 단순 탐색을 예로 들어 보죠. 두 알고리즘 모두 다음과 같은 상수를 가진다고 가정합니다.

아마도 여러분은 이걸 보고 "우와! 단순 탐색은 10밀리초의 상수를 가지는데, 이진 탐색은 1초의 상수를 가지네. 단순 탐색이 훨씬 빨라!"라고 말할지도 모릅니다. 그런데 40억 개의 원소를 가진 리스트를 탐색한다고 가정해 봅시다. 탐색에 걸리는 시간은 다음과 같습니다.

단순 탐색	10밀리초 * 4억 개	=	463일
이진 탐색	1초 * 32개	=	32초

이제 이진 탐색이 훨씬 빠른 것을 알 수 있습니다. 그러니까 상수는 전혀 문제가 되지 않는 거죠.

가끔은 상수 때문에 차이가 발생하기도 합니다. 퀵 정렬과 병합 정렬이 그 예입니다. 퀵 정렬이 병합 정렬보다 더 작은 상수를 가집니다. 그래서 실행 시간이 O(n log n)으로 동일하다면 퀵 정렬이 더 빠릅니다. 그리고 퀵 정렬을 사용할 때 최악의 경우보다는 평균적인 경우가 훨씬 많이 발생하기 때문에 현실에서는 퀵 정렬이 더 빠르죠.

그럼 이제 여러분이 궁금한 건 무엇이 평균적인 경우이고, 무엇이 최악의 경우인가 하는 것이겠죠? 이에 대해 살펴보겠습니다.

평균적인 경우와 최악의 경우 비교

퀵 정렬의 성능은 여러분이 선택한 기준 원소에 크게 의존합니다. 만약 첫 번째 원소를 항상 기준 원소로 선택한다고 해 보세요. 그리고 이미 정렬되어 있는 배열에 대해 퀵 정렬을 호출해 보세요. 퀵 정렬은 입력으로 주어진 배열이 이미 정렬되어 있는지 아닌지는 확인하지 않기 때문에 그냥 정렬하려고 할 겁니다.

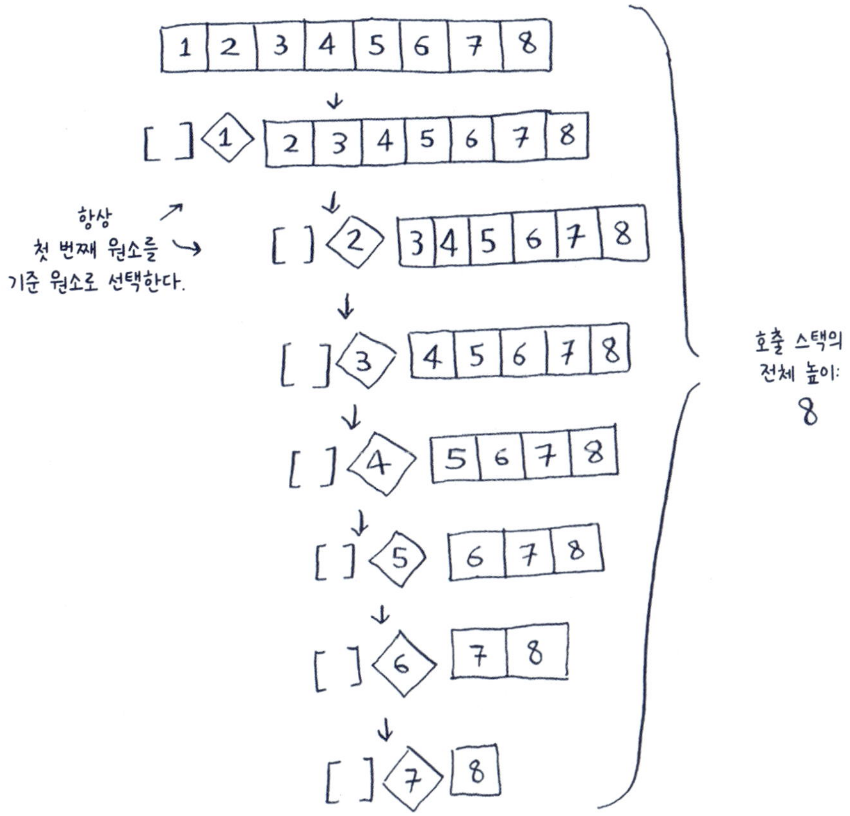

배열을 절반으로 나누지 않고 진행하는 것을 볼 수 있습니다. 두 개의 하위 배열 중 하나는 항상 빈 배열이죠. 그래서 호출 스택이 아주 길어집니다. 이번에는 정 가운데 있는 원소를 항상 기준 원소로 선택한다고 가정해 볼게요. 호출 스택이 다음과 같아지는 것을 볼 수 있습니다.

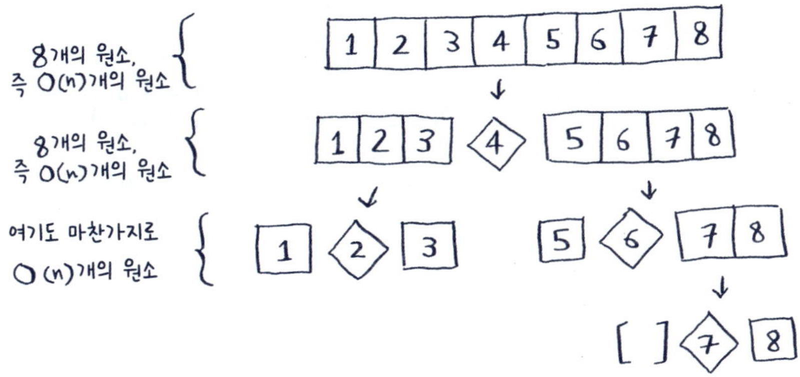

정말 짧아졌죠! 매번 배열을 절반으로 나누기 때문에 재귀 호출을 많이 할 필요가 없습니다. 기본 단계에 더 빨리 도달하기 때문에 호출 스택이 짧아집니다.

여러분이 본 첫 번째 예제는 최악의 경우를 나타내는 시나리오입니다. 그리고 두 번째 경우가 최선의 경우를 나타내는 시나리오죠. 최악의 경우에는 스택의 크기가 O(n)이 됩니다. 하지만 최선의 경우에는 스택의 크기가 O(log n)이 되죠. 이것이 최악의 경우와 평균적인 경우의 실행 시간에 어떤 영향을 미치는지 알아봅시다.

스택의 첫 번째 단계를 살펴보겠습니다. 기준 원소로 원소 하나를 선택하면 나머지 원소들은 두 개의 하위 배열로 나누어 집니다. 이렇게 나누기 위해서는 8개의 원소를 모두 기준 원소와 비교해야 합니다. 이 작업에는 O(n)의 실행 시간이 걸립니다. 사실은 호출 스택의 첫 번째 단계뿐 아니라 이후의 모든 호출 스택에서도 O(n)개의 원소를 비교해야 합니다.

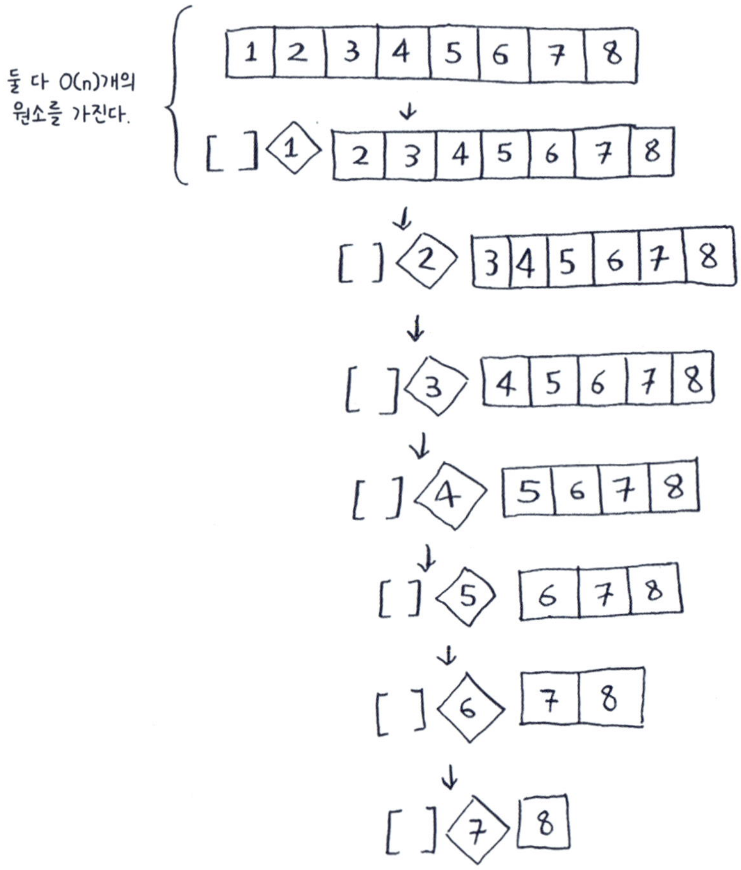

배열을 다르게 분할한다고 해도 여전히 매번 O(n)개의 원소를 모두 비교해야 하는 것은 마찬가지입니다.

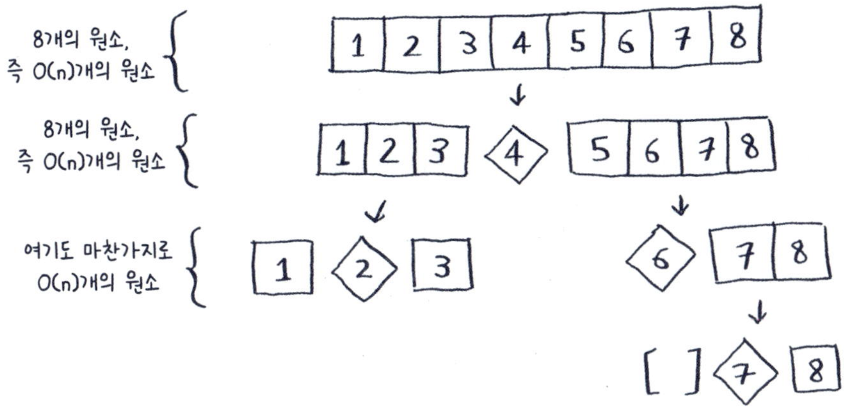

이 예에는 O(log n) 단계가 있습니다(정확히 기술적으로 표현하자면 호출 스택의 높이는 O(log n)입니다). 그리고 각 단계는 O(n) 시간이 걸립니다. 따라서 전체 알고리즘은 O(n)×O(log n)=O(n log n) 시간이 걸립니다. 이것이 최선의 경우입니다.

최악의 경우에는 O(n)개의 단계가 있으므로 전체 알고리즘은 O(n)×O(n)=O(n^2) 시간이 걸립니다.

그런데 퀵 정렬에서는 일반적인 경우에도 최선의 경우와 같은 실행 속도를 가집니다. 만약 기준 원소를 전체 배열에서 무작위로 선택한다면 퀵 정렬은 평균적으로 O(n log n) 실행 시간을 가지죠(한 가지 예외가 있습니다. 만약 배열 내 모든 원소의 값이 같은 경우, 추가적인 처리를 하지 않으면 모두 최악의 경우가 됩니다).

퀵 정렬은 정말 빠른 정렬 방법 중 하나이고, 분할 정복의 좋은 예입니다.

4장에서 배운 내용

- 분할 정복은 문제를 더 작은 조각으로 나누어 풉니다. 만약 리스트에 분할 정복을 적용한다면 기본 단계는 원소가 없는 빈 배열이거나 원소를 하나만 가진 배열이 됩니다.
- 퀵 정렬을 구현하려면 기준 원소를 무작위로 선택합니다. 퀵 정렬의 평균적인 실행 시간은 O(n log n)입니다.
- 빅오 표기법에서 가끔씩 상수가 중요해질 때도 있습니다. 퀵 정렬이 병합 정렬보다 빠른 이유도 상수 때문입니다.
- 단순 탐색과 이진 탐색을 비교할 때는 상수가 전혀 문제가 되지 않습니다. 왜냐하면 리스트가 길어지면 O(log n)이 O(n)보다 훨씬 빨라지니까요.

연습문제

1. 다음 질문을 보고, 정답을 맞혀 보세요.

1-1 처음 나왔던 sum 함수를 작성해 보세요.

1-2 리스트에 포함된 원소의 숫자를 세는 재귀 함수를 작성해 보세요.

1-3 리스트에서 가장 큰 수를 찾아보세요.

1-4 1장에서 배운 이진 탐색을 기억하나요? 그 방법도 역시 분할 정복 전략이었습니다. 이진 탐색에 대해 기본 단계와 재귀 단계를 찾을 수 있나요?

2. 다음 연산들의 실행 시간을 빅오 표기법으로 표시해 보세요.

2-1 배열의 모든 원소의 값을 출력하기

2-2 배열의 모든 원소의 값을 두 배로 만들기

2-3 배열의 첫 번째 원소의 값만 두 배로 만들기

2-4 배열의 모든 원소 조합에 대해 곱셈표 만들기

힌트 만약 배열이 [2, 3, 7, 8, 10]이면 처음에는 원소를 각각 2배하고, 그 다음에는 3배, 그 다음에는 7배, 이런 식으로 곱해야 합니다.

	2	3	7	8	10
2	4	6	14	16	20
3	6	9	21	24	30
7	14	21	49	56	70
8	16	24	56	64	80
10	20	30	70	80	100

Chapter 5

해시 테이블

- 유용한 기본 자료구조의 하나인 해시 테이블hash table에 대해 공부합니다. 해시 테이블은 여러 경우에 사용할 수 있습니다. 이 장에서는 일반적인 사용 사례들을 보여 줍니다.
- 해시 테이블의 구현 방법, 충돌, 해시 함수 등에 대해 배웁니다. 해시 테이블의 내부 구조에 대해 알고 있으면 해시 테이블의 성능을 분석하는 데 도움이 됩니다.

1 해시 함수의 소개

여러분이 식료품 가게에서 일한다고 생각해 보세요. 손님이 물건을 사러 오면 모든 물건의 가격이 적혀 있는 장부에서 가격을 찾아봐야 합니다. 만약 장부가 알파벳 순서로 적혀 있지 않다면 apple의 가격을 찾기 위해 장부의 모든 물건을 하나씩 살펴보느라 시간이 오래 걸리겠지요.

1장에서 단순 탐색을 할 때도 모든 항목을 하나씩 확인해야 했습니다. 이렇게 하면 시간이 얼마나 걸릴까요? O(n) 시간이 걸립니다. 만약 가격 장부가 알파벳 순서로 되어 있다면 이진 탐색을 써서 apple의 가격을 찾을 수 있고, 이 경우에는 O(log n) 시간이 걸립니다.

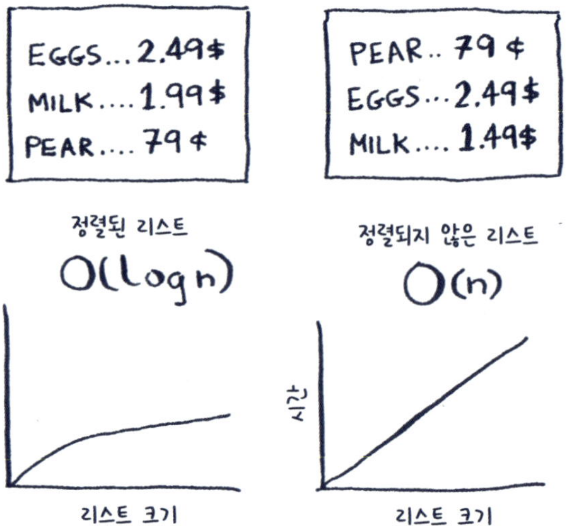

다시 말하지만, O(n) 시간과 O(log n) 시간 사이에는 엄청난 차이가 있습니다! 1초에 장부 10줄을 읽는다고 가정하면 단순 탐색과 이진 탐색에 걸리는 시간은 다음과 같습니다.

# 가격 장부에 있는 항목의 수	O(n)	O(log n)
100	10초	1초 ← $log_2 100$ = 7줄만 확인하면 된다.
1000	1.66분	1초 ← $log_2 1000$ = 10줄만 확인하면 된다.
10000	16.6분	2초 ↖ $log_2 10000$ = 14줄 = 2초

여러분은 이진 탐색이 엄청나게 빠르다는 것을 이미 알고 있습니다. 하지만 아무리 장부가 정렬되어 있다고 하더라도 출납 업무에 계속 가격 장부를 확인해야 한다면 힘이 들겠죠. 가격을 찾는 동안 손님이 밀려들어 올 겁니다. 여러분에게 필요한 것은 모든 물건의 이름과 가격을 외우고 있는 동료입니다. 그러면 장부 따위는 찾아볼 필요 없이 동료에게 가격을 물어보면 바로 대답해 줄 테니까요.

여러분의 동료인 매기는 모든 항목에 대해 O(1) 실행 시간 만에 가격을 알려 줍니다. 가격 장부의 항목이 아무리 많아도 상관없습니다. 그녀는 이진 탐색보다도 훨씬 빠르죠.

# 가격 장부에 있는 항목의 수	단순 탐색 O(n)	이진 탐색 O(Log n)	매기 O(1)
100	10초	1초	즉시
1000	1.6분	1초	즉시
10000	16.6분	2초	즉시

엄청난 사람이죠! 어떻게 하면 '매기'를 고용할 수 있을까요? 이제 자료구조라는 관점에서 살펴봅시다. 여러분은 지금까지 배열과 리스트라는 두 자료구조를 배웠습니다(스택은 말하지 않을게요. 스택에서는 무언가를 탐색하지는 않으니까요).

여러분은 가격 장부를 배열로 구현할 수도 있습니다.

(EGGS, 2.49)	(MILK, 1.49)	(PEAR, 0.79)

사실 배열에 있는 각 항목은 두 항목으로 이루어져 있습니다. 하나는 물건의 이름이고 또 하나는 가격이죠. 만약 이 배열을 이름순으로 정렬한다면 이진 탐색을 돌려서 물건의 가격을 찾아낼 수도 있습니다. 그러면 물건을 찾는 데 O(log n) 시간이 걸립니다. 하지만 여러분은 물건을 O(1) 시간에 찾아내고 싶어 합니다. 즉, '매기'가 있었으면 하는 거죠. 그런 일을 하는 것이 바로 **해시 함수**hash function 입니다.

2 해시 함수

해시 함수는 **문자열**string(여기에서 문자열은 임의의 데이터, 즉 바이트 열을 뜻합니다.)을 받아서 숫자를 반환하는 함수입니다.

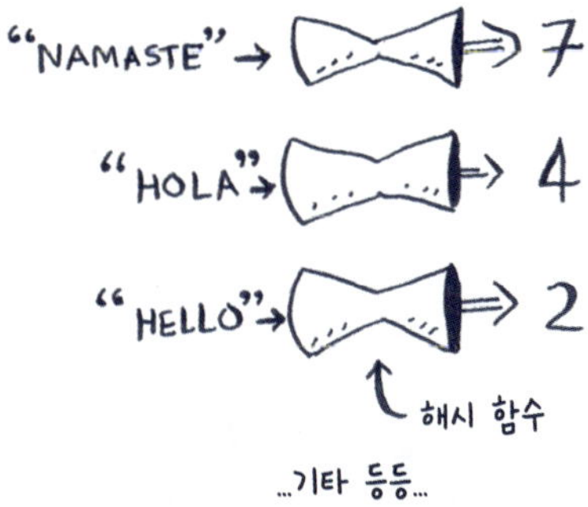

기술 용어로 말하면 해시 함수는 문자열에 대해 숫자를 **할당**mapping합니다. 문자열을 넣었을 때 나오는 숫자들에 특정한 패턴이 보이지 않는 것 같지만, 사실 해시 함수는 다음과 같은 요건을 갖추어야 합니다.

- 해시 함수에는 일관성이 있어야 합니다. 예를 들어, 만약 'apple'을 넣었을 때 '4'를 반환한다면 'apple'을 넣을 때마다 반환되는 값은 항상 '4'여야 합니다. 그렇지 않으면 해시 함수로서의 역할을 할 수 없습니다.
- 다른 단어가 들어가면 다른 숫자가 나와야 합니다. 예를 들어, 어떤 단어를 넣어도 '1'만 나온다면 좋은 해시 함수가 아닙니다. 가장 좋은 경우는 서로 다른 단어에 대해 서로 다른 숫자가 나오는 것입니다.

그러니까 해시 함수는 문자열에 대해 숫자를 할당하는 것입니다. 그게 도대체 무슨 쓸모가 있나요? 여러분만의 '매기'를 만드는 데 어떻게 사용할 수 있을까요?

빈 배열부터 시작해 보죠.

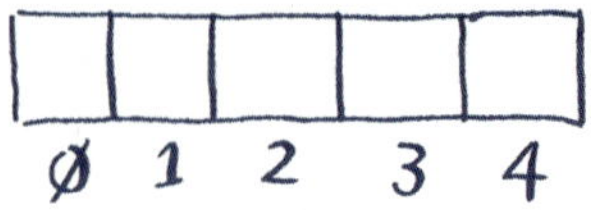

여러분은 모든 가격을 이 배열에 저장할 겁니다. 'apple'의 가격을 추가합시다. 해시 함수에 'apple'을 넣습니다.

해시 함수는 '3'을 출력합니다. 그러니까 'apple'의 가격은 배열의 인덱스 3 위치에 저장합시다.

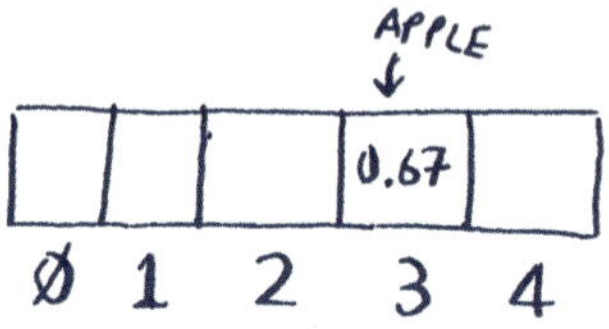

이제 'milk'도 추가하죠. 해시 함수에 'milk'를 넣습니다.

해시 함수가 '0'을 반환합니다. 그러니까 인덱스 0 위치에 'milk'의 가격을 저장합니다.

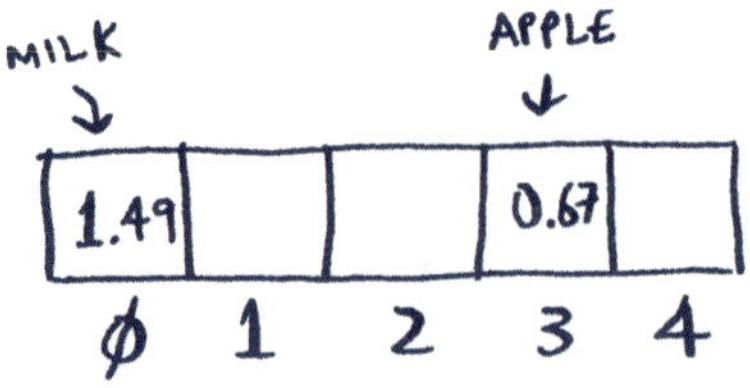

이런 식으로 계속하면 전체 배열이 가격으로 채워질 겁니다.

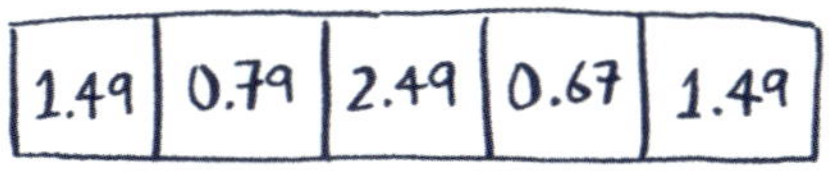

이제 여러분이 "이봐, avocado(아보카도)의 가격이 얼마지?"라고 물어본다면 배열을 탐색할 필요가 없습니다. 그냥 'avocado'를 해시 함수에 넣기만 하면 됩니다.

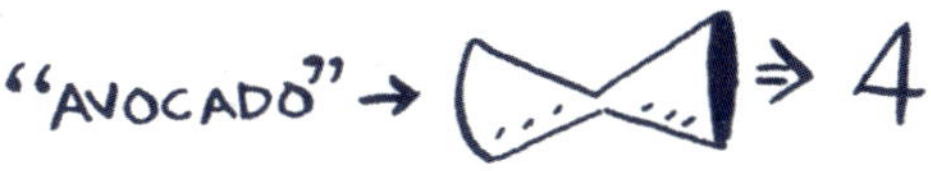

그러면 가격이 인덱스 4 위치에 저장되어 있다고 알려 주겠죠. 그리고 당연히 그곳에 'avocado'의 가격이 저장되어 있습니다.

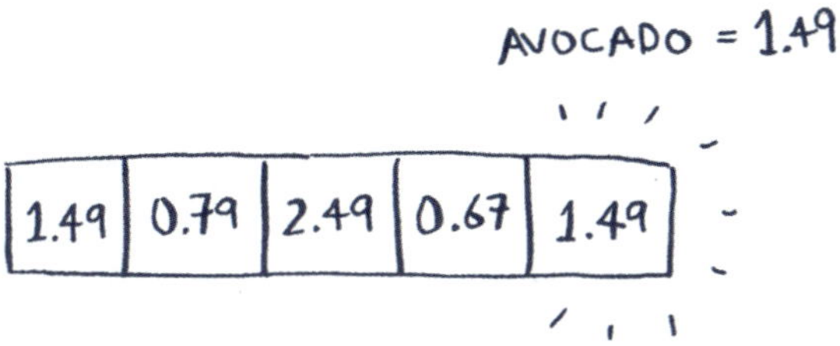

해시 함수는 가격이 저장된 위치를 정확하게 알려 줍니다. 그러니까 탐색을 진행할 필요가 전혀 없습니다. 이것이 가능한 이유는 다음과 같습니다.

- 해시 함수는 같은 이름에 대해서는 항상 같은 인덱스를 할당합니다. 예를 들어 'avocado'를 넣을 때마다 똑같은 숫자를 얻을 수 있죠. 그래야 'avocado' 가격을 처음 저장할 때도, 이후에 그 가격을 저장한 위치를 찾을 때도 사용할 수 있으니까요.
- 해시 함수는 다른 문자열에 대해서는 다른 인덱스를 할당합니다. 만약 'avocado'에 인덱스 4가 할당되었다면 'milk'에는 인덱스 0이 할당되어야 합니다. 그렇게 되면 모든 가격을 각각 배열의 다른 위치에 저장하게 됩니다.
- 해시 함수는 여러분의 배열이 얼마나 큰지 알고 있어야 하며, 유효한 인덱스만 반환해야 합니다. 만약 배열이 5개의 원소만 가질 수 있다면 100을 반환해서는 안 됩니다. 이 배열에서는 유효한 인덱스가 아니니까요.

여러분은 방금 '매기'를 만들어 냈습니다! 해시 함수와 배열을 합치면 **해시 테이블**hash table 이라고 하는 자료구조를 얻을 수 있습니다. 해시 테이블은 여러분이 배우는 자료구조 중에서 자료구조 그 자체 외에도 해시 함수라는 추가적인 논리구조를 가지는 첫 번째 자료구조입니다. 배열과 리스트는 직접 메모리를 할당하지만, 해시 테이블은 해시 함수를 사용해서 더 총명하게 어디에 원소를 저장할지 결정합니다.

해시 테이블은 아마도 여러분이 배울 복잡한 자료구조 중 가장 쓸모가 있을 겁니다. 해시 테이블은 **해시 맵**hash map, **맵**map, **딕셔너리**dictionary, **연관 배열**associative array 이라는 이름으로도 알려져 있습니다. 무엇보다 해시 테이블은 속도가 빠릅니다! 2장에서 배운 배열과 연결 리스트에 대한 내용을 기억하나요? 배열에서는 원소를 순간적으로 얻을 수 있었죠. 해시 테이블도 자료를 저장할 때 배열을 사용하며, 마찬가지로 속도도 빠릅니다.

TIP 너무 완벽한데? 진짜인가요?

방금 살펴본 해시 함수를 **완벽 해시 함수**(perfect hash function)라고 합니다. 완벽 해시 함수는 서로 다른 입력 항목을 배열의 서로 다른 빈칸에 할당합니다.

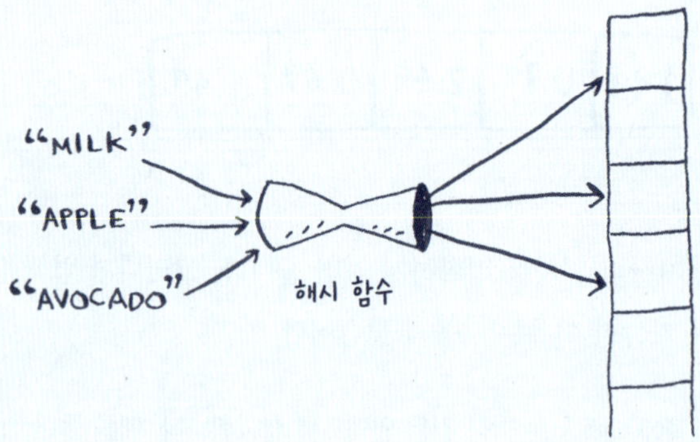

실제로 이와 같이 완벽한 일대일 할당은 하기 어렵겠죠. 여러 항목이 하나의 빈칸에 들어갈 수도 있고 다른 빈칸은 비어 있을 수도 있습니다.

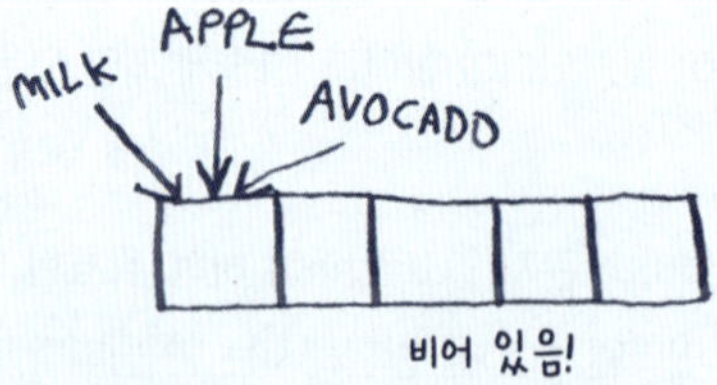

이러한 **충돌**(collision) 현상은 추후에 설명하겠습니다. 지금은 해시 테이블이 매우 유용하지만 항목을 빈칸에 완벽하게 할당하는 경우는 드물다는 점만 알아 두세요. 참고로 이렇게 입력이 다르면 출력도 달라지는 일대일 함수를 **단사함수**(單射函數, injective function)라고 합니다. 이런 용어를 알면 친구들에게 잘난 척을 할 수 있겠죠!

아마도 여러분이 해시 테이블을 직접 구현할 일은 없을 거예요. 대부분 좋은 프로그래밍 언어들은 해시 테이블이 구현되어 있죠. 파이썬에도 **딕셔너리**[dictionary]라고 부르는 해시 테이블이 있습니다.

```
>>> book = {}
```

빈 해시 테이블

book은 새로 만든 해시 테이블입니다. book에 몇 가지 가격을 넣어 보죠.

```
>>> book["apple"] = 0.67        # apple의 가격은 0.67달러입니다.
>>> book["milk"] = 1.49         # milk의 가격은 1.49달러입니다.
>>> book["avocado"] = 1.49
>>> print(book)
{'avocado': 1.49, 'apple': 0.67, 'milk': 1.49}   # 실행 결과
```

제품 가격을 담고 있는 해시 테이블

아주 쉽죠! 이제 'avocado'의 가격을 물어봅시다.

```
>>> print(book["avocado"])
1.49
```

avocado 가격

해시 테이블은 **키**key와 **값**value을 가집니다. `book`이라는 해시 테이블에서 상품 이름은 키가 되고, 가격은 값이 됩니다. 해시 테이블은 키에 대해 값을 할당합니다.

다음 절에서는 해시 테이블이 정말로 유용하게 사용되는 몇 가지 예제가 나옵니다.

3 해시 테이블을 사용하는 예

해시 테이블은 어디에나 사용됩니다. 이 절에서는 몇 가지 예를 살펴보겠습니다.

해시 테이블로 조회하기

여러분의 스마트폰에는 간단한 전화번호부가 들어 있습니다. 이름마다 그 사람의 전화번호가 저장되어 있죠.

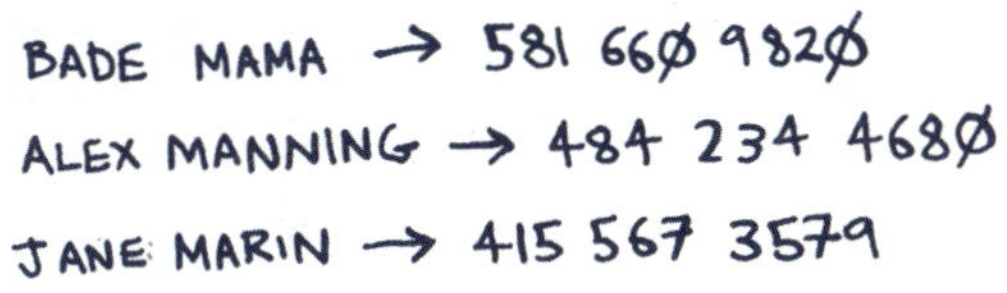

여러분이 이런 전화번호부를 직접 만든다고 가정해 보세요. 사람들의 이름에 전화번호를 할당하겠죠. 여러분이 만드는 전화번호부는 다음과 같은 기능이 있어야 합니다.

- 사람의 이름과 그 사람에 관련된 전화번호를 추가합니다.
- 사람 이름을 입력하면 그 이름과 관련된 전화번호를 알려 줍니다.

해시 테이블을 사용하는 완벽한 예입니다! 해시 테이블은 여러분이 다음과 같은 일을 하고자 할 때 좋습니다.

- 어떤 것을 다른 것과 연관시키고자 할 때
- 무언가를 찾아보고자 할 때

전화번호부를 구현하는 것은 아주 쉽습니다. 우선 해시 테이블을 새로 만듭니다.

```
>>> phone_book = {}
```

이 전화번호부에 몇 사람의 전화번호를 추가해 봅시다.

```
>>> phone_book["jenny"] = "8675309"
>>> phone_book["emergency"] = "911"
```

간단하죠! 만약 jenny의 전화번호를 알고 싶다면 해시 테이블에 키를 넣어 주기만 하면 됩니다.

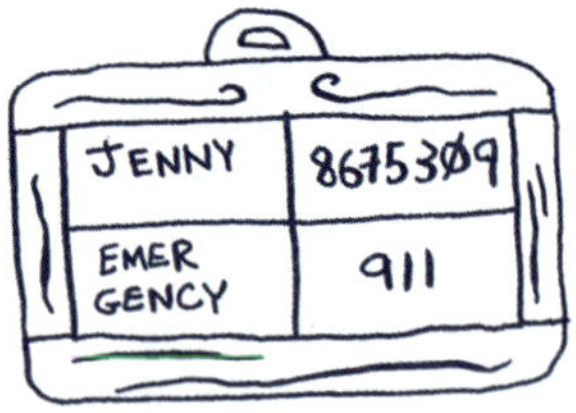

전화번호부로 사용된 해시 테이블

```
>>> print(phone_book["jenny"])
8675309
```

8675309 — Jenny의 전화번호

만약 해시 테이블 대신에 배열을 사용한다고 상상해 보세요. 어떻게 하시겠어요? 해시 테이블은 어떤 항목과 다른 항목 간 관계를 쉽게 모형화합니다.

해시 테이블은 더 큰 규모의 조회에서도 사용됩니다. 예를 들어 여러분이 https://adit.io와 같은 웹 사이트를 보고 싶다고 하죠. 여러분의 컴퓨터는 adit.io를 IP 주소로 번역해 줍니다.

ADIT.IO → 173.255.248.55

어떤 웹 사이트에 접속하든 그 주소는 모두 IP 주소로 번역되어야 합니다.

GOOGLE.COM → 74.125.239.133
FACEBOOK.COM → 173.252.120.6
SCRIBD.COM → 23.235.47.175

웹 주소에 IP 주소를 할당하는 작업이라고 했나요? 바로 해시 테이블을 위한 일 같네요! 이런 과정을 **DNS 확인**DNS resolution 작업이라고 합니다. 해시 테이블은 이 기능을 제공하는 방법 중 하나입니다. 여러분의 컴퓨터는 최근 여러분이 방문한 웹 사이트에 대해 이러한 할당 정보를 저장하는 **DNS 캐시**DNS Cache를 가지고 있습니다. DNS 캐시를 만드는 좋은 방법이 바로 해시 테이블을 이용하는 것이고요.

중복된 항목 방지하기

여러분이 투표소를 관리한다고 생각해 보세요. 당연히 모든 사람은 한 번만 투표할 수 있습니다. 어떤 사람이 투표했는지 어떻게 확인하죠? 누군가가 투표소로 오면 여러분은 먼저 이름을 물어봅니다. 그리고 이미 투표한 사람의 목록에 그 이름이 있는지 확인합니다.

만약 목록에 이름이 있다면 그 사람은 이미 투표한 거죠. 되돌려 보내야 합니다! 이름이 없다면 목록에 이름을 추가하고 투표하도록 안내합니다. 엄청 많은 사람이 투표하러 몰려든다고 가정합시다. 당연히 투표한 사람의 목록도 엄청 길어지겠죠.

이제 여러분은 누군가가 투표하러 올 때마다 이미 투표했는지 확인하기 위해 긴 목록을 찾아봐야 합니다. 하지만 더 나은 방법이 있죠. 바로 해시 테이블입니다!

먼저 이미 투표한 사람을 추적하기 위한 해시 테이블을 만듭니다.

```
>>> voted = {}
```

누군가 새로 투표하러 오면 해시 테이블 안에 이름이 있는지 확인합니다.

```
>>> value = "tom" in voted
```

만약 Tom이 투표하러 왔다면 해시 테이블 안에 'Tom'이라는 키가 있는지 확인합니다. 키가 있으면 value의 값은 True가 되고 그렇지 않다면 False가 됩니다. 이 방법으로 Tom이 이미 투표했는지 확인할 수 있습니다!

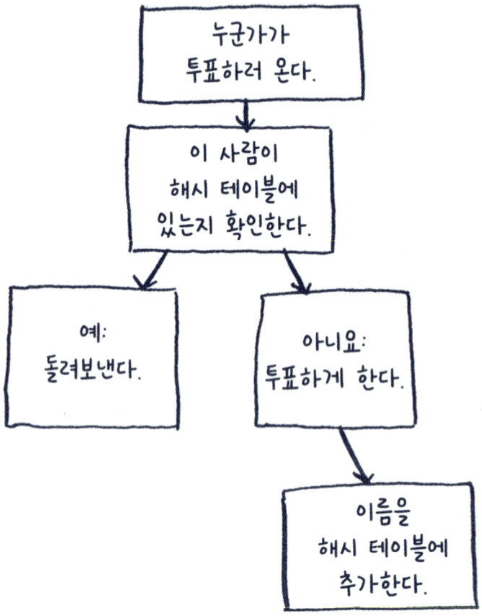

전체 코드는 다음과 같습니다.

```
voted = {}

def check_voter(name):
  if name in voted:
    print("돌려보내세요!")
  else:
    voted[name] = True
    print("투표하게 하세요!")
```

이 코드를 몇 번 테스트해 봅니다.

```
>>> check_voter("tom")
투표하게 하세요!
>>> check_voter("mike")
투표하게 하세요!
>>> check_voter("mike")
돌려보내세요!
```

Tom이 처음 왔을 때는 "투표하게 하세요!"를 출력합니다. 다음으로 Mike가 처음 오면 역시 "투표하게 하세요!"를 출력하죠. 하지만 Mike가 다시 오면 "돌려보내세요!"를 출력합니다.

만약 투표한 사람의 이름을 리스트에 저장한다면 리스트 전체에 대해 단순 탐색을 반복해야 하므로 이 함수가 정말로 느려질 것입니다. 하지만 이를 해시 테이블에 저장하면 해시 테이블에 이름이 있는지 없는지 바로 알려 주죠. 따라서 중복을 확인하는 것도 해시 테이블이 훨씬 빠릅니다.

해시 테이블을 캐시로 사용하기

마지막 예입니다. 여러분이 웹 사이트를 개발한다면 **캐싱**caching하는 것이 좋다는 이야기를 들어 본 적 있을 겁니다. 캐싱의 핵심 개념은 다음과 같습니다. 여러분이 facebook.com 웹 사이트에 방문한다고 가정합시다.

1 페이스북 서버에 웹 페이지를 요청합니다.

2 서버는 잠시 생각한 다음 요청한 웹 페이지를 찾아서 여러분에게 보내 줍니다.

3 여러분은 웹 페이지를 받습니다.

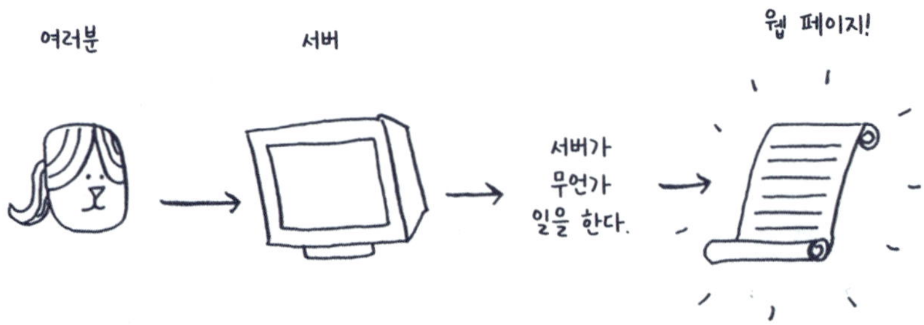

예를 들어, 페이스북 서버가 여러분 친구의 활동 내역을 모아서 보여 줄 수도 있습니다. 그러면 그 모든 활동 내역을 모으고 보여 주는 데 시간이 몇 초 걸립니다. 이 몇 초가 사용자인 여러분에게는 긴 시간으로 느껴질 수 있습니다. 그러면 이렇게 생각하겠죠. '페이스북이 왜 이렇게 느리지?' 한편으로 페이스북 서버는 수백만 사용자에게 서비스하고 있기 때문에 그 몇 초가 합쳐져서 수백만 배로 늘어날 수도 있습니다. 페이스북 서버는 모든 페이지를 서비스하기 위해 정말 열심히 돌아가고 있는 겁니다. 페이스북을 더 빠르게 하면서 동시에 서버가 일을 덜 하게 만들 수 있는 방법은 없을까요?

예를 들어 설명해 보겠습니다. 만약 여러분에게 행성에 대해 지겹게 물어보는 어린 조카가 있다고 생각해 보세요. "화성은 지구에서 얼마나 떨어져 있어?", "달은 얼마나 떨어져 있어?", "목성은 얼마나 떨어져 있어?" 조카가 물어볼 때마다 여러분은 구글을 검색해서 대답해 줘야 합니다. 검색하고 대답하는 데 몇 분이 걸립니다. 조카가 항상 "달은 얼마나 떨어져 있어?" 하고 물어보는 바람에 여러분은 달이 384,400km 떨어져 있다는 것을 외우게 되었습니다. 답을 알고 있으니까 굳이 구글을 찾아보지 않고도 대답할 수 있습니다. 이렇게 정보를 다시 계산하지 않고 저장했다가 알려 주는 것이 캐싱입니다.

여러분이 페이스북에 로그인하면 여러분이 보는 모든 내용은 여러분에게 맞추어져 있습니다. facebook.com을 방문할 때마다 서버는 여러분이 관심 있는 내용을 생각해야 하죠. 하지만 페이스북에 로그인하지 않았다면 로그인 페이지밖에 보이지 않습니다. 모든 사람이 똑같은 로그인 페이지를 봅니다. 페이스북은 똑같은 내용을 반복하도록 요청받습니다. "내가 로그아웃하면 홈페이지를 보여 줘." 그래서 서버는 홈페이지에 어떤 정보를 제공할지 고민할 필요 없이 홈페이지의 내용을 그냥 외워서 여러분에게 보여 줍니다.

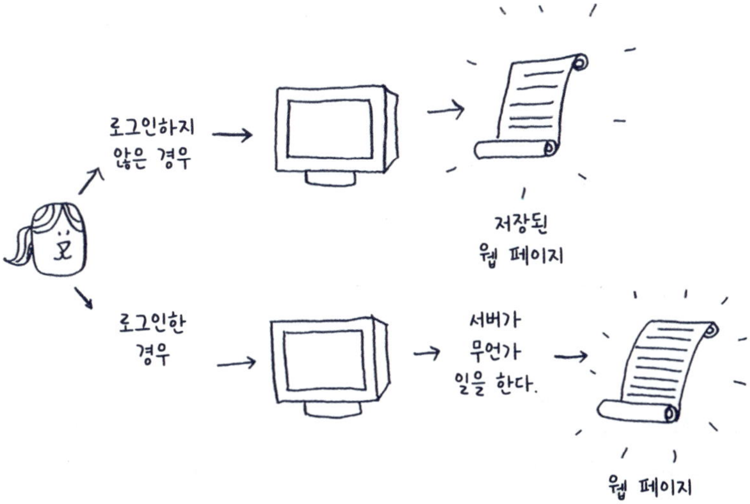

이것이 캐싱입니다. 캐싱은 다음 두 장점이 있습니다.

- 웹 페이지를 더 빨리 보여 줍니다. 마치 달까지의 거리를 외우고 있을 때처럼요. 외우고 있으면 조카가 또 물어볼 때 구글에 검색할 필요 없이 바로 대답할 수 있으니까요.
- 페이스북이 일을 덜 할 수 있습니다.

캐싱은 작업 속도를 올리는 일반적인 방법입니다. 모든 대형 웹 사이트는 캐싱을 사용합니다. 그리고 그 자료는 바로 해시 테이블에 저장됩니다!

페이스북은 홈페이지만 캐싱하는 것이 아니라 회사 소개, 회사 연락처, 사용 약관 등 많은 것을 캐싱하고 있습니다. 그래서 페이지 URL에 해당 페이지의 자료를 할당합니다.

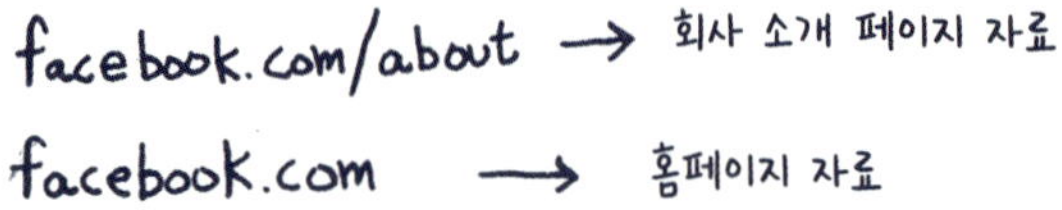

여러분이 페이스북을 방문할 때마다 서버는 먼저 해시 테이블에 저장된 페이지가 있는지 확인합니다.

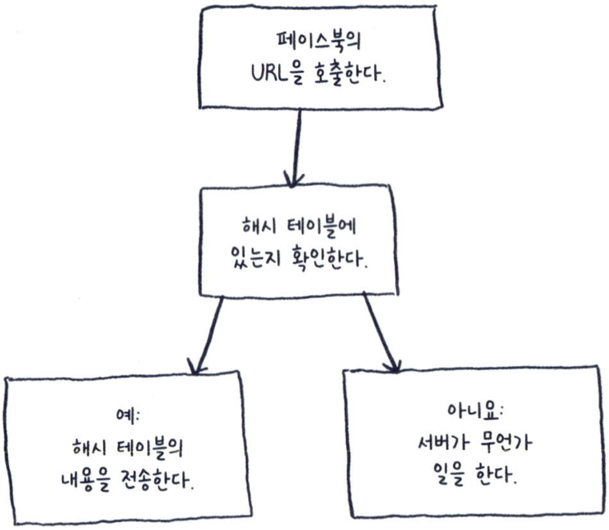

코드는 대략 다음과 같습니다.

```
cache = {}

def get_page(url):
  if url in cache:
    return cache[url]   ← 캐싱된 자료를 전송
  else:
```

```
    data = get_data_from_server(url)
    cache[url] = data        # 캐시에 처음으로 자료를 저장
    return data
```

캐시에 URL이 없을 때만 서버가 작업을 합니다. 또 자료를 반환하기 전에는 캐시에 저장하고요. 다음번에 누군가가 이 URL을 요청하면 서버에 작업을 시키는 대신에 캐싱한 자료를 꺼내서 보내 줄 수 있습니다.

해시 테이블의 장점

정리하자면 해시 테이블은 다음과 같은 장점이 있습니다.

- 어떤 것과 다른 것 사이의 관계를 모형화할 수 있습니다.
- 중복을 막을 수 있습니다.
- 서버에 작업을 시키지 않고 자료를 캐싱할 수 있습니다.

4 충돌

이미 이야기했듯이 프로그래밍 언어 대부분은 해시 테이블을 지원합니다. 여러분은 스스로 해시 테이블을 구현하는 방법을 알 필요가 없습니다. 그렇기 때문에 해시 테이블의 내부 구조에 대해서는 많이 이야기하지 않겠습니다. 하지만 성능에는 신경을 써야겠죠! 해시 테이블의 성능을 이해하려면 우선 충돌에 대해 이해해야 합니다. 다음 두 절에서는 충돌과 성능에 대해 이야기합니다.

필자는 지금까지 여러분에게 선의의 거짓말을 하나 했습니다. 해시 함수는 서로 다른 키를 배열의 서로 다른 위치에 할당한다고 했죠.

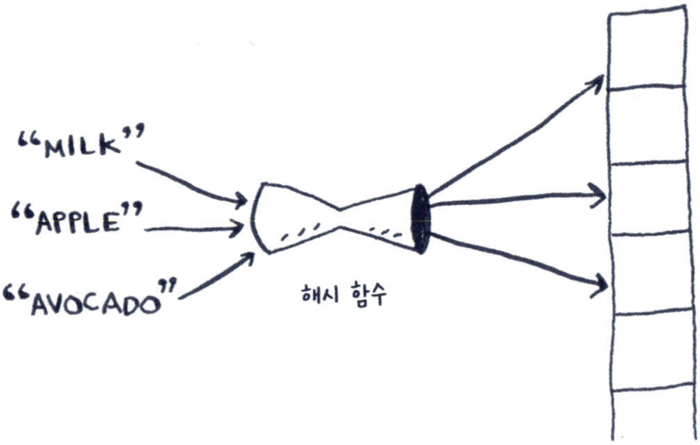

사실 이렇게 정확하게 할 수 있는 해시 함수를 만드는 것은 거의 불가능합니다. 간단히 예를 들어, 26개의 공간이 있는 배열이 있다고 하죠.

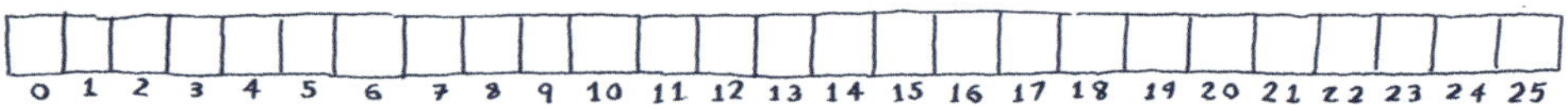

여러분이 만든 해시 함수는 정말 간단합니다. 첫 글자에 따라 공간을 할당하는 겁니다.

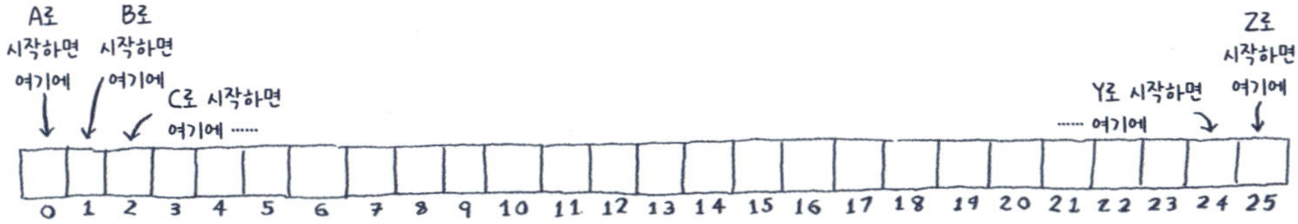

이제 문제가 뭔지 알 수 있겠죠. APPLES(사과)를 해시 테이블에 넣으면 첫 공간에 할당됩니다.

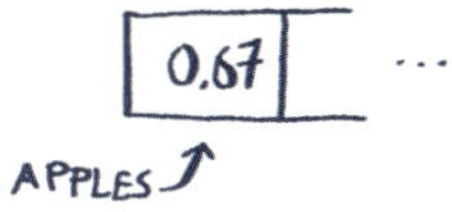

다음으로 BANANAS(바나나)를 해시 테이블에 넣고 싶으면 두 번째 공간을 할당합니다.

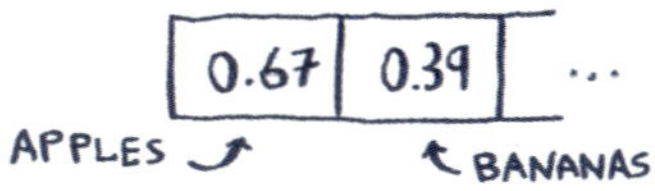

모든 것이 잘되고 있죠! 하지만 AVOCADOS(아보카도)를 해시 테이블에 넣고 싶으면 첫 번째 공간을 다시 할당해야 합니다.

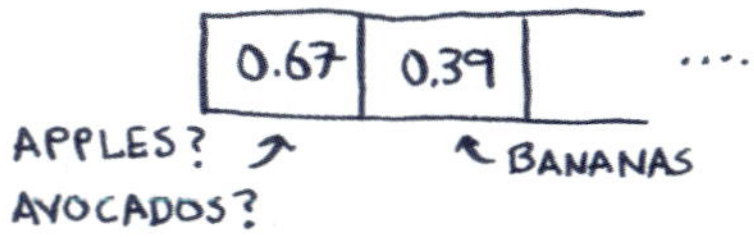

이런, 이곳에는 APPLES가 이미 공간을 차지하고 있습니다! 어떻게 해야 할까요? 이처럼 두 키가 같은 공간에 할당되는 것을 **충돌**collision이라고 합니다. 문제가 발생한 거죠. 만약 그 공간에 AVOCADOS를 넣게 되면 APPLES를 덮어쓰게 됩니다. 그러면 다음번에 누군가가 APPLES 가격을 찾을 때 대신 AVOCADOS 가격이 나오게 됩니다! 충돌은 나쁜 현상이기 때문에 해결해야 합니다. 충돌을 해결하는 방법은 여러 가지가 있습니다. 가장 간단한 방법은 같은 공간에 여러 키를 연결 리스트로 만들어 넣는 겁니다.

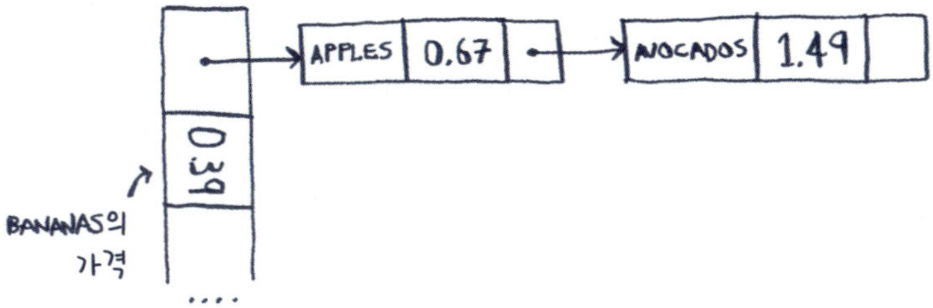

이 예에서는 APPLES와 AVOCADOS가 같은 공간에 할당되었습니다. 그 공간에서는 연결 리스트가 시작됩니다. 만약 BANANAS의 가격을 알고 싶다면 빨리 알 수 있습니다. 그러나

APPLES의 가격을 알고 싶다면 시간이 더 걸립니다. APPLES를 찾을 때까지 이 연결 리스트를 뒤져야 하니까요. 만약 연결 리스트가 3개나 4개 정도로 작다면 큰 문제가 아니지만, 식료품 가게에서 A로 시작하는 모든 상품을 넣는다고 상상해 보세요.

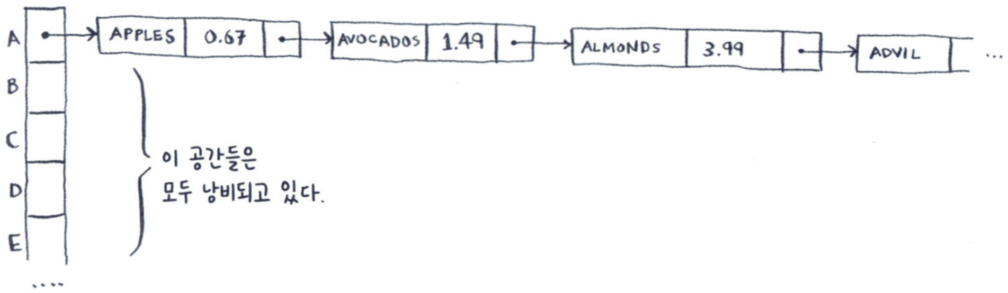

잠깐, 기다려 보세요. 전체 해시 테이블이 한 공간만 빼고 모두 비어 있습니다. 그리고 그 한 공간에는 거대한 연결 리스트가 있죠. 해시 테이블의 거의 모든 항목이 그 연결 리스트에 있습니다. 이건 그냥 모든 항목을 연결 리스트에 넣은 것이나 다름없습니다. 결국 해시 테이블이 느려지게 됩니다.

여기에서 두 가지 교훈을 얻을 수 있습니다.

- 해시 함수는 정말 중요합니다. 방금 전 해시 함수는 모든 키를 하나의 공간에 할당했죠. 이상적으로는 해시 함수는 키를 해시 테이블 전체에 고르게 할당해야 합니다.
- 만약 연결 리스트가 길어지면 해시 테이블의 속도도 느려집니다. 하지만 좋은 해시 함수가 있다면 그런 일은 발생하지 않습니다!

해시 함수는 아주 중요합니다. 좋은 해시 함수는 충돌을 최소화합니다. 그러면 어떻게 좋은 해시 함수를 고를까요? 이 내용은 다음 절에 나옵니다!

5 성능

이 장의 내용은 식료품 가게에서 시작되었습니다. 여러분은 물건 가격을 빨리 알려 줄 수 있는 무언가를 만들고 싶었죠. 해시 테이블은 정말 빠릅니다.

평균적인 경우에 해시 테이블은 모든 항목에 대해 O(1) 시간이 걸립니다. O(1)은 **상수 시간**constant time이라고 부릅니다. 전에는 상수 시간이라는 것이 없었죠. 상수 시간은 순간적이라는 뜻이 아니라 해시 테이블의 크기에 상관없이 항상 똑같은 시간이 걸린다는 의미입니다.

	평균적인 경우	최악의 경우
탐색	O(1)	O(n)
삽입	O(1)	O(n)
삭제	O(1)	O(n)

해시 테이블의 성능

예를 들어, 단순 탐색은 선형 시간이 걸린다는 것을 모두 알고 있을 겁니다.

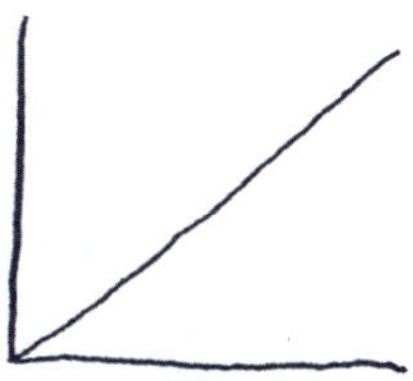

선형 시간
(단순 탐색)

이진 탐색은 더 빠릅니다. 로그 시간이 걸리죠.

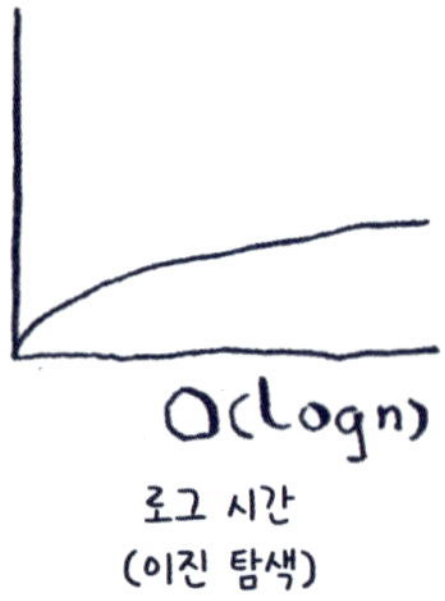

해시 테이블에서 무언가를 찾을 때는 일정한 (상수) 시간이 걸립니다.

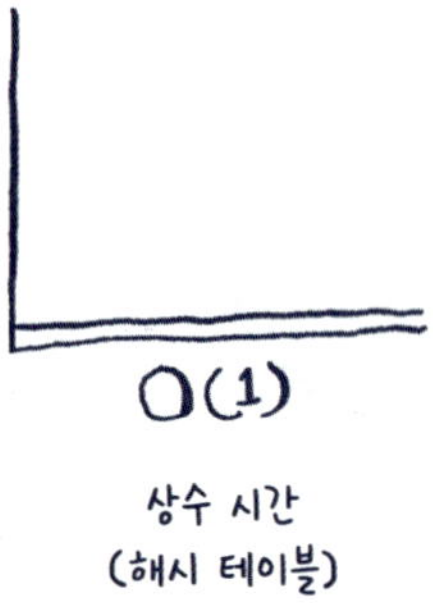

왜 평평한 선 모양이 됐는지 이해할 수 있나요? 여러분의 해시 테이블이 1개의 항목을 가지든 10억 개의 항목을 가지든 해시 테이블에서 무언가를 찾는 데 걸리는 시간은 항상 똑같습니다. 사실 여러분은 이전에도 상수 시간을 본 적이 있습니다. 배열에서 원소를 꺼내는 데는 상수 시간이 걸리죠. 배열이 크든 작든 상관없이 원소 하나를 꺼내는 데 걸리는 시간은 동일합니다. 평균적인 경우에 해시 테이블은 아주 빠릅니다.

하지만 최악의 경우에 해시 테이블은 모든 항목에 대해 O(n) 시간, 즉 선형 시간이 걸립니다. 정말 느리죠. 해시 테이블을 배열, 연결 리스트와 비교해 봅시다.

	해시 테이블 (평균적인 경우)	해시 테이블 (최악의 경우)	배열	연결 리스트
탐색	O(1)	O(n)	O(1)	O(n)
삽입	O(1)	O(n)	O(n)	O(1)
삭제	O(1)	O(n)	O(n)	O(1)

평균적인 경우, 해시 테이블의 성능을 살펴보면 탐색(어떤 인덱스에 있는 값을 가져옴) 시에는 배열만큼 빠릅니다. 그리고 삽입이나 삭제 시에는 연결 리스트만큼 빠르죠. 양쪽 세계의 좋은 점만 가집니다! 하지만 최악의 경우에는 해시 테이블이 가장 느리기도 합니다. 그러니까 해시 테이블에서는 최악의 상황이 발생하지 않도록 하는 것이 중요합니다. 그렇게 하려면 충돌을 피해야 합니다. 충돌을 피하려면 다음과 같은 것이 필요합니다.

- 낮은 사용률
- 좋은 해시 함수

NOTE 다음 절은 반드시 읽어야 하는 내용은 아닙니다. 어떻게 해시 테이블을 구현하는지 이야기할 것인데, 사실 여러분이 이를 직접 구현할 필요는 없습니다. 여러분이 어떤 프로그래밍 언어를 사용하든 이미 구현된 해시 테이블을 사용하게 될 겁니다. 그리고 이미 구현된 해시 테이블은 좋은 성능을 가지고 있습니다. 하지만 다음 절을 읽으면 해시 테이블 내부에서 어떤 일이 일어나는지 살짝 들여다볼 수 있습니다.

사용률

해시 테이블의 **사용률** load factor 을 계산하는 것은 쉽습니다.

$$\frac{\text{해시 테이블에 있는 항목의 수}}{\text{해시 테이블에 있는 공간의 수}}$$

해시 테이블은 배열을 사용해 저장합니다. 배열에서 이미 값이 차지하고 있는 공간의 수를 세어 봅시다. 예를 들어 다음 해시 테이블의 사용률은 2/5, 즉 0.4입니다.

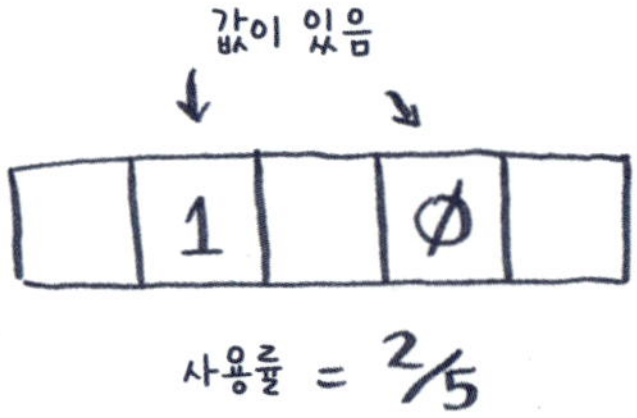

그럼 이 해시 테이블의 사용률은 얼마일까요?

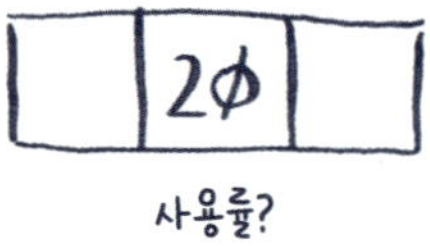

여러분이 1/3이라고 답했다면 정답입니다. 사용률은 해시 테이블에 빈 공간이 얼마나 남아 있는지 측정합니다.

여러분이 해시 테이블에 물건 가격을 100개 저장해야 한다면 해시 테이블에는 공간이 100개 있어야겠죠. 최선의 경우에는 모든 항목이 자기 공간을 따로 가집니다.

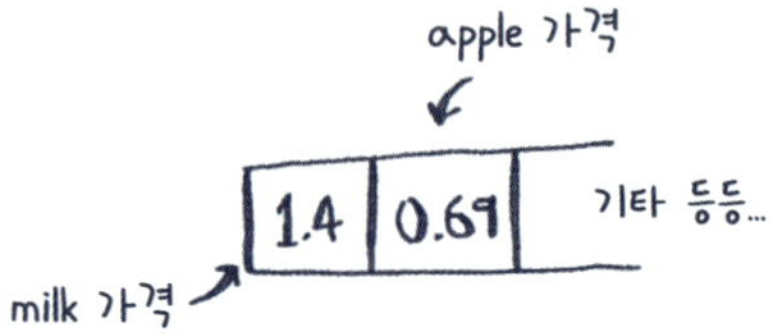

이 해시 테이블의 사용률은 1입니다. 만약 해시 테이블에 공간이 50개밖에 없다면 어떨까요? 그러면 사용률은 2가 됩니다. 공간의 수가 충분하지 않기 때문에 모든 항목이 다른 공간을 차지할 수 있는 방법은 없습니다. 사용률이 1보다 크다는 것은 배열에 공간의 수보다 항목의 수가 많다는 뜻입니다. 사용률이 커지기 시작하면 해시 테이블의 공간을 추가해야 합니다. 이를 **리사이징**resizing이라고 합니다. 예를 들어, 다음과 같이 거의 차 있는 해시 테이블이 있다고 합시다.

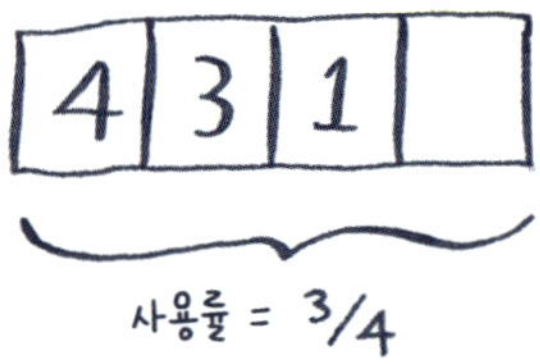

이 해시 테이블은 리사이징해야 합니다. 우선 더 큰 배열을 생성합니다. 대략 두 배 정도 크기로 배열을 만드는 것이 보통입니다.

이제 새로 만든 해시 테이블에 해시 함수를 사용해서 모든 항목을 다시 넣어야 합니다.

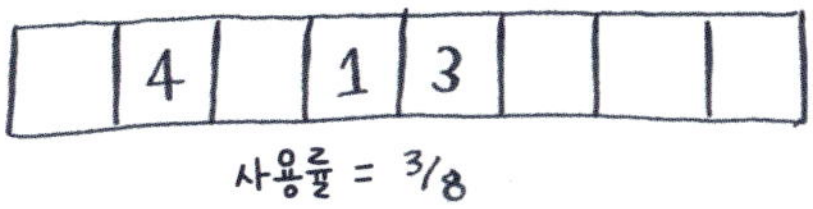

새로 만든 해시 테이블의 사용률은 3/8입니다. 훨씬 낫죠! 사용률이 낮을수록 충돌이 적게 일어나고, 해시 테이블의 성능도 좋아집니다. 보통은 사용률이 0.7보다 커지면 리사이징합니다.

'이 리사이징 작업은 시간이 엄청 걸리겠는걸!' 이런 생각이 들지 않나요? 맞습니다. 리사이징은 엄청 비싼 작업이죠. 그러니 자주 리사이징하는 것은 좋지 않겠죠? 하지만 해시 테이블은 리사이징해도 평균적으로 O(1) 시간이 걸립니다.

좋은 해시 함수란

좋은 해시 함수란 배열에 값을 고루 분포시키는 함수입니다.

나쁜 해시 함수는 값들이 뭉쳐 있어서 충돌이 자주 발생합니다.

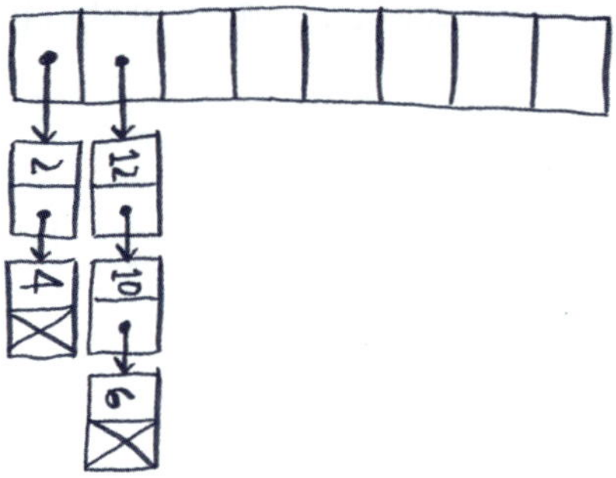

좋은 해시 함수에 대해서는 여러분이 고민할 필요가 없습니다. 많은 사람이 어두컴컴한 방에 앉아 좋은 해시 함수를 만들기 위한 고민을 거듭하고 있거든요. 정말 호기심이 생긴다면 CityHash 해시 함수를 찾아보세요. Google 내부 코드에 기반한 오픈 소스 C++ 라이브러리인 Abseil 라이브러리가 사용하는 해시 함수입니다. Abseil 라이브러리는 모든 종류의 범용 C++ 함수를 제공합니다. Abseil은 Google 코드의 기본 구성요소입니다. 실제로 사용해보면 CityHash가 꽤 훌륭하다는 것을 알 수 있을 거예요. CityHash를 여러분의 해시 함수로 사용할 수도 있습니다.

5장에서 배운 내용

- 여러분이 스스로 해시 테이블을 구현할 일은 거의 없을 것입니다. 여러분이 사용하는 프로그래밍 언어가 이미 구현된 해시 테이블을 제공하기 때문이죠. 파이썬의 해시 테이블을 사용할 수도 있습니다. 평균적인 경우에 해시 테이블의 성능은 상수 시간입니다.
- 해시 테이블은 속도가 빠르고 자료를 여러 가지로 모형화할 수 있어서 아주 강력한 자료구조입니다. 아마도 항상 해시 테이블을 사용하고 있는 여러분의 모습을 발견하게 될 것입니다.
- 해시 테이블은 해시 함수와 배열을 결합해서 만듭니다.
- 충돌은 나쁩니다. 충돌을 줄이는 해시 함수가 있어야 합니다.
- 해시 테이블은 탐색, 삽입, 삭제에 정말 빠른 속도를 가집니다.
- 해시 테이블은 어떤 항목과 다른 항목의 관계를 모형화하는 데 좋습니다.
- 사용률이 0.7보다 커지면 해시 테이블을 리사이징해야 할 때입니다.
- 해시 테이블은 (웹 서버 등에서) 데이터를 캐싱하는 데도 사용됩니다.
- 해시 테이블은 중복을 잡아내는 데도 뛰어납니다.

연습문제

1. 다음 해시 함수 중 어느 것이 더 일관성 있는 것일까요? 다음 설명을 참고로 답해 보세요.

해시 함수에서 중요한 점은 같은 입력에 대해 같은 출력을 일관성 있게 돌려준다는 점입니다. 만약 그렇지 않다면 해시 테이블에 넣은 항목을 나중에 찾을 수 없을 겁니다.

1-1

```
f(x) = 1
```

모든 입력에 대해 1을 반환합니다.

1-2

```
f(x) = random.random()
```

항상 무작위의 값을 반환합니다.

1-3

```
f(x) = next_empty_slot()
```

해시 테이블의 다음 빈칸의 인덱스를 반환합니다.

1-4

```
f(x) = len(x)
```

문자열의 길이를 인덱스로 사용합니다.

연습문제

2. 다음 설명을 바탕으로 물음에 답해 보세요.

해시 함수는 좋은 분포를 가지는 것이 중요합니다. 그래서 가능한 한 항목들을 넓게 할당해야 합니다. 가장 나쁜 경우는 해시 함수가 모든 항목을 해시 테이블의 같은 공간에 할당한 경우입니다.

여러분이 문자열을 받는 해시 함수를 다음과 같이 4개 가지고 있다고 해 보세요.

A 모든 입력에 '1'을 반환합니다.

B 문자열의 길이를 인덱스로 사용합니다.

C 문자열의 첫 글자를 인덱스로 사용합니다. 그래서 a로 시작하는 모든 문자열은 같은 값을 가집니다.

D 우선 모든 글자에 소수prime number를 할당합니다. 예를 들어 a = 2, b = 3, c = 5, d = 7, e = 11 이런 식으로요. 그리고 문자열이 주어지면 해시 함수는 모든 글자의 합을 해시 테이블의 크기로 나누어 나머지를 반환합니다. 예를 들어, 해시 테이블의 크기가 10이고 문자열이 'bag'이면 인덱스는 (3 + 2 + 17) % 10 = 22 % 10 = 2가 됩니다.

다음 예에 어떤 해시 함수가 좋은 분포를 가지나요? 해시 테이블의 크기는 10이라고 가정합니다.

2-1 이름을 키로, 전화번호를 값으로 가지는 전화번호부
이름: Esther, Ben, Bob, Dan

2-2 건전지 사이즈에 건전지 파워를 할당하는 경우
크기: A, AA, AAA, AAAA

2-3 책 제목에 대해 저자를 할당하는 경우
책 제목: Maus, Fun Home, Watchmen

Chapter 6

너비 우선 탐색

- 새로운 추상 자료구조인 그래프graph를 사용하여 네트워크를 모형화하는 방법을 배웁니다.
- 너비 우선 탐색breadth-first search은 그래프를 이용하여 "X로 가는 최단 경로는 무엇일까?"와 같은 문제에 답할 수 있는 알고리즘입니다. 이에 대해 공부합니다.
- 방향 그래프directed graph와 무방향 그래프undirected graph에 대해 배웁니다.
- 각 정점node 간 의존성을 표현하는 정렬 알고리즘의 일종인 위상 정렬topological sort을 공부합니다.

1 시작하기에 앞서

이번 장에서는 **그래프**graph를 소개합니다. 우선 그래프가 무엇인지(X축과 Y축을 가지고 있는 그래프가 아닙니다) 이야기하고, 다음으로 첫 번째 그래프 알고리즘을 살펴보겠습니다. 바로 **너비 우선 탐색**BFS, Breadth-First Search이라고 부르는 알고리즘입니다.

너비 우선 탐색을 사용하면 두 항목 간 최단 경로를 찾을 수 있습니다. 그런데 이 최단 경로라는 말은 여러 가지를 의미할 수 있습니다. 예를 들어, 다음과 같은 목적으로 너비 우선 탐색을 사용할 수 있습니다.

- 맞춤법 검사기(실제 단어에서 가장 적은 개수의 글자를 고쳐서 올바른 단어를 만드는 방법을 찾습니다) 만들기
- 주변에서 가장 가까운 의사 선생님 찾기
- 검색엔진 크롤러crawler 제작하기

그래프 알고리즘은 필자가 알고 있는 유용한 알고리즘 중 하나입니다. 앞으로 소개하는 알고리즘은 몇 번이고 반복해서 적용할 수 있는 것들입니다. 주의 깊게 읽어 주세요.

2 그래프의 소개

여러분이 샌프란시스코에 있고, 트윈 픽스Twin Peaks에서 금문교Golden Gate Bridge까지 가고 싶다고 가정해 보세요. 버스로 가지만 최대한 적게 갈아타고 싶습니다. 선택할 수 있는 경로들은 다음과 같습니다.

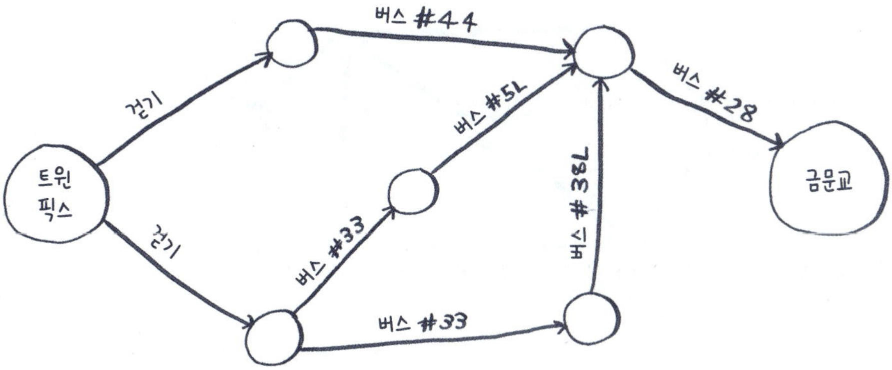

가장 적은 단계로 갈아타는 경로를 찾는 알고리즘은 무엇일까요?

우선 한 단계로 갈 수 있는 곳은 다음과 같이 그림에서 불이 켜진 곳입니다. 아직 금문교까지는 불이 켜지지 않았네요.

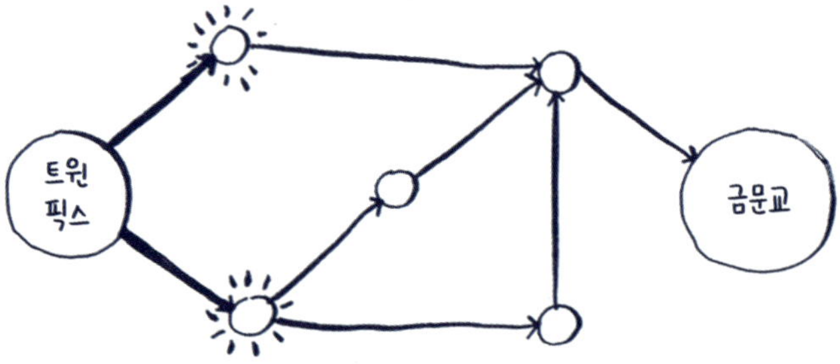

두 단계로 갈 수 있는 곳은 어디일까요? 아직도 금문교에는 불이 켜지지 않았습니다. 그러니까 두 단계로는 금문교에 도착할 수 없다는 거죠.

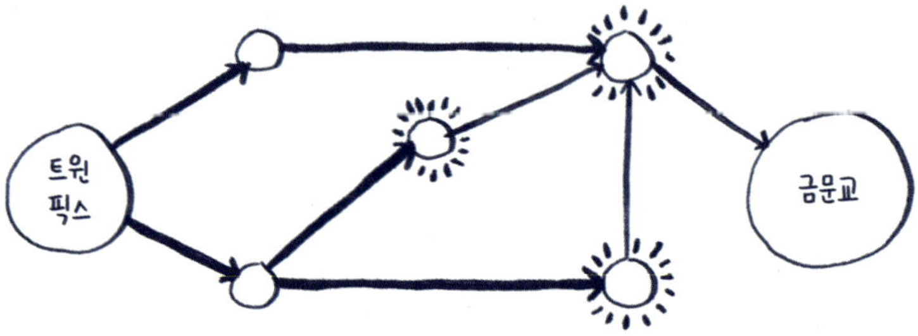

그럼 세 단계는 어떨까요? 아하! 이제 금문교에 불이 켜졌습니다.

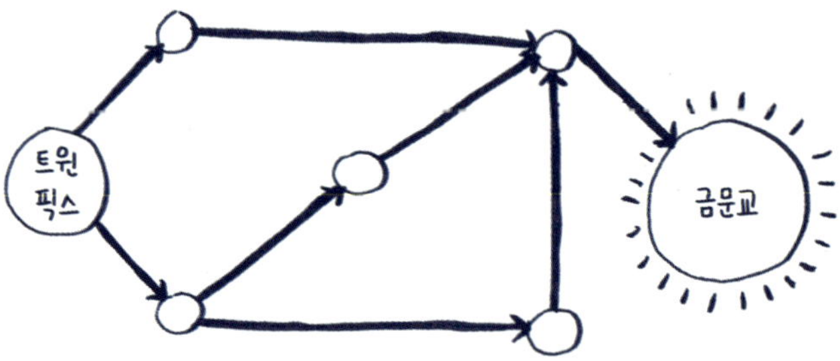

그러니까 이 경로로 트윈 픽스에서 금문교까지 가는 데 세 단계가 걸립니다.

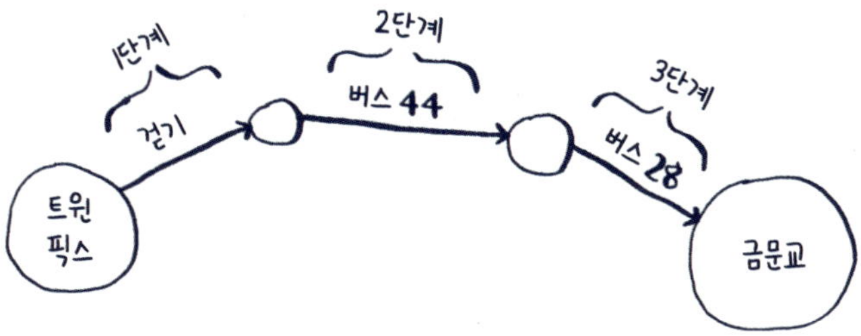

금문교로 갈 수 있는 다른 경로도 있지만, 4단계로 거리가 더 깁니다. 이 알고리즘을 통해 금문교까지의 최단 경로가 3단계라는 것을 알게 되었습니다. 이런 종류의 문제를 **최단 경로 문제**shortest-path problem라고 합니다. 최단 경로, 즉 가장 짧은 것을 찾아야 합니다. 목표는 여러분이 친구 집까지 가는 최단 경로일 수도 있고, 웹 사이트를 탐색하는 것일 수도 있습니다. 여러분은 눈치채지 못했을 수도 있지만 여러분이 웹 사이트를 볼 때도 네트워크는 여러분의 컴퓨터에서 웹 사이트의 서버까지 최단 경로를 찾습니다. 이렇게 최단 경로 문제를 푸는 알고리즘을 **너비 우선 탐색**breadth-first search이라고 합니다.

트윈 픽스에서 금문교까지 가는 방법을 찾으려면 다음과 같은 절차가 필요하죠.

1 문제를 그래프로 모형화한다.

2 너비 우선 탐색으로 문제를 푼다.

먼저 그래프가 무엇인지 알아보고, 너비 우선 탐색에 대해 좀 더 자세히 살펴보겠습니다.

3 그래프란 무엇인가?

그래프란 연결의 집합을 모형화한 것입니다. 여러분과 친구들이 포커를 치고 있다고 생각해 보세요. 누가 누구에게 돈을 빚지고 있는지 모형화하고 싶습니다. 예를 들어, "알렉스는 라마에게 돈을 빚지고 있다."라고 해 보죠.

전체 그래프는 다음과 같습니다.

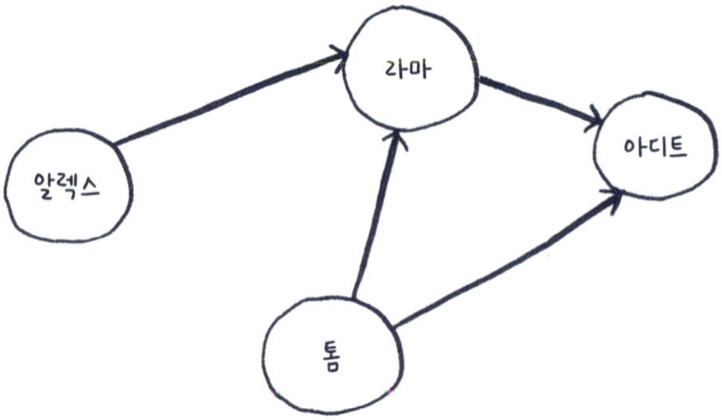

▲ 포커 게임에서 누가 누구에게 빚을 지고 있는지를 보여 주는 그래프

알렉스는 라마에게, 톰은 아디트에게 빚을 지고 있습니다. 각 그래프는 다음과 같이 **정점**node 과 **간선**edge 으로 이루어집니다.

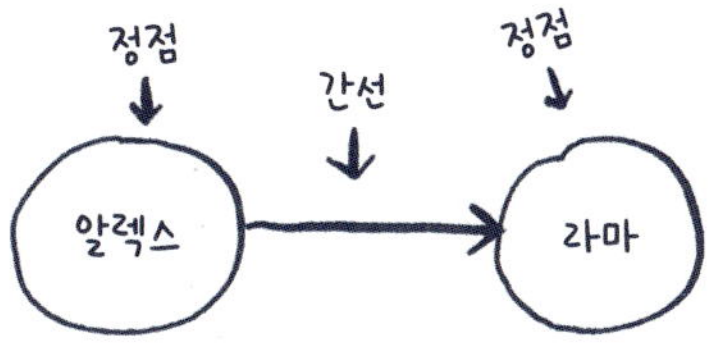

그래프에 대해 알아야 할 것은 이뿐입니다. 그래프는 정점과 간선으로 이루어져 있다는 것! 정점은 여러 개의 다른 정점과 바로 이어질 수 있습니다. 이렇게 바로 이어진 정점들을 **들어오는 이웃**in-neighbor 또는 **나가는 이웃**in-neighbor이라고 합니다.

이 그래프에서 알렉스에서 라마로 선이 그려져 있으므로 알렉스는 라마의 들어오는 이웃이고 라마는 알렉스의 나가는 이웃입니다. 용어가 헷갈릴 수도 있으니 그림을 이용하겠습니다.

전체 그래프에서 아디트는 알렉스와 바로 연결되어 있지 않으므로 알렉스의 들어오는 이웃도, 나가는 이웃도 아닙니다. 하지만 아디트는 라마와 톰의 나가는 이웃입니다.

그래프는 항목들이 서로 어떻게 연결되어 있는지를 모형화하는 방법입니다. 이제는 너비 우선 탐색이 어떻게 이루어지는지 살펴보겠습니다.

4 너비 우선 탐색

우리는 1장에서 이진 탐색이라고 하는 탐색 알고리즘을 살펴봤습니다. 너비 우선 탐색은 그래프를 대상으로 하는 다른 종류의 탐색 알고리즘입니다. 너비 우선 탐색은 다음 두 질문에 대답하는 데 도움이 됩니다.

- **질문 유형 1:** 정점 A에서 정점 B로 가는 경로가 존재하는가?
- **질문 유형 2:** 정점 A에서 정점 B로 가는 최단 경로는 무엇인가?

여러분은 트윈 픽스에서 금문교로 가는 최단 경로를 계산하는 예에서 이미 너비 우선 탐색을 한번 보았습니다. 이 질문은 두 번째 유형인 "최단 경로는 무엇인가?"를 묻는 문제였죠. 이제 알고리즘을 더 자세히 살펴봅시다. 첫 번째 유형의 질문인 "경로가 존재하는가?"를 살펴보죠.

여러분이 망고 농장의 주인이라고 가정해 봅시다. 여러분은 망고를 팔아 줄 수 있는 판매상을 찾고 있습니다. 여러분의 페이스북 친구 중에 망고 판매상이 있나요? 확인하려면 페이스북의 친구 목록을 살펴보면 되겠죠.

이 방법은 아주 단순 명료합니다. 우선 찾아볼 친구 목록을 만듭니다.

다음으로 이 목록에서 각 친구가 망고 판매상인지 아닌지 확인합니다.

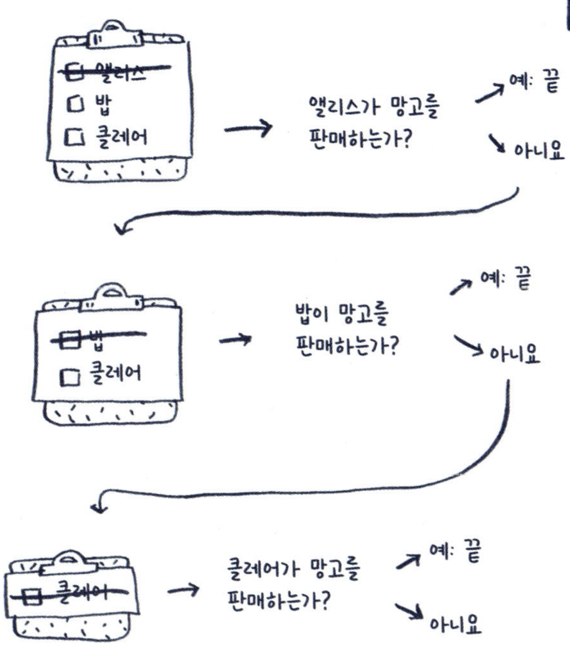

여러분의 친구 중에 망고 판매상이 없다고 해 보죠. 그러면 이제는 친구의 친구들을 살펴봐야 합니다.

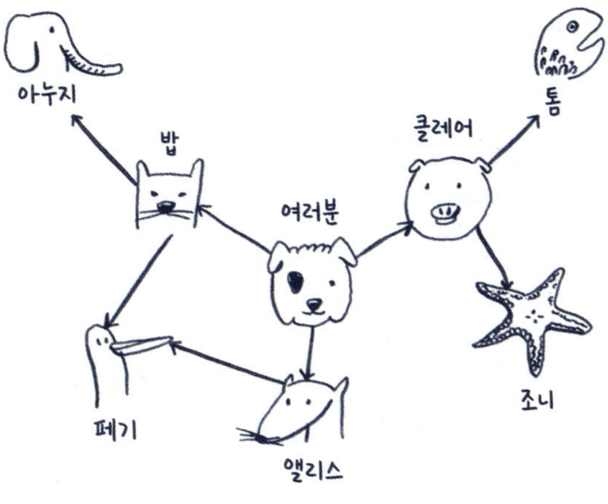

목록에서 누군가를 찾아볼 때마다 목록에 그 사람의 친구들도 추가하세요.

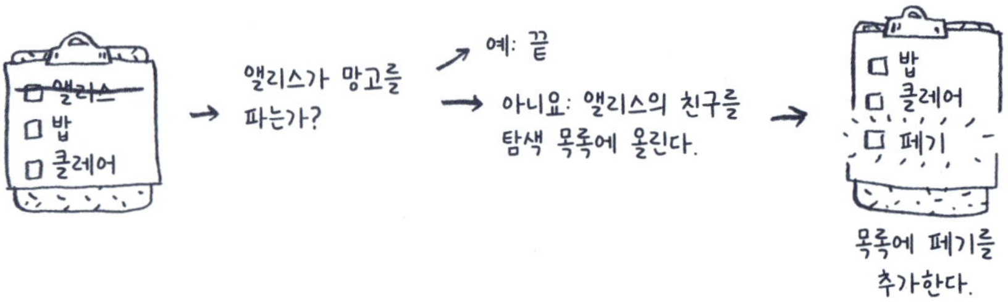

이런 방법으로 여러분의 친구뿐 아니라 친구의 친구도 찾아봅니다. 최종 목표는 여러분의 네트워크에서 망고 판매상을 찾는 것임을 기억하세요. 그러니까 만약 앨리스가 망고 판매상이 아니면 앨리스의 친구도 목록에 올려야 합니다. 그러면 결과적으로는 앨리스의 친구, 앨리스 친구의 친구, 이런 식으로 망고 판매상에 도달할 때까지 전체 네트워크를 탐색하게 됩니다. 이러한 알고리즘이 바로 너비 우선 탐색입니다.

최단 경로 찾기

정리하면 너비 우선 탐색은 다음 두 질문에 대해 대답할 수 있습니다.

- **질문 유형 1:** 정점 A에서 정점 B로 가는 경로가 존재하는가(여러분의 네트워크에 망고 판매상이 있는가)?
- **질문 유형 2:** 정점 A에서 정점 B로 가는 최단 경로는 무엇인가(누가 가장 가까운 망고 판매상인가)?

여러분은 첫 번째 질문에 대답하는 방법에 대해 살펴봤습니다. 이제 두 번째 질문에 답할 차례입니다. 가장 가까운 망고 판매상을 찾을 수 있습니까? 여러분의 페이스북 친구는 1촌 연결이고, 친구의 친구는 2촌 연결입니다.

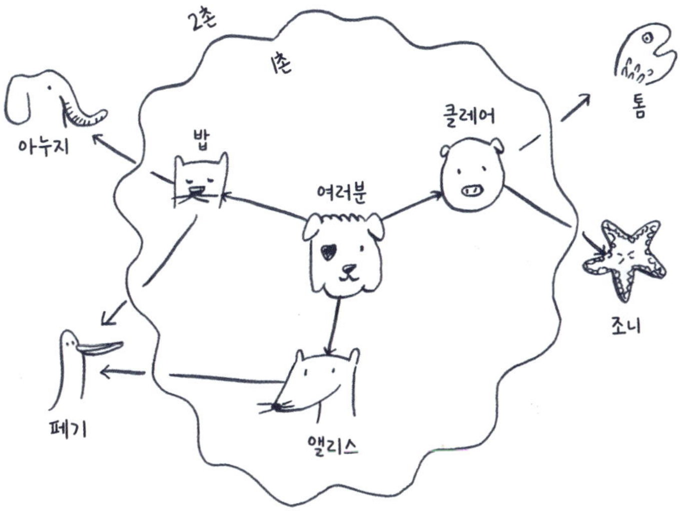

여러분은 3촌 관계보다는 2촌 관계를, 2촌 관계보다는 1촌 관계를 선호하겠죠. 그러니깐 만약 1촌 관계인 망고 판매상이 없을 경우에만 2촌 관계를 탐색할 겁니다. 너비 우선 탐색이 하는 일이 바로 이겁니다! 너비 우선 탐색이 진행될수록 탐색 범위는 출발점에서 멀어집니다. 그러니까 2촌 관계를 확인하기 전에 1촌 관계부터 확인해야죠.

돌발 퀴즈 클레어와 아누지 중에서 누구를 먼저 확인해야 할까요?

정답 클레어는 1촌 관계이고, 아누지는 2촌 관계니까 아누지보다 클레어를 먼저 확인해야 합니다.

또 다른 방법은 탐색 목록에 2촌 관계를 추가하기 전에 1촌 관계부터 모두 추가하는 것입니다.

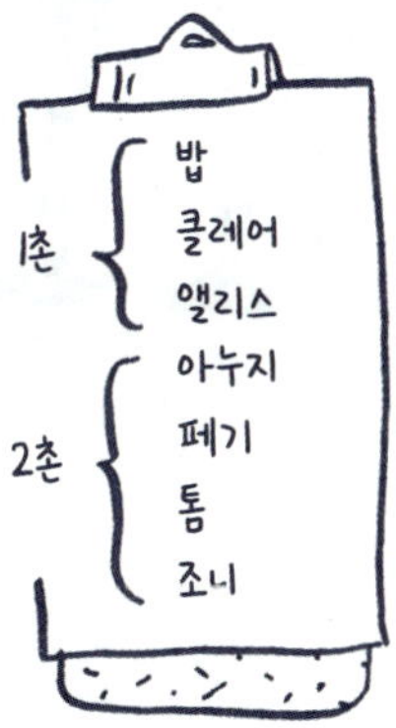

목록의 위에서부터 차례대로 망고 판매상이 있는지 확인한다면, 1촌 관계에 있는 망고 판매상을 2촌 관계에 있는 망고 판매상보다 먼저 찾을 수 있습니다. 너비 우선 탐색은 단순히 A에서 B로 가는 경로를 찾는 것이 아니라 최단 경로를 찾을 수 있습니다.

이 방법은 목록에 추가한 순서대로 사람을 찾을 때만 가능합니다. 만약 목록에서 아누지 앞에 클레어가 있다면 클레어는 아누지보다 먼저 탐색해야겠죠. 만약 클레어와 아누지가 둘 다 망고 판매상이고, 클레어보다 아누지를 먼저 탐색한다면 어떻게 될까요? 네트워크에서 가장 가까운 망고 판매상이 아닌 더 멀리 떨어진 다른 망고 판매상을 찾을 겁니다. 그러니까 목록에 더해진 순서대로 사람을 탐색해야 합니다. 이를 위한 자료구조가 있습니다. **큐** queue 또는 대기열이라고 부르는 자료구조입니다.

큐

큐(대기열)는 실생활에서와 완전히 똑같이 작동합니다. 여러분과 친구가 버스 정류장에서 줄을 서 있다고 가정해 볼게요. 만약 여러분이 친구 앞에 서 있으면 버스를 먼저 타게 됩니다. 큐도 마찬가지입니다. 큐는 큐 안 원소에 임의로 접근할 수 없다는 점에서 스택과 비슷합니다. 큐에는 **삽입** enqueue 과 **삭제** dequeue 라고 하는 두 가지 연산이 있습니다.

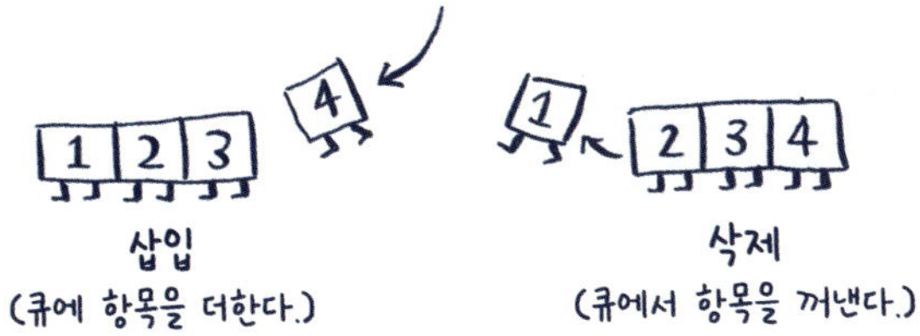

만약 여러분이 목록에 두 개의 항목을 삽입하면 두 번째로 삽입된 항목보다 첫 번째로 삽입된 항목이 먼저 제거됩니다. 큐는 탐색 목록에도 쓸 수 있습니다! 큐를 사용하면 목록에 먼저 추가된 사람들을 먼저 꺼내서 탐색합니다.

그래서 큐를 **선입선출**FIFO, First In First Out 자료구조라고도 합니다. 반대로 스택은 **후입선출**LIFO; Last In First Out 자료구조입니다.

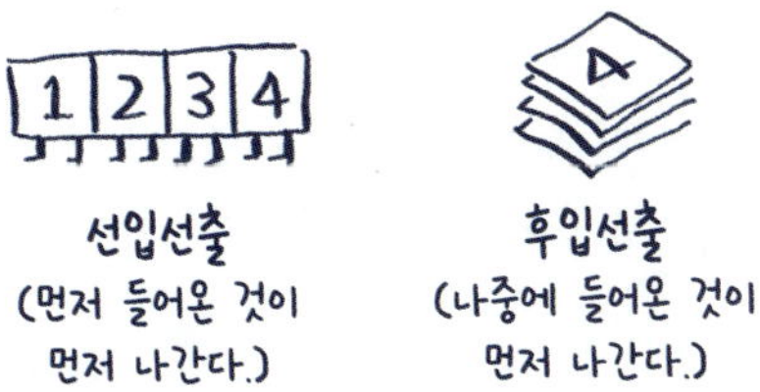

이제 큐의 작동법을 알았으니 너비 우선 탐색을 구현해 봅시다!

5 그래프의 구현

우선 코드로 그래프를 구현해야 합니다. 그래프는 몇 개의 정점으로 이루어져 있습니다.

그리고 각 정점은 이웃하는 정점과 연결됩니다. '여러분 → 밥'과 같은 관계를 어떻게 표현할까요? 다행히 여러분은 관계를 표시하는 자료구조를 알고 있습니다. 바로 해시 테이블입니다!

해시 테이블을 사용하면 키에 값을 할당할 수 있습니다. 이 경우에는 어떤 정점에 이웃하는 정점을 할당합니다.

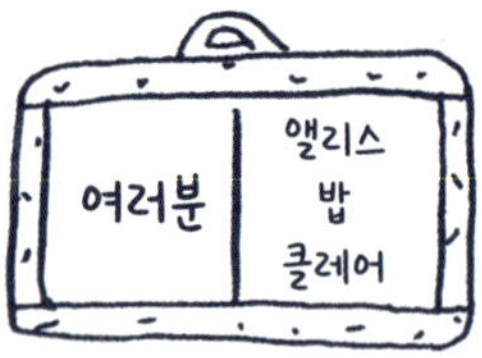

파이썬 코드는 다음과 같겠죠.

```
graph = {}
graph["you"] = ["alice", "bob", "claire"]
```

여러분을 뜻하는 "you"에 배열이 할당된 것을 보세요. 그러니까 graph["you"]라고 하면 여러분의 모든 이웃이 나옵니다.

그래프는 여러 개의 정점과 간선이 모여 있는 것에 불과합니다. 그러니까 이것이 파이썬으로 그래프를 표현하는 데 필요한 모든 것입니다. 다음 그림처럼 더 큰 그래프는 어떻게 표현할까요?

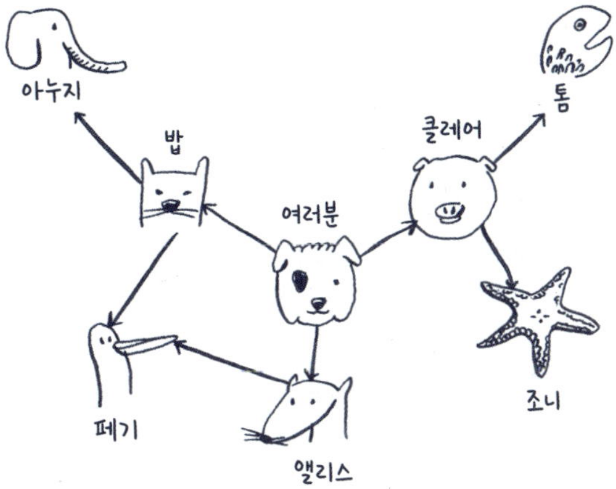

파이썬 코드는 다음과 같습니다.

```
graph = {}
graph["you"] = ["alice", "bob", "claire"]
graph["bob"] = ["anuj", "peggy"]
graph["alice"] = ["peggy"]
graph["claire"] = ["thom", "jonny"]
graph["anuj"] = []
graph["peggy"] = []
graph["thom"] = []
graph["jonny"] = []
```

돌발 퀴즈 키/값 쌍을 넣을 때 순서가 중요할까요? 그러니까

```
graph["claire"] = ["thom", "jonny"]
graph["anuj"] = []
```

라고 쓰는 대신

```
graph["anuj"] = []
graph["claire"] = ["thom", "jonny"]
```

라고 써도 될까요? 앞 장의 내용을 떠올려 보세요.

정답 중요하지 않습니다. 해시 테이블은 순서를 가지지 않기 때문에 키/값 쌍을 어떤 순서로 추가하든 상관없습니다.

아누지, 페기, 톰, 조니는 나가는 이웃이 없습니다. 그러니까 이들을 향한 화살표가 있으므로 들어오는 이웃은 있지만, 이들로부터 누군가를 향해 나아가는 화살표가 없으므로 나가는 이웃이 없습니다. 이렇게 방향을 가지는 그래프를 **방향 그래프** directed graph 라고 합니다. 방향 그래프에서는 관계에 방향성이 있습니다. **무방향 그래프** undirected graph 는 화살표(방향성)를 가지지 않는 그래프입니다. 예를 들어, 다음 두 그래프는 서로 같습니다.

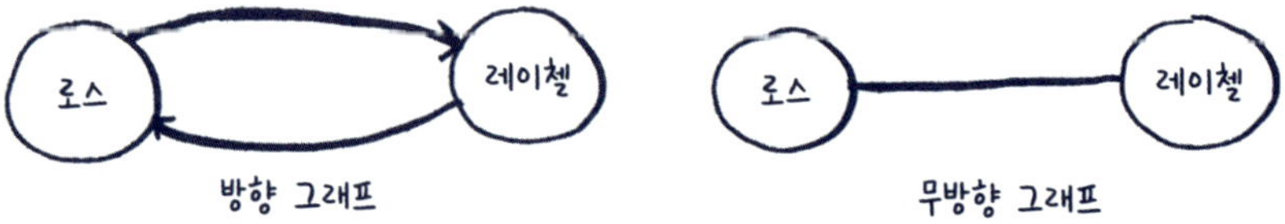

무방향 그래프에서는 나가는 이웃, 들어오는 이웃이라는 용어를 사용하지 않고 단순히 이웃이라고 합니다.

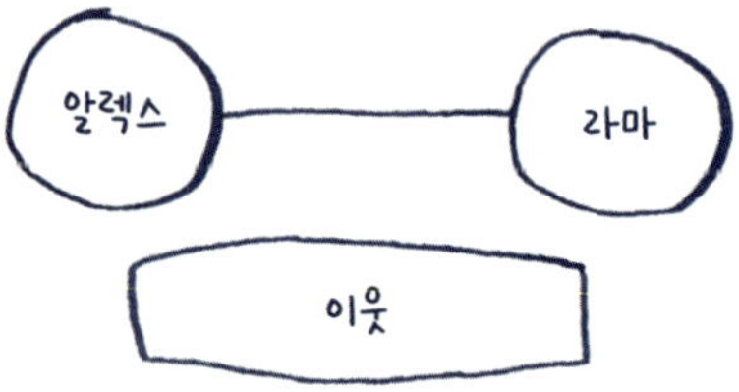

6 알고리즘의 구현

정리하면 알고리즘이 구현되는 방식은 다음과 같습니다.

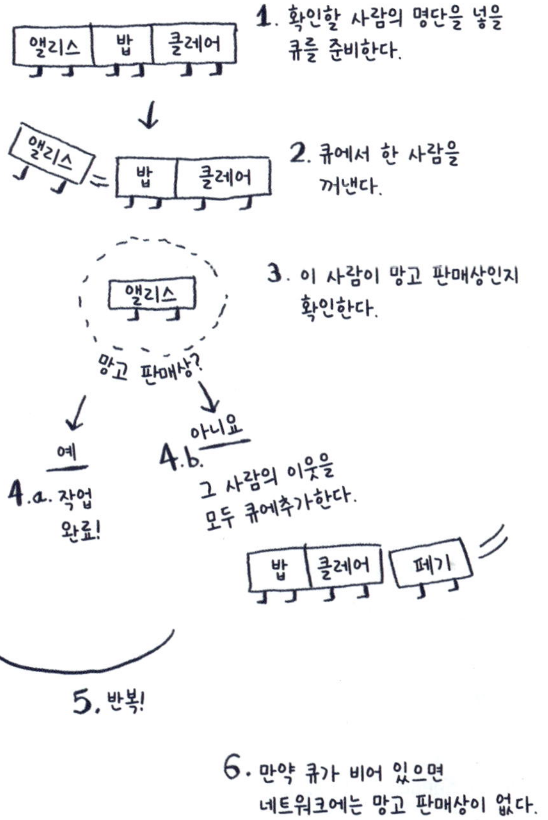

NOTE 큐를 갱신할 때 필자는 enqueue(삽입)와 dequeue(삭제)라는 용어를 사용하지만, 다른 사람들은 용어를 다르게 쓸 수 있습니다. 파이썬에서는 enqueue, dequeue라는 말 대신 append, popleft라는 용어를 사용합니다.

우선 큐를 생성합니다. 파이썬에서는 양방향 큐인 deque 함수를 사용할 수 있습니다.

```
from collections import deque
search_queue = deque()              # 새 큐를 생성
search_queue += graph["you"]        # 모든 이웃을 탐색 큐에 추가
```

graph["you"]는 ["alice", "bob", "claire"]처럼 모든 나가는 이웃의 목록이고, 이 값은 탐색 큐에 추가됩니다.

나머지 코드는 다음과 같습니다.

```
while search_queue:                                  # 큐가 비어 있지 않는 한 계속 실행
    person = search_queue.popleft()                  # 큐의 첫 번째 사람을 꺼냄
    if person_is_seller(person):                     # 망고 판매상인지 확인
        print(person + " is a mango seller!")        # 망고 판매상이 맞음
        return True
    else:
        search_queue += graph[person]                # 망고 판매상이 아님. 모든 이웃을 탐색 목록에 추가
return False                                         # 여기에 도달했다는 것은 망고 판매상이 아무도 없다는 의미
```

마지막으로 망고 판매상인지 확인하는 person_is_seller 함수가 있어야 합니다. 이 함수는 다음과 같습니다.

```
def person_is_seller(name):
    return name[-1] == 'm'
```

이 함수는 사람의 이름이 m자로 끝나는지 확인합니다. 만약 m자로 끝난다면 그 사람이 망고 판매상입니다. 좀 바보 같은 판단 기준이지만 여기서는 그냥 예로 든 것뿐입니다. 이제 실제로 너비 우선 탐색이 작동하는 것을 살펴보겠습니다.

이런 식으로 계속 진행됩니다. 알고리즘은 망고 판매상을 발견하거나 큐가 비게 될 때(이 경우는 망고 판매상이 존재하지 않는 경우입니다)까지 계속됩니다.

앨리스와 밥은 모두 페기라는 친구가 있습니다. 그래서 페기는 큐에 두 번 들어갑니다. 앨리스의 친구로 한 번 들어가고 밥의 친구로 다시 들어갑니다. 그러니까 탐색 큐에는 페기가 둘이 되는 거죠.

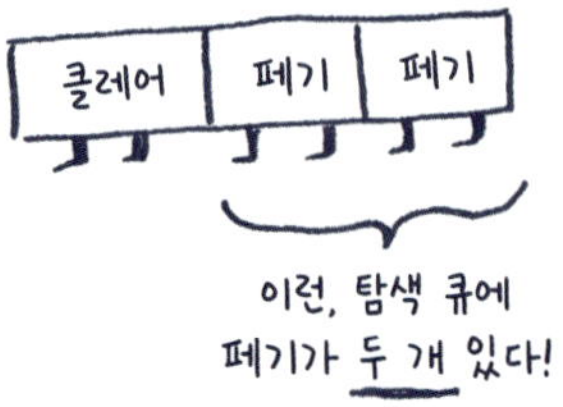

하지만 여러분은 페기가 망고 판매상인지 한 번만 확인하면 됩니다. 만약 두 번 확인한다면 쓸데없는 일을 하는 겁니다. 그래서 어떤 사람을 확인하고 나면 그 사람이 다시 탐색되지 않도록 표시해야 합니다.

그렇지 않으면 무한 반복에 빠질 수도 있습니다. 만약 망고 판매상 그래프가 다음과 같다고 가정해 보세요.

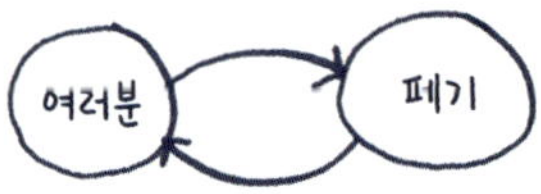

시작할 때는 탐색 큐가 여러분의 모든 이웃을 담아야 하므로 다음과 같습니다.

이제 페기를 확인할 차례입니다. 페기는 망고 판매상이 아니므로 페기의 모든 이웃을 탐색 큐에 넣습니다.

다음으로 여러분 자신(you)을 확인합니다. 여러분도 망고 판매상이 아니므로 이번에는 여러분의 이웃을 다시 탐색 큐에 넣습니다.

이런 식으로 탐색 큐에 여러분과 페기가 반복해서 들어가면서 무한 반복에 빠지게 됩니다.

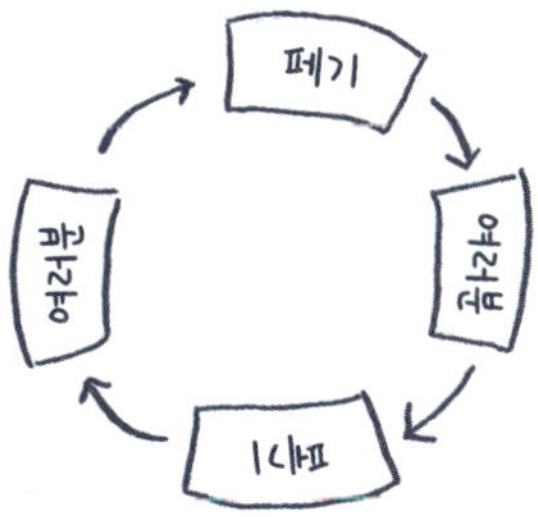

그러므로 사람을 확인하기 전에 이미 확인한 사람인지 확실히 해 두어야 합니다. 이렇게 하려면 이미 확인한 사람의 명단을 가지고 있어야겠죠.

이것까지 고려한 너비 우선 탐색의 최종 코드는 다음과 같습니다.

```
def search(name):
    search_queue = deque()
    search_queue += graph[name]
    searched = set()          # 이 배열은 이미 확인한 사람을 추적하기 위한 것
    while search_queue:
        person = search_queue.popleft()
        if not person in searched:          # 이전에 확인하지 않은 사람만 확인
            if person_is_seller(person):
                print(person + " is a mango seller!")
                return True
```

```
            else:
                search_queue += graph[person]
                searched.add(person)    # 이 사람을 확인한 것으로 표시
    return False

search("you")
```

이 코드를 직접 작성해서 실행해 보세요. 아마도 `person_is_seller` 함수를 좀 더 의미 있는 것으로 바꾸면 기대한 결과를 볼 수도 있을 겁니다.

실행 시간

망고 판매상을 찾기 위해 여러분의 네트워크 전체를 탐색한다는 것은 모든 정점을 따라서 움직인다는 뜻이 됩니다(간선은 어떤 사람과 다른 사람을 연결하는 화살표라는 것을 기억하세요). 그러니까 실행 시간은 최소한 O(간선의 개수)가 됩니다.

그리고 탐색할 사람을 저장하는 큐도 있어야 합니다. 큐에 사람을 추가하는 데는 상수 시간, 즉 O(1)이 걸립니다. 모든 사람에 대해 이것을 적용하면 O(사람의 수) 시간이 걸리죠. 따라서 너비 우선 탐색은 O(사람의 수 + 간선의 수)가 되고, 보통 O(V+E)라고 표기합니다(V는 정점의 수, E는 간선의 수).

6장에서 배운 내용

- 너비 우선 탐색은 A에서 B로 가는 경로가 있는지 알려 줍니다.
- 만약 경로가 존재한다면 최단 경로도 찾아 줍니다.
- 만약 X까지의 최단 경로를 찾는 문제가 있다면 그 문제를 그래프로 모형화해 보세요. 그리고 너비 우선 탐색으로 문제를 풉니다.
- 방향 그래프는 화살표를 가지며, 화살표 방향으로 관계를 가집니다(라마 → 아디트는 라마가 아디트에게 돈을 빚지고 있다는 뜻입니다).
- 무방향 그래프는 화살표가 없고, 둘 간 상호 관계를 나타냅니다(로스-레이첼은 로스가 레이첼과 서로 데이트했다는 뜻입니다).
- 큐는 선입선출(FIFO)입니다.
- 스택은 후입선출(LIFO)입니다.
- 탐색 목록에 추가된 순서대로 사람을 확인해야 합니다. 그래서 탐색 목록은 큐가 되어야 합니다. 그렇지 않으면 최단 경로는 구할 수 없습니다.
- 누군가를 확인한 다음에는 두 번 다시 확인하지 않도록 해야 합니다. 그렇지 않으면 무한 반복이 될 수도 있습니다.

연습문제

1. 다음 그래프에 너비 우선 탐색을 사용해서 해답을 찾아보세요.

1-1 출발부터 도착까지의 최단 경로를 찾으세요.

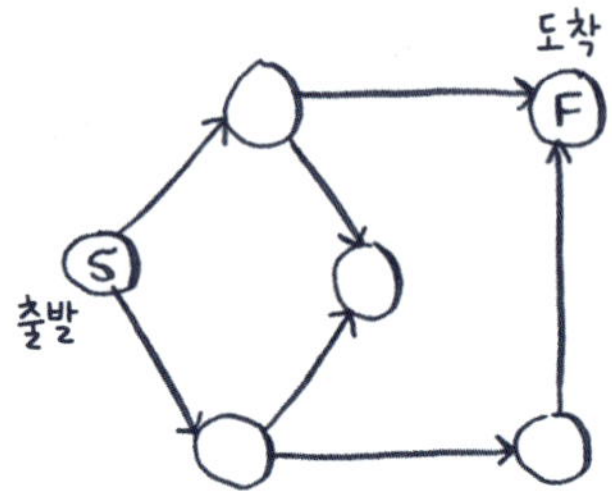

1-2 CAB부터 BAT까지의 최단 경로를 찾으세요.

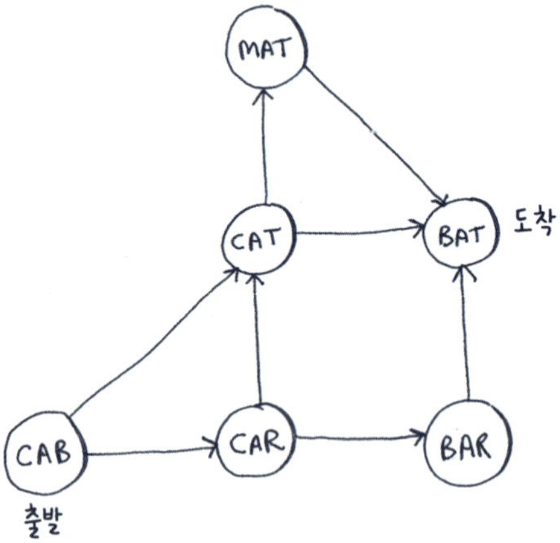

2. 다음 설명을 바탕으로 물음에 답해 보세요.

아래 그래프는 아침에 일어나서 하는 일에 대한 작은 그래프입니다.

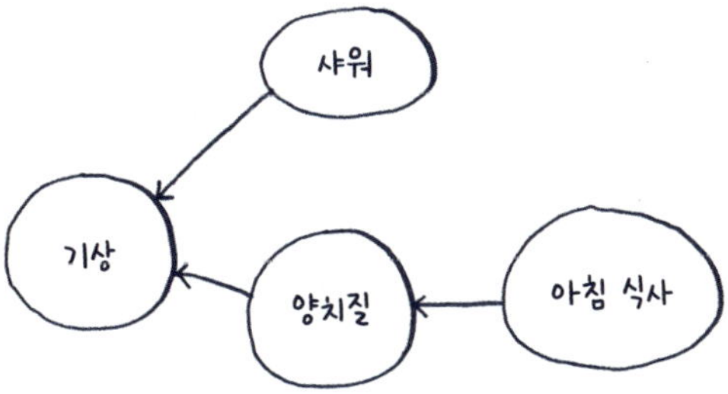

그래프를 보면 양치질을 하기 전까지는 아침을 먹을 수 없죠. 그러니까 아침 식사는 양치질에 의존합니다.

한편, 양치질을 하지 않아도 샤워를 할 수 있으니 샤워는 양치질에 의존하지 않습니다. 이 그래프를 보고 아침에 일어나 할 일의 순서 목록을 만들 수 있습니다.

1 기상

2 샤워

3 양치질

4 아침 식사

샤워는 어느 곳에 놓더라도 문제없습니다.

1 기상

2 양치질

3 샤워

4 아침 식사

연습문제

2-1 다음 세 목록에서 올바른 것과 올바르지 않은 것을 고르세요.

A.

1. 기상
2. 샤워
3. 아침 식사
4. 양치질

B.

1. 기상
2. 양치질
3. 아침 식사
4. 샤워

C.

1. 샤워
2. 기상
3. 양치질
4. 아침 식사

2-2 다음은 더 복잡한 그래프입니다. 이 그래프에 대해 올바른 목록을 만드세요.

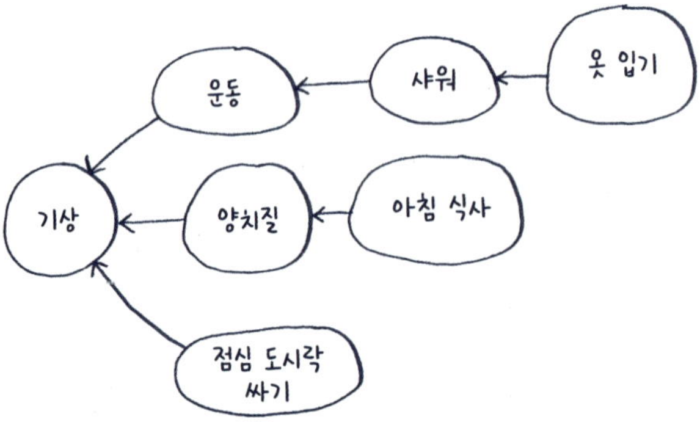

3. 다음 설명을 바탕으로 물음에 답해 보세요.

이 목록은 어떤 의미에서는 정렬되어 있다고 할 수도 있습니다. 만약 작업 A가 작업 B에 의존한다면 목록에서 작업 A가 작업 B보다 나중에 와야 합니다. 이런 것을 **위상 정렬**topological sort이라고 하며, 그래프에서 정렬된 리스트를 만드는 방법의 하나입니다. 만약 여러분이 결혼을 계획하고 있다면 엄청나게 큰 할 일 그래프가 있을 것이고, 아마도 어디부터 시작해야 할지도 모를 거예요. 그런 그래프도 위상 정렬을 해서 할 일 순서를 찾을 수 있습니다.

다음은 여러분의 가계도입니다.

이것도 정점(사람)과 간선이 있으니까 그래프입니다. 간선은 각 정점의 부모를 가리킵니다. 하지만 모든 간선은 아래로 내려갑니다. 가계도에서 거꾸로 가는 선이 있다는 것은 말이 안 되죠. 아빠가 할아버지의 아빠가 될 수는 없잖아요!

연습문제

이를 **트리**tree라고 합니다. 트리는 거꾸로 가는 간선이 없는 특별한 종류의 그래프입니다.

다음 그래프 중 어느 것이 트리인가요?

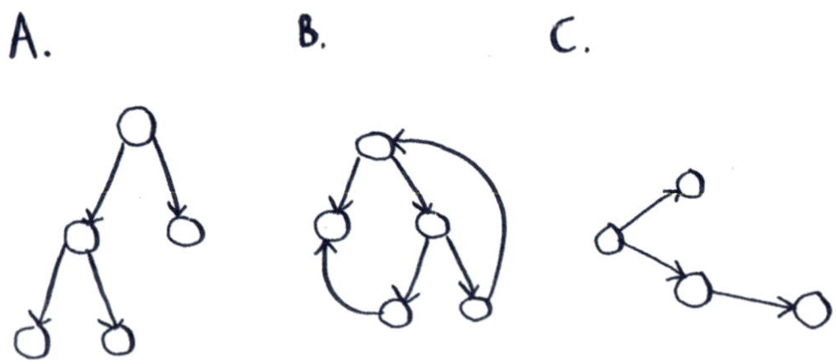

Chapter 7

트리

- 트리tree가 무엇인지, 그래프와는 무엇이 다른지 배웁니다.
- 트리와 관련한 알고리즘을 실행하는 데 익숙해집니다.
- 깊이 우선 탐색depth-first search을 배우고 너비 우선 탐색과 다른 점을 확인합니다.
- 트리를 활용한 압축 알고리즘인 허프만 코딩Huffman coding을 공부합니다.

1 시작하기에 앞서

압축 알고리즘과 데이터베이스 저장소의 공통점은 무엇일까요? **트리**tree가 그 기저에서 모든 어려운 작업을 수행하고 있다는 점입니다. 트리는 그래프의 부분 집합입니다. 트리에는 여러 가지 특수한 유형이 있기 때문에 일반적인 그래프와 별도로 다룰 가치가 있습니다. 예를 들어, 이 장에서 배우게 될 압축 알고리즘인 **허프만 코딩**Huffman coding은 이진 트리를 사용합니다.

대부분 데이터베이스는 다음 장에서 배우게 될 B-트리와 같은 **균형 트리**balanced tree를 사용합니다. 트리에는 정말 많은 종류가 있습니다. 이 장과 다음 장에서는 이러한 트리를 이해하는 데 필요한 용어와 개념을 제공합니다.

2 루트가 있는 트리

트리는 일종의 그래프입니다. 더 자세한 정의는 나중에 내리고 우선은 몇 가지 용어와 예시를 살펴보겠습니다.

그래프와 마찬가지로 트리도 정점과 간선으로 이루어집니다.

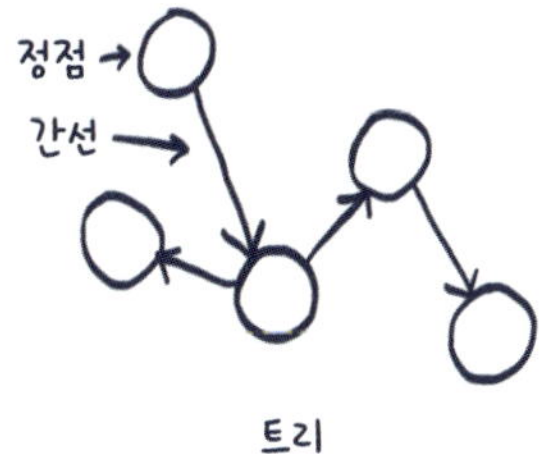

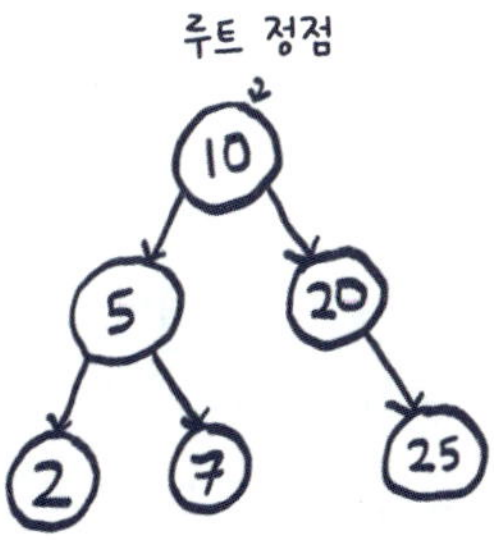

이 책에서는 **루트가 있는 트리**rooted tree를 다룹니다. 루트가 있는 트리는 다른 모든 정점으로 이어지는 하나의 정점인 **루트 정점**root node(또는 루트)을 가지고 있습니다.

우리는 루트가 있는 트리만을 다루기 때문에, 이 장에서 말하는 트리 역시 당연히 루트가 있는 트리를 의미합니다. 정점은 **자식**child을 가질 수 있고 자식 정점은 **부모**parent를 가질 수 있습니다.

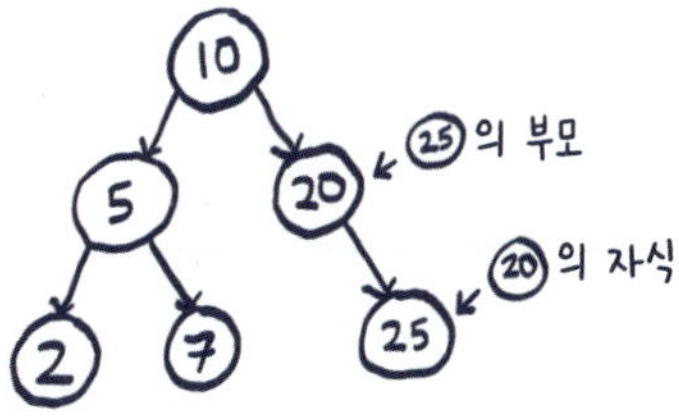

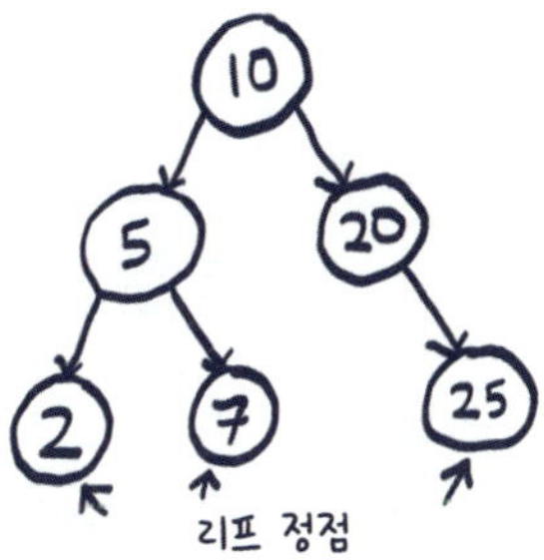

트리에서 정점은 최대 하나의 부모를 가질 수 있습니다. 루트는 부모가 없는 유일한 정점입니다. 자식이 없는 정점은 **리프 정점**leaf node이라고 부릅니다.

루트와 리프, 부모와 자식을 이해했다면 이제 진행할 준비가 되었습니다!

파일 디렉터리

트리는 그래프의 한 종류이므로 트리에서도 그래프 알고리즘을 실행할 수 있습니다. 6장에서는 그래프에서 최단 경로를 찾는 알고리즘인 너비 우선 탐색을 배웠습니다. 이번에는 트리에서 너비 우선 탐색을 사용해 보겠습니다. 너비 우선 탐색이 아직 익숙치 않다면 6장을 다시 읽어 보세요.

파일 디렉터리는 우리 모두가 매일 다루는 트리죠. 다음과 같은 파일 디렉터리가 있다고 가정해 봅시다.

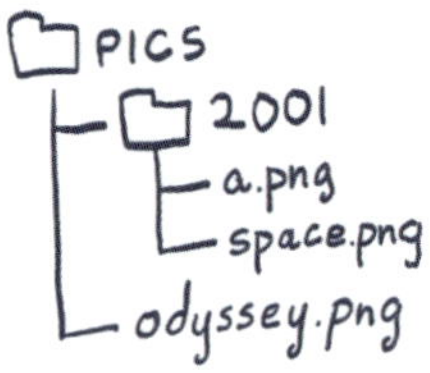

pics 디렉터리 하위의 모든 파일과 디렉터리, 그리고 그 하위 파일들의 이름까지 출력하고 싶습니다. 여기에는 2001이라는 하위 디렉터리 하나만 있습니다. 너비 우선 탐색을 사용하면 이 작업을 할 수 있습니다! 먼저 pics 디렉터리를 트리로 표현하면 어떻게 되는지 보여 드리겠습니다.

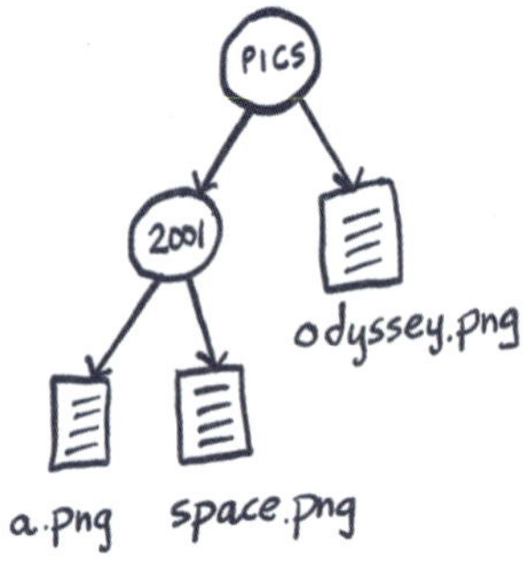

이는 트리이므로 그래프 알고리즘을 실행할 수 있습니다. 앞서 탐색 알고리즘으로 너비 우선 탐색을 사용했습니다. 이 알고리즘은 무엇인가를 찾는 데만 좋은 게 아닙니다. 너비 우선 탐색은 **순회 알고리즘**traversal algorithm입니다. 즉, 트리의 모든 정점을 방문하는 알고리즘입니다. 바로 우리에게 필요한 것이죠! 우리는 이 트리 안 모든 파일을 찾아다니며 그 이름을 출력하는 알고리즘이 필요하거든요.

우선 디렉터리에 있는 모든 파일을 나열하기 위해 너비 우선 탐색을 사용할 것입니다. 그리고 하위 디렉터리로 이동하여 다시 그 안에 있는 파일을 찾아서 이름을 출력합니다. 전반적인 방법은 다음과 같습니다.

1 트리의 모든 정점을 방문합니다.

2 이 정점이 파일인 경우 그 이름을 출력합니다.

3 정점이 폴더인 경우 폴더 큐에 넣고 (나중에) 파일을 탐색합니다.

코드는 다음과 같습니다. 6장에 나온 망고 판매상을 찾는 코드와 비슷합니다.

```
from os import listdir
from os.path import isfile, join
from collections import deque

def printnames(start_dir):
    search_queue = deque()  ← 탐색할 폴더를 추적하기 위해 큐를 사용합니다.
    search_queue.append(start_dir)
    while search_queue:  ← 큐가 비어 있지 않으면 꺼내어 해당 폴더를 살펴봅니다.
        dir = search_queue.popleft()
        for file in sorted(listdir(dir)):  ← 해당 폴더 안의 모든 파일과 폴더를 반복하여 살펴봅니다.
            fullpath = join(dir, file)
            if isfile(fullpath):
                print(file)  ← 파일이면 이름을 출력합니다.
            else:
                search_queue.append(fullpath)  ← 폴더면 큐에 넣습니다.

printnames("pics")
```

여기서는 망고 판매상 예제처럼 큐를 사용합니다. 큐는 탐색할 폴더를 추적합니다. 물론 망고 판매상 예제에서는 판매상을 찾자마자 중단했지만 여기서는 전체 트리를 살펴봅니다.

그것 말고도 망고 판매상을 찾는 코드와 다른 중요한 차이점이 하나 더 있습니다. 보이시나요? 망고 판매상 예제에서는 어떤 사람을 이미 탐색했는지 아닌지를 기록해야 했습니다.

```
...
        if person not in searched:   # 이전에 탐색하지 않았던 사람만 탐색합니다.
            if person_is_seller(person):
...
```

여기서는 그럴 필요가 없습니다! 트리는 **사이클**cycle*이 없고 모든 정점은 하나의 부모만 가집니다. 실수로 같은 폴더를 두 번 이상 탐색하거나 무한 반복에 빠지는 일이 없으므로 이미 어떤 폴더를 탐색했는지 추적할 필요가 없습니다. 사실 폴더를 다시 방문할 수 있는 방법 자체가 없습니다.

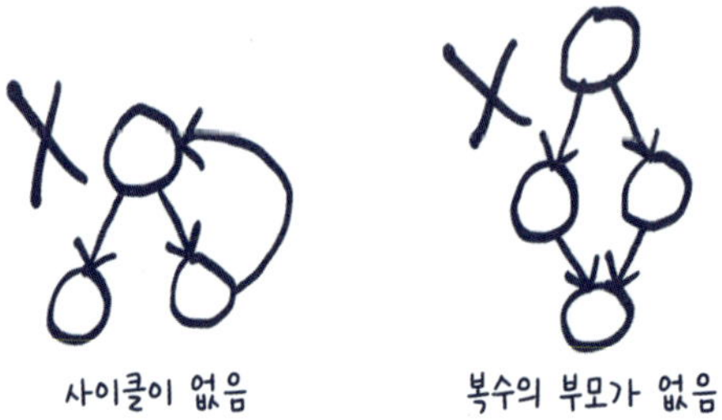

트리의 이런 특성으로 코드가 더 간단해졌습니다. 이 장에서 중요한 점은 트리가 사이클을 가지지 않는다는 점입니다.

* 역자 주_사이클은 그래프가 어떤 정점에서 출발해서 한 바퀴 돌아 같은 정점으로 돌아온다는 뜻입니다. 9장에서 다시 설명합니다.

TIP 심볼릭 링크

심볼릭 링크(symbolic link)를 아실지 모르겠습니다. 만약 심볼릭 링크가 있으면 파일 디렉터리 내에 사이클이 생길 수도 있습니다.

맥이나 리눅스에서는 다음과 같이 심볼릭 링크를 만들 수 있습니다.

```
ln -s pics/ pics/2001/pics
```

윈도우에서는 다음과 같이 만들 수 있죠.

```
mklink /d pics/ pics/2001/pics
```

이제 pics 디렉터리는 더 이상 트리가 아닙니다!

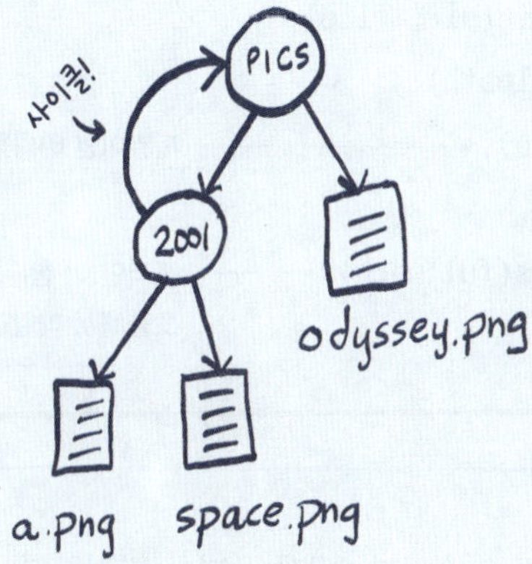

이 예제에서는 문제를 단순하게 하기 위해 이러한 심볼릭 링크를 무시했습니다. 만약 심볼릭 링크가 있다면 파이썬은 무한 반복을 감지하고 다음과 같은 오류 메시지를 던집니다.

```
OSError: [Errno 62] Too many levels of symbolic links:
'pics/2001/pics'
```

3 깊이 우선 탐색

이번에는 재귀적인 방법으로 파일 디렉터리를 순회해 보죠.

```
from os import listdir
from os.path import isfile, join

def printnames(dir):
    for file in sorted(listdir(dir)):  # 현재 디렉터리 내 모든 파일과 폴더를 돕니다.
        fullpath = join(dir, file)
        if isfile(fullpath):
            print(file)  # 파일이면 이름을 출력합니다.
        else:
            printnames(fullpath)  # 폴더면 이 함수를 재귀적으로 호출해서 파일과 폴더를 탐색합니다.

printnames("pics")
```

이 방법에서는 큐를 사용하지 않습니다. 대신 폴더를 발견하면 즉시 폴더 안으로 들어가 더 많은 파일과 폴더를 찾습니다. 이제 파일 이름을 출력하는 방법이 두 가지가 되었습니다. 그런데 놀라운 점이 있습니다. 두 방법이 파일 이름을 서로 다른 순서로 출력한다는 점입니다!

첫 번째 방법은 파일 이름을 다음과 같이 출력합니다.

```
a.png
space.png
odyssey.png
```

다른 방법은 이렇게 출력합니다.

```
odyssey.png
a.png
space.png
```

각 방법이 이런 순서로 파일 이름을 출력하는 이유를 알아내셨나요? 더 읽기 전에 한번 생각해 보세요.

첫 번째 방법은 너비 우선 탐색을 사용합니다. 폴더를 찾으면 해당 폴더를 큐에 추가하고 나중에 확인합니다. 따라서 알고리즘은 2001 폴더로 들어가지 않고 나중에 확인하기 위해 일단 큐에 추가만 합니다. 그리고 pics 폴더에 있는 모든 파일 이름을 출력한 다음, 다시 2001 폴더로 이동하여 폴더 안에 있는 파일 이름을 출력합니다.

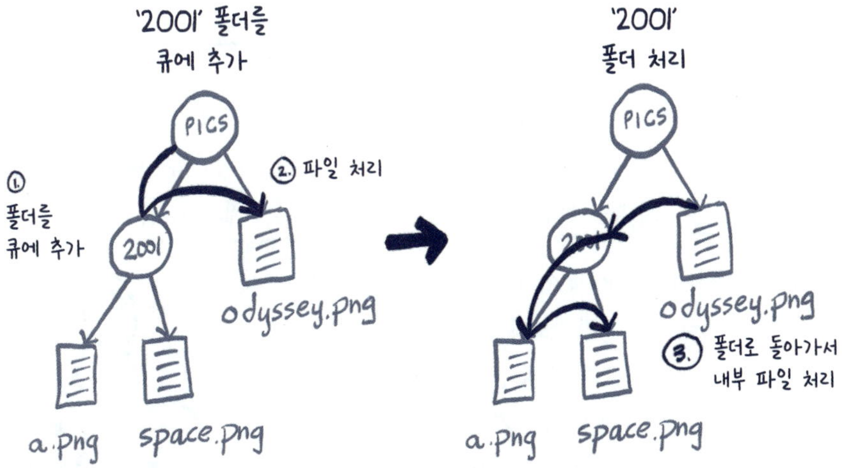

알고리즘이 2001 폴더를 먼저 방문하지만 내부를 살펴보지는 않는 것을 볼 수 있습니다. 너비 우선 탐색에서는 해당 폴더가 큐에 추가되고 odyssey.png를 먼저 처리합니다.

두 번째 방법은 **깊이 우선 탐색**depth-first search을 사용합니다. 깊이 우선 탐색도 그래프 및 트리 탐색 알고리즘이지만 폴더를 찾으면 큐에 추가하지 않고 즉시 내부를 살펴봅니다.

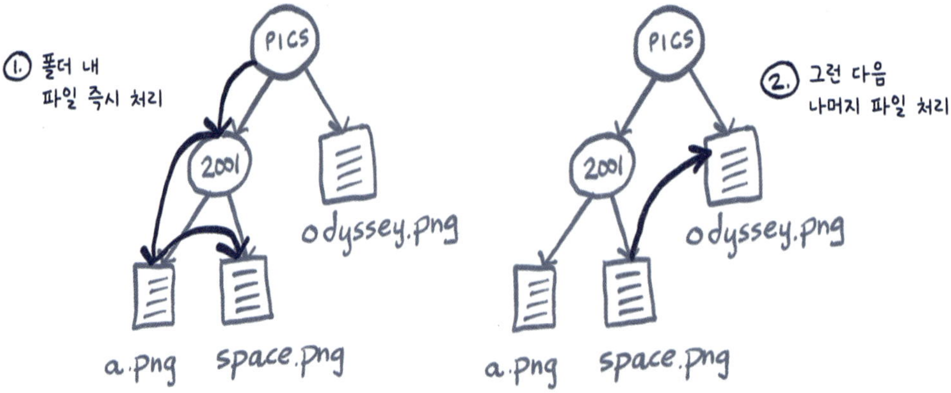

두 번째 방법은 파일 이름을 다음과 같이 출력합니다.

```
a.png
space.png
odyssey.png
```

너비 우선 탐색과 깊이 우선 탐색은 서로 밀접한 관련이 있으며 보통 같이 언급됩니다. 두 알고리즘 모두 모든 파일 이름을 출력하므로 이 예제에서는 둘 다 작동합니다. 하지만 큰 차이가 있습니다. 최단 경로를 찾는 데는 깊이 우선 탐색을 사용할 수 없습니다!

망고 판매상 예제에서는 깊이 우선 탐색을 사용할 수 없었습니다. 우리는 2촌 관계보다 1촌 관계를 먼저 확인해야 합니다. 바로 너비 우선 탐색이 하는 일이죠. 하지만 깊이 우선 탐색은 가능한 한 깊게 탐색합니다. 가까운 촌수의 망고 판매상을 두고 3촌 관계인 판매상을 찾을 수도 있습니다!

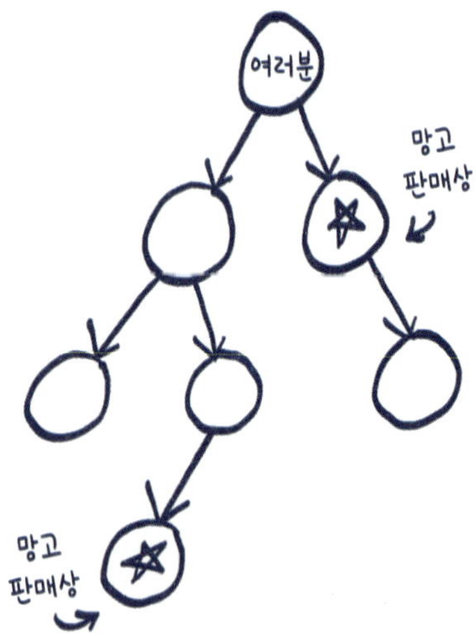

다음과 같은 소셜 네트워크가 있다고 가정해 보겠습니다.

왼쪽에서 오른쪽 순서로 정점을 처리한다고 가정해 보겠습니다. 깊이 우선 탐색은 가장 왼쪽 하위 정점에 먼저 도달합니다.

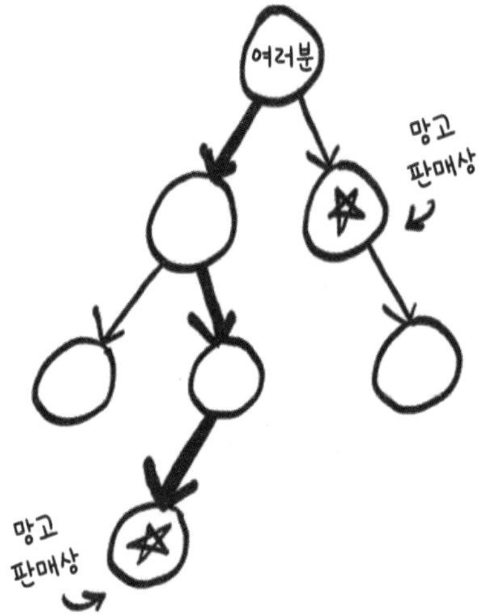

깊이 우선 탐색은 왼쪽 정점부터 깊이 탐색하기 때문에 오른쪽 정점이 훨씬 더 가까운 망고 판매상이라는 것을 알지 못합니다.

너비 우선 탐색은 가장 가까운 망고 판매상을 올바르게 찾습니다.

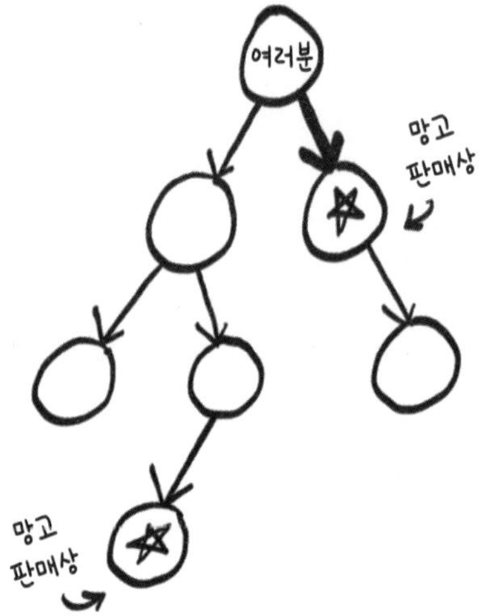

따라서 두 알고리즘 모두 파일을 나열할 수는 있지만 최단 경로를 찾는 데는 너비 우선 탐색만 쓸 수 있습니다. 대신 깊이 우선 탐색은 다른 용도로 쓸 수 있습니다. 6장에서 간략하게 살펴본 개념인 **위상 정렬** topological sort 에 사용할 수 있죠.

트리에 대한 더 나은 정의

예제를 살펴봤으니 이제는 트리에 대해 더 나은 정의를 내릴 시간입니다. 트리는 엄밀하게 말해 **연결된 비순환 그래프** connected acyclic graph 입니다.

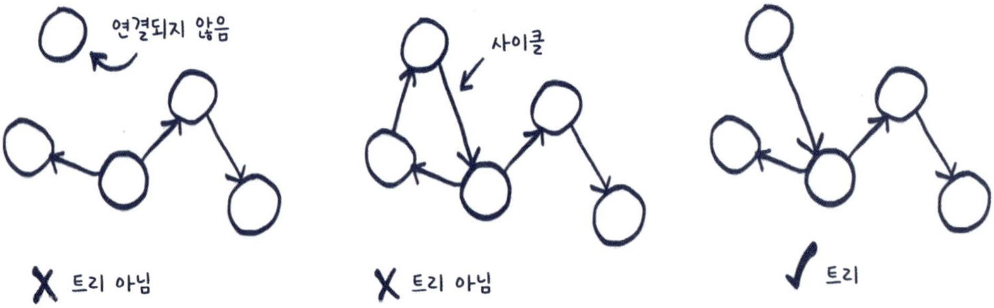

앞서 말했듯이 우리는 루트가 있는 트리만 다루기 때문에 모든 트리에 루트가 있습니다. 또한 연결된 그래프만 다루므로 트리에 사이클이 있을 수 없습니다.

트리가 실제로 작동하는 것은 확인했으니 이제 특정한 유형의 트리를 자세히 살펴보기로 하죠.

4 이진 트리

컴퓨터 과학에는 다양한 유형의 트리가 있습니다. 그중 **이진 트리** binary tree는 매우 일반적인 트리 유형입니다. 이 장의 나머지 부분과 다음 장에서는 대부분 이진 트리를 다룰 예정입니다.

이진 트리는 정점이 최대 두 개의 자식을 가질 수 있는 특수한 유형의 트리입니다(따라서 두 개를 의미하는 이진binary이라는 이름이 붙었습니다). 이를 **왼쪽 자식** left child과 **오른쪽 자식** right child이라고 합니다.

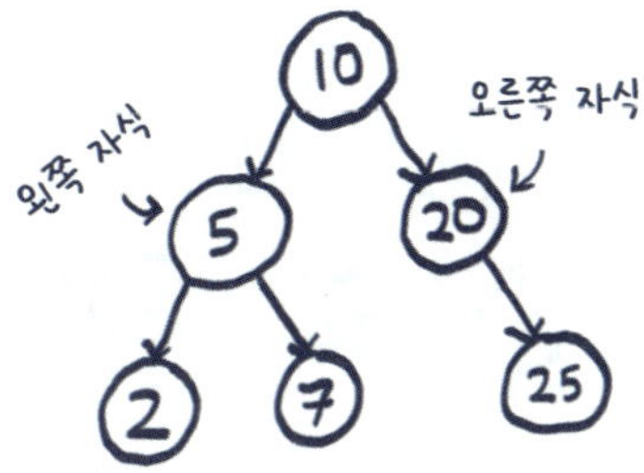

다음 가계도는 모든 사람이 두 명의 생물학적 부모를 가지는 이진 트리의 예입니다.

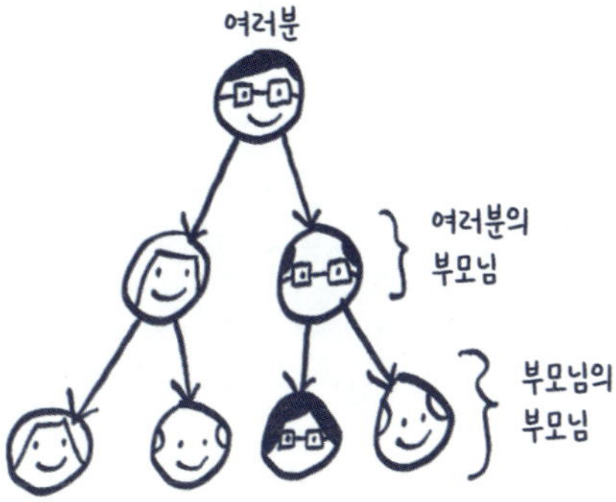

가계도 예시에서는 정점 간에 가족이라는 명확한 연결이 있습니다.

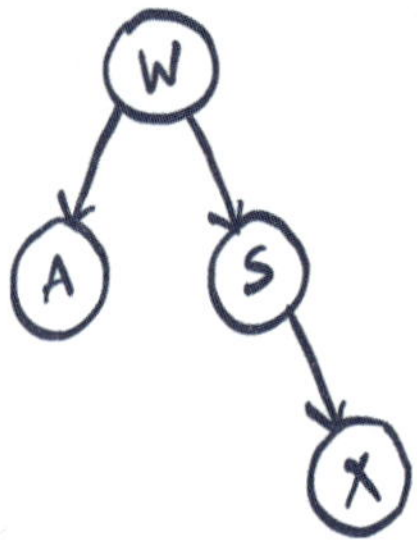

이진 트리에서 중요한 것은 자식 정점이 최대 두 개라는 점입니다. **왼쪽 하위 트리**left subtree 또는 **오른쪽 하위 트리**right subtree라는 용어를 사용하기도 합니다.

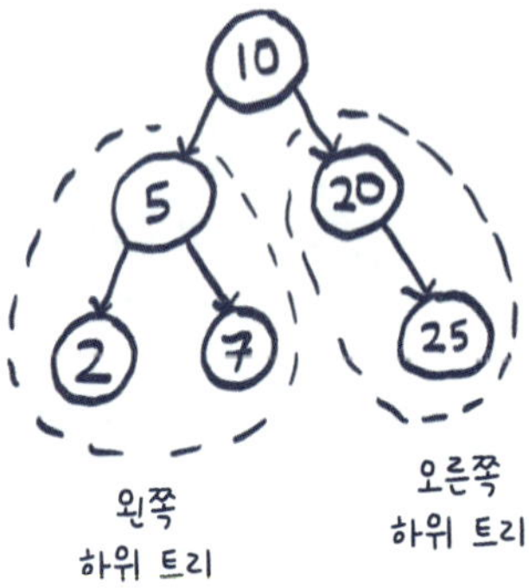

컴퓨터 과학에서 이진 트리는 어디에나 있습니다. 이 장의 나머지 부분에서는 이진 트리를 사용하는 예제를 살펴보겠습니다.

5 허프만 코딩

허프만 코딩 Huffman coding은 이진 트리를 사용하는 좋은 예시입니다. 또한 텍스트 압축 알고리즘의 기초이기도 합니다. 여기서는 알고리즘의 내부 구조에 대해 자세히 설명하기보다는 알고리즘의 작동 방식과 트리를 잘 활용하는 방법에 초점을 맞춰 설명하겠습니다.

일단 압축을 어떻게 하는지 알기 위해서는 텍스트 파일이 공간을 어느 정도 차지하는지 알아야 합니다. tilt라는 한 단어만 있는 텍스트 파일이 있다고 합시다. 이 파일은 공간을 어느 정도나 사용할까요? `stat`(유닉스) 명령을 사용하면 알 수 있습니다. 우선 이 단어를 test.txt라는 이름의 파일로 저장하고 `stat` 명령을 사용합니다. 결과는 다음과 같습니다.

```
$ cat test.txt
tilt

$ stat -f%z test.txt
4
```

이 파일은 글자 하나당 1바이트씩 4바이트를 차지합니다.

ISO-8859-1을 사용한다고 가정할 때(다음 TIP 참조) 각 문자는 정확히 1바이트를 차지합니다. 예를 들어 문자 a는 ISO-8859-1 코드로 97이며, 이진 표현으로는 01100001로 8비트입니다. **비트**bit는 0 또는 1인 숫자이고 이러한 숫자가 8개 있죠. 8비트는 1**바이트**byte라고도 합니다. 따라서 문자 a는 1바이트를 사용하여 표현됩니다.

ISO-8859-1 코드는 null 문자를 나타내는 00000000부터 ÿ(라틴 소문자 y와 분음 부호)를 나타내는 11111111까지입니다. 0과 1의 조합은 8비트인 경우 256가지가 가능하므로 ISO-8859-1 코드에서는 256개의 문자를 사용할 수 있습니다.

TIP 문자 인코딩

이 예제에서 살펴보았듯이 문자를 인코딩하는 법, 즉 이진수로 표현하는 방법은 여러 가지입니다.

시작은 아스키(ASCII) 인코딩이었습니다. 아스키 인코딩은 1960년대에 만들어졌습니다. 아스키 인코딩은 7비트 인코딩이라서 불행하게도 많은 문자를 포함하지 않았습니다. (ü이나 ö과 같이) 움라우트(umlaut)가 있는 글자나 영국 파운드 기호, 일본 엔화 기호 등도 포함하지 않습니다.

그래서 ISO-8859-1 인코딩이 만들어졌습니다. ISO-8859-1은 8비트 인코딩이라서 포함하는 문자 수가 아스키의 두 배입니다. 128개에서 256개로 늘어났습니다. 하지만 여전히 충분하지 않아서 각국은 자신만의 인코딩을 만들기 시작했습니다. 예를 들어 일본어나 유럽 언어는 여러 가지 자체적인 인코딩을 가지고 있습니다. 유니코드가 도입될 때까지 이러한 혼란스러운 상황이 계속되었습니다.

유니코드(Unicode)는 모든 언어의 문자를 포함하는 것을 목표로 하는 인코딩 표준입니다. 버전 15를 기준으로 149,186개 문자를 포함합니다. 256개보다 엄청나게 늘었죠! 이 중 1,000개 이상이 이모지(emojis) 문자입니다.

다양한 인코딩이 유니코드를 따릅니다. 오늘날 가장 널리 쓰이는 인코딩은 UTF-8입니다. UTF-8은 가변 인코딩 방식으로 문자를 1바이트부터 4바이트(8비트부터 32비트)까지 다양한 크기로 지정합니다.

하지만 너무 걱정할 필요는 없습니다. 이 책의 예제에서는 문제를 단순하게 하기 위해 의도적으로 8비트 ISO-8859-1 방식을 사용합니다. 다음 사항만 기억하면 됩니다.

- 압축 알고리즘은 각 문자를 저장하는 데 사용되는 비트 수를 줄이려고 합니다.
- 만약 프로젝트에 사용할 인코딩을 결정해야 한다면 UTF-8 방식이 좋은 선택입니다.

다음과 같은 이진수를 ISO-8859-1로 디코딩해 보겠습니다.

011100100110000101100100

구글에서 ISO-8859-1 표나 이진수-ISO-8859-1 변환기를 검색하면 쉽게 해독할 수 있습니다.

먼저 하나의 문자가 8비트라는 것을 알고 있으니 읽기 쉽도록 8비트 단위로 나누어 보겠습니다.

01110010 01100001 01100100

이제 세 글자가 있다는 것을 알았습니다. ISO-8859-1 표에서 이 글자를 찾아보면 red라는 단어를 나타냅니다. 예를 들어, 01110010은 r입니다. 텍스트 편집기는 이런 방식으로 텍스트 파일의 이진 데이터를 표시합니다. 유닉스의 xxd 명령을 쓰면 다음과 같이 이진 데이터를 확인할 수 있습니다.

```
$ xxd -b test.txt
00000000: 01110100 01101001 01101100 01110100
tilt
```

이제 압축을 사용할 차례입니다. 예를 들어 tilt라는 단어를 표시할 때는 256개의 문자가 아니라 3개의 문자만 있으면 됩니다. 따라서 8비트가 아니라 2비트만으로도 충분합니다. 이 세 글자만 표시하는 2비트 인코딩 표를 만들어 보죠.

```
t = 00
i = 01
l = 10
```

이 새로운 인코딩을 사용하여 tilt라는 글자를 이진수로 바꾸면 다음과 같습니다.

00011000

공백을 추가하여 읽기 쉽게 만들면 00 01 10 00이 됩니다. 2비트 인코딩 표를 참조하면 이 이진수가 tilt라는 문자를 나타낸다는 것을 알 수 있습니다.

이게 바로 허프만 코딩의 작동 원리입니다. 허프만 코딩은 사용되는 문자를 살펴보고 8비트보다 적은 비트를 사용하려고 시도합니다.

허프만 코딩은 우선 문자에 대한 트리를 생성합니다.

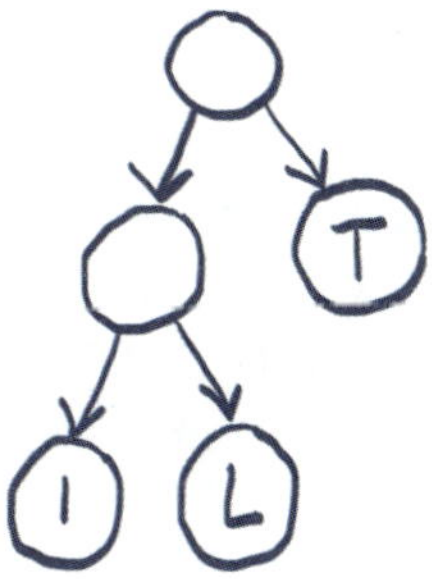

이 트리를 사용하여 각 문자에 대한 코드를 찾을 수 있습니다. 루트 정점에서 시작하여 문자 L까지 내려가는 경로를 찾습니다. 왼쪽 경로를 선택하면 코드에 0을 추가하고 오른쪽 경로를 선택하면 1을 추가합니다. 문자에 도달하면 진행을 멈춥니다. 따라서 문자 L의 코드는 01입니다. 다음은 트리를 이용하여 계산한 세 개의 코드입니다.

```
i = 00
l = 01
t = 1
```

문자 T의 코드는 한 자리 숫자입니다. ISO-8859-1 인코딩과 달리 허프만 코딩에서는 코드의 길이가 모두 같을 필요가 없습니다. 이 부분이 중요한 이유를 알아보기 위해 다른 예를 살펴보죠.

이제 'paranoid android'라는 글자를 압축하려고 합니다. 다음은 허프만 코딩 알고리즘으로 생성된 트리입니다.

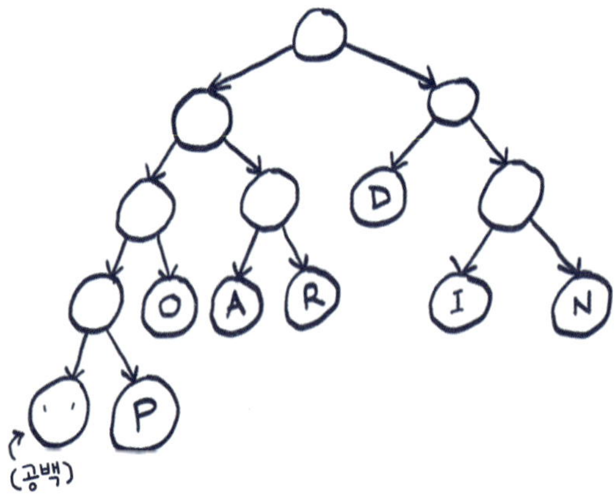

돌발 퀴즈 문자 P의 코드는 무엇인가요? 문자 D는요?

정답 문자 P의 코드는 0001, 문자 D의 코드는 10입니다.

그럼 다음과 같은 이진 데이터를 디코딩한다고 가정해 보죠.

01101010

ISO-8859-1에서 했던 것처럼 이 데이터를 덩어리로 나눌 수 없다는 점이 바로 문제입니다! ISO-8859-1 코드는 항상 8자리였지만, 여기서는 문자 코드가 2자리일 수도, 3자리 또는 4자리일 수도 있습니다. 코드 길이가 다양하기 때문에 더 이상 단순한 분할 방식을 사용할 수 없습니다. 대신 테이프를 읽듯이 한 번에 한 자리씩 살펴봐야 합니다.

이를 해결하는 방법을 알아봅시다. 우선 첫 번째 숫자가 0이므로 트리의 왼쪽으로 갑니다(여기에서는 트리의 일부분만 보여 줍니다).

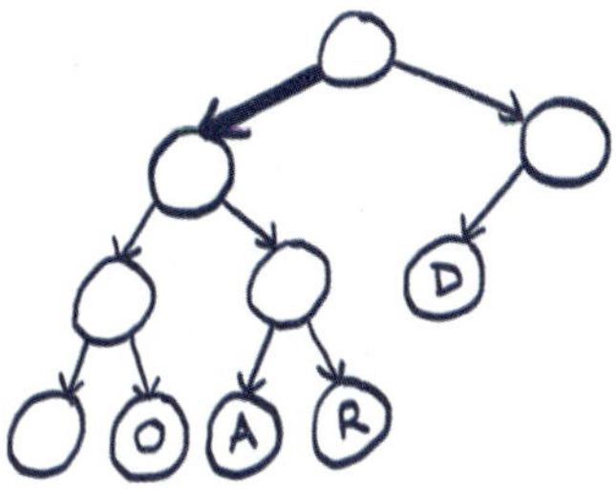

다음 숫자가 1이므로 이번에는 트리의 오른쪽으로 갑니다.

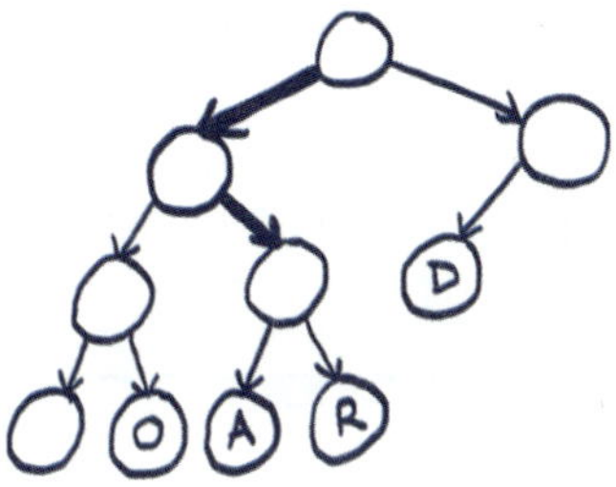

그다음 숫자가 1이므로 다시 오른쪽으로 갑니다.

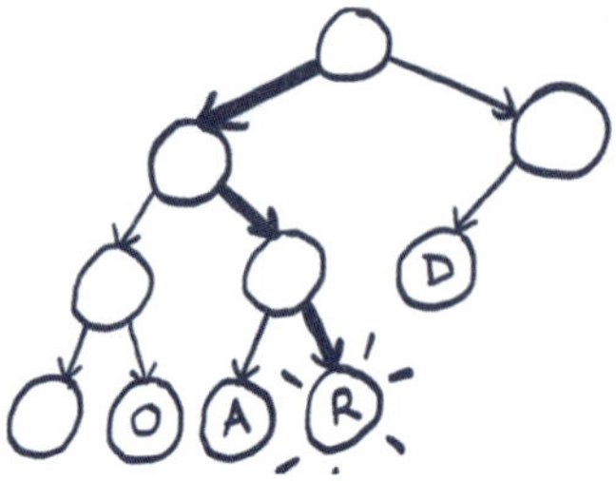

아하! 이제 글자를 알아냈습니다. 이제 나머지 이진 데이터는 01010입니다. 다시 루트 정점에서 시작하면 이번에는 다른 문자를 찾을 수 있습니다. 나머지는 여러분이 직접 해독해 보세요. 이해하셨나요? 정답은 RAD였습니다. 정말 멋지지 않나요? 이것이 허프만 코딩과 ISO-8859-1의 큰 차이점입니다. 인코딩 코드가 다르기 때문에 디코딩도 다르게 수행해야 합니다.

이런 식으로 문자를 처리하면 단순 분할하는 것보다 더 많은 노력이 필요합니다. 하지만 한 가지 큰 이점이 있습니다. 더 자주 표시되는 문자는 코드를 더 짧게 만들 수 있다는 점입니다. 전체 문장에서 I는 두 번 나타나고 P는 한 번만 나타나는데, D는 세 번 나타나므로 코드를 두 자리로 더 작게 만들었습니다. 모든 문자에 똑같이 4비트를 할당하는 대신 자주 사용되는 문자를 더 적은 비트로 압축할 수 있습니다. 문장이 길어지면 이 방법으로 얼마나 많이 절약되는지 알 수 있습니다.

이제 허프만 코딩이 어떻게 작동하는지 대략적으로 이해했으니, 여기서 허프만 코딩이 트리의 어떤 성질을 활용하는지 살펴봅시다.

우선, 인코딩 코드 간에 중복이 있을 수 있을까요? 다음과 같은 인코딩 코드를 보죠.

```
a = 0
b = 1
c = 00
```

이진수 001은 이 인코딩 방식으로 AAB인가요, CB인가요? 문자 C와 A의 이진수 코드의 앞부분이 같아서 혼란스럽습니다. 이 인코딩 코드는 트리로 표현하면 다음과 같습니다.

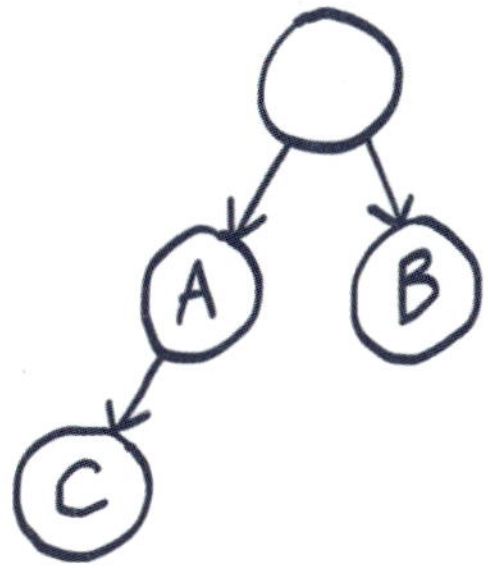

문제가 발생하는 이유는 C로 가는 도중에 A가 있기 때문입니다.

허프만 코딩에서는 문자가 리프 정점에만 나타나기 때문에 문제가 되지 않습니다. 그리고 루트에서 각 리프 정점까지의 경로는 유일합니다. 이는 트리의 성질 중 하나입니다. 따라서 중복이 눈제가 되지 않도록 할 수 있습니다.

또한 각 문자에 하나의 코드만 존재하도록 보장할 수 있습니다. 하나의 문자에 대응하는 경로가 여럿이면 각 문자에 여러 코드가 할당될 수 있습니다.

이진수를 한 번에 한 자리씩만 읽으면 최종적으로는 한 글자에 도달할 것임을 알 수 있습니다. 만약 트리가 아니라 사이클이 있는 그래프였다면 이런 가정을 할 수 없고 무한 반복에 빠질 수 있습니다.

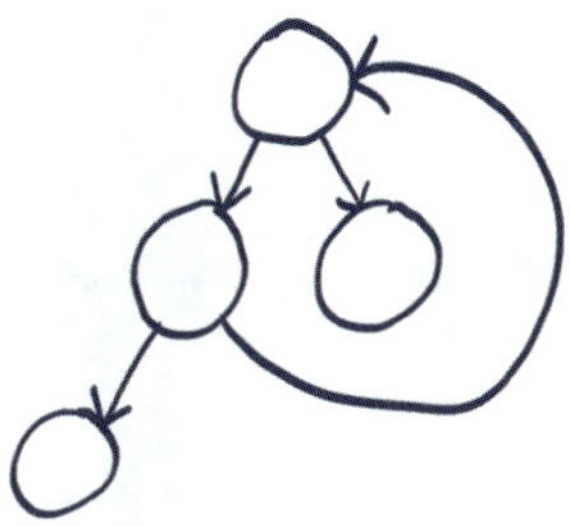

하지만 허프만 코딩은 트리를 사용하므로 사이클도 없고 최종적으로 하나의 문자에 도달합니다.

여기에서는 루트가 있는 트리를 사용하고 있습니다. 루트가 있는 트리는 루트 정점이 있어 디코딩이 어디서부터 시작해야 하는지 알 수 있다는 점에서 중요합니다! 그래프에는 루트 정점이라는 것이 없을 수도 있습니다.

마지막으로 여기서 사용하는 트리는 이진 트리입니다. 이진 트리는 왼쪽 자식과 오른쪽 자식, 최대 두 개의 자식만 가질 수 있습니다. 이진 트리를 사용하는 이유는 이진수가 두 자리 숫자만 가지고 있기 때문입니다. 만약 세 번째 자식이 있다면 어떤 숫자를 나타내야 하는지 모르겠죠.

이 장에서는 트리에 대해 소개했습니다. 다음 장에서는 트리의 유형과 용도에 대해 살펴보겠습니다.

7장에서 배운 내용

- 트리는 그래프의 일종이지만 사이클이 없습니다.
- 깊이 우선 탐색은 또 다른 그래프 탐색 알고리즘입니다. 최단 경로를 찾는 데는 사용할 수 없습니다.
- 이진 트리는 정점이 자식을 최대 두 개 가질 수 있는 특수한 유형의 트리입니다.
- 문자 인코딩에는 여러 유형이 있습니다. 유니코드는 국제 표준이며 UTF-8이 가장 일반적인 유니코드 인코딩입니다.

Chapter 8

균형 트리

- 이진 탐색 트리[BST, Binary Search Tree]라는 새로운 자료구조에 대해 배웁니다.
- 균형 트리[balanced tree]에 대해 알아보고 균형 트리가 배열이나 연결 리스트보다 더 나은 성능을 보이는 이유를 알아봅니다.
- 또한 균형 트리의 일종인 AVL 트리에 대해서도 알아봅니다. 최악의 경우 이진 트리는 느릴 수 있습니다. 균형 트리는 이러한 트리의 성능을 향상시키는 데 도움이 됩니다.

1 시작하기에 앞서

지난 장에서 새로운 자료구조인 트리에 대해 배웠습니다. 이제 트리와 가장 친한 친구가 되었으니 트리가 어떤 용도로 사용되는지 알아볼 차례입니다.

배열과 연결 리스트가 원하는 성능을 제공하지 못하면, 다음 단계로 트리를 사용해 보는 것이 좋습니다. 이 장에서는 트리의 성능에 대해 알아봅니다. 또한 뛰어난 성능을 제공할 수 있는 특별한 유형의 트리인 균형 트에 대해 살펴보겠습니다.

2 균형 잡기

1장에서 배운 이진 탐색을 기억하나요? 이진 탐색을 사용하면 실행 시간이 O(n)이 아닌 O(log n)이 되어 단순 탐색을 할 때보다 훨씬 빠르게 정보를 찾을 수 있습니다. 하지만 한 가지 문제가 있습니다. 탐색에는 분명히 O(log n) 시간이 걸리지만 배열은 정렬된 상태여야 한다는 것입니다.

만약 정렬된 배열에 새로운 숫자를 삽입하려면 O(n) 시간이 걸립니다. 이때 새로운 값을 넣을 자리를 만들어야 하는데, 이 공간을 확보하기 위해서는 많은 데이터를 이동해야 합니다.

연결 리스트처럼 포인터 몇 개만 변경하면 되는 방식으로 삽입할 수 있다면 좋겠네요.

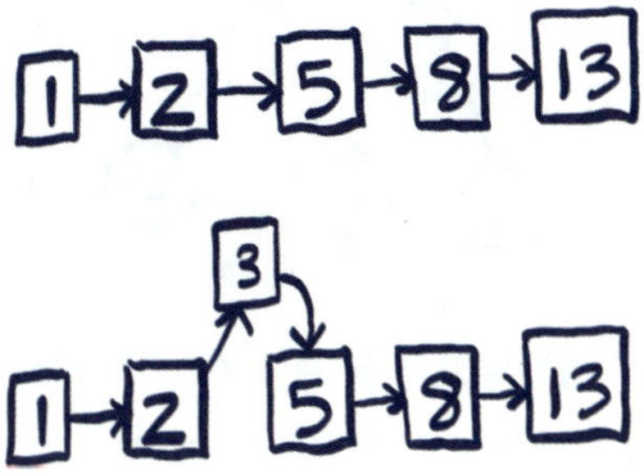

하지만 연결 리스트에서는 탐색하는 데 선형 시간이 걸립니다. 어떻게 하면 두 가지 장점을 모두 누릴 수 있을까요?

트리로 삽입 속도 향상시키기

정렬된 배열의 탐색 속도를 유지하면서 삽입하는 속도는 더 빠르게 하고 싶습니다. 삽입 속도는 연결 리스트에서 더 빠릅니다. 따라서 이 두 가지 장점을 결합한 새로운 자료구조가 필요합니다.

	탐색	삽입
정렬된 배열	O(log n)	O(n)
연결 리스트	O(n)	O(1)
???	O(log n)	O(n)보다 빠르게

이러한 자료구조가 바로 트리입니다! 선택할 수 있는 트리의 종류는 수십 가지가 있는데 여기서 말하는 것은 균형 이진 탐색 트리입니다. 이 장에서는 **이진 탐색 트리**BST, Binary Search Tree가 어떻게 작동하는지 살펴본 다음 균형을 맞추는 방법에 대해 알아보겠습니다.

BST는 이진 트리의 한 유형입니다. 다음은 BST의 예시입니다.

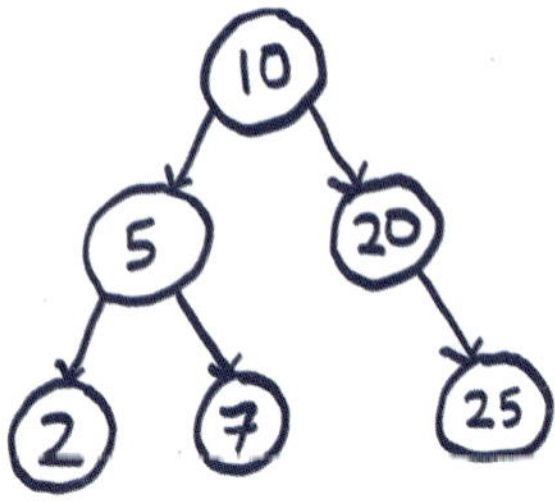

이진 트리와 마찬가지로 각 정점에는 최대 두 개의 자식, 즉 왼쪽 자식과 오른쪽 자식이 있습니다. 하지만 왼쪽 자식의 값은 항상 부모 정점의 값보다 작고, 오른쪽 자식의 값은 항상 부모 정점의 값보다 크다는 특성이 있습니다. 따라서 정점 10의 경우 왼쪽 자식은 더 작은 값(5)을 가지며, 오른쪽 자식은 더 큰 값(20)을 가집니다.

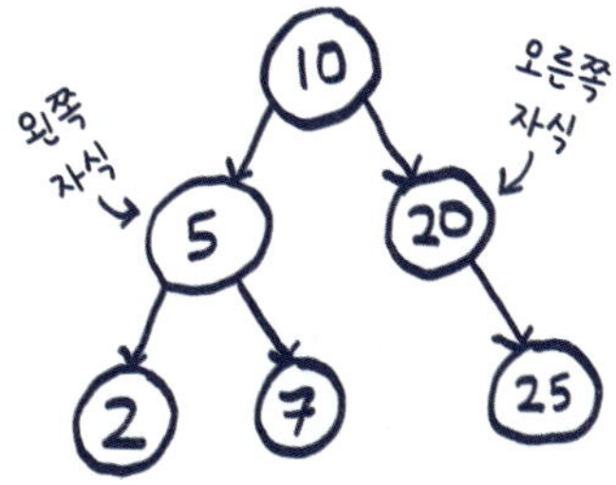

뿐만 아니라 왼쪽 자식 하위 트리의 모든 숫자가 부모 정점의 값보다 작습니다!

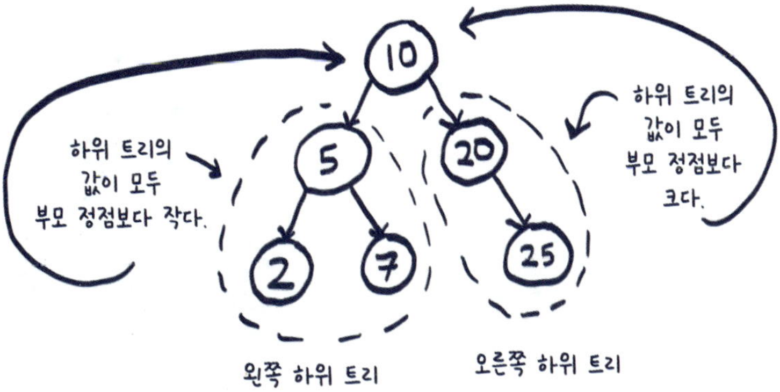

이러한 특성 덕분에 탐색이 아주 빨라집니다.

이 트리에 숫자 7이 있는지 찾아보죠. 루트 정점부터 시작합니다.

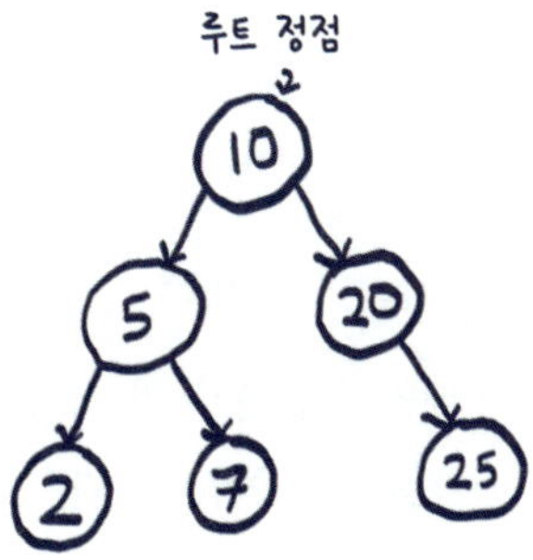

7은 10보다 작으므로 왼쪽 하위 트리를 확인합니다. 값이 작은 정점은 모두 왼쪽에 있고, 값이 큰 정점은 모두 오른쪽에 있다는 것을 기억하세요. 따라서 7은 오른쪽에 있을 수 없으므로, 오른쪽의 정점을 확인할 필요가 없다는 것을 바로 알 수 있습니다. 10에서 왼쪽으로 이동하면 5에 도달합니다.

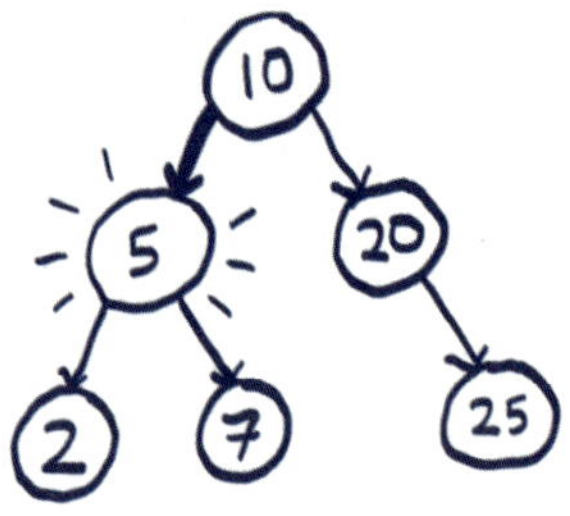

7은 5보다 크기 때문에 이번에는 오른쪽으로 갑니다. 7을 찾았습니다.

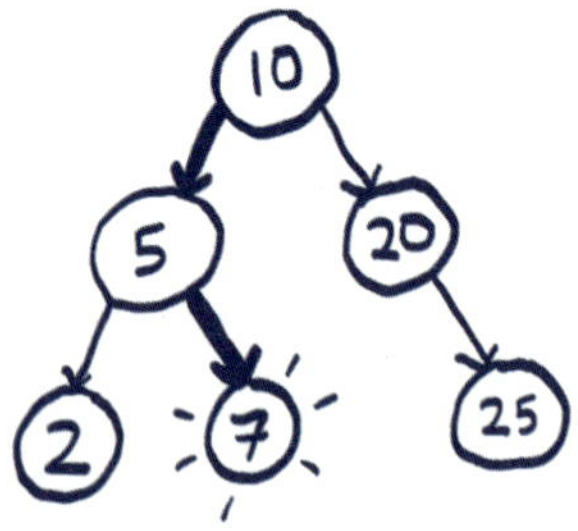

이번에는 8이라는 숫자를 찾아보죠. 이 경우에도 같은 경로를 따르게 됩니다. 단지 8이라는 숫자가 없다는 점만 빼고요. 만약 8이 있었다면 점선으로 표시한 위치에 있었겠죠.

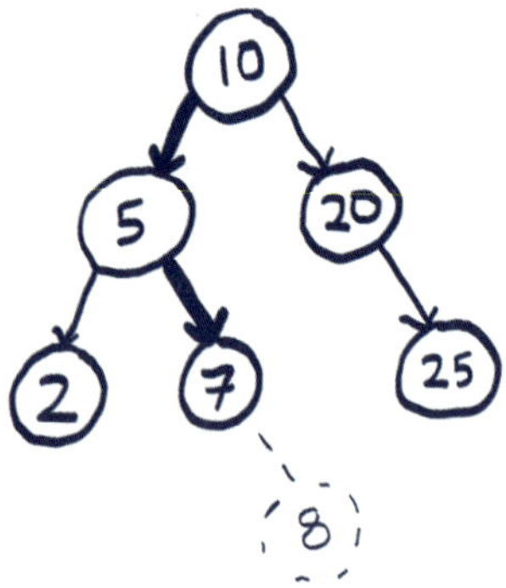

지금 트리를 다루는 이유는 트리가 배열이나 연결 리스트보다 빠른지 알아보기 위해서입니다. 트리의 성능을 알려면 트리의 높이를 살펴봐야 합니다.

3 작은 트리가 더 빠르다

다음 두 트리를 살펴보죠. 둘 다 7개의 정점이 있지만 성능은 아주 다릅니다.

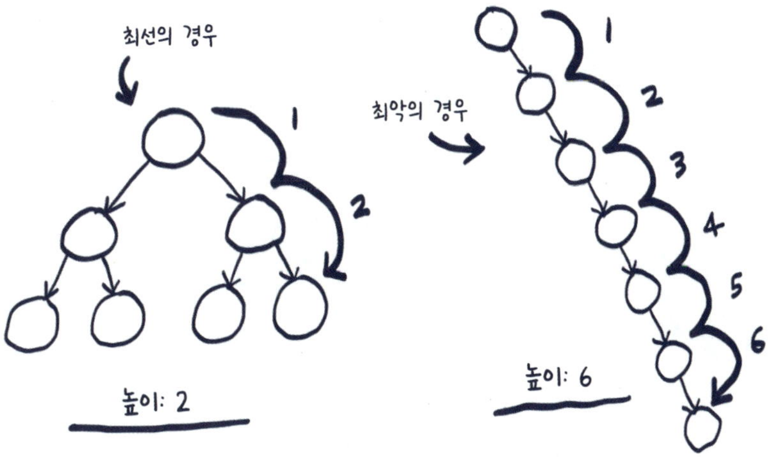

최선의 경우에 트리 높이는 2입니다. 즉, 루트 정점에서 모든 정점까지 최대 2단계 만에 도달할 수 있습니다. 최악의 경우에는 트리 높이가 6입니다. 즉, 루트 정점에서 모든 정점까지 최대 6단계 만에 도달할 수 있습니다. 이를 이진 탐색과 단순 탐색의 성능을 비교해 보겠습니다.

참고로 이진 탐색과 단순 탐색의 성능은 다음과 같습니다.

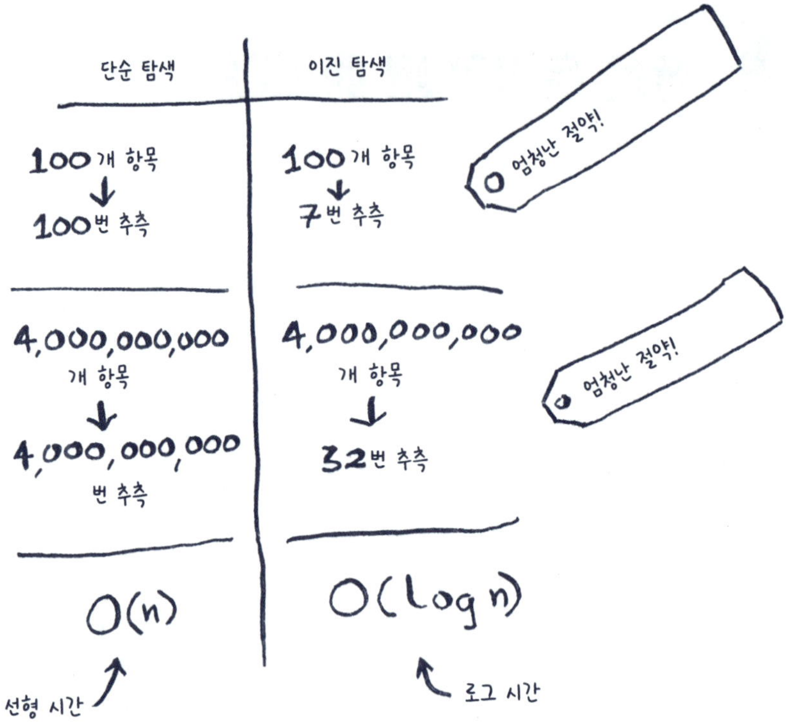

숫자 맞추기 게임을 기억하나요? 단순 탐색을 이용해 100개의 숫자 중 하나를 맞히려면 100번 추측해야 하지만, 이진 탐색을 이용하면 7번만 추측하면 됩니다. 트리도 마찬가지입니다.

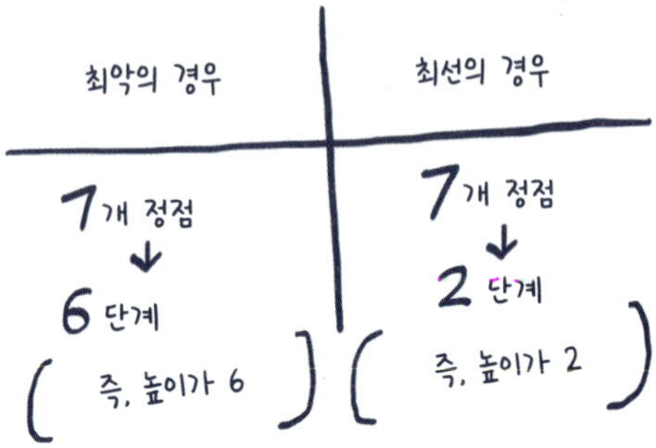

최악의 트리는 높이가 더 높고 성능도 더 나쁩니다. 최악의 트리에서는 정점들이 모두 일직선상에 있습니다. 이 트리는 높이가 O(n)이므로 탐색에 O(n) 시간이 걸립니다. 사실, 이 트리는 한 정점이 다른 정점을 가리키고 있기 때문에 실제로는 연결 리스트에 불과합니다. 그리고 연결 리스트를 탐색하는 데는 O(n) 시간이 걸리죠.

최선의 트리는 높이가 O(log n)이고 탐색에 O(log n) 시간이 걸립니다.

	최악의 경우	최선의 경우
	7개 정점 ↓ 6 단계	7개 정점 ↓ 2 단계
탐색 시간:	O(n)	O(log n)

따라서 이 상황은 이진 탐색과 단순 탐색의 경우와 아주 비슷합니다! 트리의 높이가 O(log n)이 된다고 보장할 수 있다면 트리를 탐색하는 데도 O(log n) 시간이 걸립니다.

	탐색	삽입
정렬된 배열	O(log n)	O(n)
연결 리스트	O(n)	O(1)
???	O(log n)	O(n)보다 빠르게

하지만 높이가 O(log n)이 된다는 것을 어떻게 보장할 수 있을까요? 다음은 최악의 트리(우리가 피하고 싶은 트리)가 되는 트리를 만드는 예제입니다. 하나의 정점부터 시작하겠습니다. 10

정점을 하나 추가합니다.

여기까진 좋습니다. 몇 개 더 추가해 보죠.

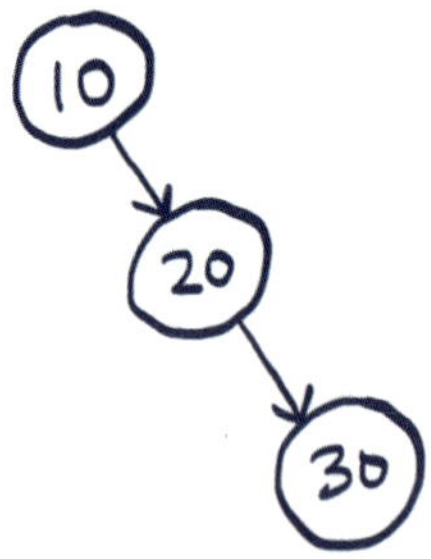

새로 추가하는 정점들의 값이 먼저 추가한 정점의 값보다 크기 때문에 계속 오른쪽에 추가해야 합니다.

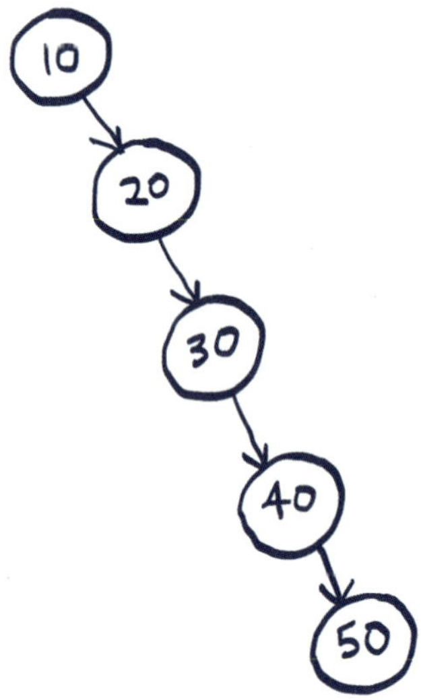

이런, 이 트리는 높이가 O(n)인 최악의 트리입니다! 트리는 짧을수록 빠르고 BST의 최단 길이는 O(log n)입니다. BST를 더 짧게 만들려면 균형을 맞춰야 합니다. 이제 균형 잡힌 BST를 살펴보겠습니다.

4 AVL 트리: 균형 트리의 일종

AVL 트리는 일종의 자가 균형 BST입니다. 즉, AVL 트리는 O(log n)의 높이를 유지합니다. 트리가 균형을 잃을 때마다, 즉 높이가 O(log n)과 달라지면 트리가 스스로 균형을 잡습니다. 지난 예제의 경우 트리는 다음과 같은 모양으로 균형을 맞출 수 있습니다.

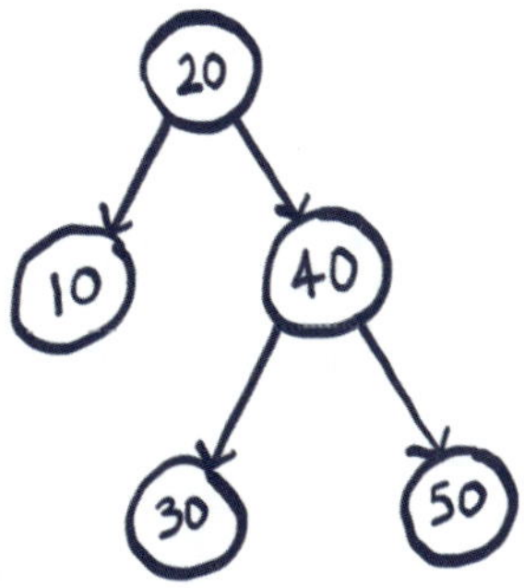

AVL 트리는 회전을 통해 자체적으로 균형을 유지함으로써 원하는 O(log n) 높이를 만들어 줍니다.

회전

정점이 3개인 트리가 있다고 가정해 보겠습니다. 이 중 무엇이든 루트 정점이 될 수 있습니다.

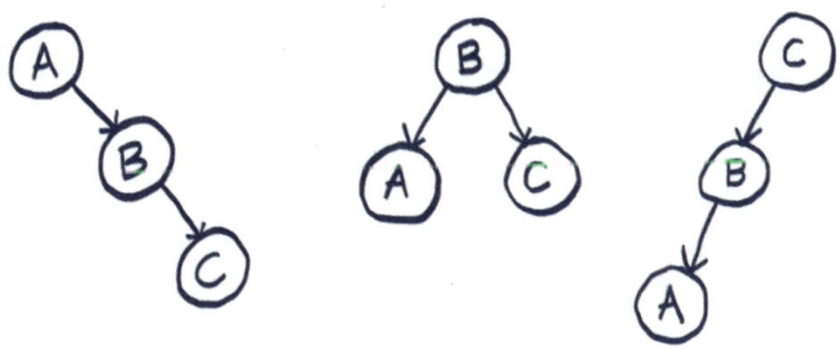

회전을 사용하여 정점 집합을 이동시켜 새로운 배열로 만들 수 있습니다. 회전을 슬로 모션으로 살펴봅시다.

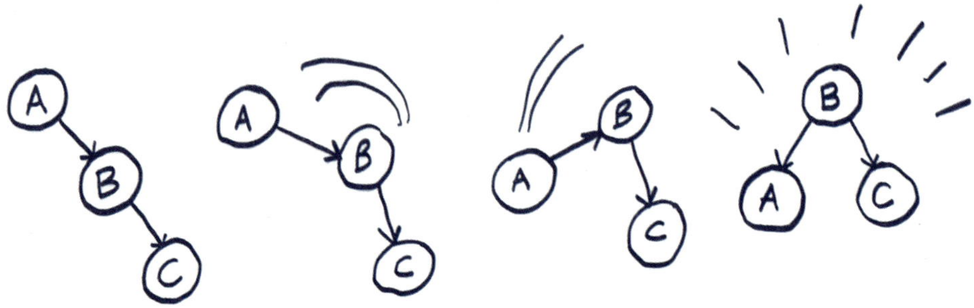

왼쪽 방향으로 회전했습니다. A를 루트 정점으로 하는 불균형 트리로 시작했는데 B를 루트 정점으로 하는 균형 트리로 끝냈죠.

회전은 트리의 균형을 맞추는 데 널리 사용되는 방법입니다. AVL 트리는 회전을 사용하여 균형을 맞춥니다. 예를 들어 보겠습니다. 다시 하나의 정점에서 시작하겠습니다.

정점을 하나 추가합니다.

지금까지는 괜찮습니다. 자식 트리의 높이가 1의 차이가 나지만, AVL 트리에서 1의 차이는 허용되기 때문입니다. 이제 정점을 하나 더 추가하겠습니다.

이런! 이제 트리의 균형이 맞지 않네요. 회전할 시간입니다!

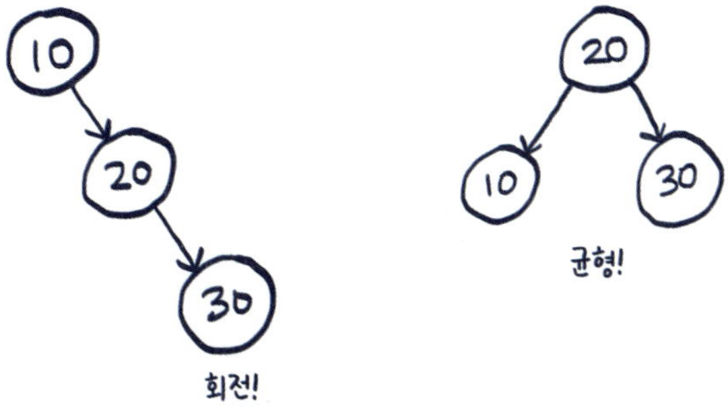

왼쪽 회전을 통해 트리의 균형을 찾았습니다.

정점을 하나 더 추가해 보죠.

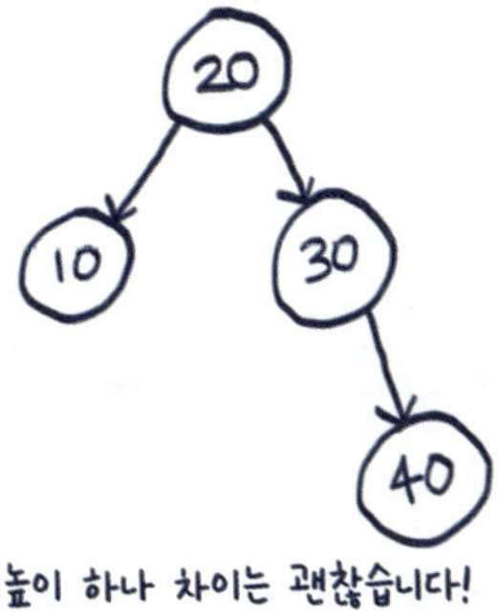

하나 더 추가하면…

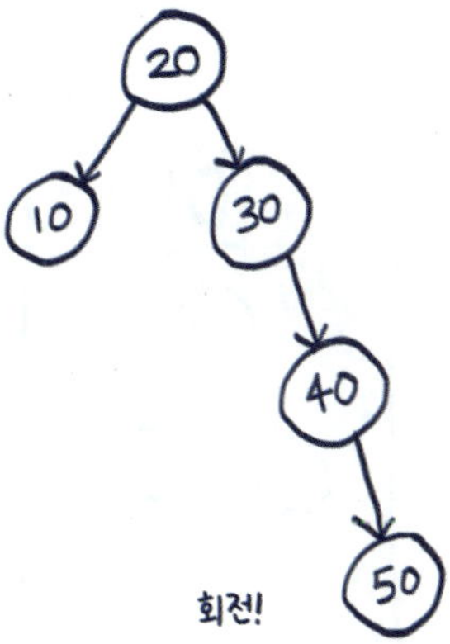

또 회전해야 합니다.

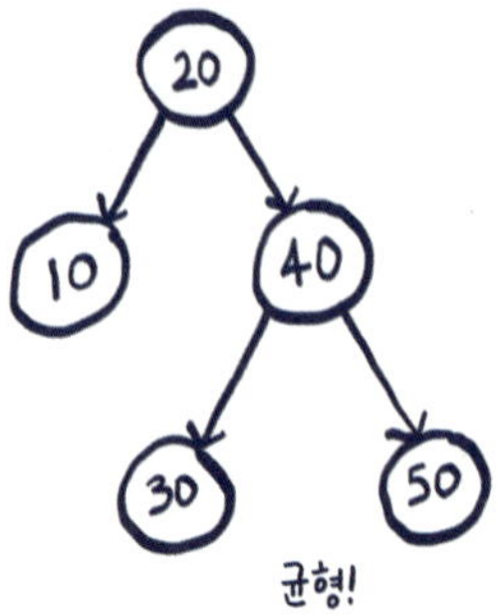

다행이군요. 회전을 사용하여 AVL 트리가 자체적으로 균형을 맞췄습니다. 마지막 예제에서 정점 20이 아닌 정점 30이 회전한 것을 볼 수 있습니다. 그 이유는 다음 예제에서 설명하겠습니다.

AVL 트리는 언제 회전해야 하는지 어떻게 알 수 있나요?

우리는 트리의 한쪽이 다른 쪽보다 길어 균형이 맞지 않는다는 것을 육안으로 확인할 수 있습니다. 하지만 트리는 이를 어떻게 알 수 있을까요?

트리가 스스로 균형을 잡을 시기를 알기 위해서는 몇 가지 추가 정보를 저장해야 합니다. 각 정점은 높이 또는 **균형 인수**balance factor라는 두 가지 정보 중 하나를 저장합니다. 균형 인수의 값은 −1, 0 또는 1이 될 수 있습니다.

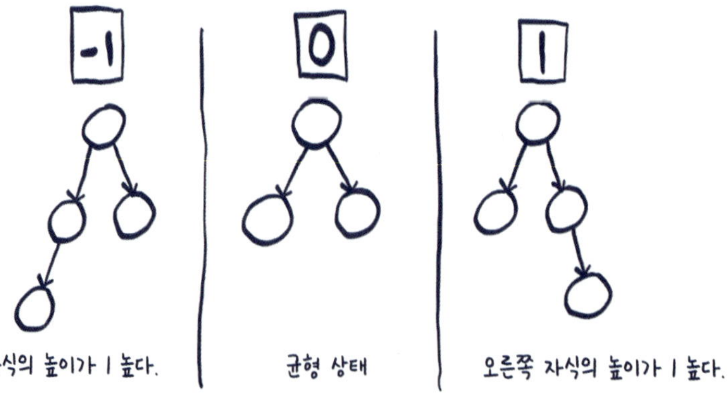

이 이미지에는 루트 정점에 대한 균형 인수만 표시되어 있지만 실제로는 모든 정점에 대해 균형 인수를 저장해야 합니다(곧 예제를 살펴보겠습니다).

균형 인수는 어느 자식의 키가 얼마나 큰지, 언제 트리의 균형을 다시 맞춰야 하는지 알려 줍니다. 0은 트리의 균형이 잡혀 있음을 의미합니다. AVL 트리가 완벽하게 균형을 이룰 필요는 없으므로 −1 또는 1도 괜찮습니다. 1 정도의 차이는 허용됩니다.

그러나 균형 인수가 −1 아래로 떨어지거나 1보다 높아지면 균형을 다시 맞춰야 할 때입니다. 다음 그림에 균형 조정이 필요한 트리가 두 개 있습니다.

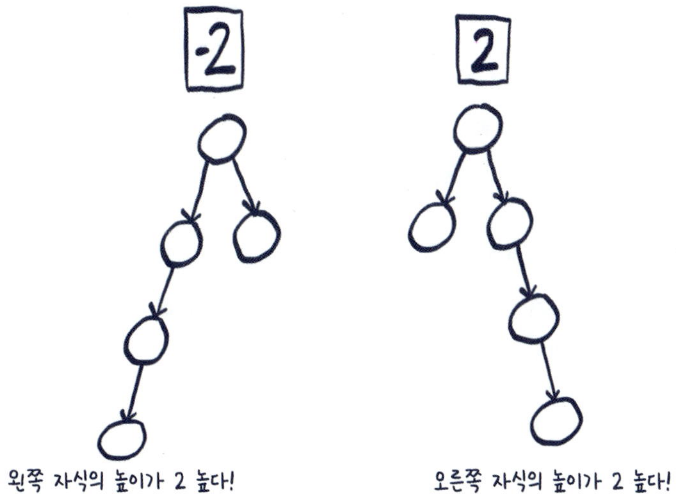

앞서 말했듯이 각 정점은 높이나 균형 인수 중 하나를 저장해야 합니다. 이 예제에서는 두 가지를 모두 저장하여 두 값이 어떻게 변하는지 살펴보겠습니다. 하지만 각 하위 트리의 높이 값이 있으면 균형 인수는 쉽게 계산할 수 있습니다. 이 트리를 예로 들어 보겠습니다.

여기에 정점 하나를 추가할 겁니다. 2

그 전에 각 정점에 대한 높이와 균형 인수를 계산해 보겠습니다. 이 그림에서 H는 높이, BF는 균형 인수입니다.

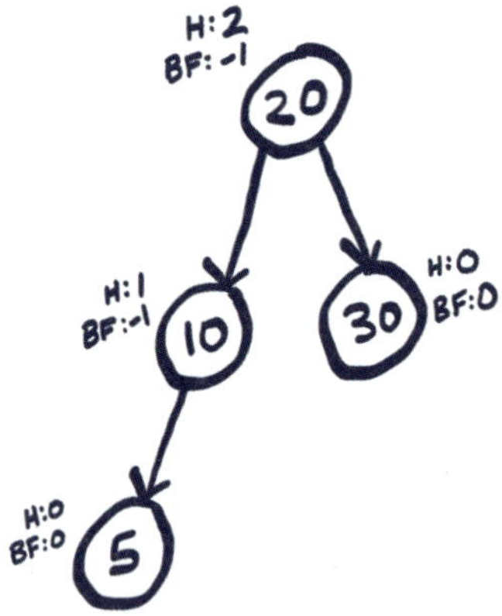

두 값이 어떻게 변하는지를 보여 주기 위해 양쪽 값을 모두 저장하고 있지만, 여러분은 하나만 저장하면 된다는 점을 기억하세요. 이 숫자들이 이해가 되나요? 모든 리프 정점은 자식이 없으므로 균형 인수가 0입니다.

이제 새 정점을 하나 추가합니다.

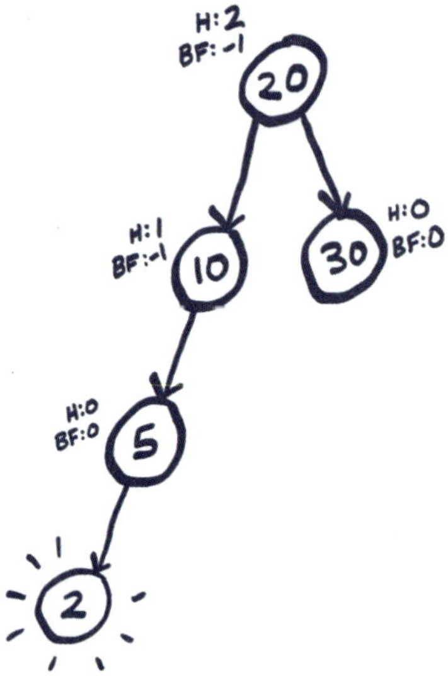

이 정점을 추가한 후에는 높이와 균형 인수를 계산해야 합니다. 그런 다음 트리를 따라 올라가며 모든 상위 정점의 높이와 균형 인수를 변경합니다.

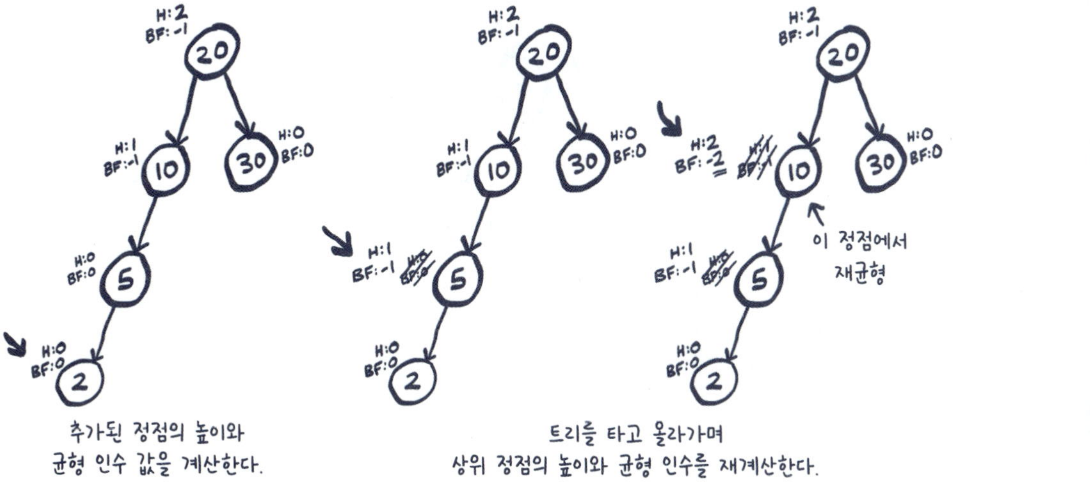

아하! 균형 인수가 −2가 되었으니 이제 회전해야 합니다! 나머지 예제는 다음에 보여 드리겠지만, 핵심은 정점을 삽입한 후 해당 정점의 조상에 대한 균형 인수들의 값을 다시 계산해야 한다는 것입니다. AVL 트리는 이 균형 인수 값들을 보고 언제 재조정해야 하는지 알 수 있습니다. 끝으로 10을 회전해 보겠습니다.

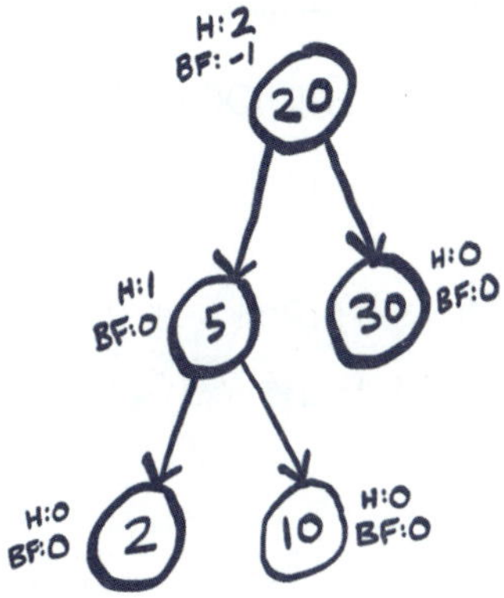

이제 하위 트리의 균형이 잡혔습니다. 다시 트리 위로 올라가 보죠.

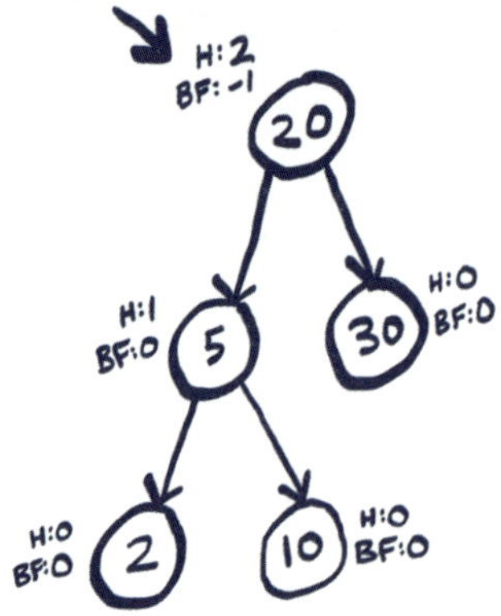

이제 변경할 것이 없습니다. AVL 트리는 최대 한 번만 재조정하면 되기 때문에 트리를 따라 계속 위로 올라갈 필요가 없었습니다. 균형 잡힌 BST를 원한다면 AVL 트리가 좋은 옵션입니다.

지금까지의 과정을 요약해 보겠습니다.

- 이진 트리는 트리의 한 유형입니다.
- 이진 트리에서는 각 정점이 최대 두 개의 자식을 가질 수 있습니다.
- BST는 왼쪽 하위 트리의 모든 값이 정점 값보다 작고 오른쪽의 모든 값이 정점 값보다 큰 이진 트리의 한 유형입니다.
- BST는 높이가 O(log n)이 되도록 보장할 수 있다면 우수한 성능을 제공할 수 있습니다.
- AVL 트리는 자가 균형을 이루는 BST로, 높이가 O(log n)이 되도록 보장합니다.
- AVL 트리는 회전을 통해 스스로 균형을 잡습니다.

여기서 모든 사례를 다루지는 않았습니다. 회전도 한 가지 경우만 다루었지만 이외에도 다른 경우가 있습니다. 여러분이 직접 AVL 트리를 구현할 일은 거의 없기 때문에 여기서는 더 자세히 다루지 않겠습니다.

이제 AVL 트리가 O(log n) 탐색 성능을 제공한다는 것을 알았습니다. 삽입은 어떨까요? 삽입은 연결 리스트와 마찬가지로 정점을 삽입할 위치를 탐색하고 포인터를 추가하기만 하면 됩니다. 예를 들어, 이 트리에 8을 삽입하고 싶다면 포인터를 추가할 위치를 찾기만 하면 됩니다.

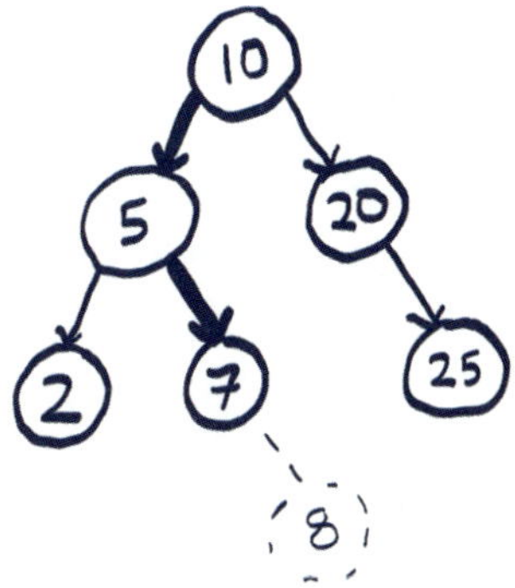

따라서 삽입 작업도 O(log n)입니다.

이 장의 시작에서 우리는 빠른 탐색과 빠른 삽입을 모두 제공하는 자료구조를 찾고 있었습니다. 마침내 마법의 자료구조를 찾았네요. 바로 균형 BST입니다!

	탐색	삽입
정렬된 배열	O(log n)	O(n)
연결 리스트	O(n)	O(1)
BST	O(log n)	O(log n)

5 스플레이 트리

AVL 트리는 여러 연산에 대해 O(log n) 시간을 보장하는 좋은 기본 균형 BST입니다.

스플레이 트리 Splay tree는 균형 트리의 다른 버전입니다. 스플레이 트리의 뛰어난 점은 최근에 항목을 조회한 적이 있으면 다음에 조회할 때 조회 속도가 빨라진다는 것입니다. 이는 확실한 장점입니다.

예를 들어 우편번호를 입력하면 해당 도시를 찾아주는 소프트웨어가 있다고 가정해 보세요. 이 소프트웨어를 다음처럼 사용할 수 있겠죠.

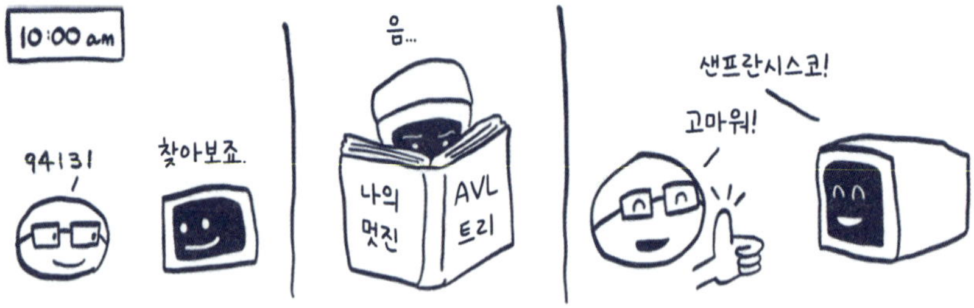

이제 같은 우편번호를 반복해서 검색한다고 가정해 보세요.

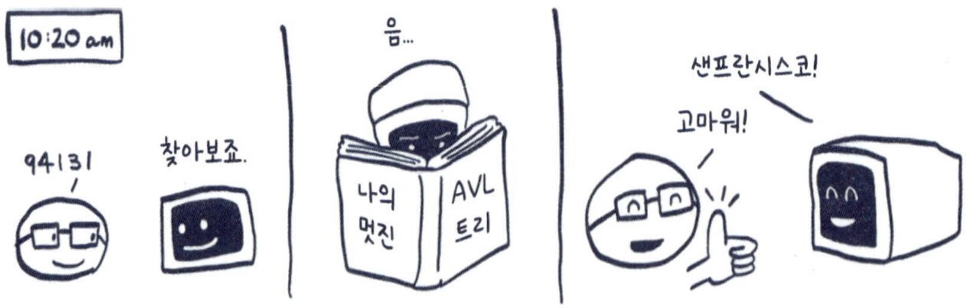

좀 우스꽝스럽네요. 소프트웨어가 방금 우편번호를 조회했는데 왜 그걸 기억하지 못하나요? 사실 이렇게 해야 합니다.

스플레이 트리를 사용하면 이렇게 할 수 있습니다. 스플레이 트리에서 어떤 정점을 조회하면 해당 정점을 새로운 루트 정점으로 만들기 때문에 다시 조회하면 즉각적으로 조회할 수 있습니다. 일반적으로 최근에 조회한 정점들이 맨 위에 모여서 조회 속도가 빨라집니다.

단점은 트리가 균형을 이룬다는 보장이 없다는 것입니다. 따라서 일부 탐색은 O(log n) 시간보다 더 오래 걸릴 수 있습니다. 심지어 일부 탐색은 선형 시간만큼 오래 걸릴 수도 있습니다! 또한 탐색을 수행하는 동안 정점이 루트가 아닌 경우 루트까지 회전해야 할 수도 있는데, 이때도 시간이 소요됩니다.

하지만 항상 균형 트리를 갖지 못한다는 단점은 감수할 수 있습니다. 멋진 점은 탐색을 n번 수행하면 총 시간이 O(n log n), 즉 탐색당 O(log n) 시간이 보장된다는 것입니다. 따라서 한 번 탐색하는 데는 O(log n) 시간보다 오래 걸리더라도 평균적으로 O(log n) 시간이 걸립니다.

6 B 트리

B 트리는 이진 트리의 일반화 형태입니다. 주로 데이터베이스를 만드는 데 사용됩니다. 다음 그림이 B 트리의 예입니다.

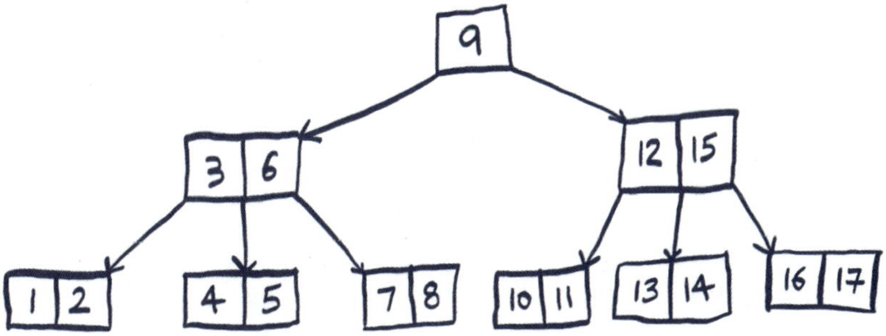

꽤 복잡해 보이죠? 정점 중 일부에는 자식이 두 개 이상 있는 것도 볼 수 있습니다.

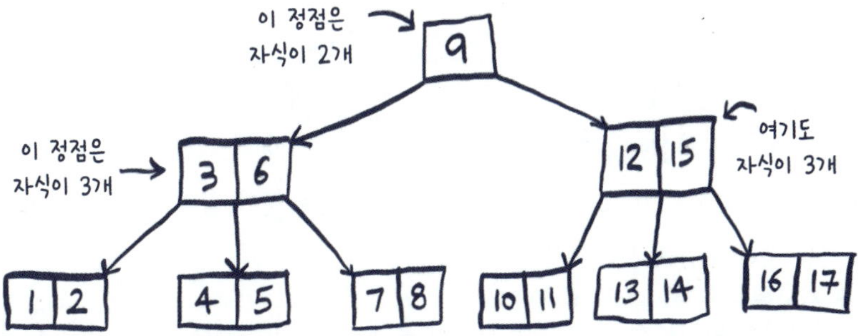

이진 트리와 달리 B 트리는 자식을 두 개 이상 가질 수 있습니다. 또한, 대부분의 정점이 이전에 다룬 트리와 다르게 두 개의 **키**key 값을 가지고 있습니다.

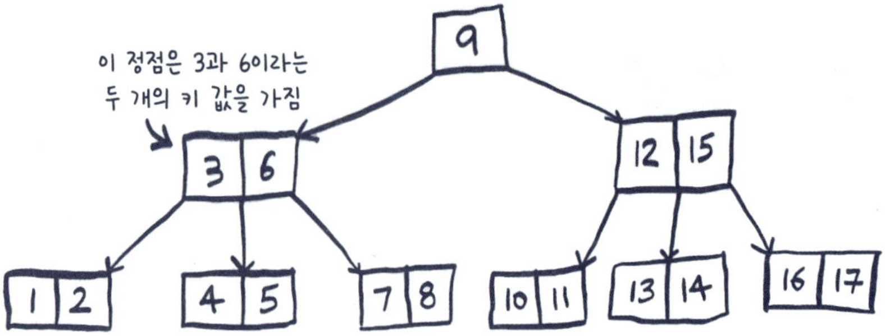

따라서 B 트리의 정점은 자식을 2개 이상 가질 수 있을 뿐 아니라 키도 2개 이상 가질 수 있습니다. 이것이 바로 B 트리를 이진 탐색 트리의 일반화 형태라고 말한 이유입니다.

B 트리의 장점

B 트리는 물리적 최적화라는 점이 흥미롭습니다. 컴퓨터는 물리적 물체입니다. 사실 트리에서 무언가를 검색할 때 해당 데이터를 찾으려면 물리적 객체가 움직여야 합니다. 이를 (디스크) **탐색 시간**seek time이라고 합니다. 탐색 시간은 알고리즘의 속도를 결정하는 큰 요인이 될 수 있습니다.

식료품 가게에 가서 한 번에 한 품목씩 구매하는 상황이라고 가정해 봅시다. 우유를 사고 집에 돌아왔는데 빵도 사야겠다는 생각이 들어서 다시 가게에 갑니다. 집에 돌아와서 이번에는 커피가 다 떨어졌다는 사실을 깨닫습니다. 그래서 다시 가게에 갑니다. 얼마나 비효율적인 쇼핑 방식인가요! 차라리 한 번 쇼핑할 때 여러 물건을 사는 것이 훨씬 낫습니다. 이 예에서는 가게를 오가는 시간이 탐색 시간입니다.

B 트리의 기본 아이디어는 일단 탐색을 완료한 후에는 한 번에 여러 정보를 메모리에 저장할 수 있다는 것입니다. 즉, 일단 가게에 도착하면 집까지 반복해서 오가는 대신 필요한 모든 것을 구매하는 것이 더 낫다는 거죠.

B 트리의 각 정점은 이진 트리보다 많은 키와 자식을 가질 수 있으므로 크기가 더 큽니다. 따라서 각 정점을 읽는 데 더 많은 시간을 소비합니다. 하지만 한 번에 더 많은 데이터를 읽을 수 있기 때문에 검색 횟수는 줄어듭니다. 이것이 바로 B 트리가 더 빠른 이유입니다.

B 트리는 데이터베이스에서 자주 사용되는 자료구조로, 데이터베이스가 디스크에서 데이터를 검색하는 데 많은 시간을 소비하므로 당연한 일입니다.

B 트리의 순서를 살펴보면 꽤 재미있습니다. B 트리는 왼쪽 아래부터 시작합니다.

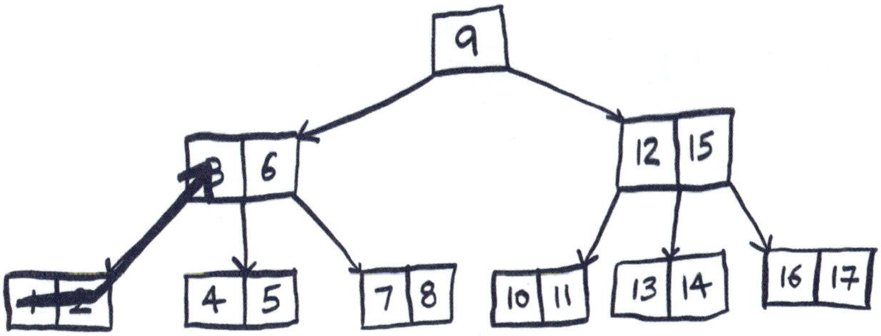

여기에서 어디로 갈까요?

드리 진체를 뱀처럼 가로질러 보죠.

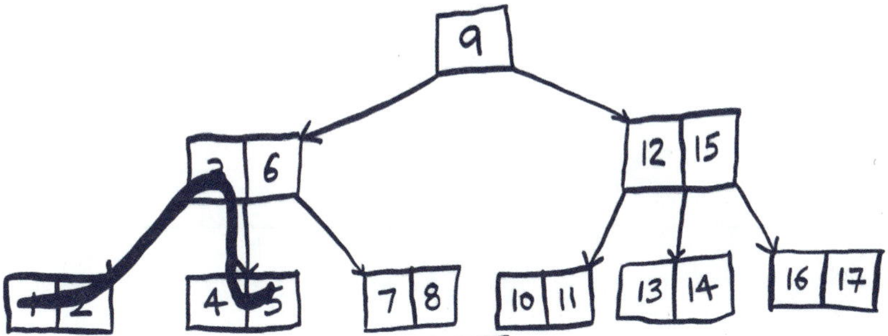

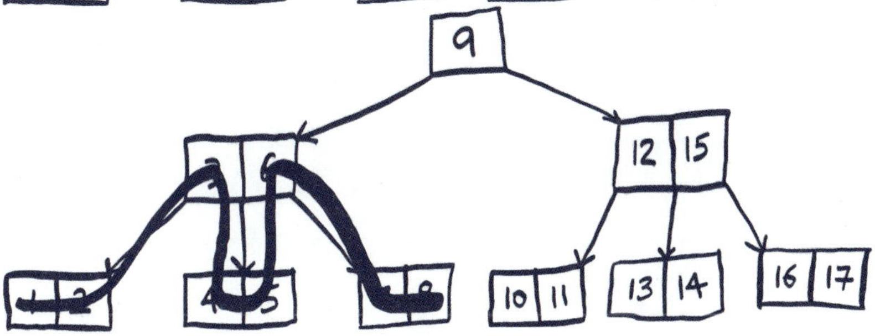

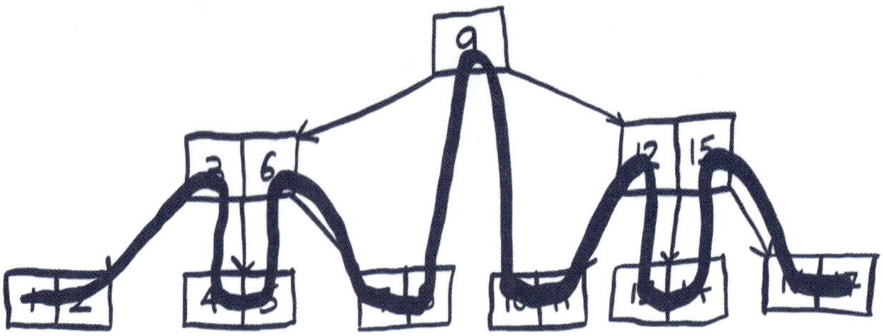

각 키에 대해 왼쪽의 키가 더 작고 오른쪽의 키가 더 큰 BST의 특성을 여전히 따르고 있음을 알 수 있습니다. 예를 들어 키가 3인 경우 왼쪽 키는 1과 2이고 오른쪽 키는 4와 5입니다.

또한 자식의 수가 키의 수보다 하나 더 많습니다. 따라서 루트 정점은 한 개의 키와 두 개의 자식이 있고 다른 자식 정점들은 두 개의 키와 세 개의 자식이 있습니다.

이것으로 트리에 대한 두 개의 장을 마칩니다. 여러분이 트리를 직접 구현할 필요는 없겠지만 트리는 그래프의 한 유형이며 뛰어난 성능을 제공한다는 점을 알아 두는 것이 중요합니다. 다음 장에서는 다시 그래프로 돌아가서 새로운 유형의 그래프인 가중 그래프에 대해 이야기하겠습니다.

8장에서 배운 내용

- 이진 탐색 트리(BST)는 배열과 동일한 빅오(Big O) 검색 성능을 제공하면서도 삽입 성능이 더 뛰어납니다.
- 트리의 높이는 성능에 영향을 미칩니다.
- AVL 트리는 널리 사용되는 균형 BST 유형입니다. 대부분의 균형 트리와 마찬가지로 AVL 트리도 회전을 통해 스스로 균형을 맞춥니다.
- B 트리는 일반화한 BST로, 각 정점은 여러 키와 여러 자식 정점을 가질 수 있습니다.
- 탐색 시간은 집에서 식료품 가게까지의 이동 시간과 같습니다. B 트리는 한 번에 더 많은 데이터를 읽음으로써 탐색 시간을 최소화하려고 합니다.

Chapter 9

다익스트라 알고리즘

- 계속해서 그래프에 대해 이야기합니다. 그래프의 간선에 가중치를 준 가중 그래프weighted graph를 공부합니다.
- 가중 그래프에서 X까지의 최단 경로를 구하는 다익스트라 알고리즘Dijkstra's algorithm을 배웁니다.
- 그래프에 음의 가중치가 있는 경우에는 다익스트라 알고리즘을 쓸 수 없다는 것을 배웁니다.

1 너비 우선 탐색 vs 다익스트라 알고리즘

6장에서 여러분은 A지점에서 B지점으로 가는 경로를 구했습니다.

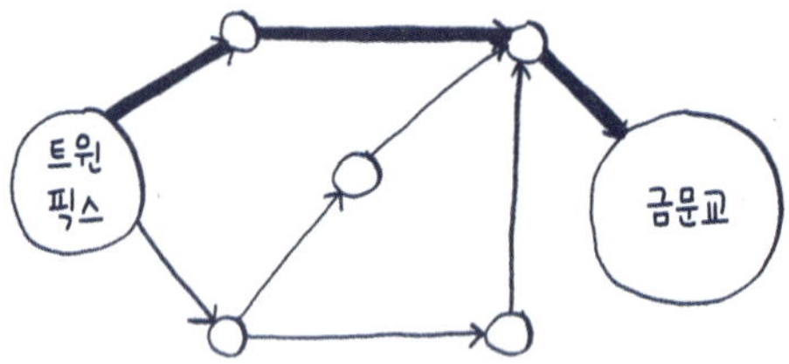

여러분이 구한 경로는 가장 빠른 길이 아니라 가장 짧은 길, 즉 최단 경로입니다. 왜냐하면 가장 적은 수의 **구간**segment을 지나기 때문입니다. 하지만 각 구간을 지날 때마다 시간을 측정해 보면 더 빠른 경로가 있을 수도 있습니다.

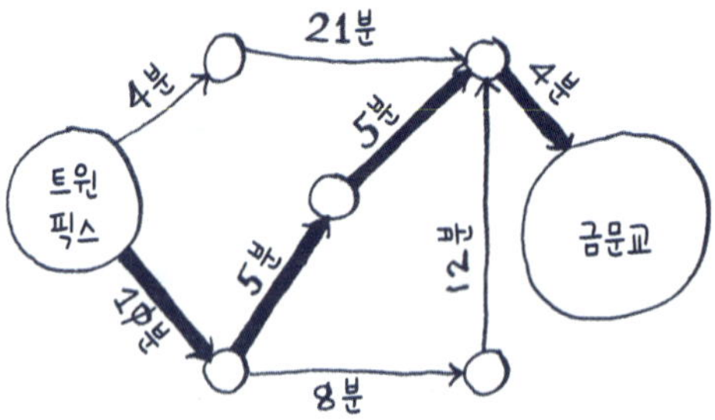

여러분은 6장에서 너비 우선 탐색을 사용했는데, 이 알고리즘은 (첫 번째 그림처럼) 가장 적은 수의 구간을 지나는 경로를 찾아냅니다. 만약 (두 번째 그림처럼) 가장 빠른 경로를 찾고 싶다면 어떻게 해야 할까요? **다익스트라 알고리즘**Dijkstra's algorithm이라고 하는 다른 알고리즘을 사용하면 최단 시간 경로를 구할 수 있습니다.

2 다익스트라 알고리즘

다음 그래프에서 다익스트라 알고리즘이 어떻게 작동하는지 살펴보겠습니다.

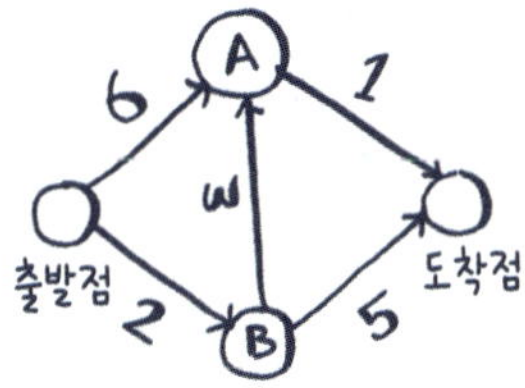

각 구간은 분 단위로 표시한 이동 시간이 소요됩니다. 다익스트라 알고리즘을 사용해서 출발점에서 도착점으로 가는 최단 시간 경로를 구해 보겠습니다.

만약 여러분이 너비 우선 탐색을 사용한다면 다음처럼 최단 경로를 얻겠죠.

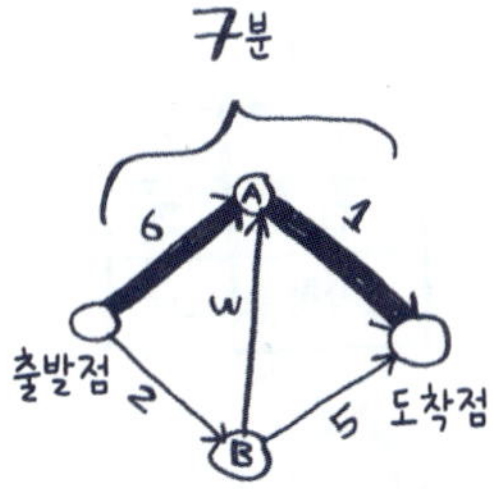

하지만 이 경로는 7분이 걸립니다. 더 빠른 경로를 찾을 수 있는지 살펴보죠. 다익스트라 알고리즘은 4단계로 이루어집니다.

1 가장 '가격이 싼' 정점을 찾습니다. 가장 가격이 싼 정점이란 도달하는 데 시간이 가장 적게 걸리는 정점을 말합니다.

2 이 정점의 이웃 정점들의 가격을 조사합니다. 이 말이 무슨 뜻인지는 곧 설명하겠습니다.

3 그래프상 모든 정점에 대해 이러한 일을 반복합니다.

4 최종 경로를 계산합니다.

1단계: 가장 싼 정점을 찾습니다. 여러분은 지금 출발점에 있고 정점 A와 정점 B 중 어느 곳으로 가야 할지 고민하고 있습니다. 각 정점으로 가는 데 시간이 얼마나 걸리나요?

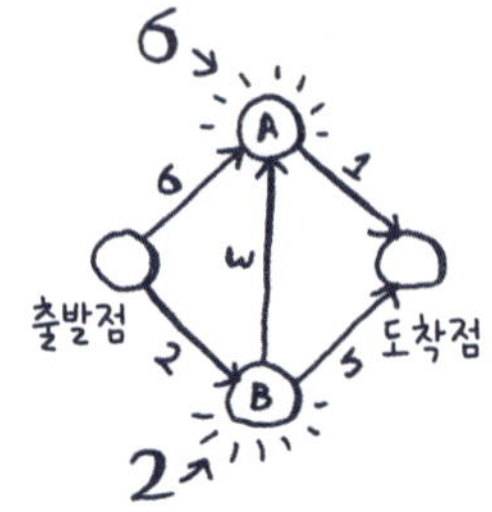

정점 A로 가는 데 6분이 걸리고, 정점 B로 가는 데 2분이 걸립니다. 나머지 정점에 대해서는 아직 알지 못합니다.

도착점까지 가는 데 얼마가 걸리는지는 아직 알 수 없기 때문에 일단 무한대라고 하겠습니다(이유는 곧 알게 됩니다). 지금까지는 정점 B가 가장 가까우며 2분이 걸립니다.

정점	정점까지 걸리는 시간
A	6
B	2
도착점	∞

2단계: 정점 B의 모든 이웃 정점에 대해 정점 B를 통과하여 정점 A에 도달하는 데 걸리는 시간을 계산합니다.

정점	정점까지 걸리는 시간
A	~~6~~ 5
B	2
도착점	7

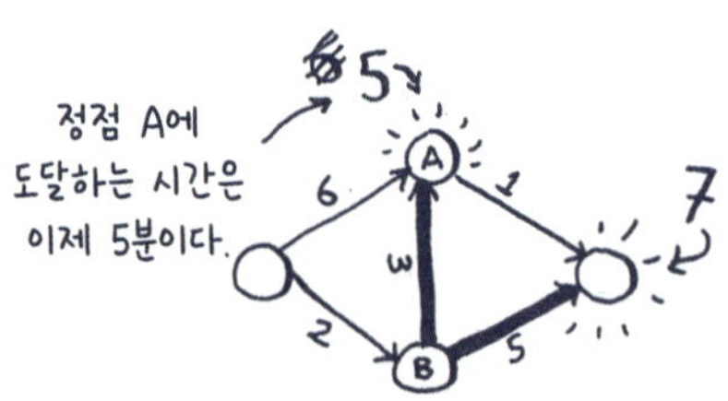

이제 여러분은 정점 A에 도달하는 더 빠른 경로를 찾았습니다. 예전에는 정점 A에 도달하는 데 6분이 걸렸죠.

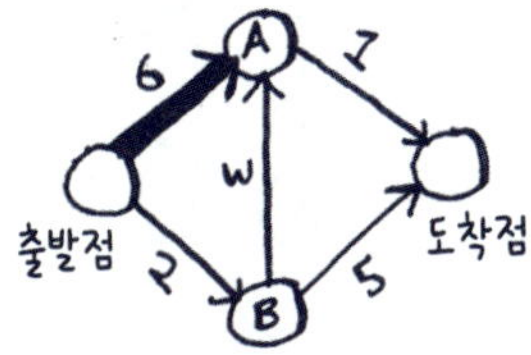

하지만 정점 B를 통해서 정점 A로 가면 5분밖에 걸리지 않습니다.

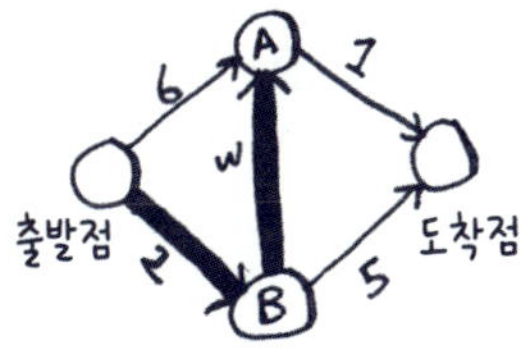

정점 B의 이웃 정점에 대해 더 빠른 경로를 찾으면 가격을 바꿉니다. 이 경우에는 다음과 같은 경로를 찾았습니다.

- 정점 A로 가는 더 짧은 거리(6분에서 5분으로 단축)
- 도착점까지 가는 더 짧은 거리(무한대에서 7분으로 단축)

3단계: 이제 지금까지 한 일을 반복합니다.

다시 1단계: 가장 빨리 도착할 수 있는 정점을 찾습니다. 정점 B는 이미 처리했고, 정점 A가 그다음으로 시간이 적게 걸립니다.

정점	정점까지 걸리는 시간
A	5 ←
B	2
도착점	7

다시 2단계: 정점 A의 이웃 정점에 대한 가격을 수정합니다.

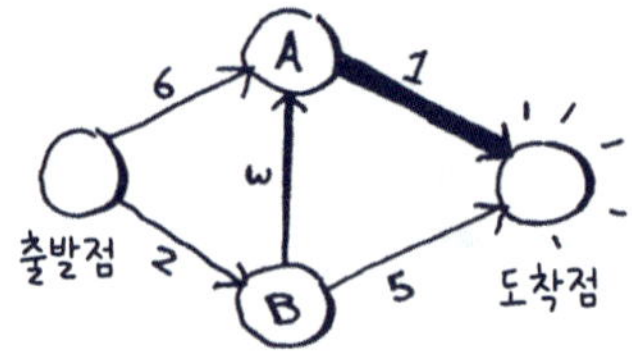

와! 이제 도착점까지 가는 데 걸리는 시간이 6분으로 줄었습니다!

이제 모든 정점에 대해 다익스트라 알고리즘을 돌려 보았습니다(도착점에 대해서는 돌릴 필요가 없습니다). 여러분은 다음과 같은 사실을 알게 되었습니다.

- 정점 B에 도달하는 데는 2분이 걸립니다.
- 정점 A에 도달하는 데는 5분이 걸립니다.
- 도착점에 도달하는 데는 6분이 걸립니다.

정점	시간
A	5
B	2
도착점	6

최종 경로를 계산하는 마지막 단계는 다음 절을 위해 아껴 놓겠습니다. 지금은 최종 경로가 무엇인지 바로 보여 드릴게요.

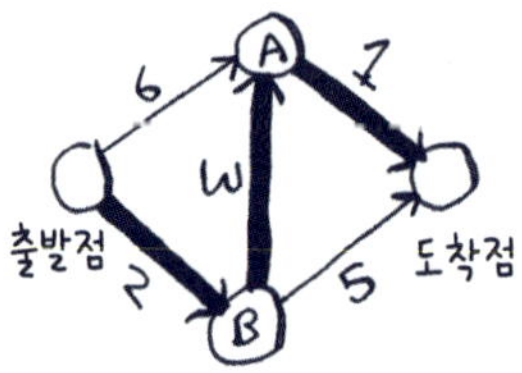

너비 우선 탐색으로는 이 경로를 찾지 못할 겁니다. 이 경로는 구간이 3개나 되고, 2개의 구간만으로 출발점에서 도착점으로 가는 경로도 존재하니까요.

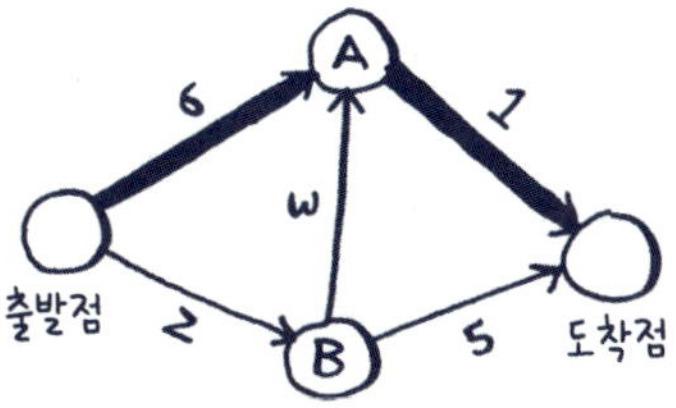

너비 우선 탐색으로 찾은
최단 경로

6장에서 너비 우선 탐색은 두 정점 간 최단 경로를 찾는다고 했는데, 이때의 '최단 경로'란 가장 적은 수의 구간을 가지는 경로입니다. 하지만 다익스트라 알고리즘은 각 구간에 대해 숫자 혹은 가중치를 줄 수 있습니다. 그리고 전체 가중치의 합이 가장 작은 구간을 찾습니다.

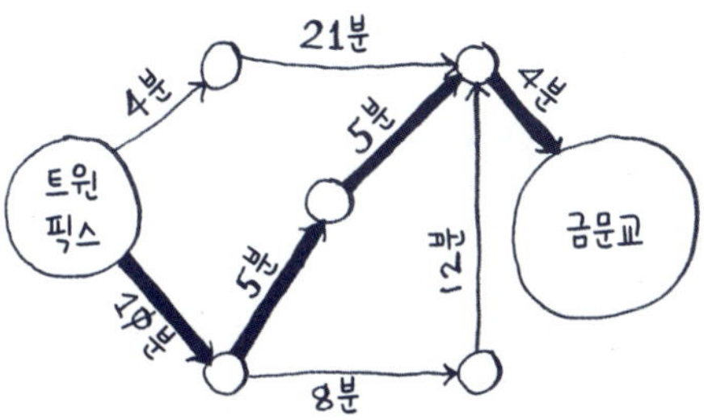

가중 그래프
(다익스트라 알고리즘 사용)

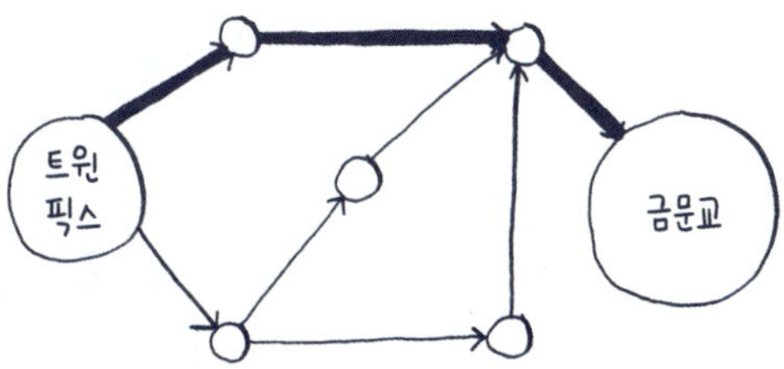

균일 그래프
(너비 우선 탐색 사용)

정리하자면 다익스트라 알고리즘은 다음 4단계로 이루어집니다.

1. 가장 가격이 싼 정점, 즉 도달하는 데 시간이 가장 적게 걸리는 정점을 찾습니다.
2. 이 정점의 이웃 정점에 대해 현재 가격보다 더 싼 경로가 존재하는지 확인합니다. 만약 존재한다면 가격을 수정합니다.
3. 그래프의 모든 정점에 대해 이러한 일을 반복합니다.
4. 최종 경로를 계산합니다(다음 절에 나옵니다!).

3 용어 설명

다익스트라 알고리즘이 작동하는 몇 가지 예를 살펴보기 전에 몇 가지 용어부터 정리하기로 하죠.

다익스트라 알고리즘을 사용할 때, 그래프의 각 간선은 어떤 숫자를 가집니다. 이 숫자를 **가중치**weight라고 합니다.

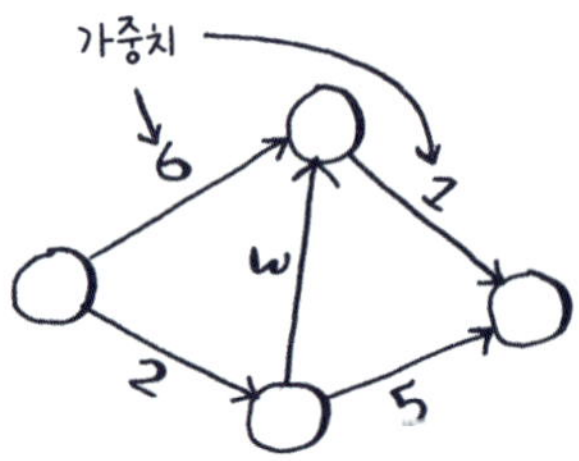

참고로, 가중치를 가지는 그래프는 **가중 그래프**weighted graph라고 합니다. 가중치가 없는 그래프는 **균일 그래프**unweighted graph라고 합니다.

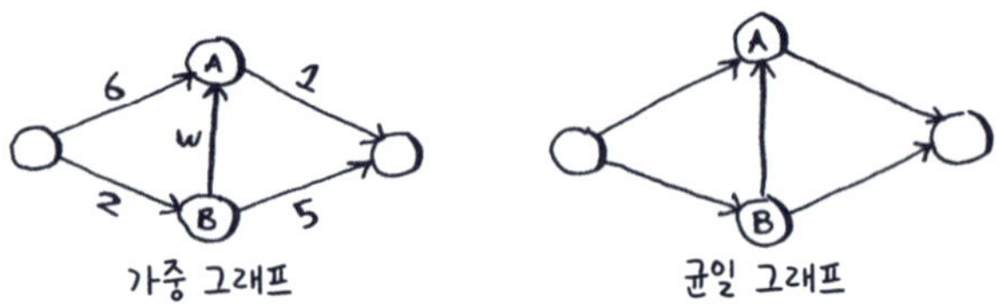

균일 그래프에서 최단 경로를 계산할 때는 너비 우선 탐색을 사용합니다. 가중 그래프에서 최단 경로를 계산할 때는 다익스트라 알고리즘을 사용합니다. 그래프에는 **사이클**cycle이 있을 수도 있는데 사이클은 다음과 같이 생겼습니다.

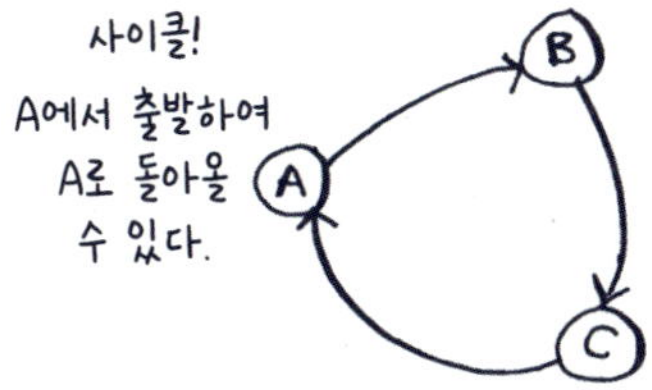

사이클이 있다는 것은 그래프가 어떤 정점에서 출발해서 한 바퀴 돌아 같은 정점으로 돌아올 수 있다는 뜻입니다. 이런 사이클을 가진 그래프에서 최단 경로를 찾는다고 가정해 보죠.

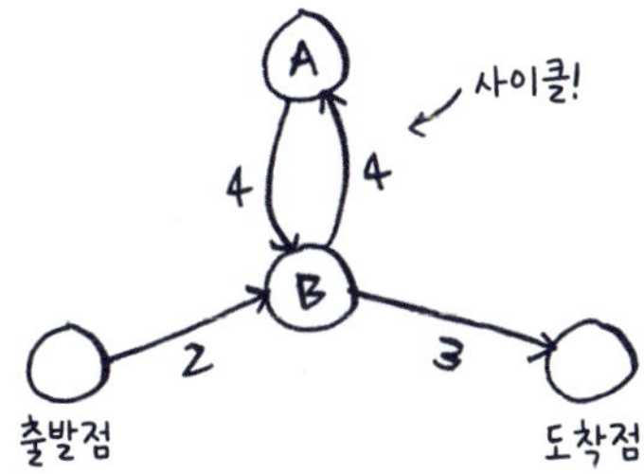

사이클을 지나가야 될까요? 일단 사이클을 지나지 않는 경로를 따라가 보죠.

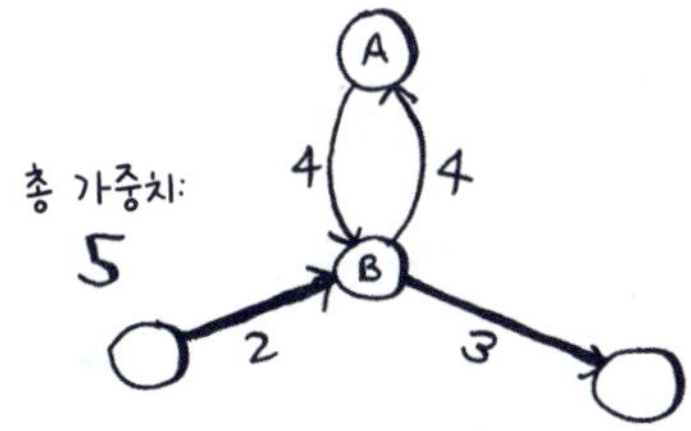

이번에는 사이클을 지나가 보겠습니다.

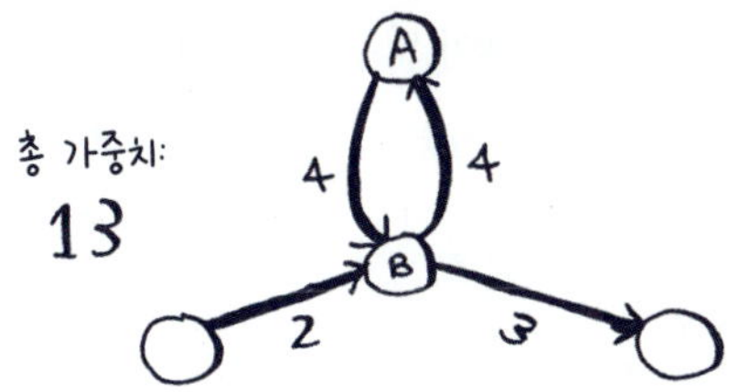

두 경로 모두 도착점에 도착하지만 정점 A가 있는 사이클을 지나면 가중치가 늘어나죠. 원한다면 사이클을 두 번 지날 수도 있습니다.

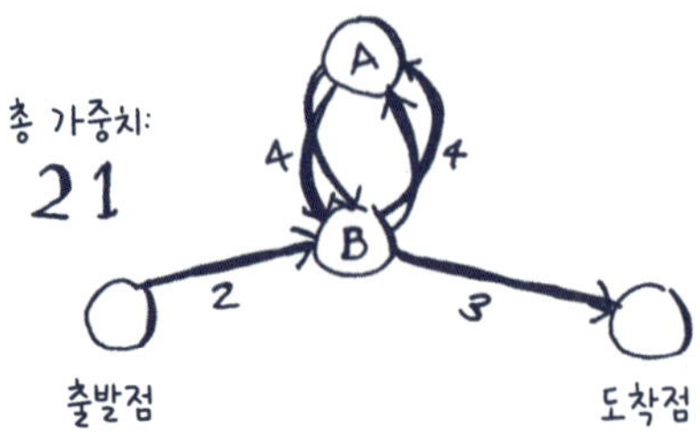

하지만 사이클을 지나갈 때마다 총 가중치가 8씩 늘어납니다. 그러니까 사이클을 지나면 최단 경로를 얻을 수 없습니다.

마지막으로, 6장에서 방향 그래프와 무방향 그래프에 대해 이야기했던 것을 기억하나요?

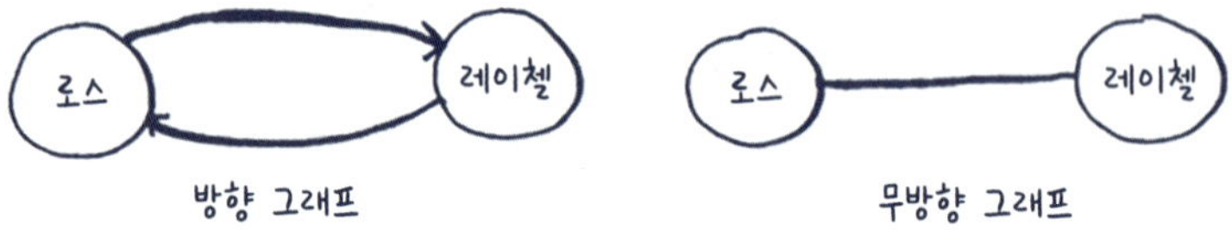

사실 무방향 그래프는 두 정점이 서로를 향하고 있는 것을 뜻합니다. 즉, 사이클이죠!

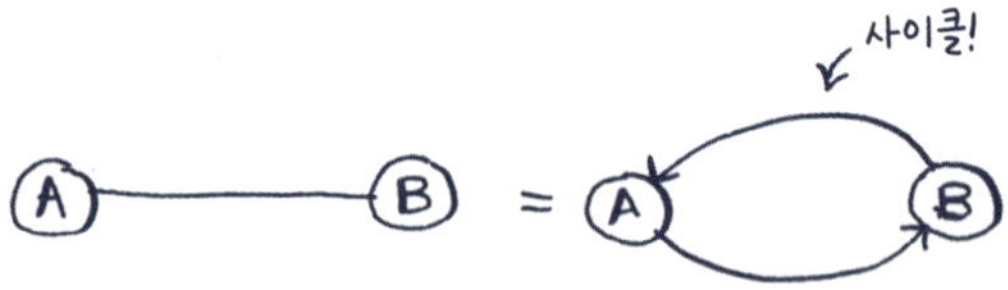

무방향 그래프에서는 간선마다 하나의 사이클이 추가됩니다. 다익스트라 알고리즘은 모든 간선이 음의 가중치를 갖지 않으며 사이클이 없는 그래프에서만 작동합니다. 그래프 간선이 음의 가중치를 가질 수도 있겠죠! 하지만 이 경우에는 다익스트라 알고리즘이 작동하지 않습니다. 이 경우에는 **벨만-포드**Bellman-Ford라는 알고리즘이 필요합니다. 이 장의 뒷부분에 음의 가중치 간선에 대한 내용이 나옵니다.

4 다익스트라 알고리즘을 사용한 물물 교환

이제 용어 정리는 충분합니다. 다익스트라 알고리즘의 다른 예를 살펴보죠!

여러분에게 라마를 소개합니다. 라마는 악보를 팔아서 피아노를 구하고 싶어 합니다.

"나한테 악보를 주면 이 포스터를 줄게." 알렉스가 라마에게 말합니다. "이 포스터는 내가 제일 좋아하는 밴드인 디스트로이어Destroyer 꺼야. 아니면 5달러를 더 주면 릭 애슬리Rick Astley의 희귀본 LP로 바꿔 줄 수도 있지."

"와, 이 희귀본 LP는 노래가 끝내주는데." 에이미가 말했습니다. "그 포스터나 LP랑 내 기타나 드럼과 바꾸자."

"나 정말 기타를 치고 싶었어!" 베토벤이 소리칩니다. "이봐, 에이미 물건 중에 아무거나 하나를 주면 내 피아노를 줄게."

완벽하네요! 라마는 적은 돈으로 악보를 피아노와 바꿀 수 있습니다. 이제 이 거래를 하는 데 돈이 얼마가 드는지 계산해 봐야 합니다. 라마의 거래를 그래프로 그려 보죠.

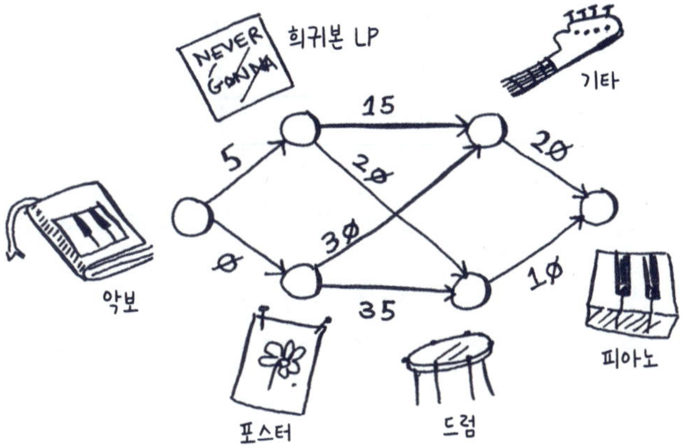

이 그래프는 라마가 바꿀 수 있는 물건들을 정점으로 나타냈습니다. 간선의 가중치는 물건을 바꾸는 데 드는 돈입니다. 그러니까 15달러만 있으면 LP를 기타와 바꿀 수 있고, 30달러가 있으면 포스터를 기타와 바꿀 수도 있습니다. 라마는 돈을 가장 적게 쓰면서 악보를 피아노와 바꾸려면 어떤 경로를 선택해야 하는지 알고 싶습니다. 이 문제는 다익스트라 알고리즘이 해결할 수 있죠! 다익스트라 알고리즘은 4단계로 되어 있다는 것을 기억하나요? 이 예에서도 그 4단계를 모두 거쳐서 최종 경로를 구해 볼 겁니다.

시작하기에 앞서 준비를 좀 해야 합니다. 각 정점에 대한 가격표를 만듭니다. 여기에서 정점의 가격이란 그 정점에 도달하기까지 드는 돈을 말합니다.

정점	가격
LP	5
포스터	Ø
기타	∞
드럼	∞
피아노	∞

아직은 이 정점들에 도달하지 못한다.

알고리즘을 진행하면서 계속 이 표를 수정할 것입니다. 최종 경로를 계산하려면 이 표에 **부모 열**parent column이 필요합니다.

정점	부모
LP	악보
포스터	악보
기타	—
드럼	—
피아노	—

이 열을 어떻게 사용하는지는 곧 보여 드리겠습니다. 일단 알고리즘을 시작하죠.

1단계: 가장 가격이 싼 정점을 찾습니다. 이 경우에는 포스터가 0달러로 가장 쌉니다. 포스터를 더 싼 가격에 살 수 있는 다른 방법이 있나요? 이건 정말 중요한 문제이기 때문에 좀 더 생각해 봅시다. 라마가 0달러보다 더 싸게 포스터를 살 수 있는 다른 경로가 있나요? 답은 '없다'입니다. 포스터는 라마가 도달할 수 있는 가장 싼 정점이기 때문에 더 싸게 만들 수는 없습니다. 이를 다른 관점에서 바라보겠습니다. 여러분이 집에서 회사로 가고 싶다고 가정합시다.

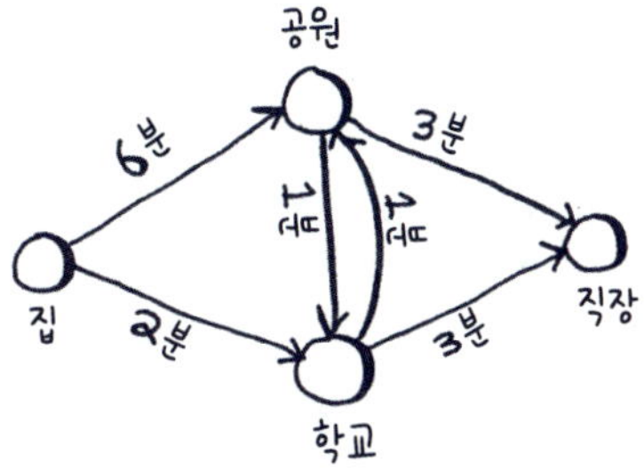

학교를 가는 데는 2분이 걸리고 공원을 가는 데는 6분이 걸립니다. 공원으로 갔다가 학교로 가면서 2분보다 적게 걸리는 경로는 없나요? 그건 불가능합니다. 왜냐하면 공원까지 가는 데만 해도 2분보다 더 걸리니까요. 반면에 공원을 가는 방법 중에 더 빠른 길이 있나요? 이 경우에는 더 빠른 길이 있습니다.

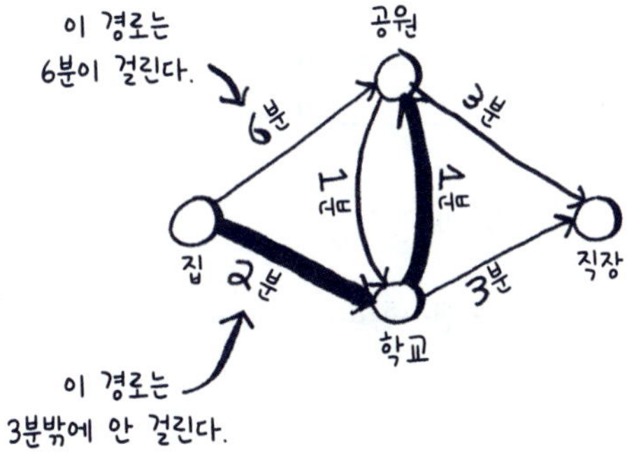

이 부분이 다익스트라 알고리즘의 핵심 아이디어입니다. 그래프에서 가장 가격이 싼 정점을 찾는 것입니다. 그 가격보다 더 싸게 그 정점에 도달하는 방법은 없습니다!

악보 예제로 다시 돌아가 보면 포스터를 사는 것이 가장 싼 매매입니다.

2단계: 그 이웃 정점들까지 도달하는 데 걸리는 시간(가격)을 계산합니다.

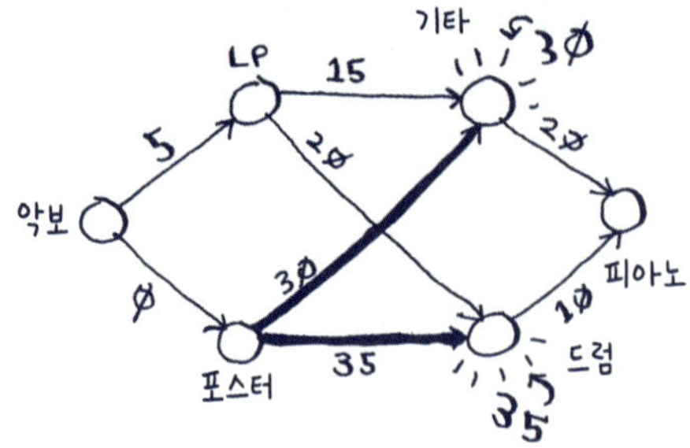

부모	정점	가격
악보	LP	5
악보	포스터	0
포스터	기타	~~∞~~ 30
포스터	드럼	~~∞~~ 35
—	피아노	∞

이제 기타와 드럼 가격을 표에 적을 수 있습니다. 이 가격은 포스터를 지나온 가격이므로 포스터가 부모 정점이 됩니다. 즉, 기타에 도달하려면 포스터에서 나온 간선을 따라와야 하며, 드럼도 마찬가지입니다.

부모	정점	가격
악보	LP	5
악보	포스터	0
포스터	기타	30
포스터	드럼	35
—	피아노	∞

이 정점에 도달하려면 포스터에서 출발한다. (기타, 드럼 행)

다시 1단계: LP가 5달러로 두 번째로 싼 정점입니다.

다시 2단계: 모든 이웃 정점의 가격을 갱신합니다.

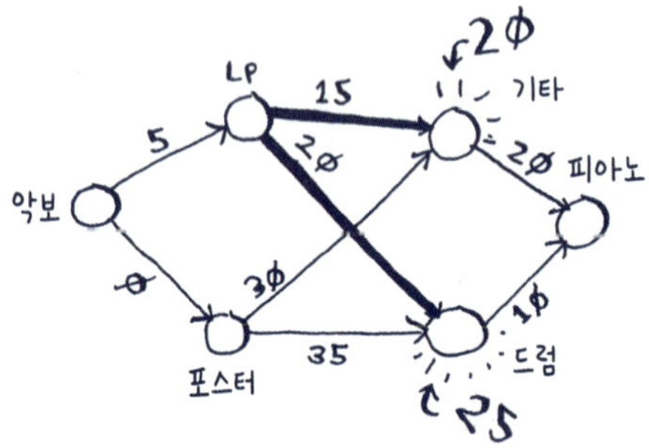

부모	정점	가격
악보	LP	5
악보	포스터	0
LP	기타	~~30~~ 20
LP	드럼	~~35~~ 25
—	피아노	∞

이제 드럼과 기타의 가격을 갱신했습니다! LP로부터 출발해서 드럼과 기타에 도달하는 것이 더 싸다는 말입니다. 그러니까 이제 LP가 두 악기의 새로운 부모 정점이 됩니다.

기타가 그다음으로 싼 항목입니다. 그 이웃 정점도 갱신합니다.

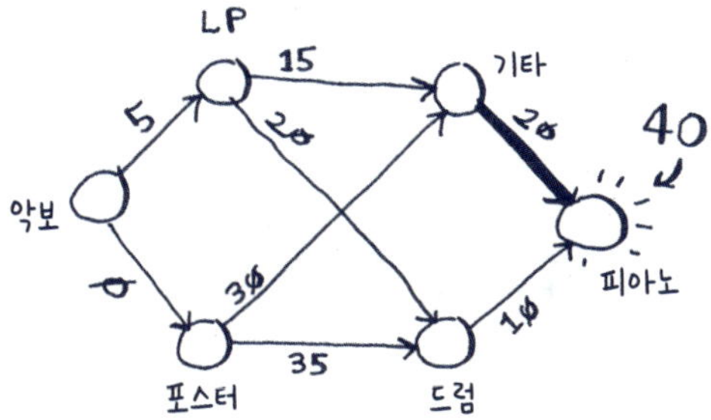

부모	정점	가격
악보	LP	5
악보	포스터	0
LP	기타	20
LP	드럼	25
기타	피아노	40

기타와 피아노를 바꾸면서 드디어 피아노의 가격을 알게 되었습니다. 그러니까 기타가 피아노의 부모 정점입니다. 이제 마지막 정점인 드럼입니다.

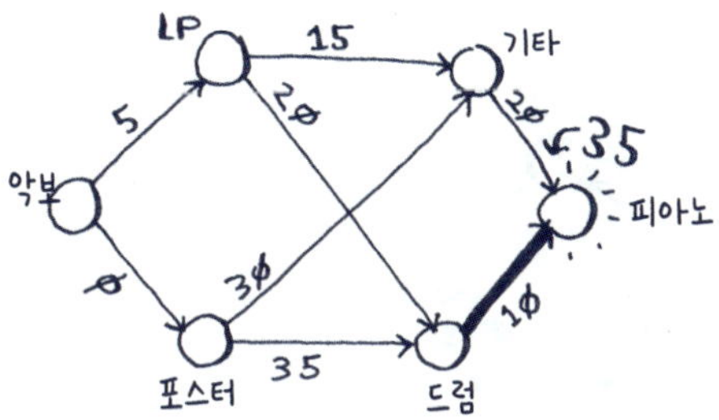

부모	정점	가격
악보	LP	5
악보	포스터	0
LP	기타	20
LP	드럼	25
드럼	피아노	35

드럼을 매매하면 라마는 더 싸게 피아노를 구할 수 있습니다. 그러니까 라마가 가장 싸게 피아노를 구하는 가격은 35달러입니다.

이제 아까 말한 대로 경로를 계산해야 합니다. 지금까지의 최단 경로 가격은 35달러입니다. 경로는 어떻게 계산할까요? 우선 피아노의 부모 정점을 찾습니다.

부모	정점
악보	LP
악보	포스터
LP	기타
LP	드럼
드럼	피아노

피아노의 부모는 드럼입니다. 그러니까 라마는 피아노와 드럼을 바꾼 거죠. 따라서 이 간선을 따라가야 합니다.

간선을 어떻게 따라가고 있는지 살펴보겠습니다. 우선 피아노의 부모가 드럼입니다.

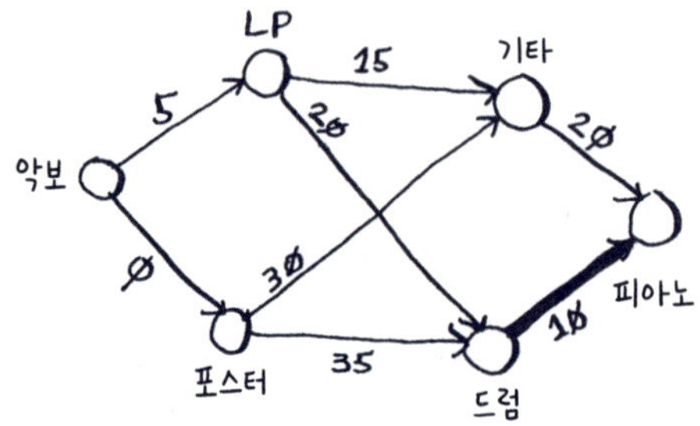

그리고 드럼의 부모는 LP입니다.

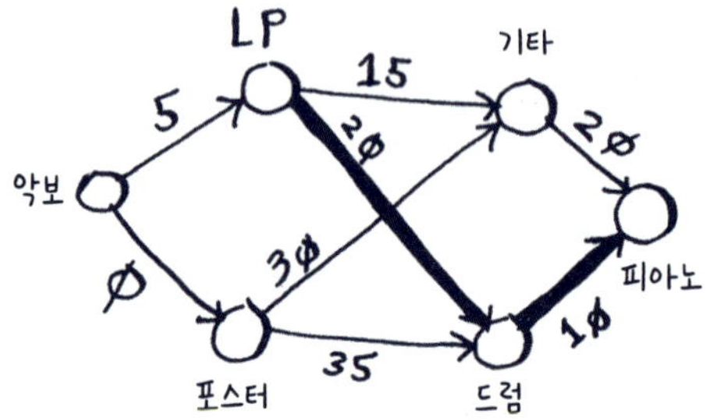

그러니까 라마는 LP와 드럼을 교환했죠. 물론 그 LP는 악보와 바꾼 것입니다. 이렇게 거꾸로 부모 정점을 찾아가면 완전한 경로를 얻을 수 있습니다.

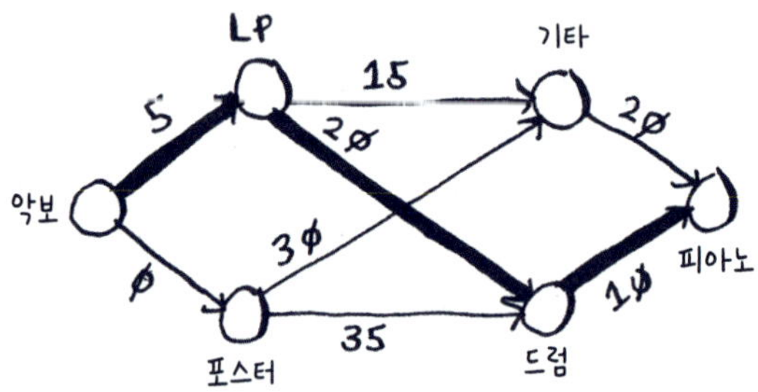

정리하면 라마가 거래해야 할 순서는 다음과 같습니다.

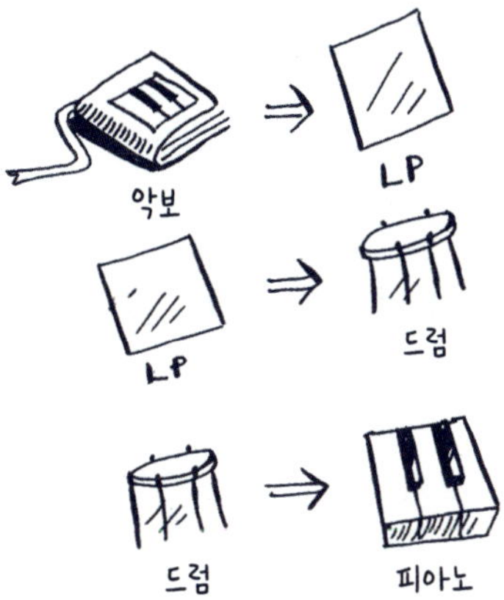

지금까지 두 지점 혹은 두 사람 사이의 거래를 최소화하는 경로로서 최단 경로라는 용어를 사용해 왔는데, 이 예제를 통해 최단 경로라는 것이 반드시 거리를 최소화하는 것이 아니라는 것을 알게 되었길 바랍니다. 최단이란 말은 무언가를 최소화한다는 의미입니다. 이 경우, 라마는 써야 할 돈을 최소화하고 싶었던 거죠. 고마워요, 다익스트라!

5 간선의 가중치가 음수인 경우

앞에서 살펴본 물건 교환 예제에서 알렉스는 악보랑 교환하기 위해 두 가지 물건을 제시했습니다.

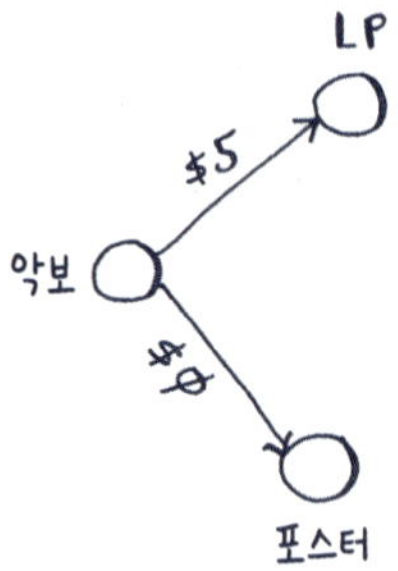

만약 사라가 오히려 라마에게 7달러를 주면서 포스터를 LP와 바꾸고 싶어 한다고 가정해 보죠. 이렇게 되면 라마는 돈을 쓰기는커녕 7달러를 벌게 됩니다.

이것은 그래프에 어떻게 나타낼 수 있을까요?

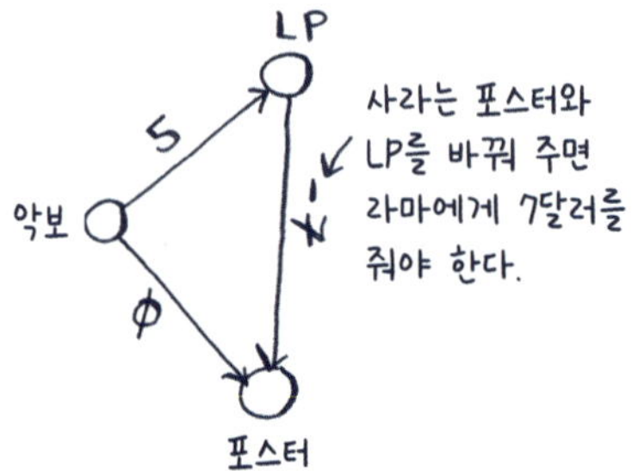

LP에서 포스터로 가는 간선은 음의 가중치를 가집니다! 라마는 이 거래를 하면 7달러를 벌죠. 이제 라마가 포스터를 얻는 방법은 두 가지입니다.

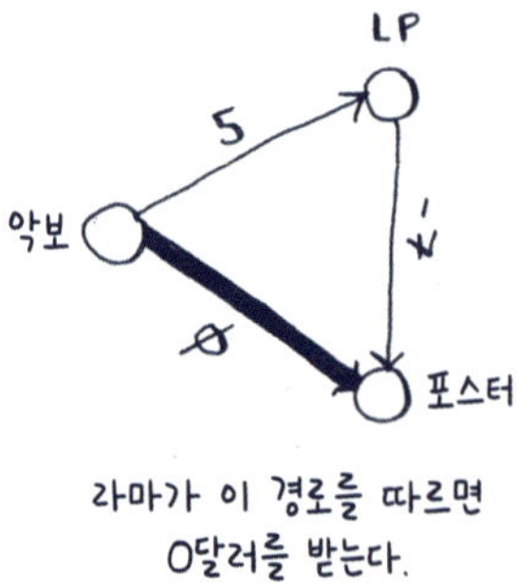

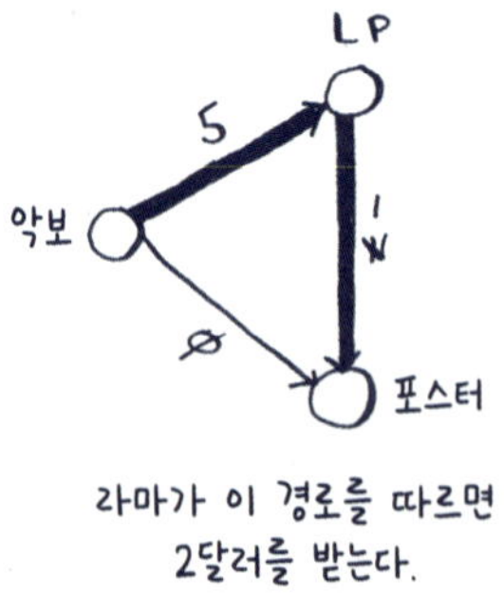

그래서 라마는 두 번째 거래, 즉 2달러를 버는 길을 선택하는 것이 정상입니다. 기억할지 모르지만 앞에서 라마는 이 포스터를 드럼과 바꿀 수 있는 기회가 있었습니다. 여기서는 두 방법 중 하나를 선택할 수 있습니다.

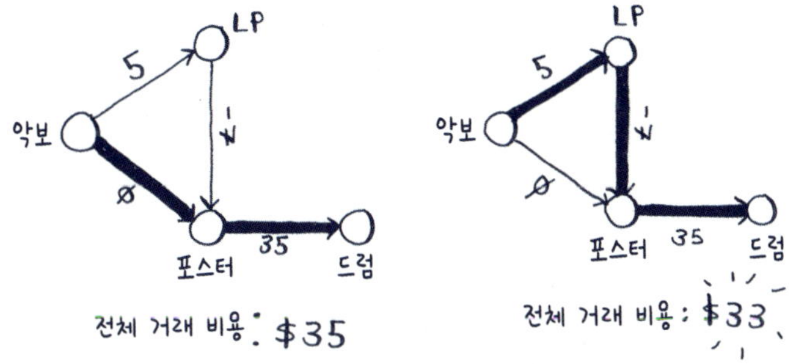

두 번째 경로를 선택하면 2달러가 절약됩니다. 그러니까 이 길을 선택해야겠죠? 그런데 문제가 있습니다. 이 그래프에 다익스트라 알고리즘을 적용하면 라마는 잘못된 경로를 선택하게 됩니다. 더 긴 경로를 선택하게 되죠. 사실 음의 가중치가 있으면 다익스트라 알고리즘을 사용할 수 없습니다. 음의 가중치 간선이 알고리즘을 망쳐버립니다. 이 그래프에 다익스트라 알고리즘을 적용해서 실제로 무슨 일이 일어나는지 살펴보겠습니다. 우선 다음과 같이 가격표를 만듭니다.

LP	5
포스터	∅
드럼	∞

가격

다음으로 가장 싼 정점을 찾아서 그 이웃의 가격을 갱신합니다. 이 경우에는 포스터가 가장 싼 정점이니까 다익스트라 알고리즘에 따라 포스터에 도달하는 0달러보다 더 싼 경로는 없습니다(물론 이 경우에는 틀렸습니다!). 어쨌든 이웃 정점의 가격을 갱신합니다.

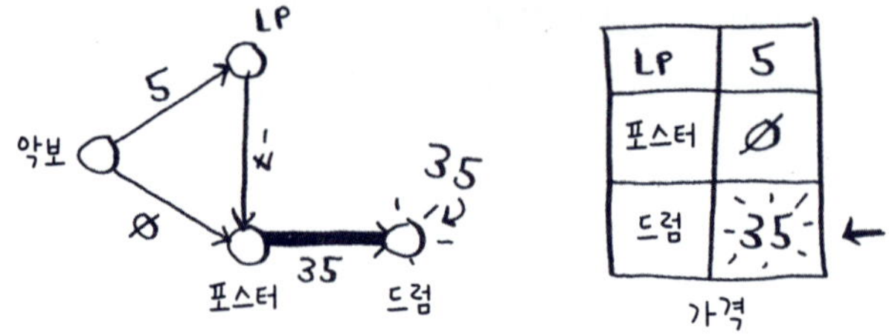

이제 드럼 가격은 35달러입니다.

아직 처리하지 않은 두 번째로 싼 정점을 찾습니다.

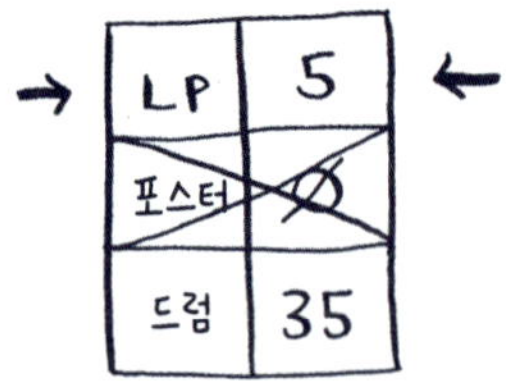

이웃 정점의 가격을 갱신합니다.

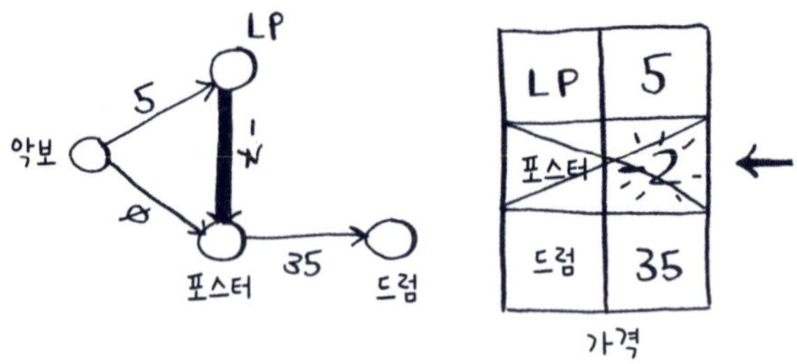

여러분은 이미 포스터 정점을 처리했습니다. 그런데 그 가격이 바뀌었죠. 이제 큰 문제가 발생해버렸습니다. 일단 어떤 정점을 처리하면 그 정점에 도달하는 더 싼 경로는 존재하지 않아야 하는데, 포스터에 도달하는 더 싼 길이 발견된 겁니다! 드럼에는 이웃이 없으니까 이제 알고리즘은 종료합니다. 최종 가격은 다음과 같습니다.

LP	5
포스터	-2
드럼	35

최종 가격

드럼에 도달하는 데 35달러가 듭니다. 여러분은 33달러밖에 들지 않는 경로가 있다는 것을 알죠. 하지만 다익스트라 알고리즘은 그 경로를 찾지 못했습니다. 다익스트라 알고리즘에서는 포스터 정점을 이미 처리했기 때문에 그 정점에 도달하는 더 싼 경로는 없다고 가정해 버립니다. 그래서 음의 가중치를 가진 간선이 있으면 다익스트라 알고리즘을 사용할 수 없습니다. 만약 음의 가중치를 가진 그래프에서 최단 경로를 찾고 싶으면 벨만–포드 알고리즘을 사용하면 됩니다! 벨만–포드 알고리즘은 이 책의 범위를 벗어나지만 온라인상에서 좋은 설명을 찾을 수 있습니다.

6 구현

다익스트라 알고리즘을 코드로 어떻게 구현하는지 살펴봅시다. 예제로 사용할 그래프는 다음과 같습니다.

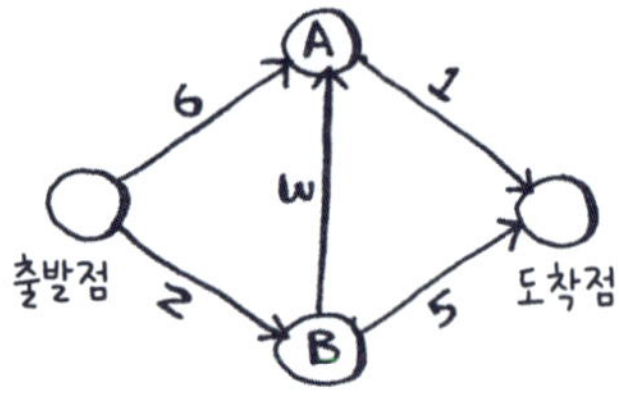

이 예제를 코딩하려면 해시 테이블이 3개 필요합니다.

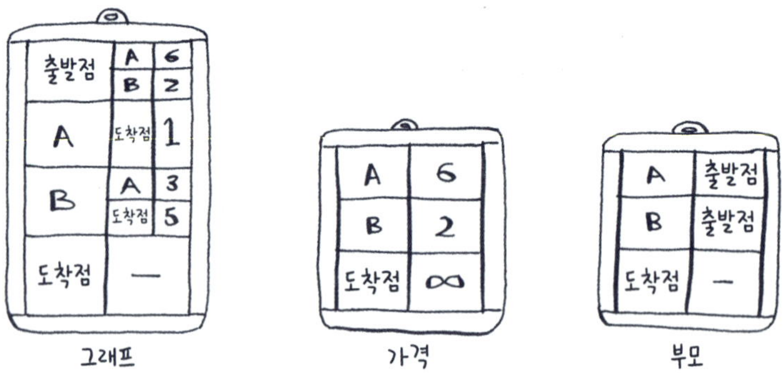

알고리즘을 실행하면서 가격 해시 테이블과 부모 해시 테이블을 갱신하게 됩니다. 우선 그래프부터 구현하죠. 6장에서 했던 것처럼 해시 테이블을 사용합니다.

```
graph = {}
```

지난 장에서도 이렇게 해시 테이블에 각 정점의 이웃을 저장했죠.

```
graph["you"] = ["alice", "bob", "claire"]
```

하지만 이번에는 이웃 정점과 함께 그 이웃의 가격도 저장해야 합니다. 예를 들어 다음 그림처럼 A와 B 두 이웃 정점이 있다고 하죠.

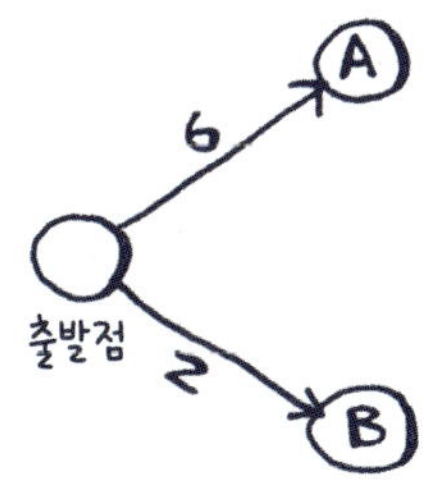

이 간선들의 가중치는 어떻게 표현할까요? 그냥 또 다른 해시 테이블을 사용하면 어떨까요?

```
graph["start"] = {}
graph["start"]["a"] = 6
graph["start"]["b"] = 2
```

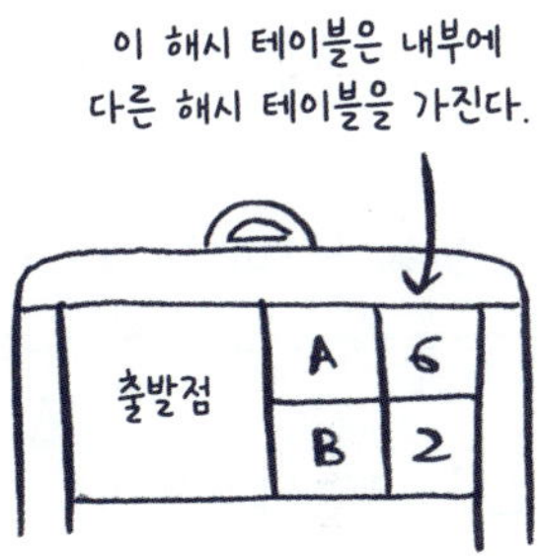

그러니까 graph["start"]도 해시 테이블이 되는 겁니다. 출발점의 모든 이웃값은 다음과 같이 얻을 수 있습니다.

```
>>> print(list(graph["start"].keys()))
["a", "b"]
```

출발점에서 A로 가는 간선과 B로 가는 간선이 있습니다. 이 간선들의 가중치를 알고 싶으면 어떻게 하죠?

```
>>> print(graph["start"]["a"])
6
>>> print(graph["start"]["b"])
2
```

그래프에 있는 나머지 정점과 그 이웃들도 추가합니다.

```
graph["a"] = {}
graph["a"]["fin"] = 1

graph["b"] = {}
graph["b"]["a"] = 3
graph["b"]["fin"] = 5

graph["fin"] = {}     도착점에는 이웃이 없습니다.
```

전체 그래프의 해시 테이블은 다음과 같습니다.

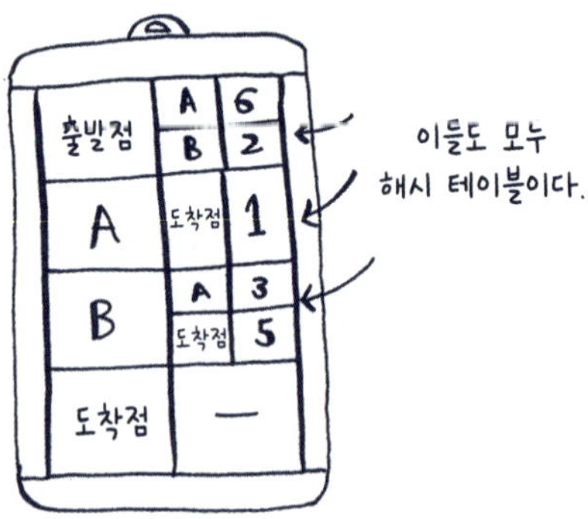

그래프

다음으로는 각 정점의 가격을 저장하는 해시 테이블이 있어야 합니다.

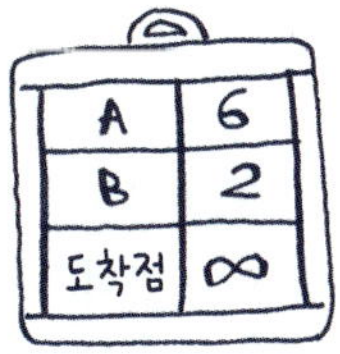

가격

정점의 가격은 출발점에서 그 정점까지 도달하는 데 걸리는 시간입니다. 출발점에서 정점 B까지는 2분이 걸리고, 정점 A까지는 6분이 걸립니다(나중에 이보다 빠른 경로를 찾을 수도 있습니다). 도착점까지 얼마가 걸리는지는 모릅니다. 가격을 모르는 정점의 가격은 무한대로 둡니다. 파이썬에서 무한대는 어떻게 나타낼까요? 다음과 같습니다.

```
infinity = math.inf
```

다음은 가격에 대한 표를 만드는 코드입니다.

```
infinity = math.inf
costs = {}
costs["a"] = 6
costs["b"] = 2
costs["fin"] = infinity
```

부모를 나타내는 해시 테이블도 필요합니다.

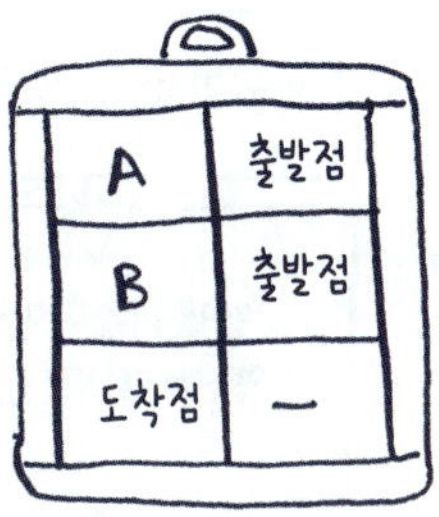

부모

부모를 위한 해시 테이블을 만드는 코드는 다음과 같습니다.

```
parents = {}
parents["a"] = "start"
parents["b"] = "start"
parents["fin"] = None
```

마지막으로 각 정점은 한 번씩만 처리해야 하므로 이미 처리한 정점을 추적하기 위한 배열도 있어야 합니다.

```
processed = set()
```

이것으로 모든 준비를 마쳤습니다. 이제는 알고리즘을 살펴봅니다.

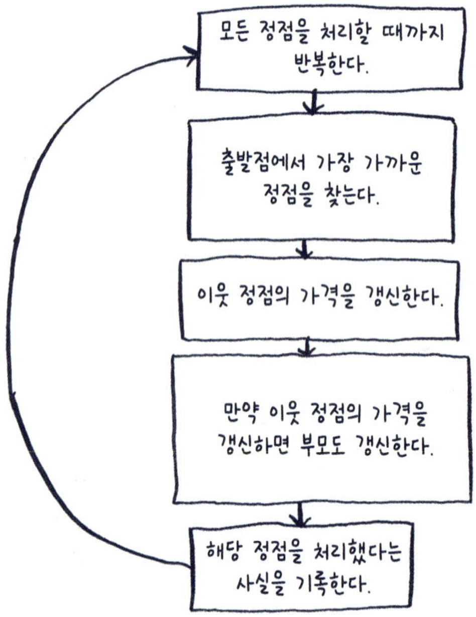

우선 코드부터 살펴보고 차근차근 설명하겠습니다. 코드는 다음과 같습니다.

```
node = find_lowest_cost_node(costs)   # 아직 처리하지 않은 가장 싼 정점을 찾습니다.
while node is not None:   # 모든 정점을 처리하면 반복문이 종료됩니다.
    cost = costs[node]
    neighbors = graph[node]
    for n in neighbors.keys():   # 모든 이웃에 대해 반복합니다.
        new_cost = cost + neighbors[n]
        if costs[n] > new_cost:   # 만약 이 정점을 지나는 것이 가격이 더 싸다면
            costs[n] = new_cost   # 정점의 가격을 갱신하고
            parents[n] = node   # 부모를 이 정점으로 새로 설정합니다.
    processed.add(node)   # 정점을 처리한 사실을 기록합니다.
    node = find_lowest_cost_node(costs)   # 다음으로 처리할 정점을 찾아 반복합니다.
```

이것이 파이썬으로 구현한 다익스트라 알고리즘입니다. find_lowest_cost_node 함수에 대한 코드는 나중에 살펴보고 우선 알고리즘 코드가 작동하는 모습을 보겠습니다.

가장 싼 정점을 찾습니다.

이 정점의 이웃의 가격을 구합니다.

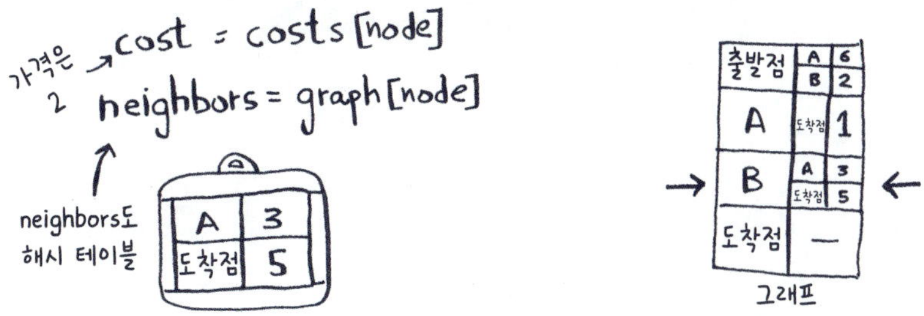

모든 이웃 정점을 살펴봅니다.

각 정점은 가격을 가지며, 이 가격은 출발점에서 그 정점까지 걸리는 시간입니다. 여기에서는 '출발점 > 정점 A'로 가는 경로가 아니라 '출발점 > 정점 B > 정점 A'로 가는 경로 중에서 어느 것이 더 빠른지를 계산합니다.

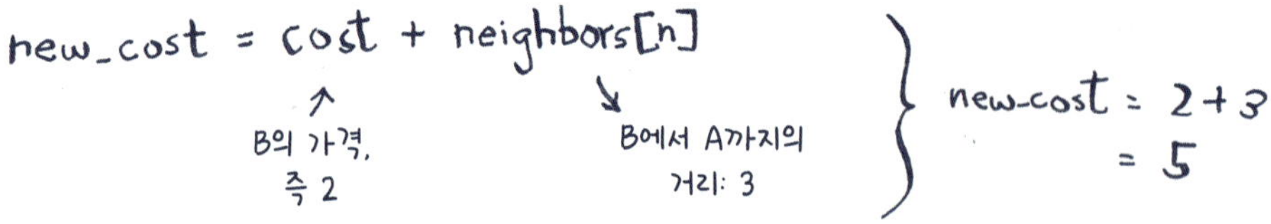

이 두 가격을 비교합니다.

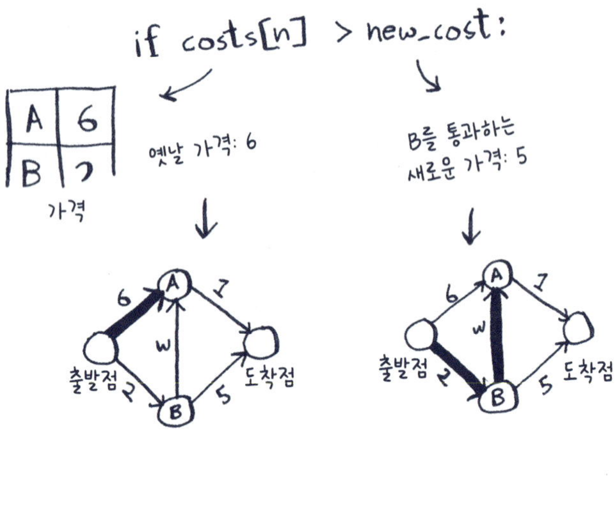

이제 정점 A로 가는 더 짧은 경로를 발견했으니 가격 해시 테이블을 갱신합니다.

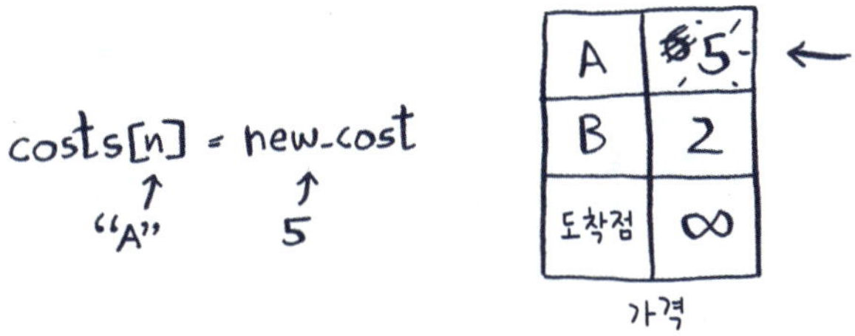

새 경로는 B를 통과하기 때문에 B가 새로운 부모 정점이 됩니다.

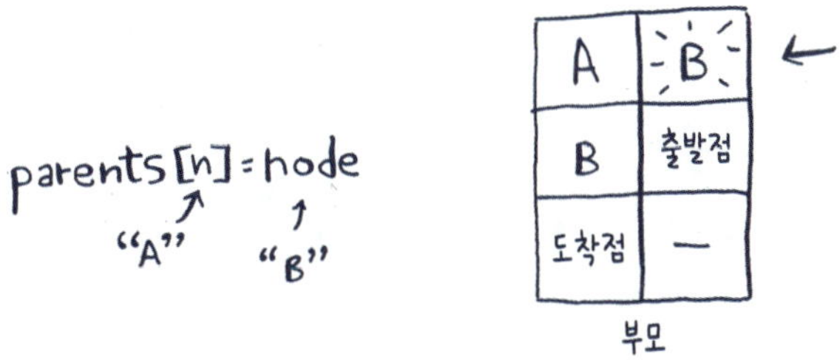

이제 반복문의 처음으로 되돌아 갑니다. 다음 이웃은 도착점입니다.

정점 B를 통과해서 도착점으로 가는 시간은 얼마죠?

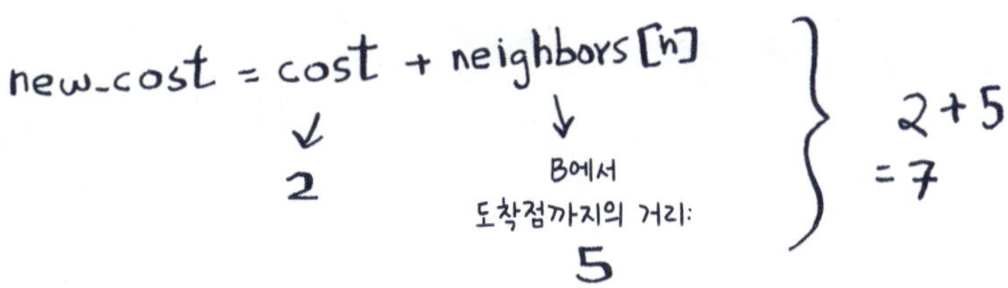

7분이 걸립니다. 이전에는 무한대였는데 이제 그보다 적은 7분이 되었습니다.

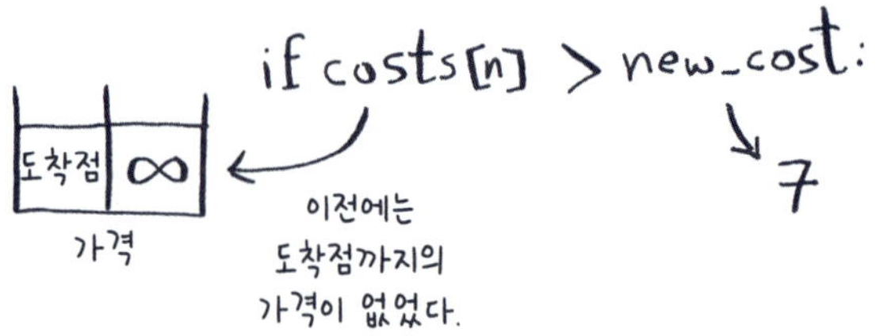

도착점에 대한 새로운 가격과 부모를 설정합니다.

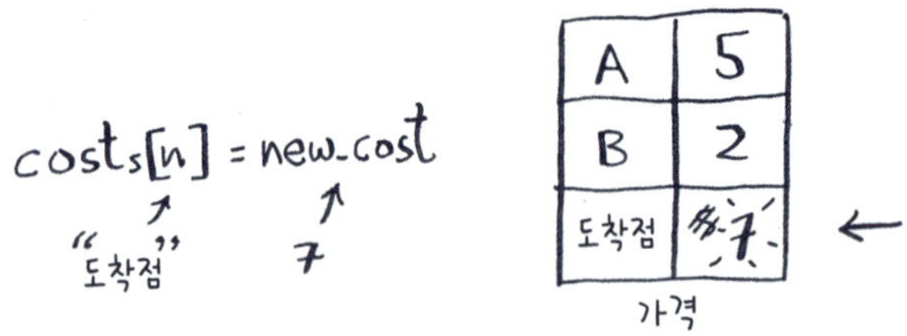

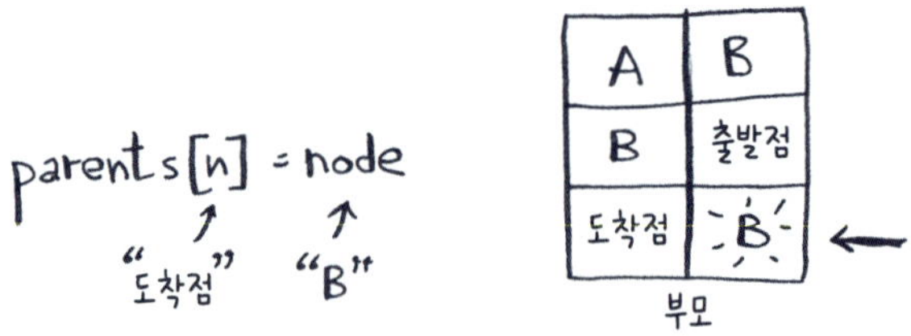

이제 정점 B의 모든 이웃에 대한 가격을 갱신했습니다. 그러니까 정점 B를 처리 완료했다고 기록합니다.

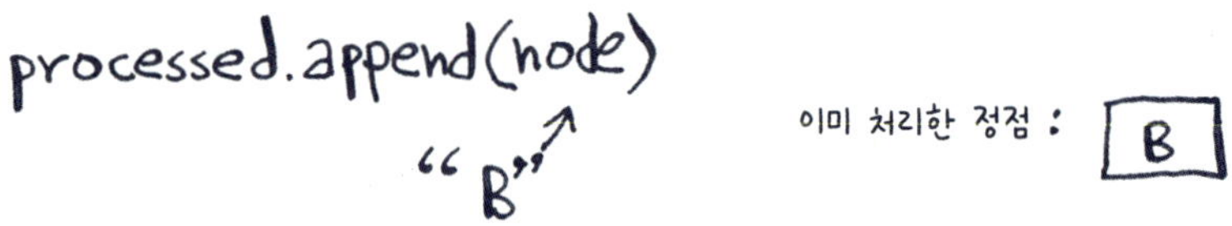

다음으로 처리할 정점을 찾습니다.

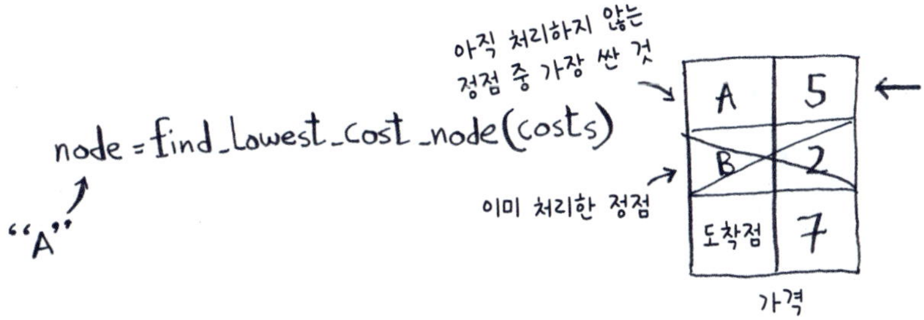

정점 A의 가격과 이웃을 구합니다.

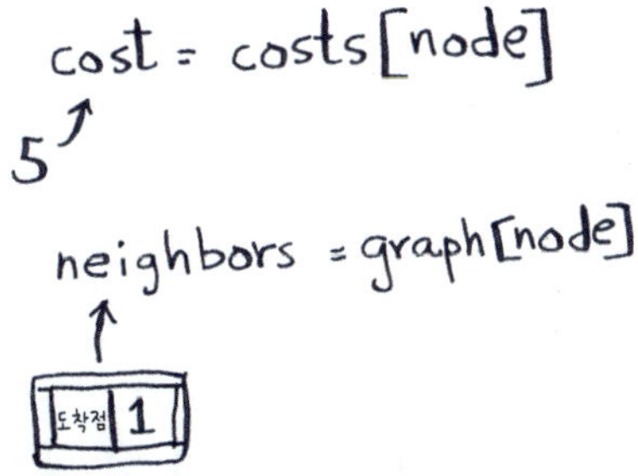

정점 A에는 이웃이 하나밖에 없습니다. 바로 도착점입니다.

현재는 도착점까지 7분이 걸립니다. 만약 정점 A를 지난다면 얼마가 걸리게 될까요?

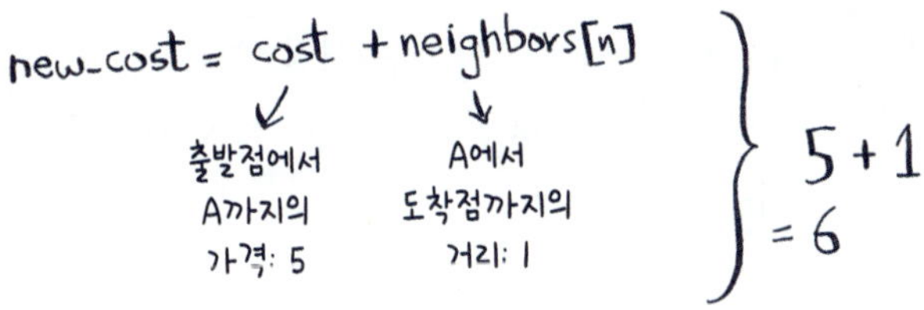

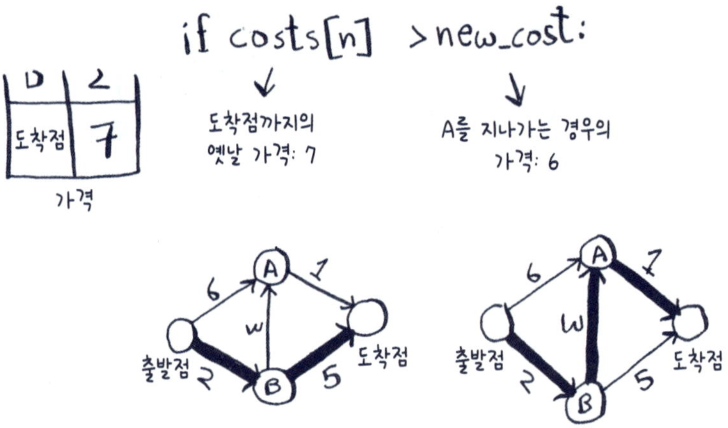

정점 A를 통해 도착점에 가면 더 빠릅니다! 이제 가격과 부모를 갱신합니다.

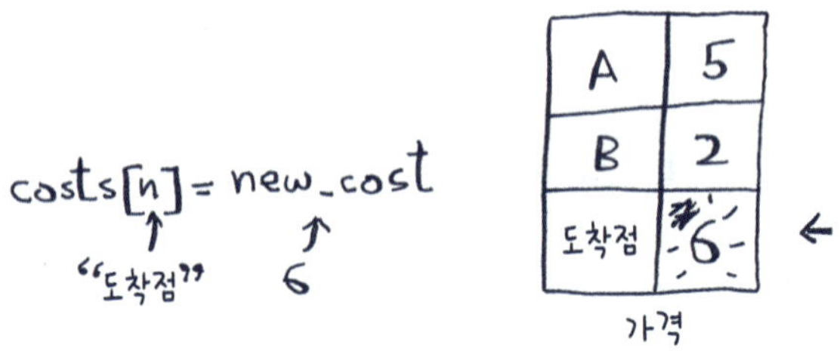

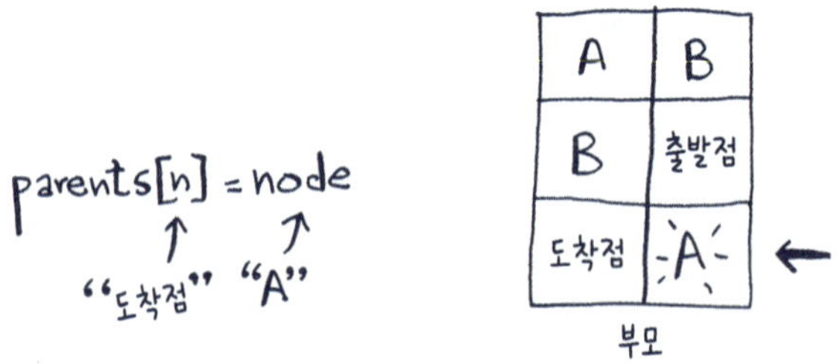

모든 정점을 다 처리하면 알고리즘이 끝납니다. 지금까지 살펴본 예제가 알고리즘을 이해하는 데 도움이 되었기를 바랍니다. `find_lowest_cost_node` 함수로 가장 싼 정점을 찾는 것은 아주 쉽습니다. 코드는 다음과 같습니다.

```
def find_lowest_cost_node(costs):
    lowest_cost = math.inf
    lowest_cost_node = None
    for node in costs:                    # 모든 정점을 확인합니다.
        cost = costs[node]
        if cost < lowest_cost and node not in processed:   # 아직 처리하지 않은 정점 중 더 싼 것이 있으면,
            lowest_cost = cost            # 새로운 최저 정점으로 설정합니다.
            lowest_cost_node = node
    return lowest_cost_node
```

위에서는 가격이 가장 싼 정점을 찾기 위해 매번 모든 정점을 반복 검사했습니다.

우선순위 큐 priority queue 라는 자료 구조를 사용하는 더 효율적인 방법도 있습니다. 우선순위 큐 자체는 **힙** heap 이라는 또 다른 자료구조를 이용하여 구현됩니다. 만약 우선순위 큐와 힙이 궁금하다면 이 책의 마지막 장에 있는 힙에 대한 내용을 확인해 보세요.

9장에서 배운 내용

- 너비 우선 탐색은 가중치가 없는 균일 그래프에서 최단 경로를 계산하는 데 사용합니다.
- 다익스트라 알고리즘은 가중 그래프에서 최단 거리를 계산하는 데 사용합니다.
- 다익스트라 알고리즘은 모든 가중치가 양수일 때만 정상적으로 작동합니다.
- 만약 가중치가 음수이면 벨만-포드 알고리즘을 사용합니다.

연습문제

1. 다음 그래프 각각에 대해 출발점부터 도착점까지의 최단 경로의 가중치는 얼마인가요?

A.

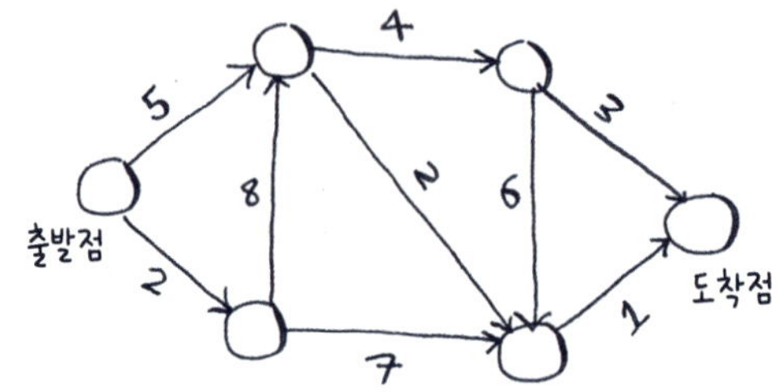

B.

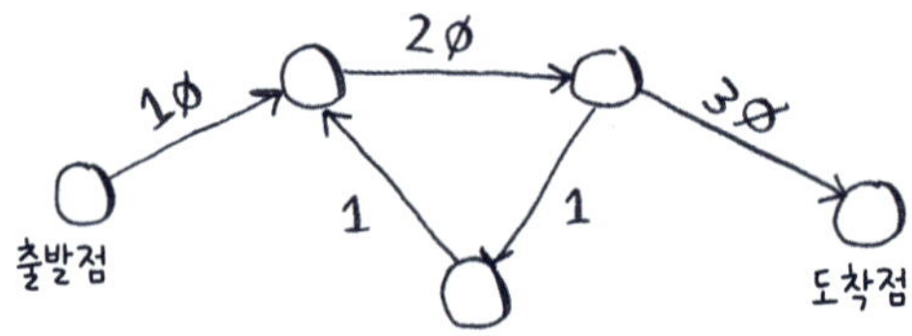

C.

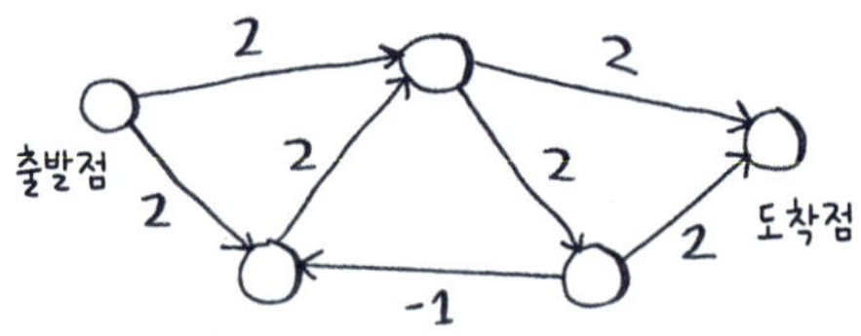

Chapter 19

탐욕 알고리즘

- 아주 간단한 문제 해결 전략인 탐욕 전략greedy strategy에 대해 공부합니다.
- 불가능한 문제, 즉 빠른 알고리즘 해법이 존재하지 않는 NP-난해NP-hard 문제를 다루는 법을 배웁니다.
- NP-난해 문제에 대한 간략한 해법을 빨리 구할 수 있는 근사 알고리즘도 배웁니다.
- 아주 간단한 문제 해결 기법의 하나인 탐욕 알고리즘greedy algorithm을 공부합니다.

1 수업 시간표 짜기 문제

여러분이 학교에서 되도록 많은 수업을 듣고 싶어 한다고 가정해 보죠. 여러분이 신청할 수 있는 과목의 목록은 다음과 같습니다.

수업	시작	종료
미술	9 AM	10 AM
영어	9:30 AM	10:30 AM
수학	10 AM	11 AM
컴퓨터	10:30 AM	11:30 AM
음악	11 AM	12 PM

시간이 일부 겹치기 때문에 이 수업들을 모두 듣지는 못합니다.

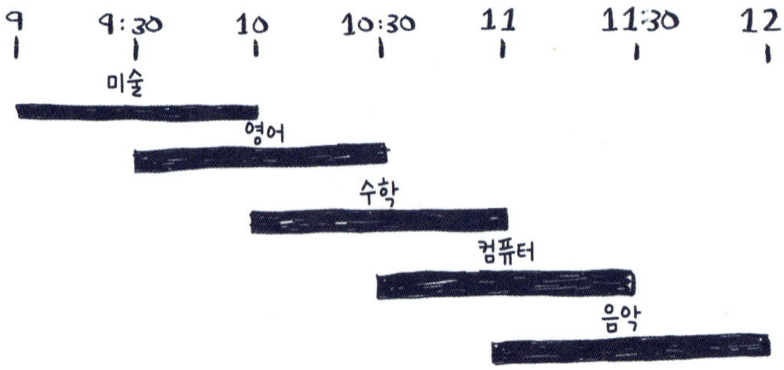

여러분은 되도록 많은 과목을 듣고 싶습니다. 어떤 과목들을 신청해야 가장 많은 수업을 들을 수 있을까요?

어려운 문제처럼 보이죠? 사실 이를 해결하는 알고리즘은 깜짝 놀랄 만큼 간단합니다.

1 가장 빨리 끝나는 과목을 고릅니다. 이 과목이 처음으로 신청해야 할 과목입니다.

2 이제는 첫 번째 과목이 끝난 후에 시작하는 과목을 고르는데, 마찬가지로 가장 빨리 끝나는 과목을 고릅니다. 이 과목이 두 번째로 신청해야 할 과목입니다.

이런 식으로 반복하면 정답을 얻을 수 있습니다! 실제로 해 볼까요? 미술이 오전 10시에 끝나니까 가장 빨리 끝나는 과목입니다. 그러니까 미술을 가장 먼저 신청합니다.

미술	9AM	10AM	✓
영어	9:30AM	10:30AM	
수학	10AM	11AM	
컴퓨터	10:30AM	11:30AM	
음악	11AM	12PM	

이제 오전 10시 이후에 시작하고 가장 빨리 끝나는 수업을 다음으로 고릅니다.

영어는 미술과 충돌하니까 안 되고 수학을 선택합니다.

미술	9AM	10AM	✓
영어	9:30AM	10:30AM	X
수학	10AM	11AM	✓
컴퓨터	10:30AM	11:30AM	
음악	11AM	12PM	

마지막으로 컴퓨터는 수학과 충돌하니까 음악을 고릅니다.

미술	9AM	10AM	✓
영어	9:30AM	10:30AM	X
수학	10AM	11AM	✓
컴퓨터	10:30AM	11:30AM	X
음악	11AM	12PM	✓

결과적으로 이 세 과목이 여러분이 신청해야 할 과목이 됩니다.

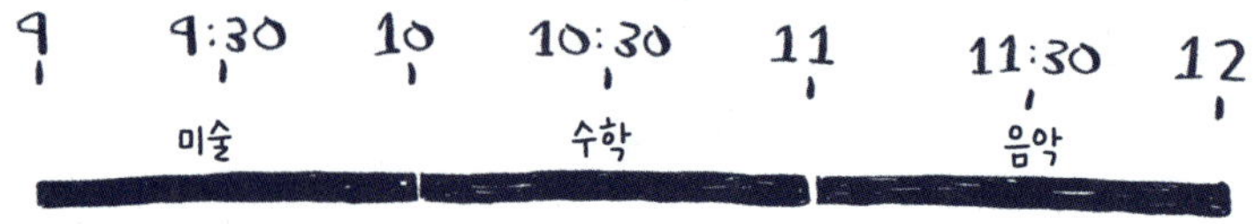

많은 사람이 이 알고리즘이 의심스러울 만큼 너무 간단해 보인다고 말합니다. 간단하다는 것, 그것이 바로 **탐욕 알고리즘**greedy algorithm의 장점이죠! 탐욕 알고리즘은 간단합니다. 각 단계에서 최적의 수를 찾아내면 됩니다. 이 경우에는 과목 중에서 가장 빨리 끝나는 수업을 선택하는 것이 목표입니다. 기술 용어로 말하자면 각 단계에서 **국소 최적해**locally optimal solution를 찾음으로써 최종적으로는 **전역 최적해**globally optimal solution를 구하게 된다고 합니다. 믿거나 말거나, 이 간단한 알고리즘으로 수업 시간표 짜기 문제의 최적해를 구할 수 있습니다!

물론 탐욕 알고리즘이 항상 성공하는 것은 아닙니다. 하지만 간단해서 구현하기 좋습니다. 또 다른 예를 살펴봅시다.

2 배낭 채우기 문제

여러분이 탐욕스러운 도둑이라고 해 보세요. 여러분에게는 훔친 물건을 넣어 둘 배낭이 있습니다. 하지만 그 배낭에는 총 35파운드*의 무게까지만 담을 수 있습니다.

여러분은 배낭에 넣을 물건의 가격의 합을 최대한 크게 하고자 합니다. 어떤 알고리즘을 써야 할까요?

이번에도 탐욕 알고리즘을 사용하면 다음처럼 간단해집니다.

1 배낭에 들어갈 수 있는 것 중에서 가장 비싼 물건을 고릅니다.

2 그다음으로 배낭에 들어갈 수 있는 물건 중에 가장 비싼 것을 고릅니다. 이 일을 반복합니다.

하지만 이번에는 알고리즘이 제대로 작동하지 않습니다! 예를 들어 여러분이 훔칠 수 있는 물건은 3개가 있습니다.

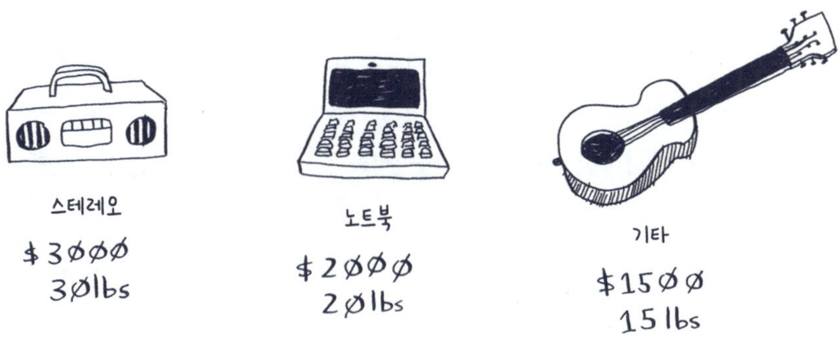

* 역자주_ 파운드pound는 미국과 영국 등에서 쓰는 질량과 무게의 단위입니다. lb는 파운드의 단위계 기호로, lbs는 복수형입니다.

배낭에는 35파운드까지만 들어갑니다. 스테레오가 가장 비싸니까 그것을 훔치겠죠. 하지만 그러면 다른 것을 넣을 수가 없습니다.

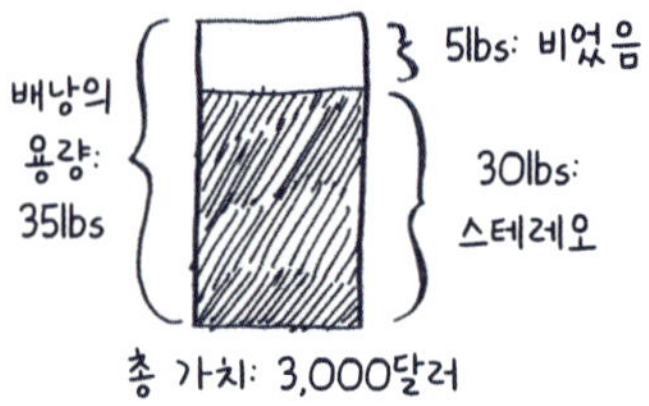

훔친 물건의 총 가치는 3,000달러입니다. 하지만 만약 스테레오 대신에 노트북과 기타를 같이 훔치면 총 가치는 3,500달러가 됩니다!

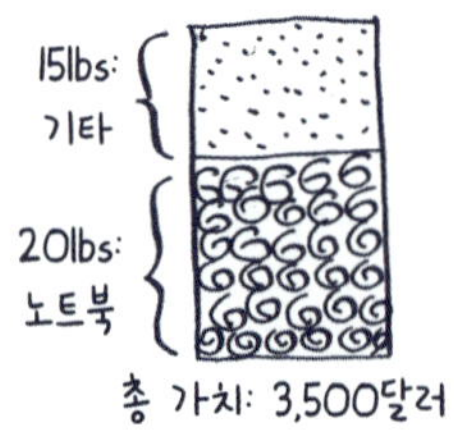

분명히 탐욕 알고리즘은 올바른 답을 내놓지 못했습니다. 하지만 정답에 상당히 가까운 답이기도 합니다. 다음 장에서는 정답을 구하는 방법을 설명하겠습니다. 하지만 여러분이 진짜 쇼핑 센터에서 물건을 훔치고 있는 도둑이라면 완벽한 답 같은 것을 신경 쓰지는 않을 겁니다. 그냥 '정답에 상당히 가까운' 답이기만 해도 충분하겠죠.

가끔은 완벽한 게 오히려 해가 될 수도 있죠. 때로는 여러분에게 필요한 것이 완벽한 정답보다는 꽤 괜찮은 정도로만 문제를 풀어도 되는 알고리즘일 때가 있습니다. 이런 경우에 탐욕 알고리즘이 빛나겠죠. 왜냐하면 구현이 간단하면서도 보통은 정답에 상당히 가까운 답을 주기 때문입니다.

한 가지만 더 예를 들어 보겠습니다. 이 예제는 탐욕 알고리즘이 반드시 필요한 경우입니다.

③ 집합 커버링 문제

여러분이 라디오 쇼를 시작했다고 가정해 보겠습니다. 미국 50개 주에 있는 모든 사람에게 이 라디오 쇼를 들려주고 싶습니다. 하나의 방송국을 통해 청취할 수 있는 지역(커버cover하는 지역)이 한정되어 있기 때문에 전국에 흩어져 있는 라디오 방송국 몇 곳을 방문해서 라디오 쇼를 진행할 예정입니다. 전국의 모든 사람이 최소한 한 번은 쇼를 들을 수 있도록 하려면 어떤 방송국을 방문해야 할지 계산해야 합니다. 또 방송국을 방문하여 한 번 쇼를 진행하는 데 돈이 들기 때문에 최대한 적은 수의 방송국을 돌아야 합니다. 일단 방송국 목록은 다음과 같습니다.

라디오 방송국	청취 가능한 주
KONE	아이다호주, 네바다주, 유타주
KTWO	워싱턴주, 아이다호주, 몬타나주
KTHREE	오레곤주, 네바다주, 캘리포니아주
KFOUR	네바다주, 유타주
KFIVE	캘리포니아주, 아리조나주

기타 등등

방송국마다 커버할 수 있는 지역이 서로 다르고 겹치는 지역이 있을 수도 있습니다.

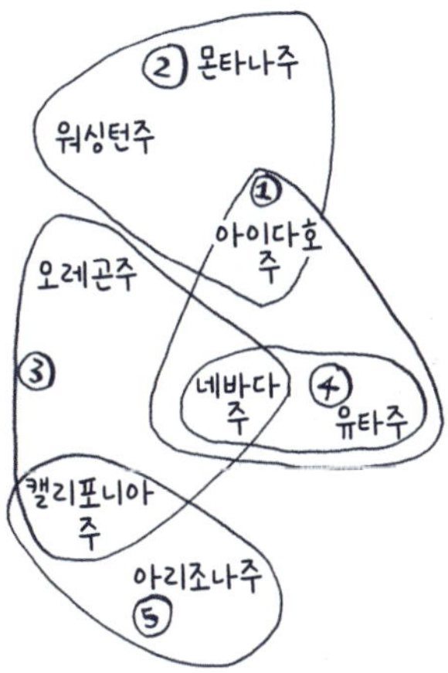

50개 주 전체를 커버하는 가장 적은 수의 방송국의 집합은 어떻게 구해야 할까요? 문제만 보면 쉬워 보이는데 정말로 그럴까요? 곧 알게 되겠지만 이 문제는 엄청나게 어려운 문제입니다. 다음과 같이 답을 구해 봅시다.

가능한 모든 방송국의 부분 집합을 나열합니다. 이것을 **멱집합**power set이라고 합니다. 가능한 부분 집합의 수는 2^n개입니다.

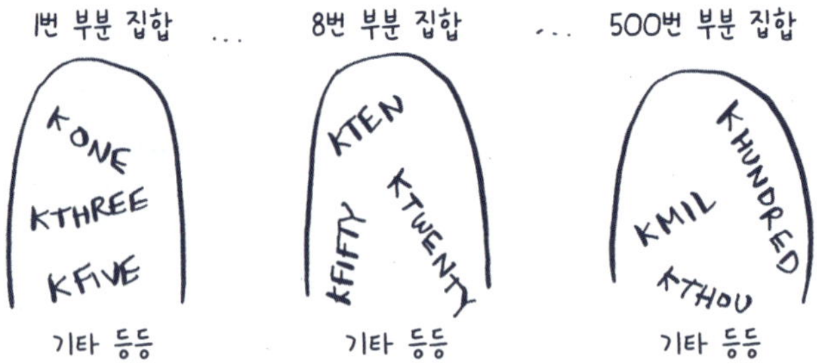

이 부분 집합 중에 50개 주 전체를 커버하면서 가장 원소의 수가 적은 부분 집합을 고릅니다.

문제는 모두 가능한 부분 집합을 계산하는 데 시간이 많이 걸린다는 것입니다. 부분 집합의 수가 2^n이기 때문에 $O(2^n)$ 시간이 걸립니다. 방송국의 수가 5개나 10개 정도밖에 되지 않는다면 가능할 수도 있죠. 하지만 다른 문제를 다룰 때와 마찬가지로 항목의 수가 크게 증가한다면 어떻게 될지 생각해야 합니다. 방송국의 수가 늘어나면 전체 실행 시간이 급격히 증가합니다. 예를 들어, 부분 집합을 초당 10개 확인할 수 있다고 가정하면 전체 실행 시간은 다음과 같습니다.

이 문제에 대해 충분히 빠른 속도를 가진 알고리즘은 존재하지 않습니다. 그럼 어떻게 하죠?

방송국의 수	전체 실행 시간
5	3.2초
10	102.4초
32	13.6년
100	4×10^{21}년

근사 알고리즘

이때는 탐욕 알고리즘을 사용하면 됩니다! 다음과 같은 탐욕 알고리즘은 정답과 거의 비슷한 답을 유추합니다.

1 아직 방송하지 않은 지역 중 가장 많은 지역에 방송할 수 있는 방송국을 고릅니다. 이미 방송되고 있는 지역이 일부 포함되어 있어도 상관없습니다.

2 모든 주에 방송될 때까지 선택을 반복합니다.

이것을 **근사 알고리즘**approximation algorithm이라고 합니다. 정확한 답을 계산하는 데 시간이 너무 많이 걸린다면 근사 알고리즘을 사용할 수 있습니다. 근사 알고리즘의 성능은 다음 두 가지로 판단합니다.

- 얼마나 빠른가
- 얼마나 최적해에 가까운가

탐욕 알고리즘은 다루기 간단하고 단순해서 실행 속도가 빠르기 때문에 좋은 선택이 될 수 있습니다. 이 경우에 탐욕 알고리즘의 실행 속도는 $O(n^2)$ 시간입니다. 여기에서 n은 방송국의 수입니다.

이 문제를 코드로 풀면 어떻게 되는지 살펴보겠습니다.

준비 코드

이 예에서는 문제를 단순화하기 위해 50개 주 중 일부만 사용하겠습니다.

우선 방송하려는 주의 목록을 만듭니다.

```
states_needed = set(["mt", "wa", "or", "id", "nv", "ut", "ca", "az"]
```

배열을 넣으면 집합이 됩니다.

여기에서는 **집합**[set] 자료형을 사용했습니다. 집합 자료형은 리스트와 비슷하지만 각 원소가 한 번씩만 나타납니다. 즉, 중복 원소가 없습니다.

예를 들어 다음과 같은 리스트가 있을 때,

```
>>> arr = [1, 2, 2, 3, 3, 3]
```

집합으로 바꾸면 다음과 같습니다.

```
>>> set(arr)
set([1, 2, 3])
```

집합에서는 1, 2, 3이 한 번씩만 나타납니다.

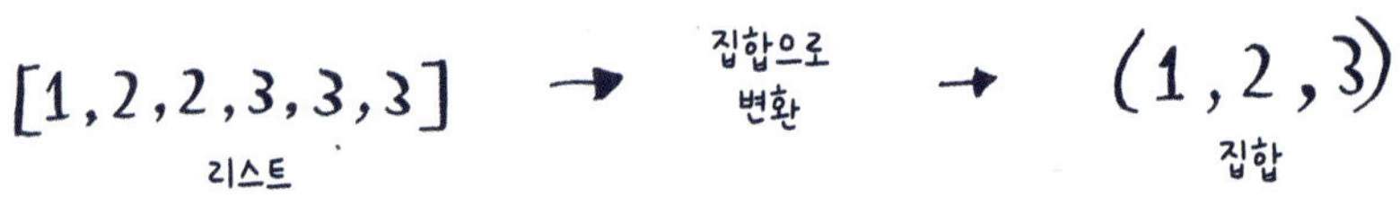

그리고 선택된 방송국의 목록도 필요합니다. 이 목록을 저장하는 데는 dict 자료형을 사용하겠습니다.

```
stations = {}
stations["kone"] = set(["id", "nv", "ut"])
stations["ktwo"] = set(["wa", "id", "mt"])
stations["kthree"] = set(["or", "nv", "ca"])
stations["kfour"] = set(["nv", "ut"])
stations["kfive"] = set(["ca", "az"])
```

키는 방송국 이름이고, 값은 그 방송국의 방송을 들을 수 있는 주의 목록입니다. 이 예에서 알 수 있듯이 kone 방송국의 방송은 아이다호주(ID), 네바다주(NV), 유타주(UT)에서 들을 수 있습니다.

마지막으로 여러분이 방문할 방송국의 목록을 저장할 집합이 필요합니다.

```
final_stations = set()
```

답 계산하기

이제 어떤 방송국에서 방송할지 계산해야 합니다. 다음 그림을 잘 보고 어떤 방송국이 답이 될지 한번 예상해 보세요.

정답은 하나만 있는 것이 아닙니다. 모든 방송국을 하나씩 보면서 아직 방송되지 않는 주 중에서 가장 많은 주를 커버하는 방송국을 고릅니다. 이 방송국을 `best_station`이라고 하겠습니다.

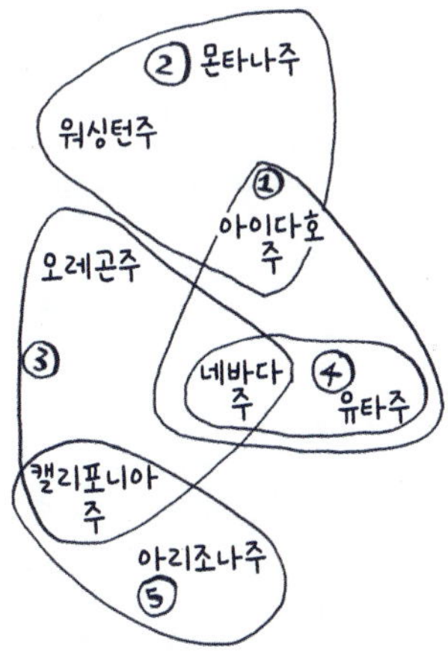

```
best_station = None
states_covered = set()
for station, states_for_station in stations.items():
```

states_covered는 아직 방송되지 않은 주 중에서 해당 방송국이 커버하는 주의 집합입니다. for 반복문을 써서 모든 방송국 중에 어떤 것이 최선의 선택인지 알아봅니다. for 반복문의 내부를 살펴보면 다음과 같습니다.

```
covered = states_needed & states_for_station
if len(covered) > len(states_covered):
  best_station = station
  states_covered = covered
```

새로운 문법(교집합)

다음처럼 재미있게 생긴 코드가 있는데요.

```
covered = states_needed & states_for_station
```

이 코드는 무슨 일을 하는 걸까요?

집합 연산

과일로 이루어진 집합이 있다고 가정합니다.

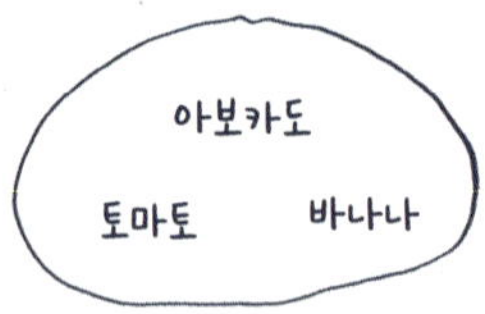

과일

채소 목록도 있습니다.

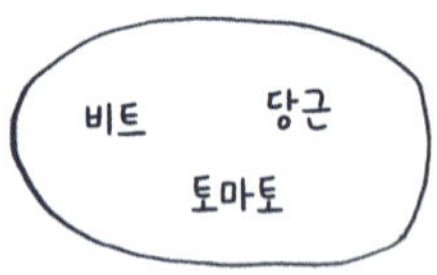

채소

두 집합이 있으면 그것으로 여러 가지 재미있는 일을 할 수 있습니다.

예를 들면 다음과 같은 것들을 할 수 있죠.

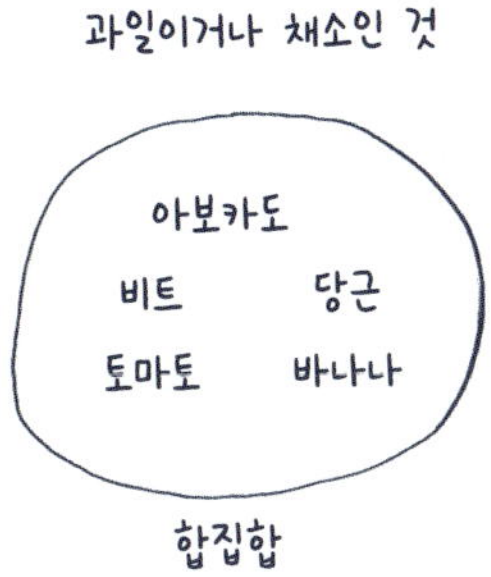

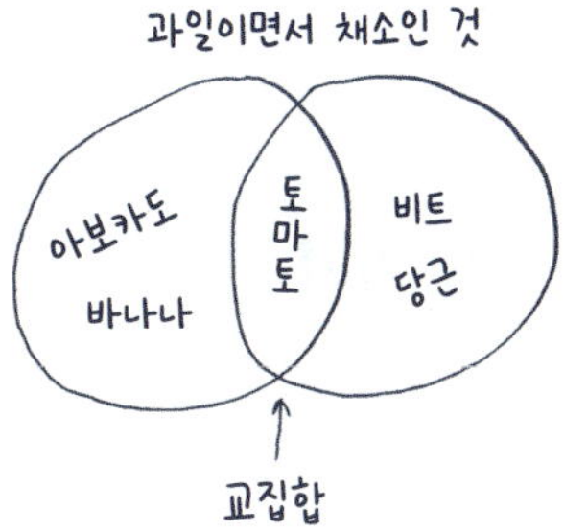

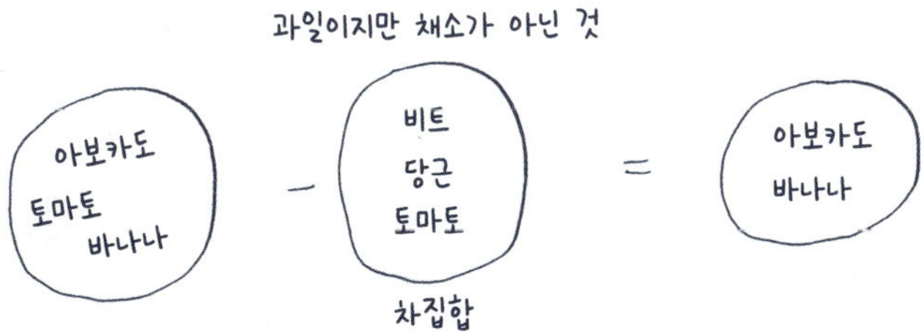

- 합집합은 두 집합을 합칩니다.
- 교집합은 두 집합에 모두 포함되는 원소(앞의 예에서는 토마토)의 집합을 말합니다.
- 차집합은 어떤 집합에서 다른 집합에 포함되는 원소를 뺀 나머지 원소의 집합을 말합니다.

```
>>> fruits = set(["avocado", "tomato", "banana"])
>>> vegetables = set(["beets", "carrots", "tomato"])
>>> fruits | vegetables        이것은 합집합입니다.
set(["avocado", "beets", "carrots", "tomato", "banana"])
>>> fruits & vegetables        이것은 교집합입니다.
set(["tomato"])
>>> fruits - vegetables        이것은 차집합입니다.
set(["avocado", "banana"])
>>> vegetables - fruits        이것은 무엇일까요?
```

정리하면,

- 집합은 리스트와 비슷하지만 중복을 허용하지 않습니다.
- 집합에서는 합집합, 교집합, 차집합과 같은 재미있는 연산을 할 수 있습니다.

다시 코드로 돌아가기

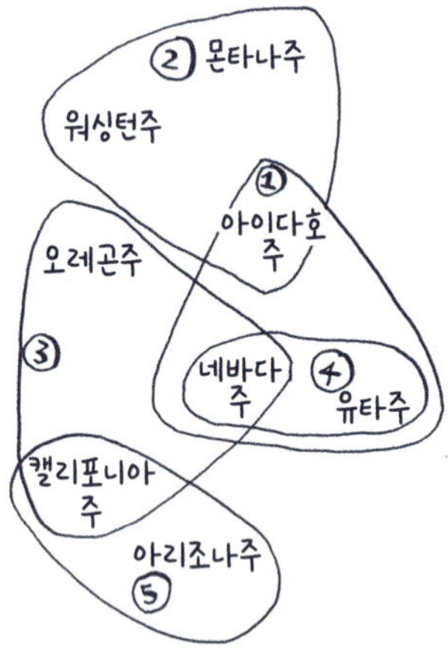

다시 원래의 예제로 돌아갑시다.

다음은 교집합입니다.

```
covered = states_needed & states_for_station
```

covered는 states_needed와 states_for_station에 모두 포함된 주의 집합입니다. 즉, 아직 방송되지 않는 주 중에서 현재 고려하는 방송국이 커버하는 주의 집합이죠. 다음으로는 이 방송국이 현재의 best_station보다 더 많은 주를 커버하는지 확인합니다.

```
if len(covered) > len(states_covered):
  best_station = station
  states_covered = covered
```

만약 그렇다면 이 방송국이 새로운 best_station이 됩니다. 마지막으로 for 반복문이 끝나면 best_station을 방송국 목록에 추가합니다.

```
final_stations.add(best_station)
```

states_needed도 갱신해야 합니다. 왜냐하면 이 방송국에서 커버하는 주는 이제 더 이상 고려할 필요가 없으니까요.

```
states_needed -= states_covered
```

이제 states_needed가 완전히 빌 때까지 반복합니다. 다음은 전체 코드입니다.

```
while states_needed:
  best_station = None
  states_covered = set()
  for station, states in stations.items():
    covered = states_needed & states
    if len(covered) > len(states_covered):
      best_station = station
      states_covered = covered

  states_needed -= states_covered
  final_stations.add(best_station)
```

마지막으로 final_stations를 출력하면 답은 다음과 같아야 합니다.

```
>>> print(final_stations)
set(['ktwo', 'kthree', 'kone', 'kfive'])
```

여러분이 예상한 것과 같은가요? 1, 2, 3, 5번 방송국 대신에 2, 3, 4, 5번 방송국을 고를 수도 있습니다. 탐욕 알고리즘과 정확한 알고리즘의 실행 시간을 비교해 보죠.

방송국의 수	정확한 알고리즘 $O(2^n)$	탐욕 알고리즘 $O(n^2)$
5	3.2초	2.5초
10	102.4초	10초
32	13.6년	102.4초
100	4×10^{21}년	16.67분

탐욕 알고리즘은 항상 정확한 답을 제공하지는 않지만 훨씬 빠르게 실행됩니다. 집합 커버링 문제를 **NP-난해 문제**라고 합니다. NP-난해 문제에 대해 좀 더 자세히 알아보려면 부록 B를 참조하세요.

10장에서 배운 내용

- 탐욕 알고리즘은 전역 최적화를 목표로 하지만, 실제로는 국소 최적화를 합니다.
- 만약 NP-난해 문제가 주어지면 근사 알고리즘을 쓰는 것이 최선입니다.
- 탐욕 알고리즘은 작성하기도 쉽고 빠르기 때문에 좋은 근사 알고리즘이 될 수 있습니다.

연습문제

1. 여러분은 가구 회사에서 일하며 전 세계에 가구를 배송합니다. 그래서 트럭에 박스를 채워야 하는데 박스들의 크기가 각각 다릅니다. 트럭의 공간에 최대한 가득 채우려면 어떻게 상자를 골라야 할까요? 탐욕 알고리즘을 써 보세요. 이렇게 나온 답이 최적해일까요?

2. 여러분은 유럽 여행을 가려고 합니다. 7일 동안 어디든 갈 수 있습니다. 여러분은 장소마다 걸리는 시간과 그곳을 방문해서 얻을 수 있는 가치(얼마나 보고 싶어하는지 정도)를 숫자로 적어 두었습니다. 여행하는 동안 총 방문 가치를 최대화하려면 어떻게 해야 할까요? 탐욕 알고리즘을 사용해 보세요. 과연 이것이 최적해일까요?

Chapter 11

동적 프로그래밍

- 어려운 문제를 여러 하위 문제로 쪼개고, 이 하위 문제들을 먼저 해결하는 방법인 동적 프로그래밍 dynamic programming 기법을 배웁니다.
- 예제를 사용하여 동적 프로그래밍을 새로운 문제에 어떻게 적용하는지 공부합니다.

1 배낭 채우기 문제

10장에 나왔던 **배낭 채우기 문제**knapsack problem를 다시 들여다 보겠습니다. 여러분은 4파운드의 짐을 넣을 수 있는 배낭을 가진 도둑입니다.

여러분이 배낭에 넣을 수 있는 물건은 3개가 있습니다.

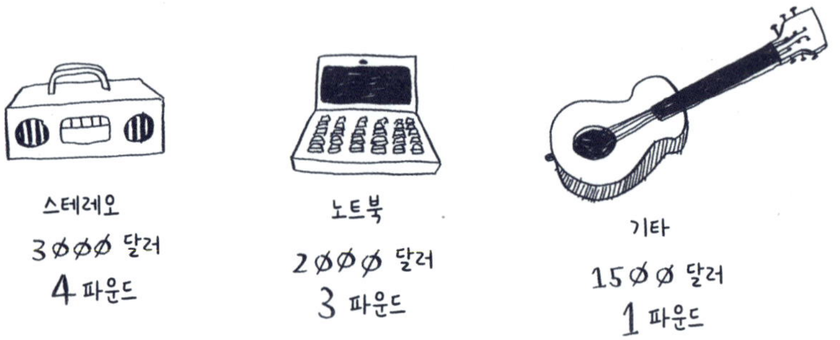

훔친 물건의 총 가치를 최대치로 높이려면 어떤 물건들을 훔쳐야 할까요?

단순한 방법

가장 단순한 방법은 모든 물건의 조합을 시도해서 각 경우의 총 가치를 모두 구한 다음, 가장 가치가 높은 경우를 선택하는 겁니다.

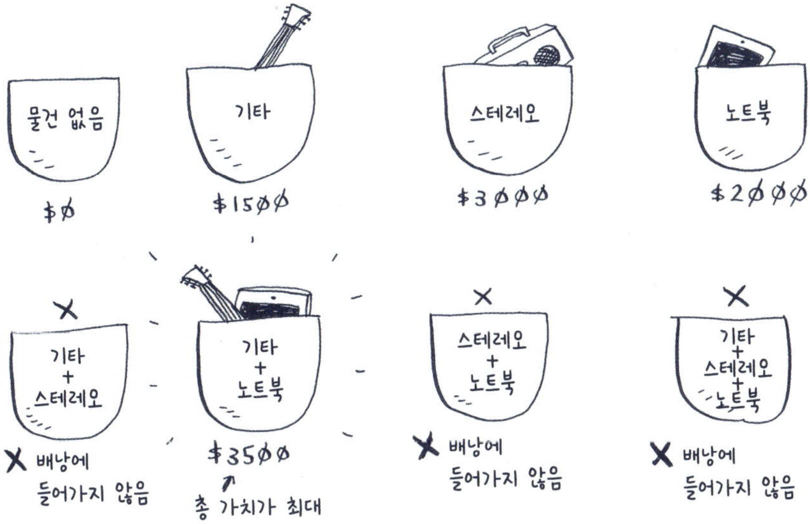

이 방법은 가능하긴 하지만 너무 느립니다. 물건이 3개면 계산해야 하는 경우의 수가 8개입니다. 만약 물건이 4개면 경우의 수는 16개입니다. 물건을 추가할 때마다 경우의 수는 두 배가 됩니다! 이 알고리즘의 실행 시간은 $O(2^n)$ 시간이 되는데 이건 너무 느립니다.

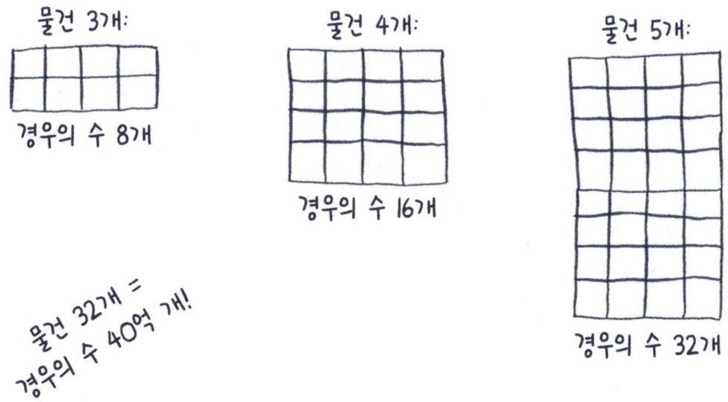

물건의 수가 조금만 늘어나도 이 문제를 푸는 것은 불가능에 가깝습니다. 10장에서는 어떻게 근사해를 구하는지 살펴봤습니다. 그러나 이 방법은 최적해에 가깝기는 해도 최적해 자체는 아닐 수도 있습니다.

그러면 최적해는 어떻게 계산할 수 있을까요?

동적 프로그래밍

답은 바로 **동적 프로그래밍**dynamic programming을 사용하는 것입니다! 여기에서는 동적 프로그래밍 알고리즘이 어떤 식으로 작동하는지 살펴보겠습니다. 동적 프로그래밍은 하위의 작은 문제들을 풀고, 이를 이용해서 더 큰 문제를 풀어 나가는 방법입니다.

배낭 채우기 문제에서는 더 작은 배낭, 즉 **하위 배낭**sub-knapsack에 대한 문제를 풀고 이를 이용해서 원래의 문제를 풀어 나갑니다.

동적 프로그래밍은 어려운 개념이니까 지금 바로 이해가 가지 않는다고 걱정할 필요는 없습니다. 이제 여러 예제를 살펴보겠습니다.

우선 알고리즘이 어떤 식으로 작동하는지부터 살펴봅니다. 일단 한번 보고 나면 질문이 쏟아질 겁니다! 가능한 한 모든 질문에 최대한 자세히 답변하겠습니다.

모든 동적 프로그래밍 알고리즘은 **격자**grid로부터 시작합니다. 다음은 배낭 채우기 문제에 대한 격자입니다.

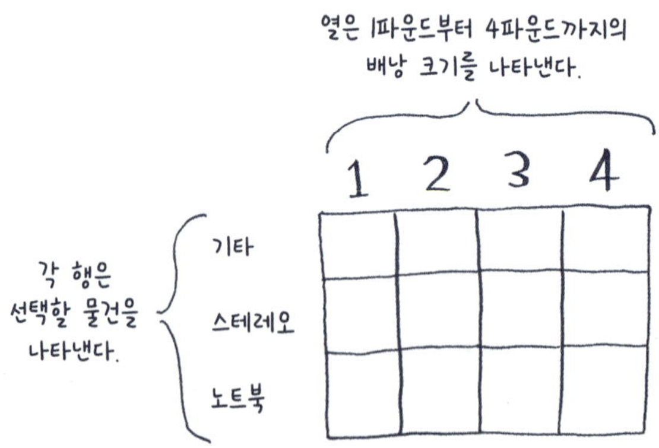

격자의 각 행은 물건을 나타내고, 각 열은 1파운드부터 4파운드까지 물건을 담을 수 있는 다른 크기의 배낭을 나타냅니다.

격자는 빈 상태에서 시작합니다. 여러분은 이 격자의 칸을 채우게 됩니다. 격자를 모두 채우게 되면 문제에 대한 답이 나옵니다! 이제 저를 따라 해 보세요. 격자를 그리고 이제부터 같이 빈칸을 채워 봅시다.

기타를 표시하는 행

격자를 계산하는 정확한 공식은 나중에 배우고, 우선은 한번 따라 해 보죠. 첫 번째 행부터 시작합니다.

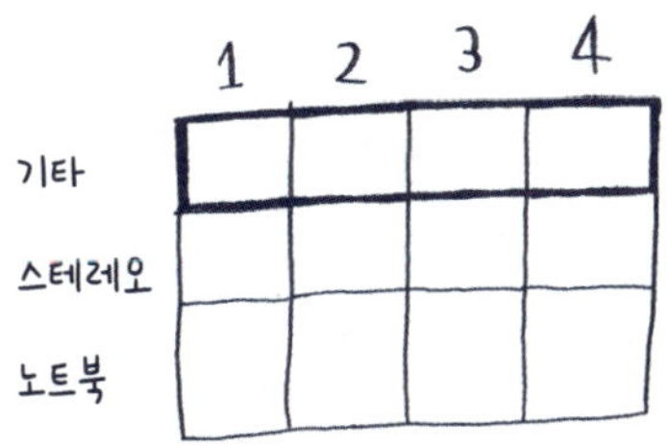

이 행은 기타를 표시하는 행입니다. 즉, 이 행에서는 기타만 배낭에 넣을 수 있다는 뜻입니다. 결정할 것은 기타를 넣을지 말지뿐입니다. 하지만 우리의 목표는 이 물건을 배낭에 넣어서 전체 물건의 가치의 합을 가장 크게 하는 것임을 잊지 마세요.

첫 번째 칸은 1파운드까지 들어갈 수 있는 배낭을 뜻합니다. 기타도 1파운드이므로 배낭에 들어갈 수 있습니다! 결과적으로 이 칸에는 기타를 담을 수 있으며 전체 가치는 1,500달러입니다.

격자를 채워 봅시다.

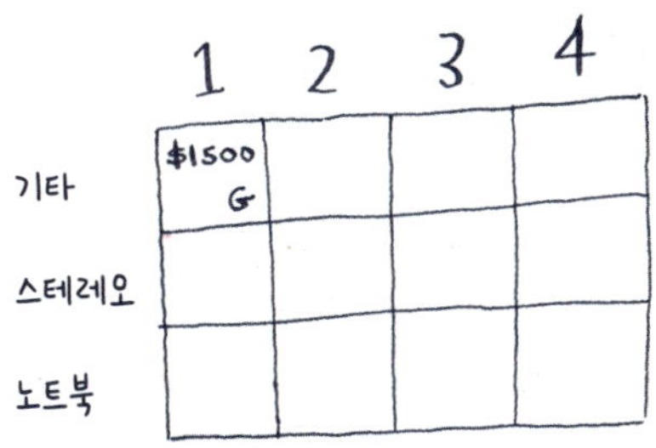

이런 식으로 격자의 각 칸에는 배낭에 들어갈 수 있는 모든 항목의 목록을 담게 됩니다.

다음 칸을 봅시다. 여기에는 2파운드까지 담을 수 있는 배낭이 있습니다. 그러니까 당연히 기타가 들어갈 수 있죠!

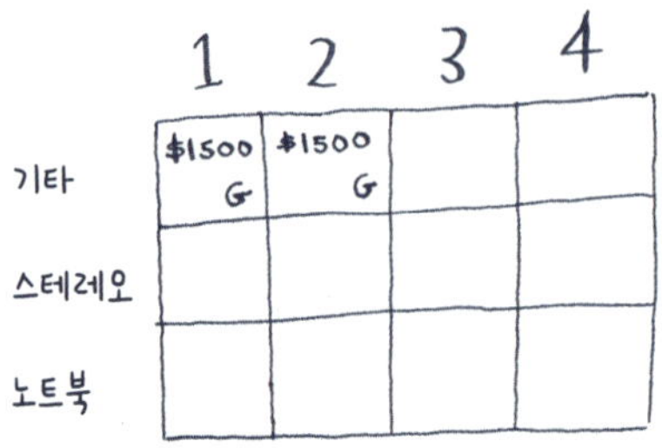

이 행의 나머지 칸에 대해서도 똑같이 진행합니다. 첫 번째 행에서는 고를 수 있는 물건이 기타밖에 없습니다. 아직은 훔칠 수 있는 다른 물건이 없는 것처럼 행동해야 합니다.

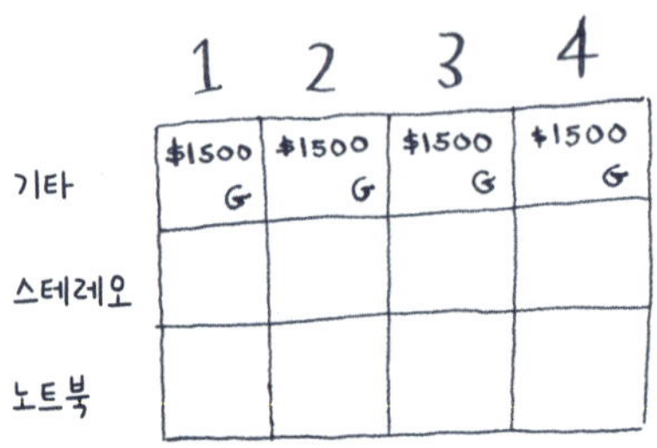

왜 4파운드짜리 배낭 문제를 풀면서 1파운드나 2파운드 배낭을 생각하고 있는지 궁금할 수도 있어요. 동적 프로그래밍 문제는 작은 문제부터 시작해서 더 커다란 문제를 풀어 나간다고 이야기했죠? 지금 여러분이 바로 큰 문제를 풀기 위한 작은 문제들을 풀고 있는 겁니다. 계속 읽어 나가다 보면 점점 더 명확하게 이해될 거예요.

이제 여러분의 격자는 다음과 같이 채워졌을 겁니다.

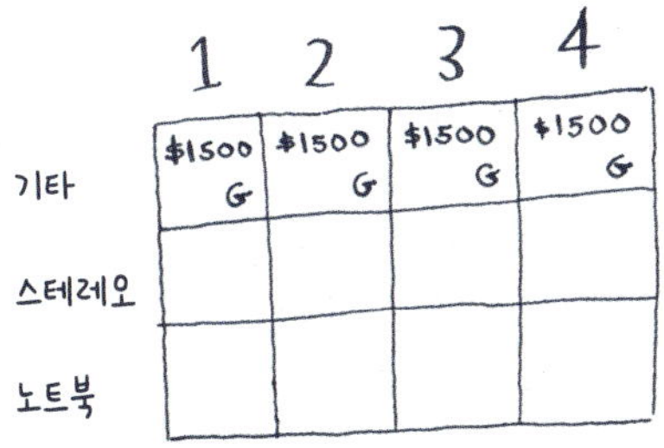

다시 한번 말하지만 여러분은 배낭 안에 있는 모든 물건의 총 가치를 최대화하려는 중입니다. 이 행은 현재 시점에서 총 가치를 최대화하기 위한 최선의 선택을 나타냅니다. 이 행의 결과를 보면 4파운드 배낭에서 가질 수 있는 최댓값은 1,500달러입니다.

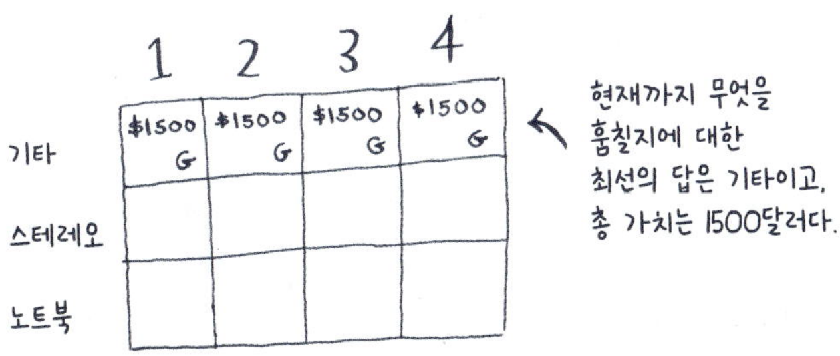

물론 여러분은 이것이 최종 답이 아닌 것을 알고 있겠죠. 알고리즘을 진행해 가면서 이 답을 점차 수정해 나갈 것입니다.

스테레오를 표시하는 행

다음 행으로 넘어가 보죠. 이번 행은 스테레오를 나타내는 행입니다. 두 번째 행에서는 스테레오나 기타 중에 선택해서 훔칠 수 있습니다. 여러분은 각 행에서 처음 행부터 그 행까지 있는 물건들을 훔칠 수 있습니다. 그렇기 때문에 아직 노트북은 훔칠 수 없고 스테레오와 기타 중에서만 선택해야 합니다. 첫 번째 칸, 즉 1파운드 배낭부터 시작합니다. 현재까지 1파운드 배낭에 넣을 수 있는 물건의 최대치는 1,500달러입니다.

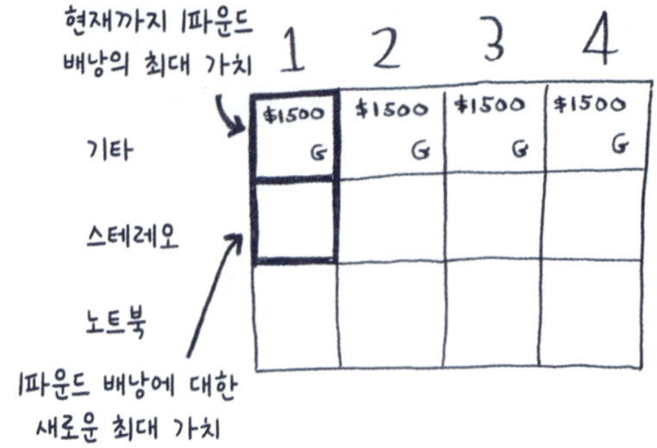

이제 스테레오도 훔쳐야 할까요? 훔치지 말아야 할까요?

배낭은 1파운드짜리입니다. 스테레오가 들어가나요? 아니죠, 너무 큽니다. 스테레오를 넣을 수 없으니 1파운드 배낭의 최대 가치는 여전히 1,500달러입니다.

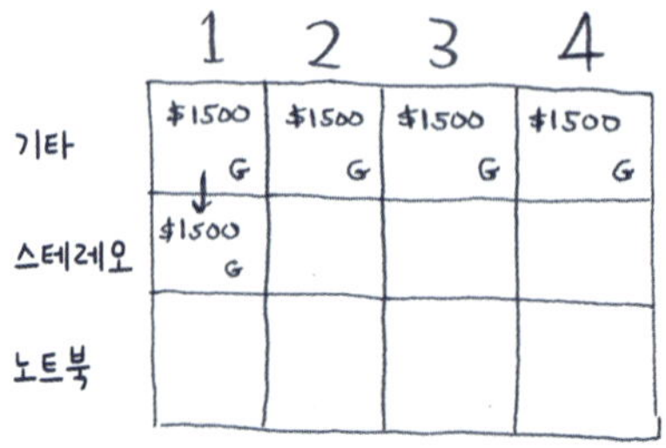

다음 두 칸도 마찬가지입니다. 이 배낭들은 각각 2파운드와 3파운드짜리죠. 지금까지의 최대 가치는 둘 다 1,500달러입니다.

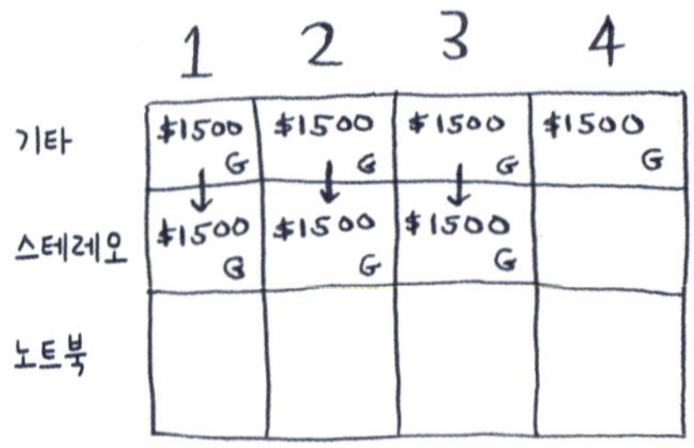

스테레오가 들어가지 않기 때문에 답은 그대로입니다.

4파운드까지 들어가는 배낭의 경우는 어떨까요? 이제 스테레오가 들어갑니다! 지금까지의 최대 가치는 1,500달러였지만, 기타 대신 스테레오를 넣으면 최대 가치가 3,000달러가 됩니다! 그러니 스테레오를 넣어야죠.

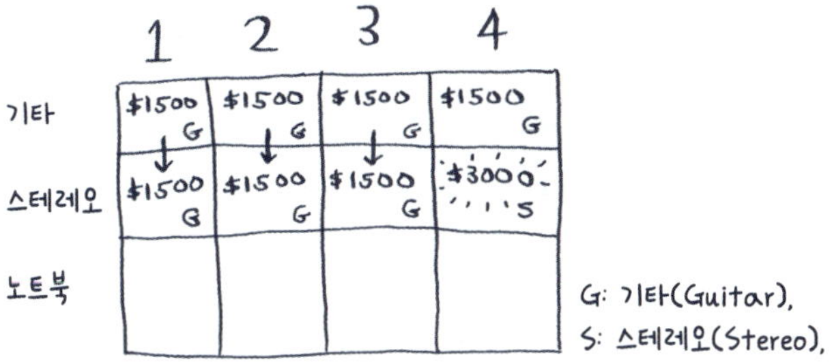

이제 값을 갱신했습니다. 만약 4파운드짜리 배낭이면 최소한 3,000달러 가치의 물건을 넣을 수 있죠. 격자에 쓴 값은 이런 식으로 점차 갱신하게 됩니다.

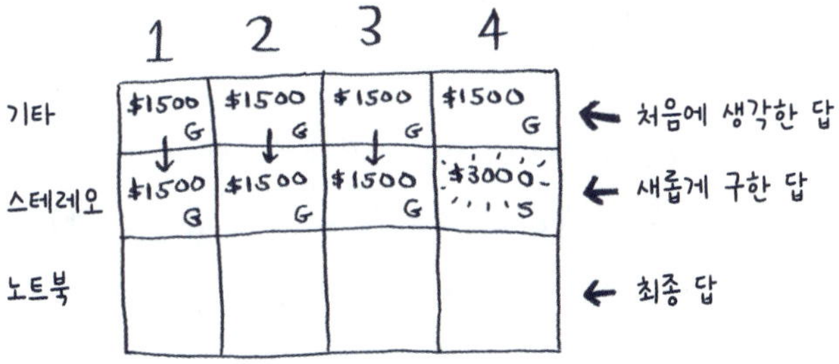

노트북을 표시하는 행

이제 노트북을 표시하는 행에서도 같은 일을 해 보죠! 노트북은 3파운드니까 1파운드나 2파운드짜리 배낭에는 들어가지 않습니다. 처음 두 칸의 값은 그대로 1,500달러입니다.

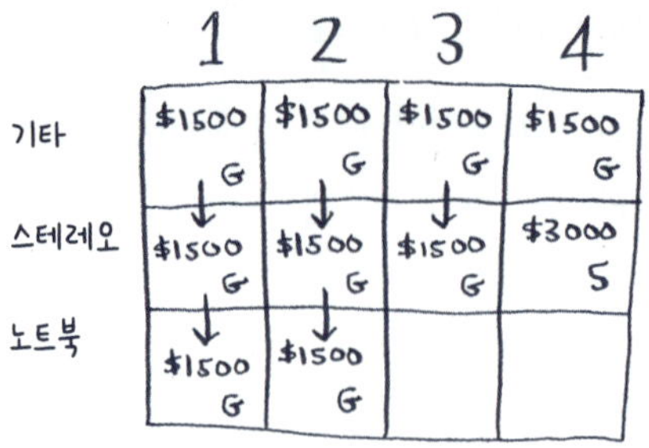

3파운드 배낭의 경우, 지금까지의 답은 1,500달러였습니다. 하지만 기타 대신 노트북을 고르면 2,000달러 가치가 되므로 새로운 최대 가치는 2,000달러입니다!

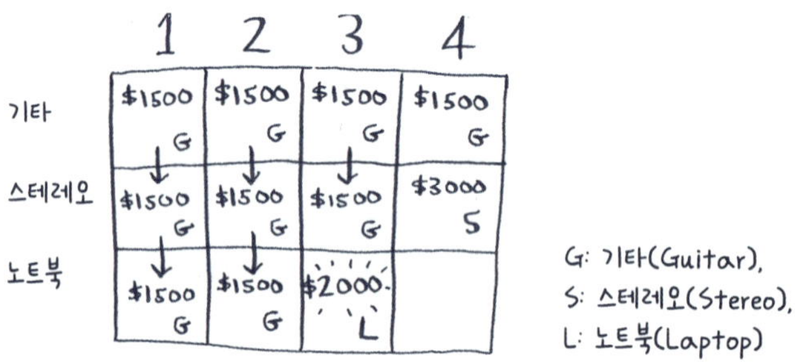

4파운드 배낭의 경우 재미있는 상황이 됩니다. 여기가 중요한 부분입니다. 지금까지의 최대 가치는 3,000달러였습니다. 만약 배낭에 노트북만 넣는다면 단지 2,000달러에 지나지 않습니다.

이건 지금까지의 답보다도 좋지 않네요. 하지만 기다려 보세요. 노트북은 3파운드밖에 나가지 않기 때문에 아직 1파운드의 공간이 남아 있습니다. 여기에 1파운드의 무언가를 넣을 수 있습니다.

그럼 이 1파운드짜리 공간에 넣을 수 있는 최대의 가치는 얼마일까요? 사실 이 문제는 여러분이 이미 풀었습니다.

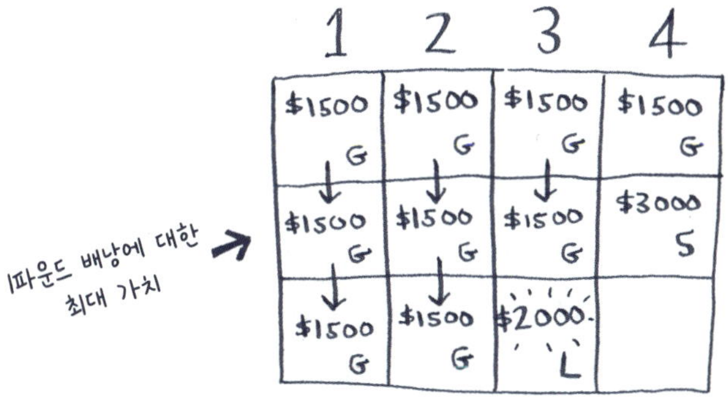

지금까지 적은 답을 보면 1파운드의 공간에는 기타를 넣고 최대 가치가 1,500달러가 되도록 하는 것이 최선입니다. 그러니까 실제 비교는 다음과 같이 되겠죠.

지금까지 왜 작은 배낭에 대한 최대 가치를 계산했는지 궁금했을 겁니다. 이제 왜 그랬는지 알겠나요? 만약 배낭에 공간이 남게 되었을 때, 그 하위 문제에 대한 답을 사용하여 빈 공간의 가치가 최대가 되는 값을 찾아낼 수 있습니다. 이 경우에는 노트북과 기타를 합쳐서 3,500달러가 되는 쪽을 선택하는 것이 좋겠죠.

이제 격자는 최종적으로 다음과 같아집니다.

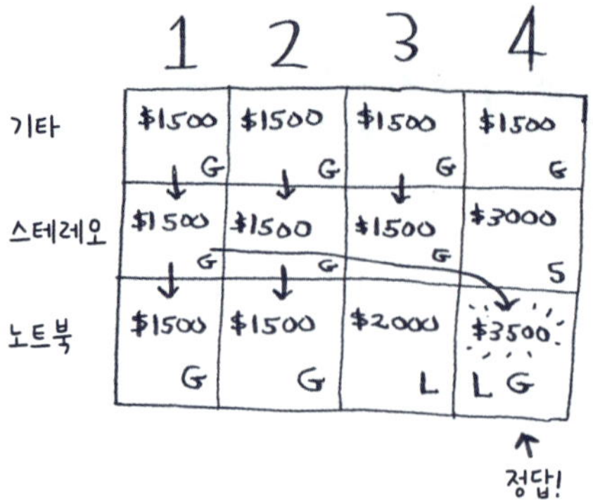

이제 답이 나왔습니다. 배낭에 넣을 수 있는 물건의 최대 가치는 3,500달러이고, 그 물건은 기타와 노트북입니다.

마지막 칸의 가치를 계산할 때 다른 공식을 쓸 수도 있습니다. 지금까지는 격자의 각 칸에 들어가는 가치를 계산할 때 쓸데없이 복잡한 공식을 쓰지 않고 계산했는데요. 사실 각 칸의 가치는 모두 다음과 같은 공식으로 동일하게 계산할 수 있습니다.

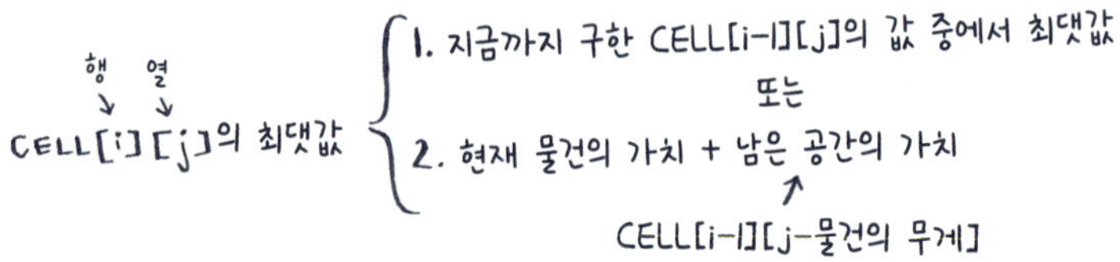

격자에 있는 모든 칸에 대해 똑같이 이 공식을 쓸 수 있습니다. 그렇게 해도 지금 구한 것과 같은 값이 나옵니다. 작은 문제를 풀어서 큰 문제를 푸는 데 이용한다고 했죠? 여러분도 두 개의 작은 하위 문제를 풀어서 더 큰 문제를 푼 겁니다.

2 자주 하는 질문

지금까지 한 일이 마치 마술 같다고 느껴질 수도 있습니다. 그래서 이 절에서는 배낭 채우기 문제를 풀 때 자주 하는 질문들에 대해 설명하려고 합니다.

만약 물건이 추가되면 어떻게 되나요?

지금까지는 몰랐는데 사실 훔칠 수 있는 네 번째 물건이 있다고 가정해 봅시다. 바로 아이폰입니다.

아이폰
$2000
1lb

새로운 물건이 추가되면 문제를 처음부터 다시 풀어야 할까요? 그렇지 않습니다. 여러분이 기억하듯이 동적 프로그래밍은 점진적으로 답을 수정해 나가는 방법이죠. 지금까지는 최대 가치가 다음과 같았습니다.

	1	2	3	4
기타	$1500 G	$1500 G	$1500 G	$1500 G
스테레오	$1500 G	$1500 G	$1500 G	$3000 S
노트북	$1500 G	$1500 G	$2000 L	$3500 LG

즉, 4파운드짜리 배낭에는 최대 3,500달러만큼의 물건을 담을 수 있었죠. 지금까지는 그것이 최대 가치라고 생각했습니다. 하지만 이제 아이폰을 나타내는 행을 추가해 봅시다.

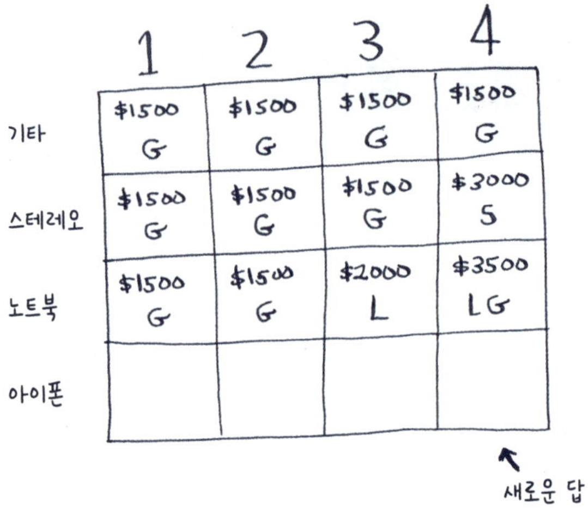

이제 최대 가치가 달라질 수 있다는 것을 알았나요? 내용을 더 진행하기 전에 여러분이 스스로 이 행을 채워 보세요.

그럼 첫 번째 칸부터 시작해 봅시다. 아이폰은 1파운드 배낭에 들어갑니다. 지금까지는 최대 가치가 1,500달러였지만, 아이폰은 2,000달러니까 이제는 기타 대신 아이폰을 훔칩니다.

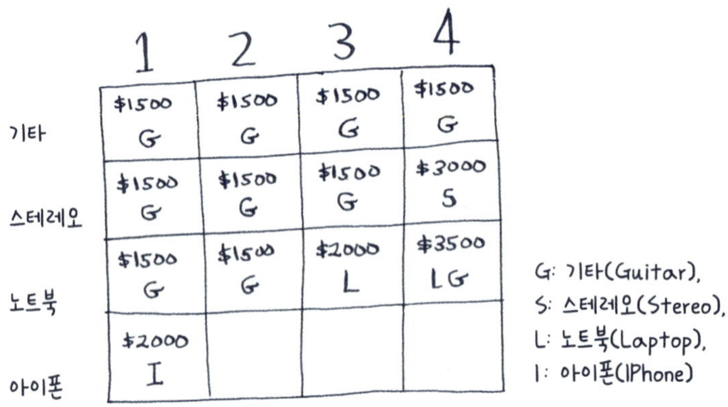

다음 칸에는 아이폰과 기타가 들어갑니다.

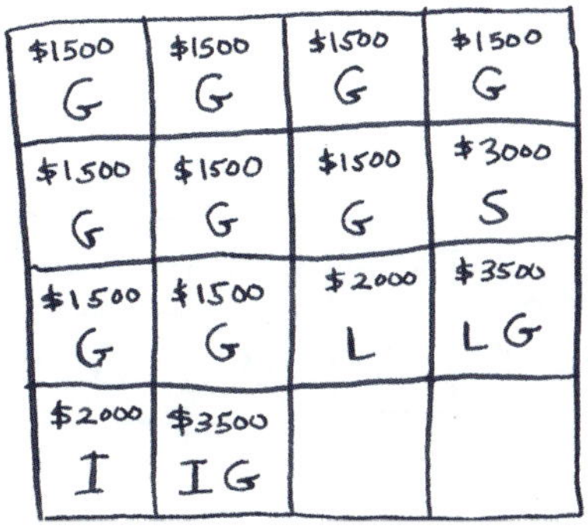

3번 칸에도 아이폰과 기타를 넣는 것이 최대입니다. 그러니까 그대로 둡니다.

마지막 칸의 경우는 재미있어집니다. 지금까지 최대 가치는 3,500달러입니다. 만약 이 대신에 아이폰을 훔친다면 3파운드 공간이 남습니다.

3파운드 공간은 2,000달러의 최대 가치를 가집니다. 이전에 풀었던 하위 문제에 의하면 3파운드 공간이 2,000달러(노트북)이고, 아이폰도 2,000달러이므로 총 가치는 4,000달러입니다. 새로운 최대 가치가 나왔습니다!

최종적으로 격자는 다음과 같아집니다.

돌발 퀴즈 열의 최댓값이 더 작아지는 경우가 있을 수 있을까요? 답을 읽기 전에 한번 스스로 생각해 보세요.

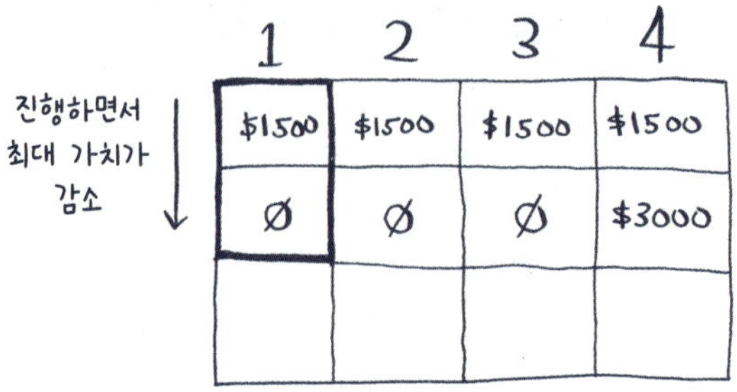

정답 아니요. 매번 현재의 최대 가치를 저장해 놓고 비교하기 때문에 답이 이전 값보다 더 나빠지는 경우는 있을 수 없습니다!

만약 행의 순서가 바뀌면 어떻게 되나요?

답이 바뀔까요? 만약 행을 스테레오, 노트북, 기타의 순서로 놓았다고 가정해 보세요. 격자는 어떤 모양이 될까요? 다음 단계를 진행하기 전에 스스로 격자를 채워 보세요.

격자는 다음과 같아집니다.

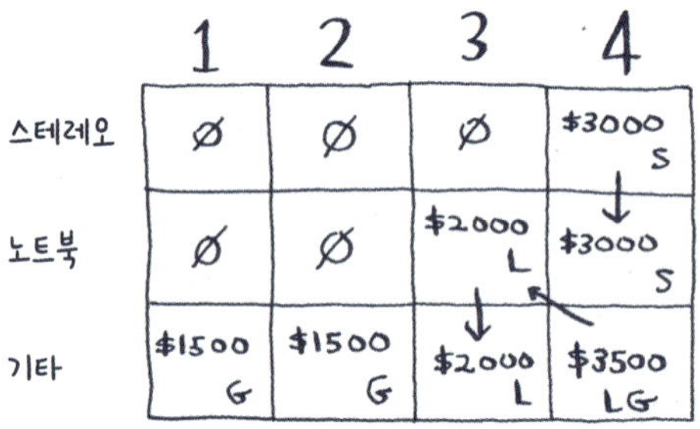

답은 바뀌지 않습니다. 즉, 행의 순서는 답에 영향을 미치지 않습니다.

격자를 행 방향이 아니라 열 방향으로 채워도 되나요?

한번 스스로 진행해 보세요! 이 경우에는 아무런 차이도 없습니다. 다만, 다른 문제에서는 달라질 수도 있습니다.

만약 더 작은 물건을 추가하면 어떻게 되나요?

여러분이 목걸이도 훔칠 수 있다고 가정합시다. 목걸이의 무게는 0.5파운드이고 1,000달러의 가치가 있습니다. 지금까지는 모든 무게가 정수라고 가정했는데, 이제 여러분은 무게가 0.5파운드인 목걸이를 훔치기로 했습니다. 남은 공간은 3.5파운드입니다. 이 3.5파운드의 공간에 들어갈 수 있는 최대 가치는 얼마일까요? 지금은 이 값을 알 수 없습니다! 왜냐하면 지금까지는 1파운드, 2파운드, 3파운드, 4파운드의 배낭에 대해서만 계산했기 때문입니다. 여러분은 새로 3.5파운드짜리 배낭에 대한 최대 가치도 구해야 합니다.

목걸이가 있으면 배낭의 종류를 더 세분해야 합니다. 그래서 격자 모양은 다음과 같이 바뀝니다.

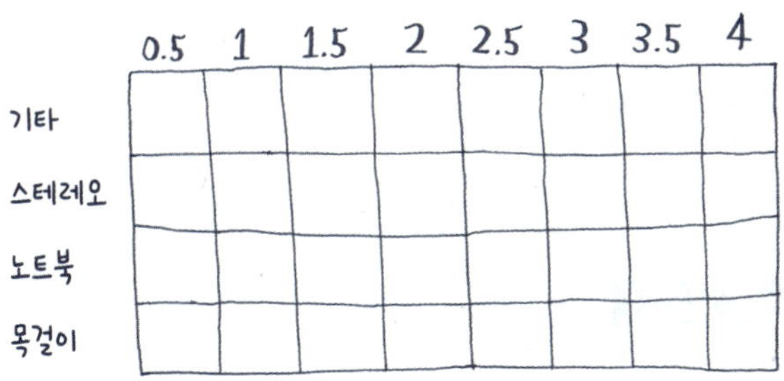

물건의 일부만 훔칠 수도 있나요?

여러분이 식료품 가게에 침입한 도둑이라고 가정하죠. 가게에는 콩 주머니와 쌀 주머니가 있습니다. 만약 주머니가 배낭에 다 들어가지 않는다면 주머니에서 콩이나 쌀을 필요한 만큼 꺼내서 담을 수 있습니다. 즉, 전체를 훔치는 것이 아니라 일부만 훔칠 수도 있죠. 이 상황을 동적 프로그래밍으로 어떻게 다룰까요?

정답 할 수 없습니다. 동적 프로그래밍으로 풀 수 있는 것은 물건 하나를 통으로 훔치든가, 아예 훔치지 않든가 하는 문제뿐입니다. 물건을 반으로 나눈다거나 하는 경우는 풀 수 없습니다.

하지만 이 경우는 탐욕 알고리즘으로 쉽게 풀 수 있죠! 우선 가장 값이 나가는 것을 담을 수 있을 만큼 담습니다. 그러고도 배낭에 공간이 남는다면 그다음으로 값진 물건을 담고, 그다음에는 같은 방식으로 반복하면 됩니다.

예를 들어, 고를 수 있는 물건이 다음과 같다고 가정합니다.

좁쌀의 파운드당 가격이 가장 비쌉니다. 그러니까 좁쌀은 담을 수 있는 만큼 많이 가져가야 합니다. 만약 좁쌀로만 배낭을 다 채울 수 있다면 좁쌀만 훔치는 것이 최선입니다.

그런데 배낭을 다 채우기에 좁쌀이 모자란다면 남은 공간을 그다음으로 비싼 곡물인 콩으로 채우면 됩니다.

여행 일정 최적화 문제

여러분이 런던으로 휴가를 떠난다고 가정해 보세요. 런던에 이틀 동안 머물면서 하고 싶은 것을 가능한 한 많이 해 보고 싶습니다. 하지만 모든 것을 다 할 수는 없으니까 가고 싶은 곳의 표를 만듭니다.

관광지	소요 시간	점수
웨스트민스터 사원	1/2 일	7
글로브 극장	1/2 일	6
국립 갤러리	1 일	9
브리티시 박물관	2 일	9
세인트 폴 대성당	1/2 일	8

보고 싶은 곳마다 걸리는 시간과 얼마나 보고 싶은지를 나타낸 점수를 적습니다. 이 표를 바탕으로 어떤 곳을 돌아봐야 하는지 결정할 수 있나요?

이건 배낭 채우기 문제와 같네요! 배낭이라는 공간 대신 시간이, 스테레오나 노트북 대신 가고 싶은 곳이 있습니다. 이 문제를 풀기 위해 우선 동적 프로그래밍을 위한 격자를 그립니다.

격자는 다음과 같습니다.

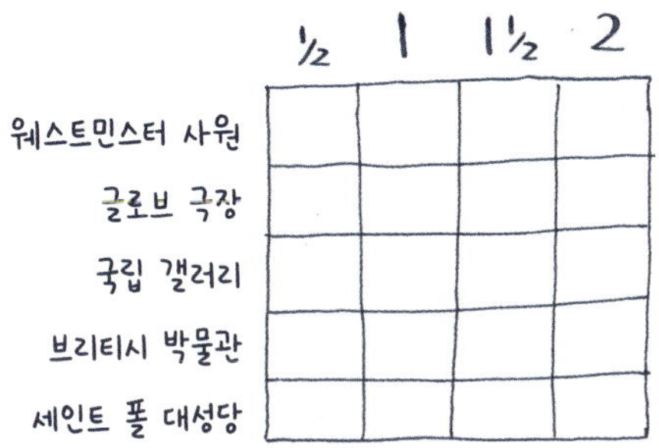

제대로 그렸나요? 그럼 격자를 채워 보세요. 어떤 곳을 봐야 할까요? 정답은 다음과 같습니다.

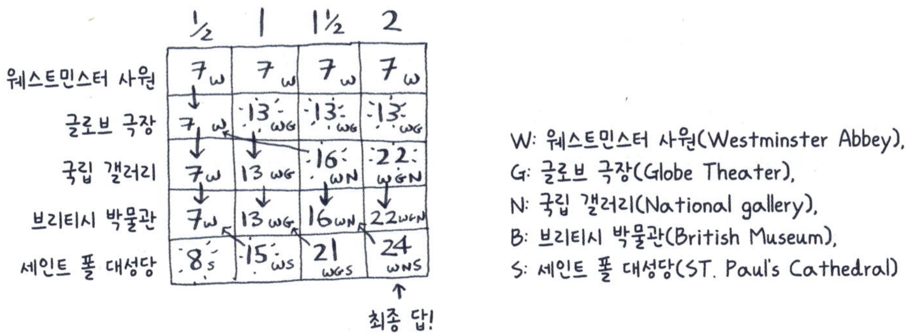

서로 의존적인 물건을 다루는 방법

이번에는 파리 여행도 가고 싶습니다. 그래서 표에 장소를 몇 개 추가합니다.

에펠탑	1½일	8
루브르 박물관	1½일	9
노트르담 대성당	1½일	7

이 장소들을 가려면 런던에서 파리까지 가야 하므로 시간이 많이 걸립니다. 런던에서 파리로 가는 데만 반나절이 걸리죠. 만약 세 군데를 모두 방문한다면 단순히 이 값을 모두 더한 4일과 반나절이 걸릴까요?

그렇지 않습니다. 일단 파리로 가면 각 장소를 돌아보는 데는 하루밖에 걸리지 않습니다. 그러니까 세 군데를 모두 돌면 각 장소당 하루 + 파리까지 반나절, 즉 4.5일이 아닌 3.5일이 걸립니다.

만약 배낭에 에펠탑을 넣으면 루브르 박물관은 1.5일이 아니라 1일로 더 줄어듭니다. 이런 경우는 동적 프로그래밍으로 어떻게 풀까요?

이 문제는 동적 프로그래밍으로 풀 수 없습니다. 동적 프로그래밍은 문제를 더 작은 하위 문제로 나누고, 이 하위 문제를 푼 결과를 이용해서 더 큰 문제를 푸는 방법입니다. 그래서 강력합니다. 하지만 동적 프로그래밍은 하위 문제들이 서로 관계가 없을 때, 즉 서로 의존하지 않는 경우에만 쓸 수 있습니다. 따라서 파리까지 고려하게 되면 동적 프로그래밍 알고리즘으로는 문제를 풀 수 없습니다.

하위 배낭이 두 개 이상인 경우도 있을 수 있나요?

물건을 두 개 이상 훔치는 경우에는 하위 배낭이 두 개 이상일 수도 있습니다. 기본적으로 여러분은 최대 두 개의 배낭을 합칠 수 있습니다. 하지만 그 배낭 중 하나가 두 개의 더 작은 배낭으로 이루어져 있을 수도 있죠.

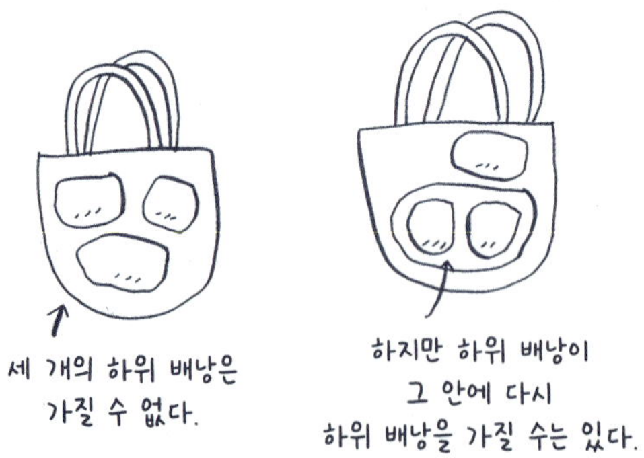

배낭을 완전히 채우지 않는 것이 최고의 답인 경우도 있나요?

네, 있습니다. 예를 들어 여러분이 다이아몬드도 훔칠 수 있다고 해 보죠.

그 다이아몬드는 엄청 커서 무게가 3.5파운드나 나갑니다. 그리고 100만 달러의 가치가 있습니다. 당연히 그걸 훔쳐야겠죠! 그런데 0.5파운드의 남는 공간이 있고 거기에 맞는 다른 물건은 없습니다. 이 경우에는 배낭을 완전히 채울 수 없죠.

3 최장 공통 부분 문자열

앞서 동적 프로그래밍과 관련한 예제를 하나 살펴봤습니다. 지금까지 배운 것을 정리해 볼까요?

- 동적 프로그래밍은 어떤 제한 조건이 주어졌을 때 무언가를 최적화하는 경우에 유용합니다. 배낭 채우기 문제에서는 배낭의 크기가 제한 조건이 었고, 이때 훔칠 물건의 총 가치를 최대화하는 것이 목표였습니다.
- 동적 프로그래밍은 문제를 하위 문제들로 나눌 수 있고 이 하위 문제들이 서로 의존하지 않는 경우에만 사용할 수 있습니다.

동적 프로그래밍을 사용한 풀이 방법을 생각해내는 것은 어려운 일입니다. 그래서 이번 절에서는 이 부분에 초점을 맞춰서 설명하겠습니다. 몇 가지 팁을 알려 드릴게요.

- 동적 프로그래밍 문제를 생각할 때는 격자를 이용하면 유용합니다.
- 격자의 각 칸에는 최적화하려는 값을 적습니다. 배낭 채우기 문제의 경우에는 모든 물건의 총 가치를 썼습니다.
- 각 칸은 원래 문제에 대한 하위 문제입니다. 그러니까 원래 문제를 어떻게 하위 문제로 나눌지 생각해야 합니다. 그러면 각 축이 어떻게 되어야 하는지 알아내는 데 도움이 됩니다.

이제 다른 예제를 살펴보겠습니다. 여러분이 dictionary.com이라는 웹 서비스를 운영한다고 가정해 보겠습니다. 사용자가 단어를 입력하면 여러분은 그 단어에 대한 정의를 보여 줍니다.

그런데 만약 사용자가 철자를 틀리면 원래 어떤 단어를 검색하고자 했는지를 추측해야 합니다. 예를 들어, 알렉스는 'fish'라는 단어를 찾아보고 싶었는데 실수로 'hish'라고 입력했습니다. 이 단어는 여러분의 사전에는 없고 대신 비슷한 단어들이 있는데, 이는 다음과 같습니다.

'HISH'와 비슷한 단어

- FISH
- VISTA

(여기에서는 단지 예제일 뿐이기 때문에 비슷한 단어를 두 개만 썼습니다. 실제로는 수천 개의 유사 단어가 있을 수 있습니다.)

알렉스가 입력한 hish라는 단어는 fish를 뜻하는 것일까요? 아니면 vista를 뜻하는 것일까요?

격자 만들기

이 문제의 격자는 어떻게 생겼을까요? 우선 다음과 같은 질문에 답해 봐야 합니다.

- 각 칸에 넣을 숫자는 무엇입니까?
- 이 문제를 어떻게 하위 문제로 나눌 수 있을까요?
- 격자의 축은 무엇입니까?

동적 프로그래밍에서는 무언가를 최대화하는 것이 목표입니다. 이 경우에는 두 단어에서 공통적으로 가지는 가장 긴 부분 문자열, 즉 **최장 공통 부분 문자열**LCS, Longest Common Substring을 찾는 것입니다. hish와 fish는 공통 부분 문자열을 가지나요? hish와 vista의 경우는 어떤가요? 이것이 바로 여러분이 계산하고 싶은 것입니다.

최대화하려는 값을 칸에 써야 한다는 것을 잊지 마세요. 이 경우에는 두 문자열이 공통으로 가지는 가장 긴 부분 문자열의 길이를 나타내는 숫자를 써야 합니다.

이 문제는 어떻게 하위 문제로 나눌 수 있을까요? 부분 문자열을 비교하는 문제를 풀면 됩니다. hish와 fish라는 단어를 직접 비교하는 대신에 his와 fis라는 단어를 먼저 비교하는 겁니다. 각 칸에는 이 두 단어의 최장 공통 부분 문자열의 길이를 씁니다. 그러면 각 축이 그 두 단어를 의미한다는 것도 알 수 있습니다. 결과적으로 격자는 다음과 같아집니다.

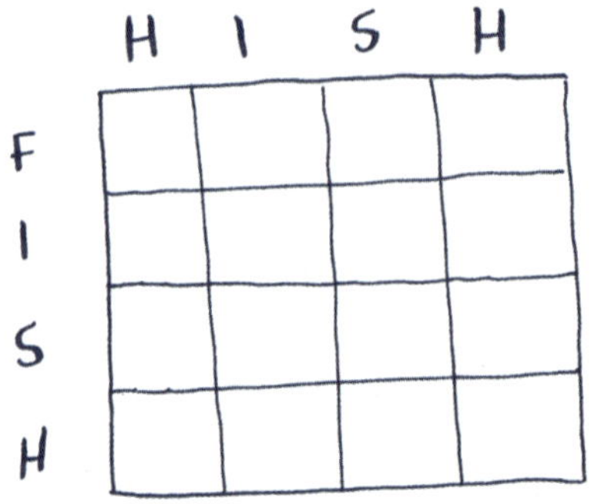

이게 무슨 흑마술 같아 보여도 걱정하지 마세요. 원래 어려운 것이 당연하니까요. 그래서 이 책에서도 이렇게 뒷부분에서 다루는 겁니다. 잠시 후에 동적 프로그래밍을 자습할 수 있는 연습 문제도 나옵니다.

격자 채우기

이제 격자가 어떻게 생겨야 하는지도 알았습니다. 그러면 이 격자에 값을 채우는 공식은 무엇일까요? 사실 여러분은 답을 이미 알고 있죠. hish와 fish의 최장 공통 부분 문자열은 'ish'라는 세 글자입니다.

하지만 이건 공식이 아니잖아요. 컴퓨터 과학자가 하는 농담 중에 **파인만 알고리즘**Feynman algorithm이 있는데요, 유명한 물리학자인 리처드 파인만Richard Feynman의 이름을 따서 만들어진 것입니다. 이 알고리즘은 다음과 같습니다.

1 문제를 작성합니다.

2 열심히 생각합니다.

3 답을 씁니다.

이 농담이 말하는 바는 공식을 찾아내는 쉬운 방법은 없다는 것입니다. 제대로 되는 무언가를 찾을 때까지 여러 실험을 반복해야 하죠. 알고리즘은 그대로 따라 하기만 하면 되는 요리법이 아닙니다. 알고리즘은 단지 여러분의 아이디어를 쌓아 올릴 수 있는 토대에 지나지 않습니다.

이 문제에 대한 답도 여러분 스스로 한번 풀어 보세요. 힌트는 드릴게요. 격자를 일부만 채우면 다음과 같습니다.

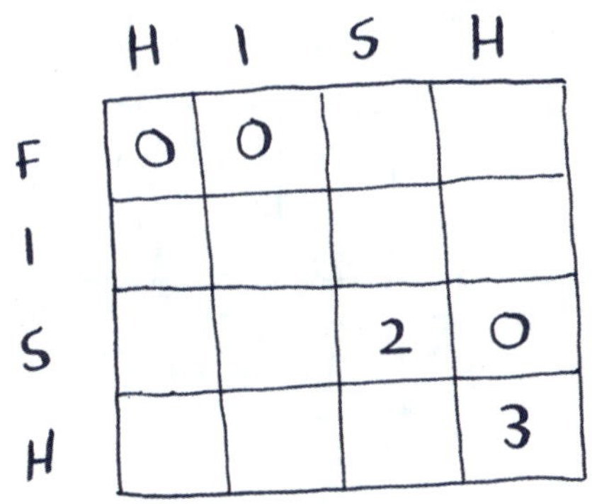

다른 칸의 숫자는 무엇일까요? 각 칸이 하위 문제의 답이라는 것을 기억하죠? 왜 (3, 3) 위치에는 2라는 숫자가 있을까요? 왜 (3, 4) 위치에는 0이 있을까요?

일단은 여러분 스스로 공식을 찾기 위해 노력해 보고, 그다음에 해답을 찾아보세요. 여러분이 정답을 맞히지 못했다고 하더라도 고민해 본 것만으로 설명을 더 잘 이해할 수 있을 겁니다.

풀이

격자는 최종적으로 다음과 같습니다.

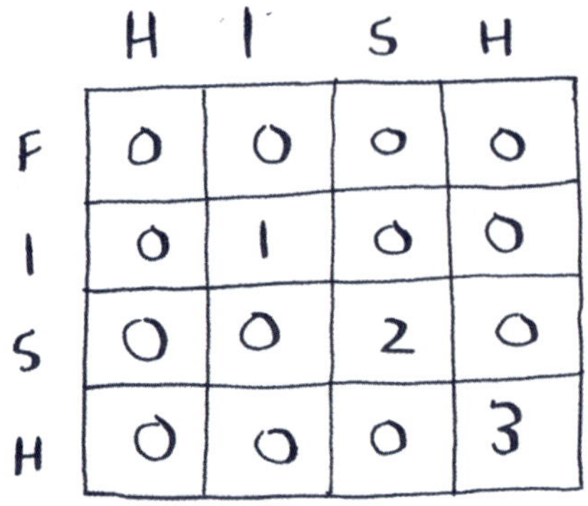

각 칸을 채우기 위한 공식은 다음과 같습니다.

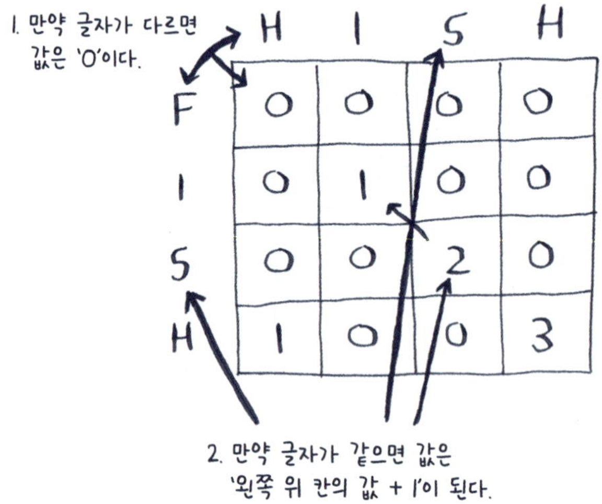

의사코드로 나타내면 다음과 같습니다.

```
if word_a[i] == word_b[j]:     # 글자가 같다.
  cell[i][j] = cell[i-1][j-1] + 1
```

```
else:  ← 글자가 다르다.
  cell[i][j] = 0
```

hish와 vista의 경우에는 다음과 같습니다.

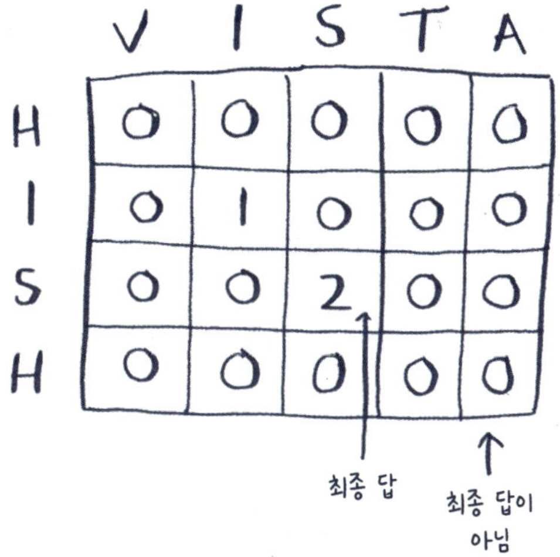

한 가지 주의할 점이 있습니다. 이 문제의 경우에는 마지막 칸이 최종 답이 아닙니다! 배낭 채우기 문제에서는 마지막 칸이 최종 답이었죠. 하지만 최장 공통 부분 문자열 문제에서의 답은 격자 전체에서 가장 큰 숫자입니다. 그리고 그 숫자는 마지막 칸에 있는 숫자가 아닐 수도 있습니다.

원래의 문제로 되돌아가 보죠. 문제는 'hish와 공통 부분 문자열이 가장 많은 단어가 무엇인가'입니다. hish와 fish는 세 글자가 공통이고, hish와 vista는 두 글자가 공통입니다.

그러니까 결과적으로 알렉스는 fish를 입력하고자 했던 것이 됩니다.

최장 공통 부분열

만약 알렉스가 실수로 fosh라고 입력했다고 하죠. 원래 어떤 단어를 입력하려고 했던 걸까요? fish일까요? 아니면 fort일까요?

두 단어를 최장 공통 부분 문자열 공식으로 비교해 보죠.

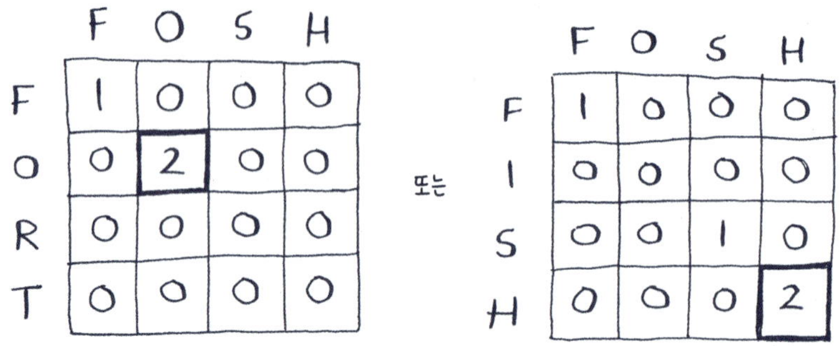

답이 두 글자로 같습니다! 하지만 fosh가 fish에 더 가까운 단어입니다.

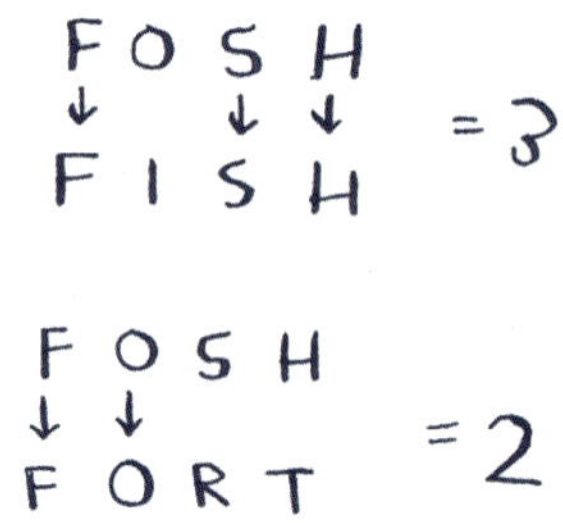

그러니까 사실 **최장 공통 부분 문자열**longest common substring의 길이가 아니라 **최장 공통 부분열**longest common subsequence, 즉 두 단어에서 순서가 바뀌지 않고 공통으로 들어간 글자의 개수를 최대화하는 것이 옳습니다. 그럼 최장 공통 부분열은 어떻게 계산할까요?

fish와 fosh의 경우, 격자의 일부를 그리면 다음과 같습니다.

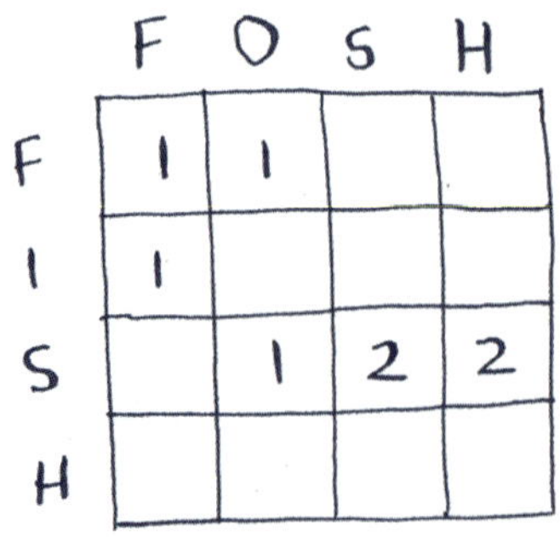

이 격자에 적용되는 공식이 보이나요? 최장 공통 부분열 문제는 최장 공통 부분 문자열 문제와 아주 비슷합니다. 스스로 문제를 풀기 위해 노력해 보세요. 답은 곧 알려 드릴게요.

최장 공통 부분열 문제의 해답

다음 격자가 최종 모습입니다.

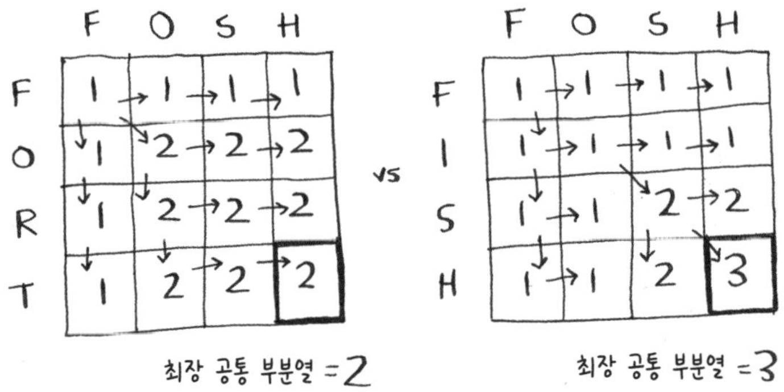

각 칸에 숫자를 넣는 공식은 다음과 같습니다.

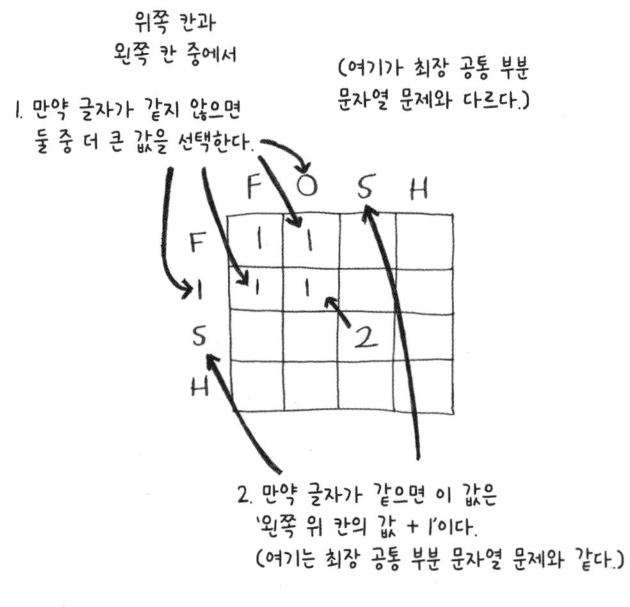

의사코드는 다음과 같습니다.

```
if word_a[i] == word_b[j]:          글자가 같다.
  cell[i][j] = cell[i-1][j-1] + 1
else:                               글자가 다르다.
  cell[i][j]  =  max(cell[i-1][j], cell[i][j-1])
```

휴, 드디어 해냈습니다! 아마도 이 부분은 이 책에서 가장 어려운 부분일 겁니다. 이렇게 어려운 동적 프로그래밍이 현실에서 정말 쓰일까요? 답은 '그렇다'입니다.

- 생물학자는 DNA 가닥의 유사점을 찾기 위해 최장 공통 부분열을 사용합니다. 그러면 두 종류의 동물이나 질병이 얼마나 비슷한지 알 수 있습니다. 최장 공통 부분열은 다발성 경화증이라는 병의 치료법을 찾는 데도 쓰입니다.
- git diff와 같은 diff 명령을 써 본 적이 있나요? diff 명령은 두 파일의 차이점을 찾아 줍니다. 그렇게 하기 위해 동적 프로그래밍을 사용하죠.
- 우리는 문자열의 유사성을 따지고 있습니다. 레벤슈타인 거리Levenshtein distance는 두 문자열의 유사성을 측정합니다. 물론 동적 프로그래밍을 사용하죠. 레벤슈타인 거리는 철자법을 확인하거나 누군가가 지적 재산권이 있는 데이터를 인터넷에 업로드했는지 확인하는 데도 쓰입니다.

11장에서 배운 내용

- 동적 프로그래밍은 제한 조건이 있는 경우에 무언가를 최적화할 때 유용합니다.
- 동적 프로그래밍은 큰 문제를 작은 하위 문제로 나누어 푸는 방법입니다.
- 모든 동적 프로그래밍을 풀 때는 격자를 사용합니다.
- 보통 격자의 각 칸에는 최적화하려는 값을 씁니다.
- 격자의 각 칸은 하위 문제를 뜻합니다. 그러므로 원래 문제를 어떻게 하위 문제로 나눌지 생각해야 합니다.
- 동적 프로그래밍의 답을 계산해 주는 쉬운 공식 같은 것은 없습니다.

연습문제

1. 앞서 살펴본 배낭 채우기 문제에서 만약 다음과 같은 물건을 추가한다면 어떻게 될까요? 추가하려는 물건은 무게가 1파운드이고 가치가 1,000달러인 기계식 키보드입니다. 이를 훔쳐야 할까요?

2. 여러분이 캠핑을 갑니다. 배낭에는 6파운드까지 들어갈 수 있고 다음과 같은 물건 중에서 선택할 수 있습니다. 각각에는 역시 가치가 매겨져 있고 가치가 높을수록 중요한 물건이죠.

물건	무게	가치
물	3파운드	10달러
책	1파운드	3달러
음식	2파운드	9달러
자켓	2파운드	5달러
카메라	1파운드	6달러

캠핑할 때 가져가야 할 최적의 물건은 무엇일까요?

3. blue와 clues라는 두 단어의 최장 공통 부분 문자열을 계산하기 위한 격자를 그리고, 모든 칸을 채우세요.

Chapter 12

KNN 알고리즘

- KNN 알고리즘을 사용하여 분류 시스템을 만드는 법을 배웁니다.
- 특징 추출에 대해 공부합니다.
- 숫자를 예측하는 방법인 회귀 분석을 익힙니다. 회귀 분석을 사용하면 내일 주식 가격이 얼마일지, 사용자가 영화에 어떤 평점을 줄지 등을 예측할 수 있습니다.
- 어떤 경우에 KNN 알고리즘을 사용할 수 있는지, 그 한계점은 무엇인지 알아봅니다.

1 오렌지와 자몽 분류하기

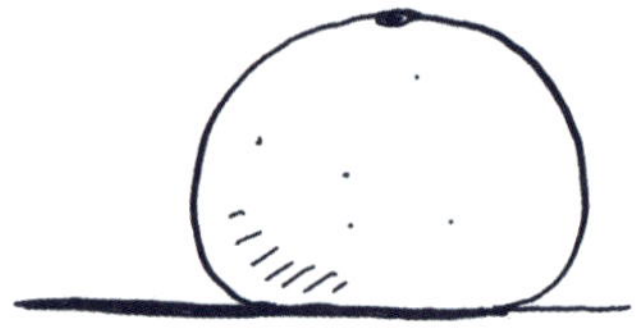

이 과일을 보세요. 이것은 오렌지orange일까요? 아니면 자몽grapefruit일까요? 제가 알기로는 자몽이 더 크고 붉습니다.

제 머릿속에서는 이런 그래프를 그리고 있습니다.

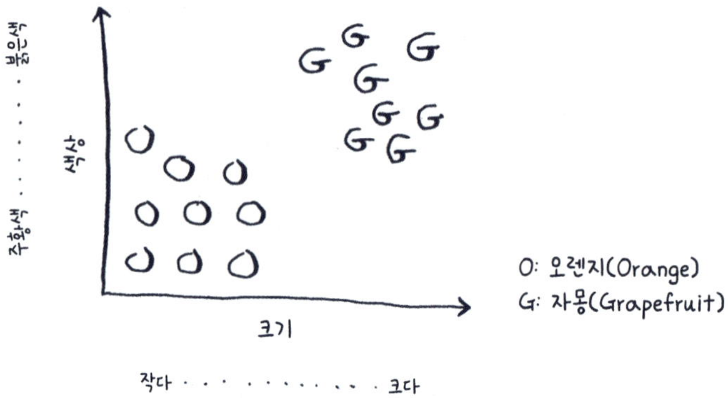

일반적으로 이야기하면 더 크고 붉은 과일이 자몽입니다. 그러면 문제의 과일은 어떤가요?

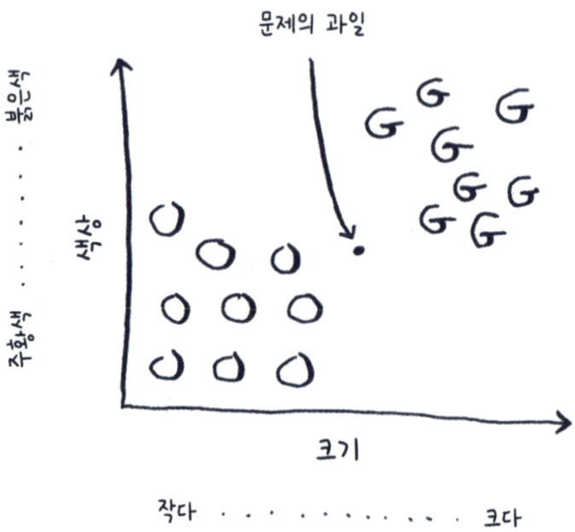

이 과일은 어떻게 분류할 수 있을까요? 한 가지 방법은 그래프상에서 주변을 살펴보는 것입니다. 주변을 둘러보니 가장 가까운 **이웃**neighbor이 3개 있습니다.

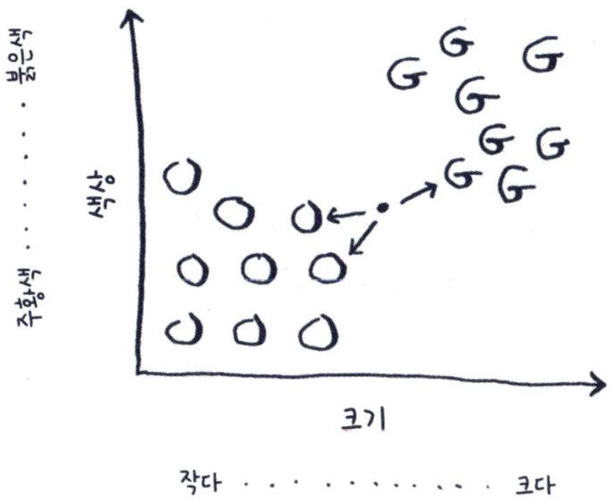

이웃 중에는 오렌지가 자몽보다 많네요. 그러니까 이 과일은 아마도 오렌지겠죠. 축하합니다! 여러분은 방금 분류 작업에 **KNN 알고리즘**K-Nearest Neighbors algorithm을 사용했습니다. 전체 알고리즘은 아주 간단합니다.

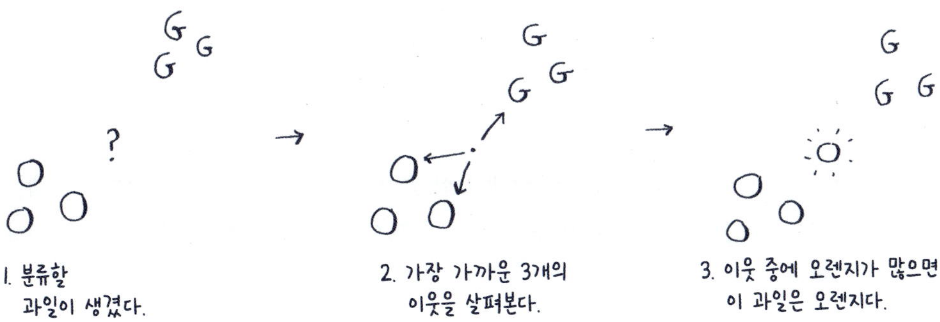

KNN 알고리즘은 간단하면서도 유용합니다. 무언가를 분류해야 한다면 우선 KNN 알고리즘을 사용해 보세요. 이제 좀 더 현실적인 예를 살펴보겠습니다.

2 추천 시스템 만들기

여러분이 넷플릭스에서 일한다고 생각해 보세요. 여러분은 고객을 위한 영화 추천 시스템을 만들고 싶습니다. 크게 보면 이 문제도 과일 분류 문제와 비슷합니다.

우선 모든 고객을 그래프에 그릴 수 있죠.

유사도 similarity를 이용하여 고객을 그래프상에 표현했습니다. 즉, 서로 취향이 비슷한 고객을 근접한 위치에 그렸습니다. 프리얀카라는 고객을 위해 어떤 영화를 추천해야 한다고 가정하죠. 우선 그녀와 취향이 가장 비슷한 고객 다섯 명을 찾습니다.

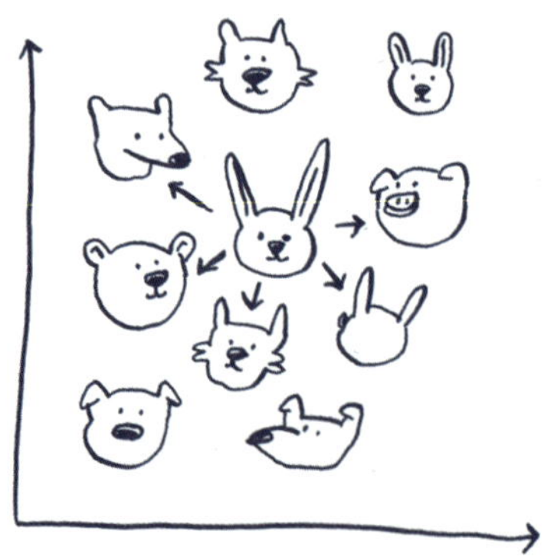

저스틴, 제이씨, 조이, 랜스, 크리스가 프리얀카와 영화 취향이 비슷합니다. 그러니까 이 고객들이 좋아하는 영화는 프리얀카도 좋아하겠죠!

이 그래프가 있으면 추천 시스템을 만드는 것은 쉽습니다. 만약 저스틴이 A라는 영화를 좋아한다면 그 영화를 프리얀카에게도 추천합니다.

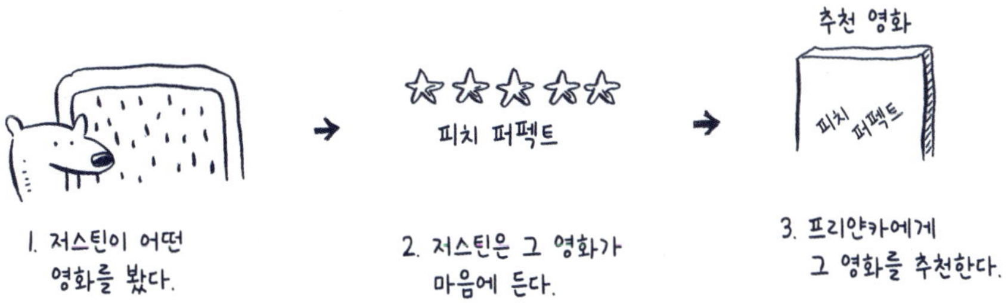

하지만 여전히 중요한 부분이 빠져 있습니다. 여러분은 두 고객 사이 유사도를 이용해서 그래프를 만들었는데, 도대체 고객 사이 유사도는 어떻게 구할까요?

특징 추출

자몽 문제에서 여러분은 과일의 크기와 붉은 정도를 통해 과일을 분류했습니다. 크기와 색이 바로 여러분이 비교해야 하는 **특징**feature입니다. 예를 들어, 다음 세 과일의 특징을 숫자로 추출하면 다음과 같습니다.

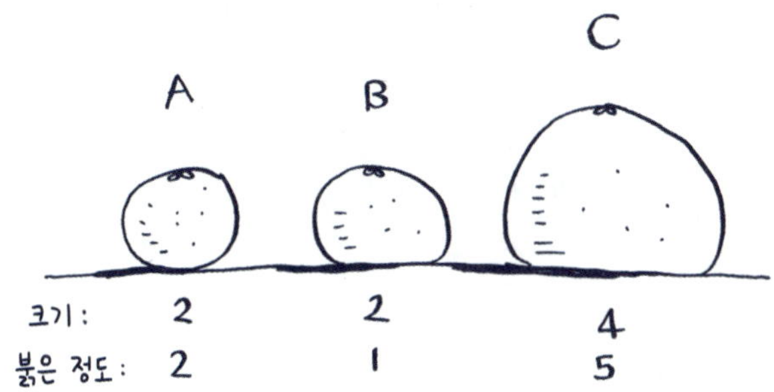

이 특징을 이용해서 세 과일을 그래프에 그릴 수 있습니다.

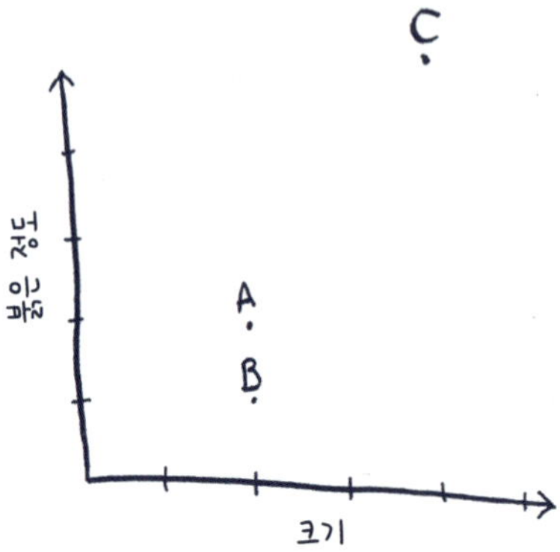

이 그래프에서는 과일 A와 B가 아주 유사해 보입니다. 둘이 얼마나 가까운지 거리를 재 봅시다. 두 점 사이 거리를 재려면 피타고라스의 정리를 사용합니다.

$$\sqrt{(X_1-X_2)^2 + (Y_1-Y_2)^2}$$

앞의 예에서 A와 B의 거리는 다음과 같이 계산합니다.

$$\sqrt{(2-2)^2 + (2-1)^2}$$

$$= \sqrt{0 + 1}$$

$$= \sqrt{1}$$

$$= 1$$

A와 B 사이 거리는 1입니다. 나머지 거리도 같은 방법으로 계산할 수 있습니다.

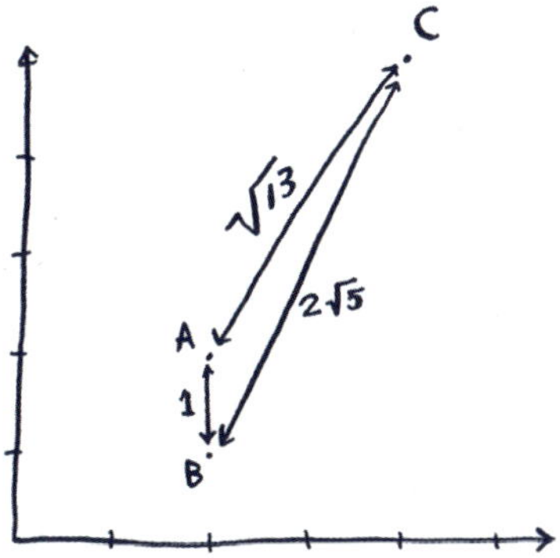

거리 공식distance formula은 여러분이 눈으로 알 수 있는 사실을 다시 한번 확인해 줍니다. 과일 A와 과일 B가 아주 유사하다는 사실 말입니다.

이번에는 여러분이 넷플릭스 고객을 비교한다고 가정해 보죠. 여러분은 과일로 했던 것처럼 고객을 그래프에 나타낼 수 있는 있는 방법, 즉 각 고객의 좌표를 계산할 수 있는 방법을 찾아야 합니다.

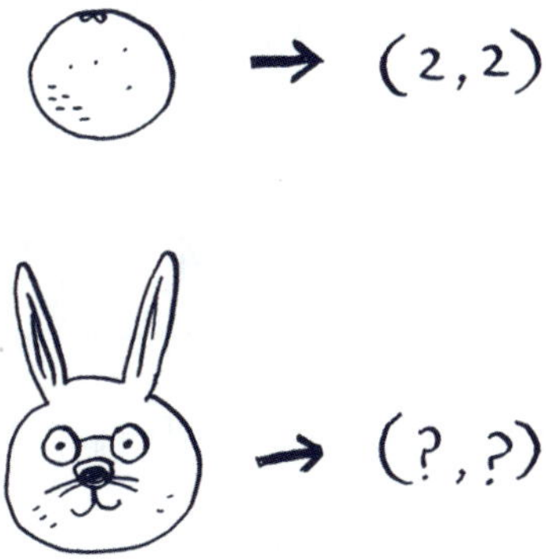

일단 고객을 그래프에 표현할 수만 있다면 두 고객 사이 거리를 측정할 수 있습니다.

고객을 숫자의 집합으로 나타내는 방법은 다음과 같습니다. 고객이 처음 넷플릭스에 등록할 때 여러 장르에 대한 선호도를 평가하도록 합니다. 그럼 모든 고객은 다음과 같은 평가 점수를 가지고 있겠죠!

	프리얀카	저스틴	모피어스
코미디	3	4	2
액션	4	3	5
드라마	4	5	1
공포	1	1	3
로맨스	4	5	1

프리얀카와 저스틴은 로맨스 영화를 좋아하고 공포 영화를 싫어합니다. 모피어스는 액션 영화는 좋아하지만, 로맨스 영화는 싫어합니다(모피어스는 액션 영화에 느끼한 로맨스 장면이 있으면 영화를 망친다고 아주 싫어합니다). 오렌지와 자몽 문제에서 과일을 두 숫자로 나타냈던 것을 기억하나요? 여기에서는 고객을 다섯 숫자로 나타냅니다.

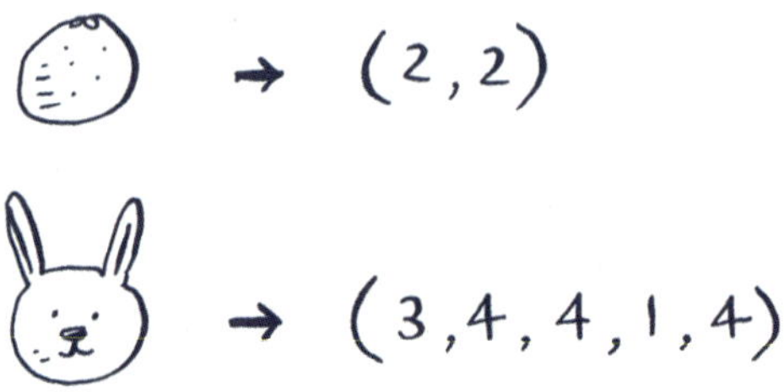

수학자들이 이야기하듯이 이제는 2차원이 아닌 5차원상에서 거리를 측정해야 합니다. 하지만 거리 계산 공식은 동일합니다.

$$\sqrt{(a_1 - a_2)^2 + (b_1 - b_2)^2 + (c_1 - c_2)^2 + (d_1 - d_2)^2 + (e_1 - e_2)^2}$$

숫자가 두 개가 아니라 다섯 개로 늘어났을 뿐입니다.

거리를 구하는 공식은 공간의 차원을 유연하게 바꿀 수 있습니다. 설사 수백만 개의 숫자 집합이 있더라도 같은 공식을 써서 거리를 구할 수 있죠. "5차원상에서 거리가 무엇을 뜻하지?"

라고 궁금해할 수도 있을 텐데요. 이때 거리는 두 숫자 집합의 유사도, 즉 두 숫자 집합이 얼마나 비슷한지를 나타냅니다.

$$\begin{aligned} &\sqrt{(3-4)^2+(4-3)^2+(4-5)^2+(1-1)^2+(4-5)^2} \\ &= \sqrt{1+1+1+0+1} \\ &= \sqrt{4} \\ &= 2 \end{aligned}$$

이 숫자가 프리얀카와 저스틴 사이의 거리입니다.

NOTE 자몽을 (2, 2), 프리얀카의 영화 취향을 (3, 4, 4, 1, 4)와 같이 숫자 배열로 나타낸 것을 벡터(vector)라고 합니다. 머신러닝에 관한 논문을 읽다가 저자가 벡터를 이야기한다면 이와 같은 숫자 배열을 뜻하는 거예요.

프리얀카와 저스틴은 아주 비슷합니다. 그러면 프리얀카와 모피어스의 거리는 어떨까요? 한 번 계산해 보세요.

프리얀카와 모피어스는 $\sqrt{24}$ 만큼 떨어져 있습니다. 여러분의 계산이 정확했나요? 그러니까 프리얀카는 모피어스보다는 저스틴과 취향이 비슷하다고 할 수 있겠죠.

굉장하네요! 이제 프리얀카에게 영화를 추천하는 것은 쉽습니다. 만약 저스틴이 어떤 영화를 좋아하면 그것을 프리얀카에게 추천하고, 반대로 프리얀카가 어떤 영화를 좋아하면 저스틴에게 추천하면 됩니다. 여러분은 이제 영화 추천 시스템을 만들었습니다!

여러분이 넷플릭스를 사용한다면 다음과 같은 안내를 보았을 겁니다. "더 많은 영화를 평가해 주세요. 여러분이 더 많은 영화를 평가할수록 추천 영화가 더 정확해집니다." 이제 그 이유를 알았나요? 여러분이 더 많은 영화를 평가할수록 넷플릭스는 여러분과 다른 고객과의 유사도를 더 정확하게 평가할 수 있습니다.

3 회귀 분석

이제 여러분은 단순히 추천 시스템을 만드는 것 이상의 일을 해야 합니다. 예를 들어, 어떤 영화에 대해 프리얀카가 어떤 평점을 줄지 예측하고 싶다면 어떻게 해야 할까요? 우선 그녀와 가장 비슷한 5명의 데이터를 모아 보죠.

그런데 이 경우에는 꼭 5명일 필요는 없습니다. 그녀와 가장 유사한 2명일 수도, 혹은 10명, 10,000명일 수도 있습니다. 그래서 알고리즘의 이름도 5NN[five-nearest neighbors]이 아니라 KNN[k-nearest neighbors]입니다!

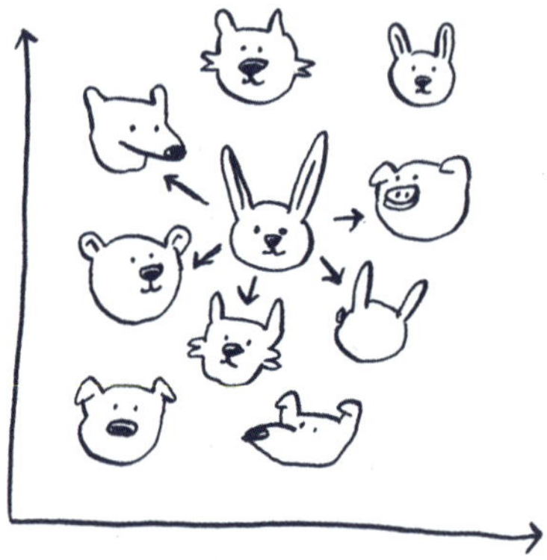

평점을 예측하려는 영화는 〈피치 퍼펙트〉라는 영화입니다. 저스틴, 제이씨, 조이, 랜스, 크리스는 이 영화를 어떻게 평가했을까요?

저스틴 : 5
제이씨 : 4
조이 : 4
랜스 : 5
크리스 : 3

이 평점들의 평균은 4.2입니다. 이런 것을 **회귀 분석**regression analysis이라고 합니다. 그러니까 KNN은 분류와 회귀 분석의 두 가지 기능이 있습니다.

- 분류 = 그룹으로 나누기
- 회귀 분석 = (숫자로 된) 반응을 예측하기

회귀 분석은 아주 쓸모가 있습니다. 여러분이 버클리에서 작은 빵집을 운영하며, 매일 신선한 빵을 만든다고 가정하죠. 오늘은 빵을 몇 개 만들어야 할지 예측하고 싶습니다. 분석에 사용할 특징 정보는 다음과 같습니다.

- 1점부터 5점까지 숫자로 표현한 날씨(1 = 날씨가 최악, 5 = 날씨가 최고)
- 주말 또는 휴일인지?(주말이나 휴일이면 1, 평일이면 0)
- 스포츠 경기가 있는지?(있으면 1, 없으면 0)

그리고 여러분은 여러 특징 값이 주어졌을 때 빵이 얼마나 팔렸는지 과거의 판매 정보를 알고 있습니다.

A. (5, 1, 0) = 300개 B. (3, 1, 1) = 225개

C. (1, 1, 0) = 75개 D. (4, 0, 1) = 200개

E. (4, 0, 0) = 150개 F. (2, 0, 0) = 50개

오늘은 날씨가 좋은 주말입니다. 이 데이터로 예측해 볼 때 빵이 얼마나 팔릴까요? K = 4인 KNN을 사용해 볼게요. 우선 가장 가까운 4개의 이웃 데이터를 찾습니다.

(4, 1, 0) = ?

각 데이터로부터 거리를 계산했습니다. A, B, D, E가 가장 가깝습니다.

A. 1 ←
B. 2 ←
C. 9
D. 2 ←
E. 1 ←
F. 5

이 날들의 평균을 구해 보니 218.75입니다. 오늘 여러분은 빵을 이만큼 만들면 됩니다!

> **TIP 코사인 유사도**
>
> 지금까지는 두 고객 사이 거리를 비교할 때 거리 공식을 사용했습니다. 이게 가장 좋은 공식일까요? 실무에서는 코사인 유사도(cosine similarity)를 더 흔히 사용합니다. 두 고객이 아주 비슷하지만, 한 명은 평점을 주는 데 아주 인색하다고 가정해 보세요. 두 고객 모두 만모한 데사이(Manmohan Desai) 감독의 아마르 아크바 안소니(Amar Akbar Anthony)라는 영화를 좋아합니다. 그런데 폴은 별을 5개 주고, 로완은 4개 주었습니다. 만약 거리 공식을 사용하면 이 두 고객은 취향이 비슷한데도 이웃이 되지 않을 수도 있습니다.
>
> 코사인 유사도는 두 벡터의 거리를 측정하는 것이 아니라 두 벡터 사이 각도를 측정합니다. 이 경우에는 코사인 유사도가 더 적합한 방법이죠. 하지만 이 책에서는 더 이상 자세히 설명하지 않겠습니다. KNN을 사용할 때는 코사인 유사도도 한번 고려해 보세요!

좋은 특징 고르기

추천 시스템을 만들 때 여러분은 고객이 영화 장르별로 평점을 주도록 했죠. 만약에 영화 장르 대신에 고양이 사진에 평점을 주도록 했다면 어땠을까요? 그러면 어떤 고양이를 좋아하는지 고양이 취향이 비슷한 고객을 찾을 수 있었을 거예요. 하지만 그랬다면 아마도 영화를 추천하는 데는 더 안 좋은 결과를 냈겠죠. 왜냐하면 고양이 취향이라는 '특징'이 영화 선호도와 그다지 관계가 없을 수도 있거든요.

아니면 고객들에게 특정 영화에 대해서만 평점을 주도록 한다고 해 봅시다. 문제는 평점을 주도록 한 영화가 〈토이 스토리〉, 〈토이 스토리 2〉, 〈토이 스토리 3〉인 겁니다! 이 세 영화에 대한 취향 차이로는 일반적인 영화 취향을 알 수 없겠죠.

KNN을 사용할 때는 올바른 특징을 고르는 것이 중요합니다. 올바른 특징이란 다음과 같은 특징을 말합니다.

- 추천하려는 영화와 직접 관련이 있는 특징
- 편향(예를 들어, 코미디 영화에 대한 평점만 있다거나 액션 영화에 대한 평점만 있는 경우)되지 않은 특징

그런데 평점이 영화를 추천하는 가장 좋은 방법일까요? 예를 들어 저는 〈금발이 너무해〉보다 〈인셉션〉의 평점을 더 높게 주었지만, 실제로는 〈금발이 너무해〉를 더 많이 보거든요. 이 사실을 어떻게 이용해야 넷플릭스 추천 시스템을 더 좋은 방향으로 개선할 수 있을까요?

빵집 문제로 다시 돌아가 보죠. 이 문제에 대한 좋은 특징 두 개와 나쁜 특징 두 개를 더 생각해 보세요. 신문 광고를 낸 다음에는 빵을 더 많이 만들어야 할 수도 있고, 또는 월요일에는 더 많이 만들어야 할지도 모릅니다.

좋은 특징을 고르는 데 정답은 없습니다. 여러 관점에서 모두 살펴봐야 합니다.

4 머신러닝의 소개

KNN은 정말 유용한 알고리즘입니다. 또한, 여러분을 **머신러닝**machine learning의 마술 같은 세계로 안내하는 알고리즘이죠! 머신러닝이란 여러분의 컴퓨터를 더 영리하게 만드는 모든 것을 말합니다. 이미 여러분은 머신러닝의 한 가지 예를 보았습니다. 바로 추천 시스템을 만들어 보았죠. 이제는 다른 예들도 살펴보겠습니다.

OCR

OCR은 **광학적 문자 인식**Optical Character Recognition의 약자입니다. 여러분이 책의 페이지를 사진으로 찍으면 컴퓨터가 자동으로 그 사진 속 글자를 읽어 주는 것입니다. 구글은 OCR을 사용해서 책을 디지털화했습니다. OCR은 어떻게 작동하는 것일까요? 예를 들어, 다음과 같은 숫자 그림을 생각해 보죠.

이 그림이 무슨 숫자인지 자동으로 알게 하려면 어떻게 해야 할까요? KNN을 사용하는 경우에는 다음과 같이 하면 됩니다.

1 여러 숫자 그림을 살펴보고 이 그림들의 특징을 뽑아냅니다.

2 새로운 그림이 주어지면 그 그림의 특징을 뽑아서 가장 가까운 것들을 살펴봅니다.

이 문제는 오렌지와 자몽 문제와 같습니다. 보통 OCR 알고리즘은 직선, 점, 곡선 등을 찾아냅니다.

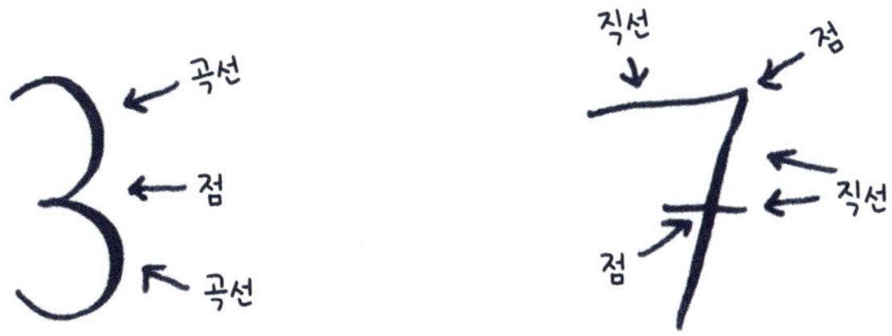

그런 다음에 새로운 글자가 나타나면 그 글자에서 똑같은 특징을 뽑아내죠.

OCR에 사용되는 특징의 추출은 오렌지와 자몽 문제보다 훨씬 복잡합니다. 하지만 아무리 복잡한 기술이라도 KNN과 같은 간단한 아이디어에 기반하고 있음을 이해하는 것이 중요합니다. 여러분은 똑같은 아이디어를 음성 인식이나 얼굴 인식에도 사용할 수 있습니다. 페이스북에 사진을 올리면 자동으로 사람을 찾아서 태그를 붙여 줍니다. 머신러닝이 실제로 사용되고 있는 것이죠!

OCR의 첫 번째 단계는 숫자 그림으로부터 특징을 추출하는, **특징 추출** feature extraction 단계입니다. 이 단계에서는 그림을 머신러닝 알고리즘이 작업할 수 있는 형태로 변환합니다. 다음 단계는 학습 단계로 그림에서 숫자를 인식할 수 있도록 모델을 훈련시키는 단계입니다. 대부분의 머신러닝 알고리즘에는 훈련 단계가 있습니다. 컴퓨터가 작업을 수행하려면 먼저 훈련을 해야 합니다. 다음 예는 스팸 필터와 관련한 것으로, 여기에도 훈련 단계가 있습니다.

스팸 필터 만들기

스팸 필터는 **나이브 베이즈 분류기** Naive Bayes classifier 라고 하는 간단한 알고리즘을 사용합니다. 우선 다음과 같은 데이터를 이용해서 나이브 베이즈 분류기를 훈련시킵니다.

제목	스팸인가요?
패스워드를 재설정하세요.	스팸이 아닙니다.
백만 달러를 벌어 보세요.	스팸입니다.
패스워드를 보내 주세요.	스팸입니다.
생일 축하합니다.	스팸이 아닙니다.

만약 "백만 달러를 벌어 보세요!"라는 제목을 가진 이메일이 온다면 어떨까요? 이 문장을 단어로 쪼갭니다. 그리고 단어마다 그 단어가 스팸 메일에 나타날 확률을 구합니다. 예를 들어, 가장 간단한 모형에서 '백만'이라는 단어가 스팸 메일에서만 발견된다고 해 보죠. 그러면 나이브 베이즈 분류기는 이 메일이 스팸이라고 찾아냅니다. 이 방법은 KNN과 비슷하게 응용할 수 있습니다.

예를 들어, 과일을 분류할 때도 나이브 베이즈 분류기를 사용할 수 있죠. 만약 크고 붉은 과일이 있으면 그 과일이 자몽일 확률도 구할 수 있습니다. 나이브 베이즈 분류기도 아주 효과적이면서 간단한 알고리즘입니다. 저는 이 알고리즘이 너무 좋아요!

주식 시장 예측하기

머신러닝으로 하기 힘든 일도 있습니다. 내일 주식 시장이 오를지 내릴지를 맞히는 일입니다. 주식 시장에서 어떤 특징을 골라야 할까요? 예를 들어, 만약 주식 시장이 어제 오르면 오늘도 오른다고 하죠. 이게 좋은 특징일까요? 또 어떤 주식이 5월만 되면 항상 하락한다고 하는데 정말 항상 그럴까요? 과거의 정보를 사용해서 미래를 정확히 맞힐 수 있다고 보장할 수는 없습니다. 미래를 예측하는 일 자체가 힘들고, 특히 많은 변수가 관련된 경우에는 사실상 예측이 불가능합니다.

5 머신러닝 모델 훈련의 개요

몇 가지 예를 살펴봤으니 이제 머신러닝 모델을 훈련시키는 단계를 살펴보겠습니다. 먼저 데이터를 수집합니다. 넷플릭스 예제에서는 사용자의 영화 평점을 데이터로 사용했습니다. 그런 다음 데이터를 정제해야 합니다. **데이터 정제**data cleaning란 불량 데이터를 제거하는 것을 의미합니다. 예를 들어, 영화 평점을 묻는 메시지가 표시되는 것을 싫어하여 무작위로 영화에 평점을 매기고 다음 화면으로 이동하는 사용자가 있을 수 있습니다. 이 데이터를 데이터 모음에서 제거해야 합니다. 마지막으로 데이터에서 특징을 추출합니다.

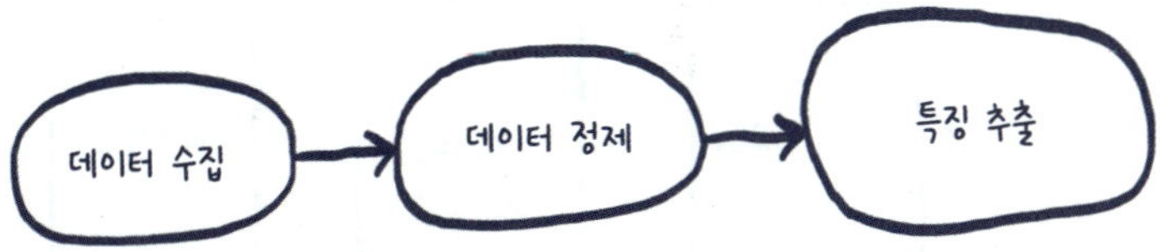

특징을 추출했다면 이제 모델을 훈련시킬 차례입니다. KNN, SVM 또는 신경망과 같은 모델을 선택하고 데이터의 90%를 사용하여 모델을 학습시킵니다. 나머지 10%는 모델을 검증하기 위해 남겨 둡니다. 모델을 학습한 후에는 모델이 예측하도록 해서 그 결과를 테스트합니다. 아까 남겨 놓은 10%의 검증 데이터를 사용하여 예측이 얼마나 정확한지 확인할 수 있습니다.

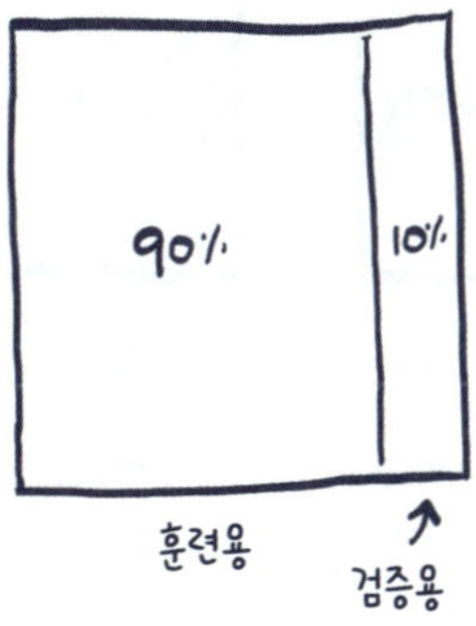

예를 들어 넷플릭스 추천 모델을 검증하고 싶다고 가정해 보겠습니다. 프리얀카가 이 영화와 프로그램을 어떻게 생각하는지 물어볼 수 있습니다.

다음은 모델이 출력한 예측입니다.

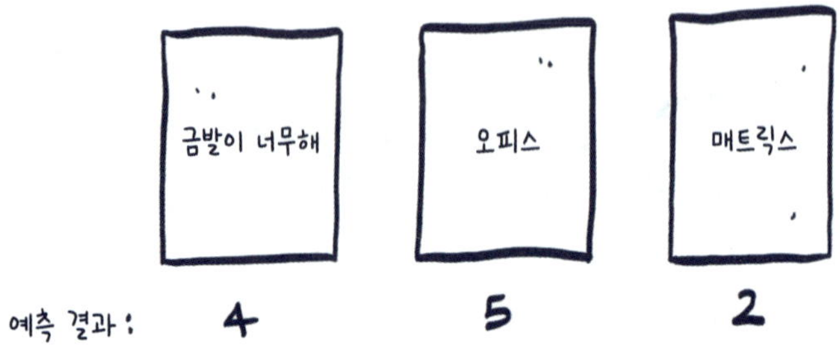

만약 프리얀카의 영화 취향 데이터를 검증용으로 남겨 놓았다면 그 값을 모델의 예측 결과와 비교할 수 있습니다.

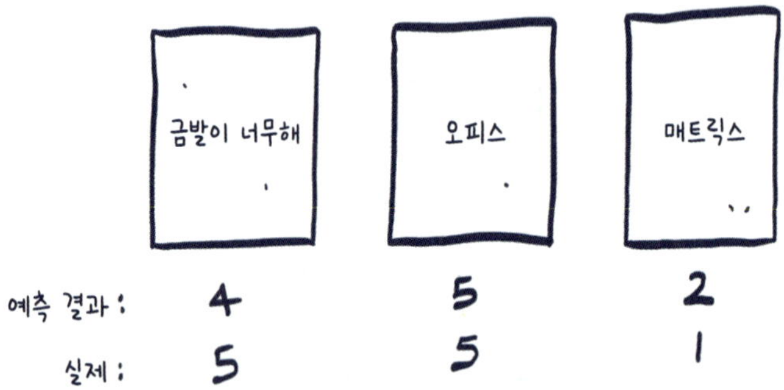

나쁘지 않네요! 이 경우 프리얀카의 실제 평점과 매우 근접한 수치가 나오므로 모델이 예측을 잘했다고 말할 수 있습니다. 모델을 검사하는 이 단계를 **모델 검증**validating 또는 **평가**evaluating라고 합니다.

모델을 평가한 후에는 훈련 시점으로 돌아가서 모델을 조정하고 싶을 수 있습니다. 예를 들어 K=5인 KNN 모델을 만들었다고 가정해 보겠습니다. 더 나은 결과를 얻을 수 있는지 확인하기 위해 K=7이라는 값을 시도해 볼 수 있습니다. 이를 **매개변수 조정**parameter tuning이라고 합니다.

모델 훈련과 평가가 끝나면 모델을 사용할 준비가 된 것입니다! 지금까지 설명한 내용이 머신러닝 모델을 만드는 과정입니다.

12장에서 배운 내용

여러분이 KNN과 머신러닝으로 할 수 있는 여러 일에 아이디어를 얻을 수 있기를 바랍니다! 머신러닝은 여러분이 마음먹고 깊이 파고들어 갈 가치가 있는 아주 재미있는 분야입니다.

- KNN은 가장 가까운 이웃 데이터 k개를 이용하여 분류와 회귀 분석을 할 수 있습니다.
- 분류 = 그룹으로 나누기
- 회귀 분석 = 숫자로 된 반응을 예측하기
- 특징 추출은 (과일이나 고객과 같은) 항목을 비교 가능한 몇 개의 숫자로 만드는 일입니다.
- 성공적인 KNN 알고리즘을 만드는 데는 좋은 특징을 고르는 것이 중요합니다.

연습문제

1. 넷플릭스 예제에서 여러분은 거리 공식을 사용해서 두 고객 사이 거리를 계산했습니다. 그런데 모든 고객이 같은 방법으로 영화 평점을 주지는 않습니다. 예를 들어, 요기와 핑키라는 두 고객이 있다고 생각해 보세요. 요기는 좋아하는 영화에는 대부분 5점을 줍니다. 하지만 핑키는 훨씬 더 까다로워서 5점은 인생 최고의 영화를 위해 아껴 두어야 한다고 믿습니다. 두 명은 취향이 비슷하지만, 거리 알고리즘으로 유사도를 측정하면 가까이 있지 않습니다. 이 경우에는 어떻게 해야 할까요?

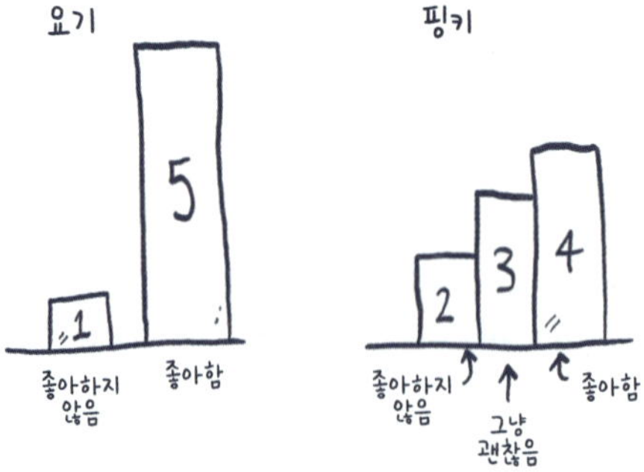

2. 넷플릭스에서 중요 고객을 따로 관리한다고 가정합시다. 예를 들어, 쿠엔틴 타란티노와 웨스 앤더슨은 넷플릭스에서 영향력을 행사하고 있으며, 시청 빈도수 역시 높습니다. 이렇듯 중요 고객의 평점은 일반 고객의 평점보다 더 중요합니다. 추천 시스템에서 이러한 중요 고객의 취향을 다른 고객의 취향보다 더 중요하게 고려하려면 어떻게 해야 할까요?

3. 넷플릭스 고객은 수백만 명입니다. 예제에서는 가까운 고객 5명만 골랐는데요, 이 숫자는 너무 작은 숫자일까요? 아니면 너무 큰 숫자일까요?

Chapter 13

더 공부해야 할 것

- 지금까지 다루지 않았던 10가지 알고리즘을 간단하게 소개하고, 왜 이 알고리즘들이 유용한지 설명합니다.
- 여러분의 관심 분야에 따라 무엇을 더 읽고 공부해야 하는지를 알려 줍니다.

1 선형 회귀

3,000제곱피트 면적의 집을 팔아야 한다고 가정해 보겠습니다. 최근에 동네에서 팔린 주택을 살펴봅니다.

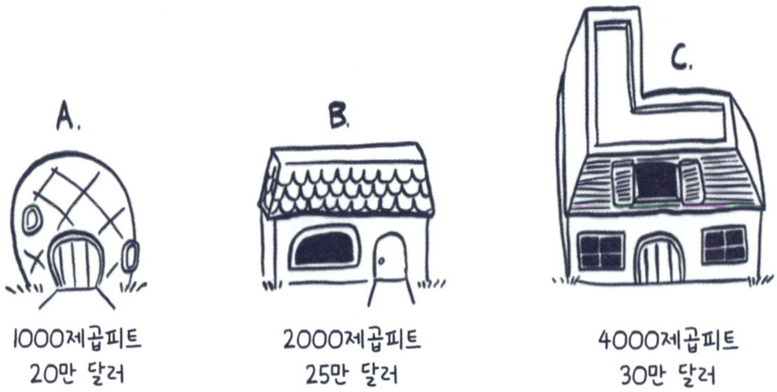

이 정보를 근거로 집 가격을 어떻게 정할까요? 한 가지 방법이 있습니다. 우선 모든 데이터를 그래프에 표시합니다.

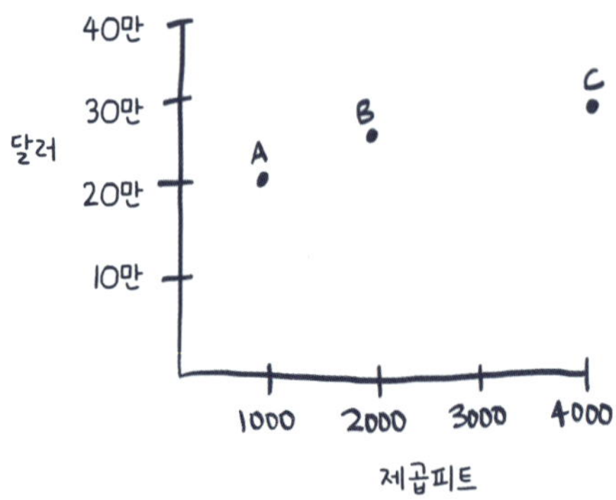

그런 다음 이 데이터 포인트들을 가로지르는 선을 표시합니다.

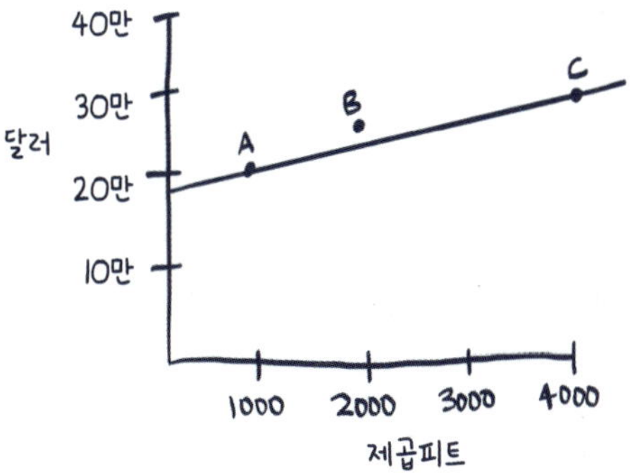

이제 이 선에서 3,000제곱피트가 어디쯤에 해당하는지 알 수 있습니다. 이 정도면 간단한 추정가로 나쁘지 않겠죠.

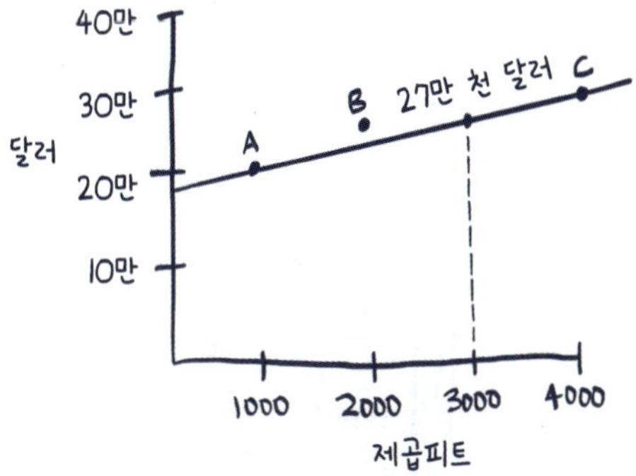

이것이 **선형 회귀**linear regression입니다. 여러 점이 주어지면 그 점들에 선을 맞추려고 시도한 다음 그 선을 사용하여 예측할 수 있습니다.

선형 회귀는 오랫동안 통계학에서 사용되어 왔습니다. 머신러닝에서 가장 먼저 시도할 수 있는 쉬운 기법이기 때문에 널리 사용되고 있습니다. 연속적인 값을 예측하려는 경우에 선형 회귀가 좋은 출발점이 될 수 있습니다.

2 역 인덱스

다음은 검색 엔진이 어떻게 작동하는지를 아주 간단하게 설명한 것입니다. 짧은 내용이 담긴 세 개의 웹 페이지가 있다고 가정합니다.

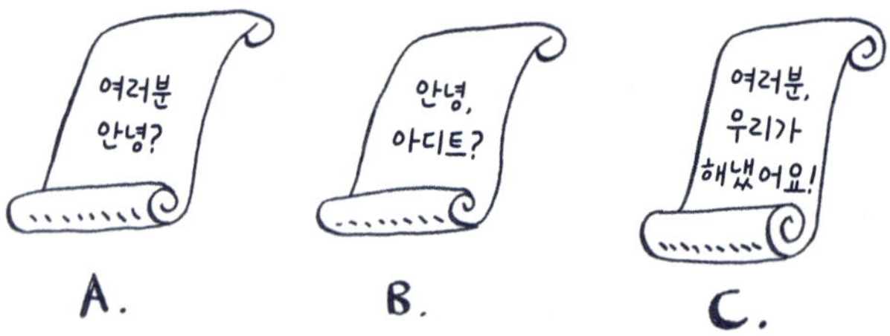

이 내용으로 해시 테이블을 만들어 보죠.

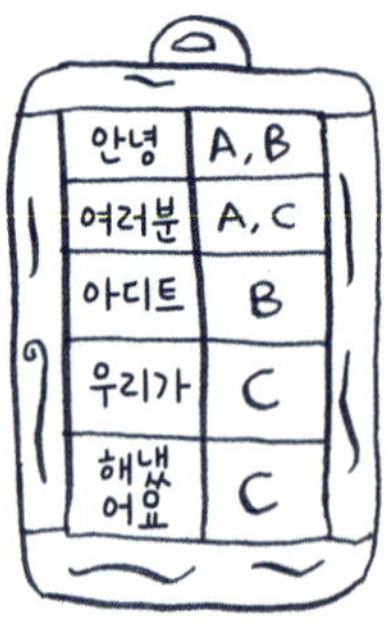

이 해시 테이블의 키는 단어이고, 값은 그 단어가 어떤 웹 페이지에 있었는지를 나타냅니다. 이제 사용자가 '안녕'이라는 단어를 검색한다고 합시다. 어떤 웹 페이지에 '안녕'이라는 단어가 있는지 살펴보겠습니다.

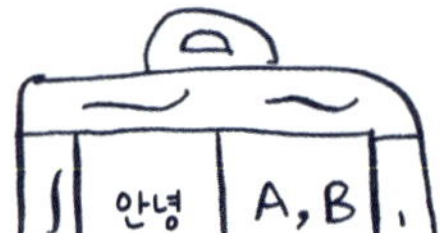

아하! A와 B라는 웹 페이지에 그 단어가 있네요. 이제 이 결과를 사용자에게 보여 주겠습니다. 만약 사용자가 '여러분'이라는 단어를 검색한다면 이번에는 웹 페이지 A와 C를 보여 주면 됩니다. 쉽죠? 해시 테이블은 참 유용한 자료구조입니다. 단어가 어디에서 나타났는지를 알려 줄 수 있죠. 이런 자료구조를 **역 인덱스**inverted index라고 합니다. 주로 검색 엔진을 만드는 데 사용합니다. 만약 검색에 관심이 있다면 역 인덱스부터 공부하면 됩니다.

3 퓨리에 변환

퓨리에 변환 Fourier transform은 아주 뛰어나고, 세련되고 엄청나게 많은 응용 분야를 가지는 희귀한 알고리즘입니다. 수학을 쉽게 설명해 주는 사이트 'Better Explained'에서는 퓨리에 변환을 다음과 같이 비유합니다.

"퓨리에 변환을 사용하면 스무디smoothie가 무슨 성분으로 구성되어 있는지 알아내는 것처럼 하나의 노래를 여러 개별 주파수들로 분리할 수 있다."

이 단순한 개념은 엄청나게 많은 분야에 사용될 수 있습니다. 예를 들어, 노래를 주파수별로 분리해서, 듣고 싶은 주파수만 들을 수도 있습니다. 중저음 영역을 확대하고 고음 영역을 가릴 수도 있죠. 퓨리에 변환은 신호를 처리하는 데 아주 뛰어납니다. 음악을 압축하는 데도 사용할 수 있습니다. 우선 음향 파일을 개별 음파로 분리한 다음 각 음파가 전체 노래에 어느 정도 기여하는지를 계산해서 별로 중요하지 않은 음파는 제거합니다. MP3 포맷이 이런 방식으로 작동합니다!

디지털 신호에는 음악만 있는 것이 아닙니다. JPG 포맷도 압축 포맷의 일종인데 같은 방식으로 작동하죠. 지진이 발생하는 것을 예측하고, DNA를 분석하는 데도 역시 퓨리에 변환을 사용합니다. Shazam과 같이 지금 나오는 음악이 어떤 음악인지 알아맞히는 앱을 만들 때도 사용할 수 있어요. 퓨리에 변환은 여러 가지로 쓸모가 많죠. 여러분은 아주 다양한 분야에서 퓨리에 변환이 사용되는 것을 볼 수 있을 겁니다.

4 병렬 알고리즘

다음 세 주제는 엄청 많은 데이터를 다루는 방법에 대한 것입니다. 과거에는 컴퓨터가 점점 빨라지기만 했죠. 옛날에는 알고리즘을 더 빠르게 작동하도록 하려면 몇 달 더 기다리기만 하면 됐습니다. 컴퓨터 자체가 더 빨라질 테니까요! 하지만 언젠가부터 그런 시대는 끝나고, 노트북이나 데스크톱에도 여러 코어가 탑재되었습니다. 그러니 이제는 알고리즘을 더 빨리 작동시키고 싶다면 여러 코어에서 동시에 돌아가도록 **병렬**parallel 실행을 하면 됩니다.

간단한 예로 정렬 알고리즘은 최고 O(n log n) 실행 속도를 가질 수 있습니다. O(n) 시간에 정렬을 할 수 없다는 것은 잘 알려진 사실입니다. 하지만 병렬화한 퀵 정렬 알고리즘을 사용하면 O(n) 시간에 배열을 정렬할 수 있습니다.

병렬 알고리즘parallel algorithm은 설계하기가 어렵습니다. 그리고 올바르게 작동하는지, 어느 정도의 속도 향상을 얻을 수 있는지 정확하게 파악하기도 어렵죠. 한 가지 확실한 것은 속도 향상이 선형적이지 않다는 것입니다. 그러므로 코어 한 개가 아니라 두 개에서 알고리즘을 돌린다고 하더라도 마법처럼 두 배로 빨라지지는 않습니다. 이렇게 되는 데는 몇 가지 이유가 있습니다.

- **병렬화를 관리하는 데 들어가는 부담:** 만약 1,000개 항목을 가지는 배열을 정렬한다고 할 때, 이 작업을 어떻게 코어 두 개가 처리하도록 나눌까요? 각 코어가 500개 항목을 정렬한 다음, 정렬된 두 배열을 하나의 큰 정렬 배열로 합칠 건가요? 두 배열을 합치는 데도 시간이 걸립니다.

- **암달의 법칙**Amdahl's law**:** 그림을 그린다고 가정해 봅시다. 그림을 그리는 데 보통 20시간이라는 긴 시간이 걸린다고 합시다. 이상적으로는 10시간 안에 완성하는 것이 목표입니다. 그래서 작업 과정을 최적화하기로 결정합니다. 작업 과정을 두 단계로 나눕시다. (i) 초기 스케치를 하는 단계, (ii) 색칠을 하는 단계입니다. 스케치의 경우 손으로 직접 그리는 것보다 트레이싱으로 하는 것이 더 빠를 것입니다. 그렇게 해서 한 시간이 걸리던 스케치가 5분으로 줄었습니다. 크게 개선된 것이죠. 하지만 전체 작업시간은 여전히 19시간 5분이 걸립니다! 무슨 일이 일어난 걸까요?

  스케치는 원래 1시간밖에 차지하지 않았고 가장 시간이 많이 걸리는 부분은 색칠인데, 이 부분을 전혀 최적화하지 않았기 때문입니다. 이것이 바로 암달의 법칙입니다. 암달의 법칙에 따르면 전체 시스템에서 일부분만 최적화하면 전체 성능 향상은 해당 부분에서 소요되는 시간보다 더 향상되지는 않습니다. 이 경우에는 스케치 시간을 기존의 1/12로 줄여서 55분을 절약했습니다. 색칠 시간을 같은 양으로 줄일 수 있었다면 1,045분을 절약할 수 있었을 것입니다! 알고리즘을 병렬화하여 속도를 높일 때는 어떤 부분을 병렬화할지 생각해 보세요. 색칠 부분을 병렬화할까요, 아니면 스케치 부분을 병렬화할까요?

- **로드 밸런싱**load balancing: 여러분이 작업을 10개 해야 해서 두 코어에 5개씩 작업을 나누어 주었습니다. 그런데 A 코어는 쉬운 일만 받아서 10초 내에 끝내고, B 코어는 어려운 일만 받아서 모든 작업을 하는 데 1분이 걸렸습니다. 이렇게 되면 50초 동안 B 코어 혼자 열심히 일을 하고 A 코어는 놀기만 하죠. 두 코어에 일을 균등하게 배분하려면 어떻게 해야 할까요?

만약 성능과 확장성에 관심이 있다면 병렬 알고리즘이 좋습니다!

5 맵-리듀스

점점 인기가 높아지고 있는 특별한 병렬 알고리즘이 있습니다. 바로 **분산 알고리즘**distributed algorithm입니다. 만약 코어가 두 개나 네 개 정도 필요하다면 노트북에서 병렬 알고리즘을 돌려도 됩니다. 하지만 만약 수백 개 코어가 필요하다면? 그럼 컴퓨터 여러 대에서 돌아가는 분산 알고리즘을 만들어야 됩니다. **맵-리듀스**map-reduce라는 분산 알고리즘은 구글에 의해 대중화되었지만 사실 오래 전부터 존재했습니다.

수십억 또는 수조 개 행이 있는 테이블이 있고 이 테이블에서 복잡한 SQL 쿼리를 실행하고 싶다고 가정해 보겠습니다. MySQL에서는 수십억 개 행에 대한 쿼리를 실행하기 어렵습니다. 이때 맵-리듀스를 사용하면 됩니다!

또는 아주 많은 일련의 작업을 수행해야 한다고 생각해 보죠. 실행 시간이 10초 정도 소요되는 작업을 총 100만 개 처리해야 합니다. 만약 컴퓨터 한 대에서 작업한다면 몇 달이 걸릴지 모릅니다! 하지만 컴퓨터 100대에서 실행한다면 며칠이면 되죠.

분산 알고리즘은 이렇게 많은 작업을 하면서 실행 시간을 단축시키고 싶을 때 유용합니다.

6 블룸 필터와 하이퍼로그로그

여러분이 레딧[reddit] 웹 서비스를 운영한다고 가정해 보세요. 어떤 사람이 링크를 올리고 여러분은 이 링크가 예전에 올라왔던 것인지 확인하고 싶습니다. 전에 올라온 적 없는 이야기라면 좀 더 가치가 있다고 판단할 수 있기 때문에 이를 확인할 필요가 있습니다.

또는 여러분이 구글 검색 서비스를 운영하고 있어서 웹 페이지들을 크롤링[crawling]한다고 생각해 보세요. 이전에 찾아보지 않은 웹 페이지만 크롤링하기를 원할 수도 있습니다. 그러려면 이 페이지를 전에 크롤링했는지 아닌지 알아야겠죠.

비틀리[bit.ly]와 같이 URL을 단축해 주는 서비스도 마찬가지입니다. 사용자가 악성 코드가 있는 웹 사이트로 가지 않도록 악성 웹 사이트 주소를 저장해 놓고, 새로운 URL 요청이 왔을 때 이 사이트가 악성 웹 사이트 목록에 있는 것인지 확인해야겠죠.

지금까지의 예는 모두 같은 문제를 가지고 있습니다. 확인해야 할 집합이 너무 크다는 것입니다.

새로운 항목이 들어오면 이 항목이 집합에 이미 있는지 없는지를 확인하고 싶습니다. 해시 테이블을 사용하면 이 작업을 빨리 할 수 있습니다. 만약 구글 서비스에서 이미 크롤링한 웹 사이트를 확인하기 위해 대형 해시 테이블을 사용한다면 키는 크롤링할 웹 페이지의 주소들이 되겠죠.

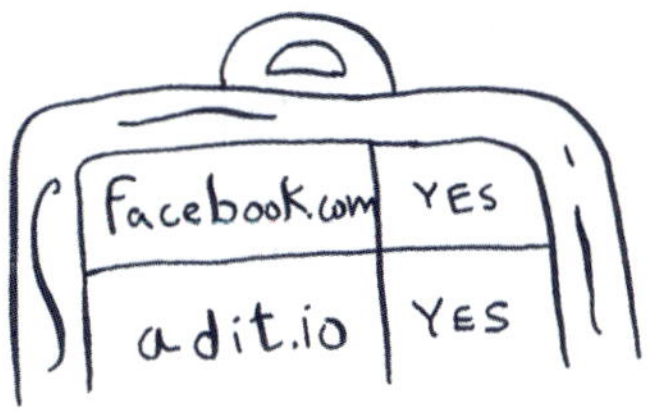

예를 들어, adit.io라는 웹 페이지를 이미 크롤링했는지 확인하려고 해시 테이블을 보면,

adit.io라는 키가 이 해시 테이블에 있고, 값이 YES이므로 이미 크롤링했다는 것을 알 수 있습니다. 해시 테이블에 대한 평균 탐색 시간은 O(1)이므로 상수 시간으로 확인할 수 있습니다. 여기까지는 아주 좋습니다!

딱 한 가지, 이 해시 테이블이 너무 크다는 점만 빼고요. 구글은 수조 개 웹 페이지를 인덱싱합니다. 그런데 이렇게 인덱싱한 모든 주소를 해시 테이블에 가지고 있다면 어마어마한 저장 공간이 필요하겠죠. 레딧과 비틀리도 마찬가지로 저장 공간 문제를 가지고 있습니다. 이렇게 데이터가 너무 많으면 더 참신한 방법이 필요합니다!

블룸 필터

블룸 필터bloom filter가 이 문제에 대한 해답입니다. 블룸 필터는 확률론적인 자료구조입니다. 대부분 옳은 답을 주긴 하지만, 항상 그렇지는 않습니다. 해시 테이블이 항상 정확한 답을 주는 것과는 다르게 블룸 필터는 매번 옳은 답을 주지는 않습니다.

- 블룸 필터는 틀린 답을 맞다고 할 수도 있습니다. 예를 들어 구글 서비스의 경우, "이 사이트는 이미 크롤링했습니다."라는 답을 얻었더라도 사실 크롤링하지 않은 사이트일 수도 있다는 말입니다.
- 하지만 맞는 답을 틀리다고 하지는 않습니다. 즉, "이 사이트는 크롤링하지 않았습니다."라는 답이 나왔다면 진짜 크롤링한 적이 없다는 뜻입니다.

블룸 필터는 저장 공간을 아주 적게 차지하기 때문에 획기적입니다. 해시 테이블이라면 모든 웹 주소를 저장해야 하지만 블룸 필터는 그렇게 하지 않습니다. 위 예에서 본 것처럼 항상 정답이 필요한 상황이 아니라면 블룸 필터가 아주 유용합니다. 비틀리 서비스라면 이렇게 이야기할 수도 있다는 거죠. "이 사이트는 악성 코드가 있을 수도 있습니다. 그러니까 주의하세요."

하이퍼로그로그

이와 비슷한 알고리즘으로 **하이퍼로그로그**HyperLogLog라는 것이 있습니다. 만약 구글에서 사용자의 검색 내역 중 특정 검색에 대한 횟수를 세고 싶다거나, 아마존에서 오늘 사용자가 특정 상품을 몇 번 봤는지 알고 싶다고 해 보죠. 이 문제를 풀기 위해서는 엄청나게 많은 저장 공간이 필요합니다. 구글이라면 모든 검색에 대해 로그를 남겨야 하겠죠. 사용자가 무언가를 검색할 때마다 그 항목이 있는지 확인한 후에 만약 없다면 로그에 추가해야 합니다. 단 하루뿐이라고 해도 로그의 양이 엄청나게 많을 겁니다.

하이퍼로그로그는 집합에 있는 똑같은 원소의 개수를 대략적으로 셀 수 있습니다. 정확한 값을 주지는 않지만 정확한 값을 주기 위해 필요한 메모리의 아주 일부분만 사용해서 꽤 근사한 값을 줄 수 있죠.

만약 근사값이라도 괜찮은 경우라면 이런 확률론적 방법을 생각해 보세요!

7 HTTPS와 디피-헬만 키 교환

HTTPS는 인터넷의 근간으로, 비밀번호 입력부터 온라인 상거래까지 안전한 온라인 거래를 가능하게 합니다. HTTPS는 클라이언트와 서버 간 메시지를 암호화하는 방식으로 작동합니다. HTTPS의 암호화 작동 방식은 다음과 같습니다. 여러분이 메시지와 비밀 키를 함수에 입력하면 함수가 암호화된 메시지를 생성합니다.

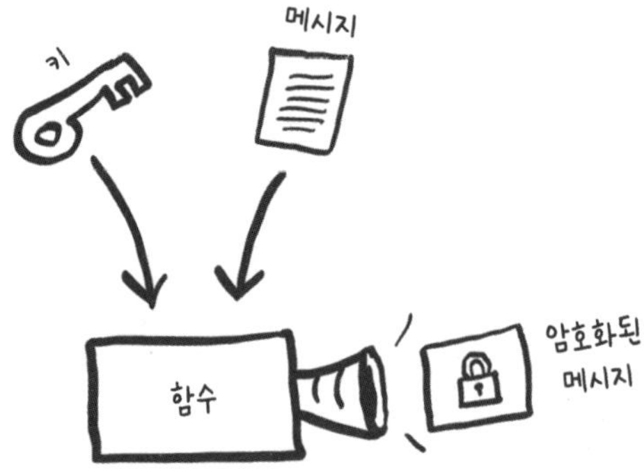

암호화된 메시지와 동일한 키를 함수에 전달하면 메시지를 해독해서 원래 메시지를 다시 받을 수 있습니다.

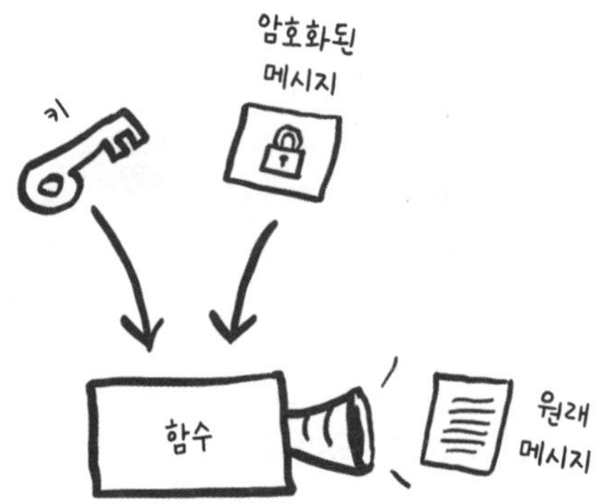

여러분이 서버로 데이터를 보낼 때 여러분이 사용하는 브라우저가 이 메시지를 여러분 대신 암호화하고 이것을 받은 서버가 암호를 해독합니다. 간단하죠? 단 한 가지를 제외하면요. 브라우저 키와 서버의 키가 같은지 어떻게 확신할 수 있을까요?

HTTPS가 작동하려면 양쪽 모두 동일한 키를 가지고 있어야 한다는 점을 기억하세요. 하지만 누군가에게 키를 보이지 않고 어떻게 클라이언트와 서버가 같은 키를 사용할 수 있을까요? 만약 여러분이 서버에 사용할 키를 전송한다면 누군가 그 키를 가로챌 수 있습니다. 사용 중인 키를 브라우저와 서버만 알 수 있도록 하려면 어떻게 해야 할까요? 불가능해 보이지만 가능합니다! 이를 위한 매우 영리한 알고리즘이 있는데, 바로 **디피-헬만**Diffie-Hellman 키 교환입니다. 작동 방식은 다음과 같습니다.

1단계에서는 서버와 클라이언트가 각각 자신만의 **개인키**private key를 생성합니다. 저는 클라이언트로서 직접 개인키를 생성합니다. 서버도 개인키를 생성합니다. 이 개인키들은 서로 다르고 비공개이므로 우리는 서로의 개인키를 알지 못합니다.

여기서는 패턴을 사용하여 그림으로 보여 드리겠습니다. 그림의 패턴은 실제로는 데이터 바이트입니다.

2단계로 공통 패턴을 생성합니다.

이 패턴은 공개되어 양쪽 모두, 이외에도 누구나 볼 수 있습니다. 누가 보든 우리는 신경 쓸 필요가 없습니다.

3번째 단계로 이 패턴을 우리의 개인키와 결합합니다.

이렇게 하면 우리의 **공개키**public key가 만들어집니다. 공개키는 모두에게 공개되며 누가 보든 상관없습니다. 서버는 내 공개키를 볼 수 있고 나는 서버의 공개키를 볼 수 있습니다.

마지막으로 4단계에서 나는 서버의 공개키와 내 개인키를 결합하고 서버도 내 공개키와 서버의 개인키를 결합합니다.

짜잔! 우리의 키가 같아집니다. 3개의 패턴을 조합하면 공통의 키가 생깁니다.

서로에게 키를 보내지 않고도 둘 다 같은 키를 가지게 되었습니다. 이 키를 **공유 암호** shared secret 라고 하며, 이것이 바로 디피-헬만 키 교환의 작동 방식입니다.

우리의 일상에서 HTTPS는 매우 매력적이고 중요합니다. 다음은 HTTPS와 관련하여 자주 들을 수 있는 몇 가지 용어입니다.

- **TLS:** TLS Transfer Layer Security는 프로토콜입니다. TLS는 보안 연결을 설정하는 방법입니다.
- **SSL:** SSL은 TLS의 옛날 이름이지만 보통 명확히 구분하지 않습니다. 누군가 SSL이라고 하는 건 아마도 TLS에 대해 이야기하고 있을 가능성이 있습니다. 사람들이 각종 보안 허점을 발견하기 때문에 프로토콜은 지속적으로 업데이트해야 합니다. TLS 프로토콜은 1999년에 처음 도입되었습니다. TLS 프로토콜 이전에 나온 모든 버전의 SSL 프로토콜은 보안적 결함이 있습니다.
- **대칭 키 암호화:** 이 예에서는 양쪽 모두 동일한 키를 사용했습니다. 양쪽이 서로 다른 키를 사용하는 비대칭 키 암호화라는 것도 있습니다. 대칭 키 암호화에 대해 이야기한 이유는 이 방식이 HTTPS가 사용하는 방식이기 때문입니다.

HTTPS는 임시 ephemeral 디피-헬만 키 교환이라고 하는 수정된 버전의 디피-헬만 키 교환을 사용합니다. 방금 설명한 것과 원리는 같지만, 연결할 때마다 개인키가 새로 생성된다는 점이 다릅니다. 즉, 공격자가 개인키 중 하나를 발견하더라도 하나의 연결에서만 메시지를 해독할 수 있습니다.

암호화의 세계는 심오하고도 오묘합니다. 만약 더 공부하고 싶다면 데이비드 웡 David Wong 의 『리얼월드 암호학 Real-World Cryptography』(제이펍, 2023)이라는 책을 추천합니다.

8 지역 민감 해싱

여러분이 사용하는 많은 해시 함수는 지역에 민감하지 않습니다. 문자열이 있을 때 SHA-256 해시 알고리즘으로 해시를 생성한다고 가정합시다.

dog → cd6357

이 문자열에서 한 글자만 바꾸어 다시 해시값을 생성하면 완전히 다른 값이 나옵니다!

dot → e392da

이는 해커가 패스워드를 추측할 때 패스워드와 어느 정도 비슷해졌는지 알 수 없기 때문에 좋은 특성입니다.

하지만 어떨 때는 반대로 **지역 민감 해싱**locality sensitive hashing 함수가 필요할 수도 있죠. 이럴 때는 Simhash를 사용합니다. Simhash를 쓰면 문자열이 조금 바뀌었을 때 해시값도 조금만 바뀝니다. 이렇게 되면 두 문자열이 어느 정도 비슷한지를 알 수 있는데, 다음과 같은 경우에 아주 유용합니다!

- 구글은 Simhash를 사용해서 크롤링할 웹 페이지가 중복되었는지 판단합니다.
- 선생님은 Simhash를 사용해서 학생이 작문 숙제를 인터넷에서 베꼈는지 알 수 있습니다.
- Scribd 서비스는 사용자가 문서나 책을 업로드해서 다른 사람들과 공유하도록 합니다. 하지만 저작권이 있는 내용은 업로드하지 못하도록 하죠. 이 서비스는 Simhash를 사용하여 사용자가 업로드한 내용이 해리 포터 책과 같은지 살펴보고, 만약 같은 내용이라면 자동으로 업로드를 거절하도록 합니다.

Simhash는 이렇게 비슷한 항목을 찾아낼 때 유용합니다.

9 최소 힙과 우선순위 큐

최소 힙 min heap 은 트리를 사용해 만들어진 자료구조입니다. 최소 힙은 여러 숫자를 저장합니다. 다음은 최소 힙의 예입니다.

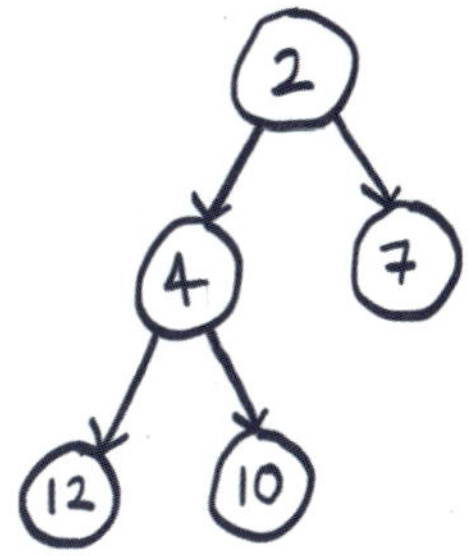

최소 힙을 사용하면 항상 가장 작은 값이 루트가 되므로 힙에서 가장 작은 요소를 빠르게 알 수 있습니다. 이것이 최소 힙이 유용한 점입니다. 가장 작은 요소를 $O(1)$ 시간 내에 확인할 수 있습니다.

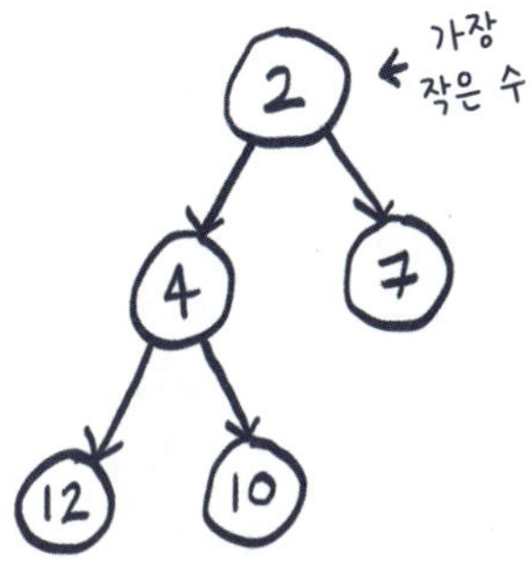

아니면 $O(\log n)$ 시간 내에 힙에서 이 최솟값을 지우고 다음 최솟값으로 대체할 수도 있습니다.

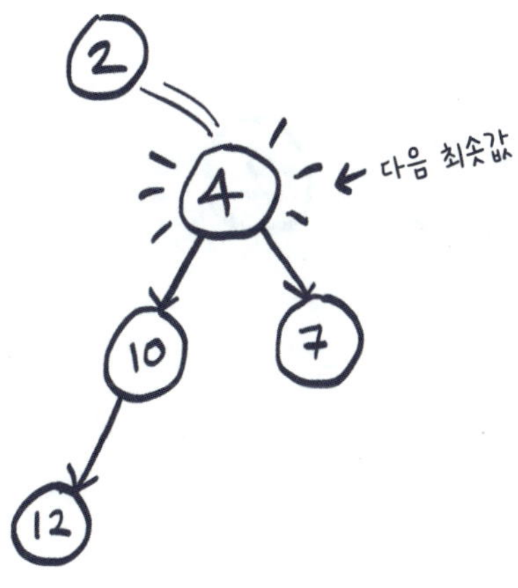

힙을 사용하면 매우 쉽게 정렬할 수 있습니다. 계속 최솟값을 물어보면 되니까요.

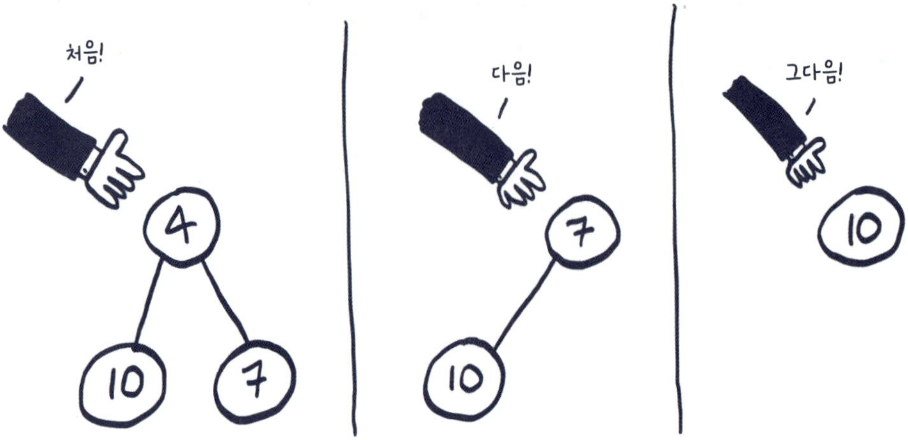

이를 반복하면 나중에는 트리가 텅 비고 정렬된 숫자 열을 얻을 수 있겠죠! 이런 알고리즘을 **힙 정렬** heapsort 이라고 합니다.

최대 힙 max heap 도 최소 힙과 비슷하지만 가장 큰 값이 루트가 됩니다.

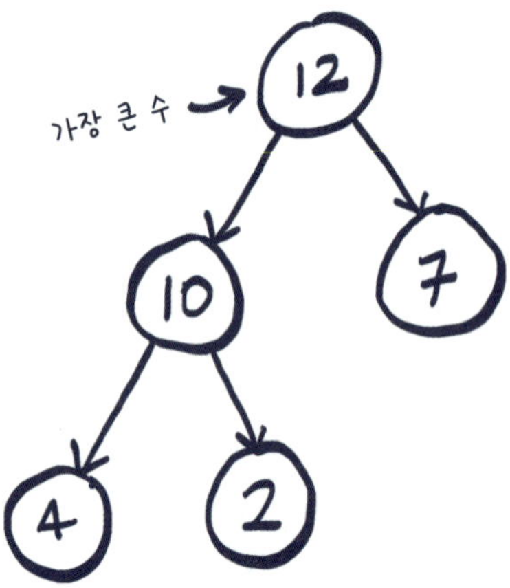

힙은 **우선순위 큐** priority queue 라는 것을 구현하는 데 유용합니다. 6장에서 큐 자료구조에 대해 살펴봤습니다. 큐는 선입선출 자료구조라는 것을 기억하세요(반대로 스택은 후입선출 자료 구조입니다). 우선순위 큐는 항목을 요청할 때 우선순위가 가장 높은 항목을 출력한다는 점을 제외하면 큐와 비슷합니다! 할 일 목록 프로그램은 우선순위 큐의 훌륭한 활용 사례입니다. 먼저 할 일을 입력합니다. 그런 다음 작업할 항목을 요청하면 우선순위 대기열에서 우선순위가 가장 높은 할 일을 알려 줍니다. 우선순위 대기열은 다익스트라 알고리즘의 효율적인 버전을 구현하는 데도 사용됩니다.

10 선형 프로그래밍

마지막을 위해 최고의 알고리즘을 남겨 두었습니다. **선형 프로그래밍**linear programming은 제가 아는 정말 멋진 알고리즘 중 하나입니다.

선형 프로그래밍은 선형 제약조건이 주어졌을 때 무언가를 최대화하는 데 사용됩니다. 예를 들어 회사에서 셔츠와 토트백이라는 두 제품을 만든다고 가정해 보겠습니다. 셔츠에는 원단 1m와 단추 5개가 필요합니다. 토트백에는 원단 2m와 단추 2개가 필요합니다. 만약 우리에게 원단 11m와 단추 20개가 있고 셔츠가 개당 2달러, 토트백이 개당 3달러의 수익이 난다고 가정하죠. 수익을 극대화하려면 셔츠와 토트백을 각각 몇 개 만들어야 할까요?

수익을 최대화하려고 하면 재료의 한계가 문제가 됩니다.

다른 예를 들어 보죠. 여러분이 정치인이고 득표율을 극대화하고 싶다고 가정해 보겠습니다. 조사 결과 샌프란시스코 시민이 한 표를 행사할 때마다 평균 1시간, 시카고 시민이 한 표를 행사할 때마다 1.5시간의 작업(마케팅, 조사 등)이 필요한 것으로 나타났습니다. 우리에게는 최소 500명의 샌프란시스코 시민 표와 최소 300명의 시카고 시민 표가 필요합니다. 주어진 시간은 50일밖에 없습니다. 그리고 샌프란시스코 사람 1인당 2달러, 시카고 사람 1인당 1달러의 비용도 들어갑니다. 우리에게 주어진 총 예산은 1,500달러입니다. 샌프란시스코와 시카고를 합쳐, 얻을 수 있는 총 투표 수는 최대 몇 개일까요?

여기에서도 득표를 최대화하면 시간과 비용의 제한이 문제가 됩니다.

여러분은 이 책에서 다룬 많은 최적화 주제와 선형 프로그래밍이 어떤 관련이 있는지 궁금할 수 있겠죠. 이 책에서 설명한 모든 그래프 알고리즘은 선형 프로그래밍을 통해서도 구현할 수 있습니다. 선형 프로그래밍은 훨씬 더 일반적인 프레임워크이며, 우리가 살펴본 그래프 문제는 그 하위 집합입니다. 굉장하지 않나요!

선형 프로그래밍은 **심플렉스**Simplex 라는 알고리즘을 사용합니다. 이 알고리즘은 너무 복잡해서 이 책에는 포함하지 않았습니다. 최적화에 관심이 있다면 선형 프로그래밍에 대해서도 공부해 보세요!

에필로그

지금까지 10가지 알고리즘을 간략하게 훑어봤는데, 아직도 공부해야 할 것이 얼마나 많이 남았는지 여러분이 느꼈기를 바랍니다. 무언가를 배우는 가장 좋은 방법은 관심을 가지고 파고드는 것입니다. 이 책이 여러분의 학습을 위한 튼튼한 밑바탕이 되었기를 바랍니다.

A Appendix AVL 트리의 성능

부록 A에서는 8장에서 소개한 AVL 트리의 성능에 대해 설명합니다. 이 장을 읽기 전에 먼저 8장을 읽어야 합니다.

AVL 트리는 O(log n) 탐색 성능을 제공한다는 점을 기억하세요. 하지만 오해의 소지가 있습니다. 다음 두 트리를 보세요. 둘 다 O(log n) 탐색 성능을 제공하지만 높이가 다릅니다(점선으로 표시한 정점은 트리의 빈칸을 나타냅니다).

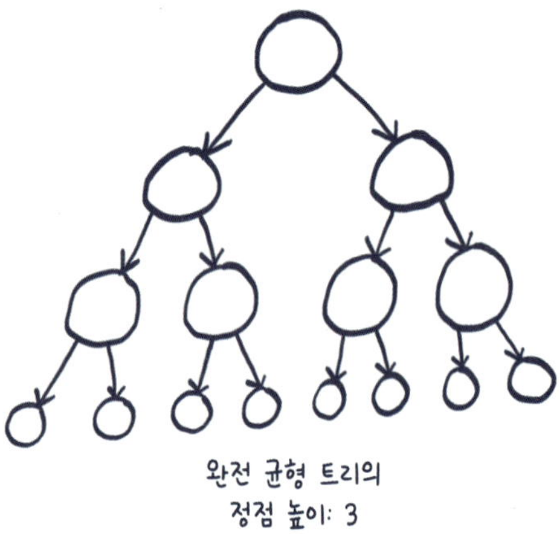

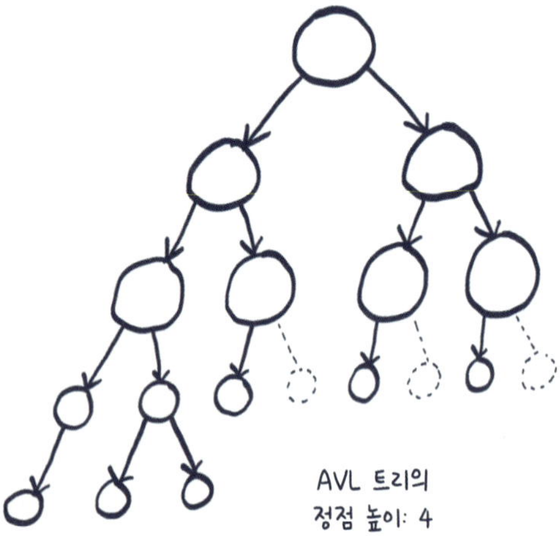

AVL 트리는 높이에서 1만큼의 차이를 허용합니다. 따라서 두 트리 모두 정점이 15개이지만 완전 균형 트리는 높이가 3, AVL 트리는 높이가 4입니다. 완전 균형 트리는 새로운 계층이 추가되기 전에 각 계층이 정점으로 완전히 채워질 수 있습니다. 그러나 AVL 트리는 정점이 있을 수 있는 곳이 빈칸이어도 균형 트리로 간주합니다.

트리에서 성능은 높이와 밀접한 관련이 있다는 것을 기억하세요. 트리의 높이가 서로 다른데 어떻게 동일한 성능을 제공할 수 있을까요? 사실 위에서 말한 성능식에 로그의 밑이 무엇인지 명시하지를 않았죠!

완전 균형 트리는 이진 탐색과 마찬가지로 '로그'가 밑이 2인 O(log n) 성능을 갖습니다. 다음 그림에서 이를 확인할 수 있습니다. 새로운 단계가 추가될 때마다 정점의 개수는 이전 값의 두 배에 1을 더한 값이 됩니다. 따라서 높이 1의 완전 균형 트리는 3개(1×2 + 1)의 정점, 높이 2인 경우에는 7개(3×2 + 1), 높이 3인 경우에는 15개(7×2 + 1)의 정점으로 구성됩니다. 각 단계에 2의 거듭제곱과 같은 수의 정점을 추가한다고 생각할 수도 있습니다.

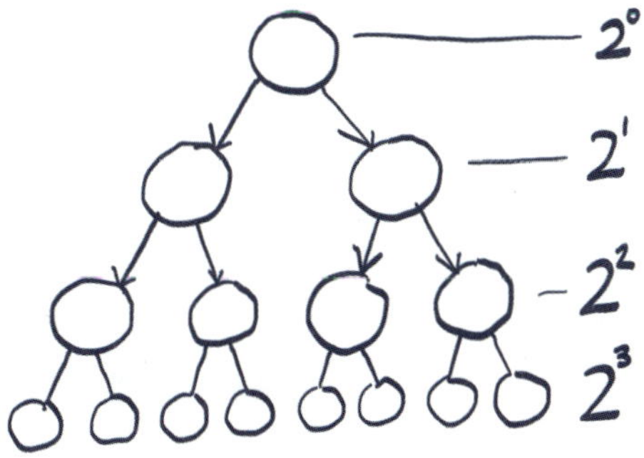

따라서 완전 균형 트리의 성능은 O(log n)이고 이 식에서 로그의 밑은 2입니다.

AVL 트리의 경우에는 약간 다릅니다. AVL 트리에서 새로운 계층이 추가될 때마다 정점의 수는 두 배 미만이 됩니다. AVL도 O(log n)의 성능을 제공하지만 이 경우, '로그'의 밑은 황금비golden ratio(약 1.618)입니다.

이는 작지만 흥미로운 차이점입니다. AVL 트리는 성능을 나타내는 로그의 밑이 다르기 때문에 완전 균형 트리에 비해 성능이 약간 떨어집니다. 하지만 둘 다 성능은 결국 O(log n)이므로 매우 비슷합니다. 다만 완전히 똑같지는 않다는 점만 알아두세요.

B Appendix NP-난해 문제

집합 커버링 문제와 외판원 문제 모두 풀기 어렵다는 공통점이 있습니다. 최소 집합 또는 최단 경로를 찾기 위해 가능한 모든 경우를 반복해서 확인해야 합니다.

이 두 문제는 모두 NP-난해 문제입니다. NP, NP-난해NP-hard, NP-완전NP-complete이라는 용어는 많이 헷갈리는 용어입니다. 저도 아주 혼란스러웠습니다. 부록 B에서는 이 용어들의 의미를 설명하려고 합니다. 이보다 먼저 몇 가지 다른 개념을 설명하겠습니다. 다음은 우리가 배울 내용들이 서로 어떤 관계를 가지는지 나타낸 그림입니다.

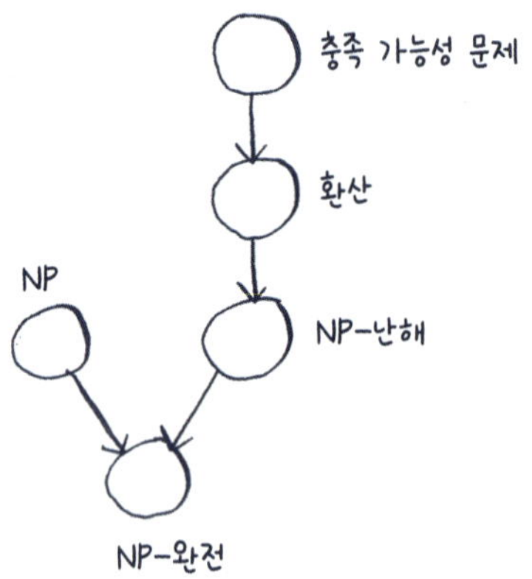

하지만 부록 B의 나머지 부분에서 살펴볼 모든 문제가 판정 문제이기 때문에 먼저 판정 문제가 무엇인지 설명해야 합니다.

판정 문제

NP 완전 문제는 항상 판정 문제입니다. 판정 문제에는 '예' 또는 '아니오'라는 답이 있습니다. 외판원 문제는 판정 문제가 아닙니다. 최단 경로를 찾으려는 최적화 문제입니다.

NOTE 앞에서 NP-난해 문제에 대해 이야기했는데, 지금은 NP-완전 문제에 대해 이야기합니다. 차이점이 무엇인지는 곧 설명하겠습니다.

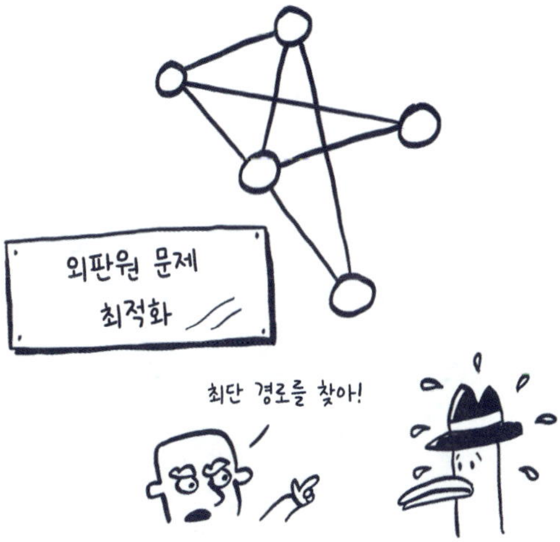

다음은 외판원 문제의 판정 문제 버전입니다.

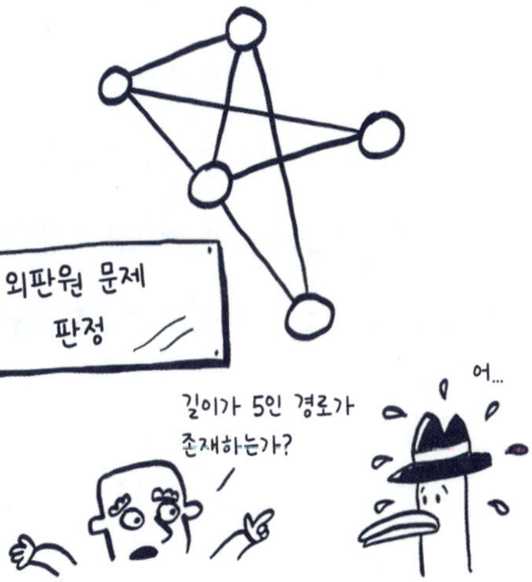

판정 문제는 "길이가 5인 경로가 존재하는가?"라는 질문처럼 '예-아니오'로 답하는 문제입니다. 판정 문제를 먼저 이야기하는 이유는, 모든 NP-완전 문제는 판정 문제이기 때문입니다. 따라서 부록 B의 나머지 부분에서 말하는 외판원 문제는 외판원 문제의 판정 문제 버전을 의미합니다.

이제 진짜로 NP-완전 문제가 무슨 뜻인지 알아봅시다! 첫 번째 단계는 충족 가능성 문제 satisfiability problem를 공부하는 것입니다.

충족 가능성 문제

제리, 조지, 일레인, 크레이머*가 함께 피자를 주문합니다.

일레인이 말합니다. "페퍼로니로 합시다!"

제리가 말합니다. "페퍼로니는 맛있지만 소시지도 좋죠. 페퍼로니, 소시지 둘 다 좋아요."

크레이머가 말합니다. "제 피부 비결은 올리브 피자예요. 올리브 많이요. 양파도 괜찮아요."

조지는 "어떤 피자든 상관없지만 양파는 안 돼요. 양파는 절대 못 먹어요, 제리!"라고 말합니다.

제리가 말합니다. "알았어요, 제가 알아볼게요. 또 필요한 토핑 있어요?"

여러분은 제리를 도와 피자 토핑을 결정할 수 있나요? 다음은 지금까지 나온 요구 사항입니다.

---

* 역자주_ 미국 코미디 드라마 '사인펠드Seinfeld'의 등장인물 이름들이다.

- 페퍼로니(일레인)
- 페퍼로니 또는 소시지(제리)
- 올리브 또는 양파(크레이머)
- 양파 없음(조지)

계속 읽기 전에 피자에 어떤 토핑을 넣을지 여러분 스스로 생각해 보세요.

답을 아시겠어요? 페퍼로니와 올리브를 넣은 피자가 모두의 요구 사항을 만족시킬 수 있습니다. 이게 바로 충족 가능성 문제의 예입니다. 의사코드로 이 문제를 풀면 다음과 같습니다. 우선 다음과 같은 4개의 참 또는 거짓 값을 가지는 부울값Boolean 변수를 가정합니다.

- `pepperoni = ?`
- `sausage = ?`
- `olives = ?`
- `onions = ?`

이 변수를 사용해서 다음과 같은 부울값 식을 만듭니다.

```
(pepperoni) and (pepperoni or sausage) and (olives or onions) and (not onions)
```

이 공식은 부울 논리 형식으로 각 사람의 요구 사항을 포함하고 있습니다. 충족 가능성 문제의 뜻은 다음과 같습니다.

각 변수의 값을 어떻게 해야 공식의 값이 참이 될 수 있는가?

충족 가능성 문제가 유명한 이유는 1971년에 설명된 최초의 NP-완전 문제이기 때문입니다(원래 문제에서 드라마 사인펠드를 예로 들지는 않았습니다). 그 전에는 NP-완전 문제라는 개념이 존재하지 않았습니다. 다음은 충족 가능성 문제를 푸는 방식입니다. 우선 다음과 같은 부울 공식으로 시작합니다.

```
if (pepperoni) and (olives or onions):
    print("pizza")
```

이 코드가 "pizza"라는 문자를 출력하도록 변수 값들을 줄 수 있는 방법이 존재하나요?

이 예제의 경우는 간단하므로 직관적으로 해결할 수 있습니다. 페퍼로니와 양파가 참이면 이 코드는 피자를 출력합니다. 따라서 답은 '예'입니다.

다음은 답이 '아니오'인 경우입니다.

```
if (olives or onions) and (not olives) and (not onions):
    print("pizza")
```

변수 값을 어떻게 주어도 "pizza"를 출력할 수 있는 방법은 없습니다!

충족 가능성 문제는 항상 예 또는 아니오의 답을 찾아야 하므로 판정 문제입니다.

충족 가능성 문제는 사실 꽤 어려운 문제입니다. 좀 더 어려운 예를 들어 볼까요?

```
if (pepperoni or not olives) and (onions or not pepperoni) and (not
olives or not pepperoni):
  print("pizza")
```

여러분이 직접 이 문제를 풀 필요는 없습니다. 이 문제가 얼마나 어려워질지 알 수 있도록 보여 주는 예시일 뿐입니다. 변수와 조건의 수는 얼마든지 늘어날 수 있으며, 이에 따라 문제는 굉장히 빠르게 어려워집니다.

토핑이 n개라면 가능한 피자는 2^n개입니다. 이를 모두 나열해서 확인하면 진리표truth table를 얻을 수 있습니다. 다음은 `pepperoni and (olives or onions)` 조건에 대한 진리표입니다.

때로는 집합 커버링 문제나 외판원 문제처럼 모든 경우를 나열해야 할 때도 있습니다! 사실 충족 가능성 문제도 이 두 문제만큼이나 어렵습니다. 이 문제들의 빅오 실행 시간은 $O(2^n)$입니다.

풀기는 어렵지만 검증은 쉬운

어떤 답이 정답인지 아닌지 검증하는 것이 그 답을 찾는 것보다 훨씬 더 쉬운 경우가 많죠. 팔린드롬palindrome 문장(바로 읽어도 거꾸로 읽어도 같은 문장)을 하나 생각해 보세요. 생각해 내는 데 시간이 얼마나 걸릴 것 같나요?

이번에는 다음 문장이 팔린드롬인지 아닌지 말해 보세요.

소주 만 병만 주소

팔린드롬을 새로 생각해 내는 것보다 훨씬 쉽죠! 정답을 생각해 내는 것보다 주어진 것이 정답인지 아닌지 검증하는 게 훨씬 빠릅니다.

충족 가능성 문제는 집합 커버링 문제나 외판원 문제만큼 풀기 어렵지만, 이러 문제와는 달리 답을 검증하는 것은 쉽습니다. 예를 들어, 앞서 제시한 `(pepperoni or not olives) and (onions or not pepperoni) and (not olives or not pepperoni)` 문제의 경우 답은 다음과 같습니다.

```
pepperoni = False
olives = False
onions = False
```

이 값들을 대입해서 부울 공식이 참이 되는지 빠르게 확인할 수 있습니다. 이렇게 값을 확인하는 것이 직접 푸는 것보다 더 빠릅니다!

충족 가능성 문제는 검증이 빠르기 때문에 NP 문제에 속합니다. NP 문제는 다항식 시간 내에 검증할 수 있는 문제입니다. NP 문제는 풀기 쉬울 수도 있고 그렇지 않을 수도 있지만 검증하기는 쉽습니다. 이 점이 P 문제와 다릅니다.

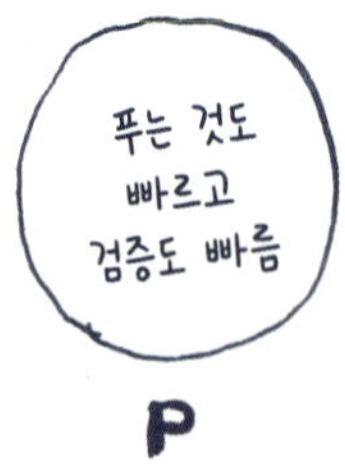

다항식 시간 내에 검증하고 풀 수 있는 문제라면 P 문제에 해당합니다.

여기에서 다항식 시간이란 빅오 시간입니다. 이 책에서 다항식이 무엇인지 정의하지는 않겠습니다만 다음과 같이 다항식 예 두 가지를 보여 드립니다.

$$n^3 \qquad n^2+n$$

다음은 다항식이 아닌 예 두 가지입니다.

$$n! \qquad 2^n$$

P 문제는 NP 문제의 부분 집합이므로 NP 문제는 P 문제와 그 외의 것을 포함합니다.

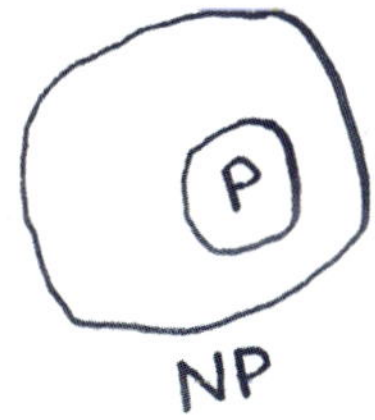

TIP P 문제와 NP 문제

'P 대 NP 문제'라는 것을 들어봤을 거예요. P 문제는 검증도 빠르고 해결도 빠르다는 것을 방금 보았습니다. NP 문제는, 검증은 빠르지만 풀이는 빠를 수도 있고 빠르지 않을 수도 있습니다. P 대 NP 문제는 검증이 빠른 모든 문제가 풀이도 빠른지를 묻는 문제입니다. 만약 그렇다면 P는 NP의 부분 집합이 아니고 NP와 같겠죠.

다음에 정의할 용어는 NP-난해입니다만 먼저 환산reduction이 무엇인지부터 간략하게 설명하겠습니다.

환산

풀기 어려운 문제가 생겼을 때 어떻게 하나요? 이 문제를 해결 가능한 더 쉬운 문제로 바꾸면 됩니다! 실생활에서 어려운 문제에 직면했을 때 문제를 다른 문제로 바꾸는 것은 매우 흔한 일입니다.

예를 하나 들어 보죠. 다음 두 이진수의 곱을 어떻게 계산하죠?

```
101 * 110
```

저라면 2진법으로 곱하는 방법을 알아내려고 노력하지 않을 겁니다. 이진수 101이 십진수로 5이고 이진수 110이 십진수로 6이라는 것만 알면 5와 6을 곱해서 답을 구하면 되죠.

이를 환산이라고 합니다. 풀이 방법을 모르는 문제를, 풀이 방법을 아는 문제로 바꾸는 것입니다. 컴퓨터 과학에서 항상 하는 작업이죠.

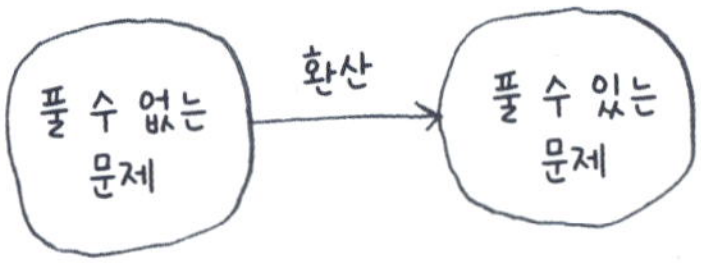

NP-난해

우리는 지금까지 3개의 NP-난해 문제 예시를 보았습니다(앞서 이야기한 바와 같이 이 문제들의 판정 문제 버전을 의미합니다).

- 집합 커버링 문제
- 외판원 문제
- 충족 가능성 문제

이 세 문제는 NP-난해 문제입니다. 문제가 있을 때 어떤 NP 문제라도 그 문제로 환산할 수 있다면 그 문제를 NP-난해 문제라고 말합니다. 이것이 NP-난해의 정의입니다.

모든 NP 문제는 어떤 형태의 NP-난해 문제로도 환산할 수도 있습니다. 예를 들어, 모든 NP 문제는 충족 가능성 문제로 환산할 수 있습니다.

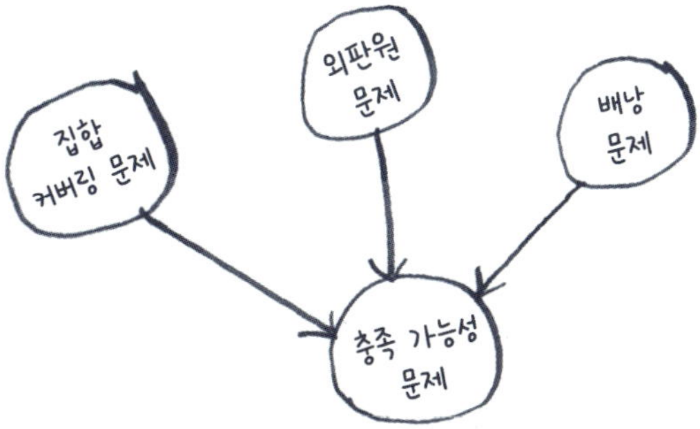

한 가지 추가 사항은 이 모든 문제를 다항식 시간 내에 환산할 수 있어야 한다는 것입니다. '다항식 시간 내에'라는 말이 중요한 이유는 환산하는 부분에서 병목 현상이 일어나지 않도록 하기 위해서입니다. 모든 NP 문제는 다항식 시간 내에 충족 가능성 문제로 줄일 수 있으므로 NP−난해입니다.

NP의 모든 문제는 모든 NP−난해 문제로 환산할 수 있기 때문에, 하나의 NP−난해 문제에 대한 다항식 시간 해법만 존재하면 NP의 모든 문제에 대한 다항식 시간 해법이 존재합니다!

NP-완전

지금까지 두 가지 정의를 살펴봤습니다.

- NP 문제는 검증이 빠르고 해결은 빠를 수도 있고 그렇지 않을 수도 있습니다.
- NP−난해 문제는 적어도 NP에서 가장 어려운 문제만큼 어렵고, NP의 모든 문제는 NP−난해 문제로 환산할 수 있습니다.

이제 최종 정의를 내리죠. 만약 어떤 문제가 NP 문제와 NP−난해 문제 모두에 해당하면 NP−완전 문제라고 합니다.

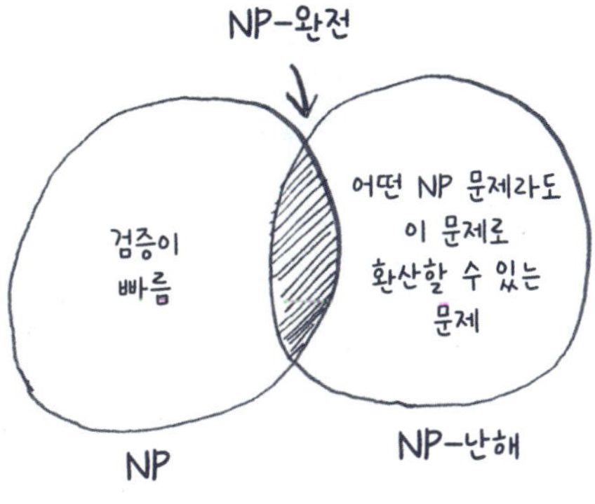

NP-완전 문제는,

- 풀기가 어려우며(적어도 지금까지는 그렇습니다. 만약 누군가가 P=NP를 증명할 수 있다면 아닐 수도 있습니다)
- 검증은 쉬운

문제입니다.

모든 NP 문제는 NP-완전 문제로 환산할 수 있습니다.

다음은 부록 B에서 정의한 용어들입니다.

- 판정 문제
- 충족 가능성 문제
- P 대 NP
- 환산
- NP-난해
- NP-완전

이제 NP-완전 문제에 대한 글을 보아도 여기에서 설명한 내용을 생각하며 자신감을 가지세요!

여기에서 배운 내용

- 문제 해결과 검증이 모두 빠르면 P 문제입니다.
- 검증이 빠르면 NP 문제입니다. 풀기는 빠를 수도 있고 아닐 수도 있습니다.
- 모든 문제에 대해 빠른(다항식 시간) 알고리즘을 찾으면 P=NP가 됩니다.
- NP의 모든 문제를 해당 문제로 축소할 수 있다면 그 문제는 NP-난해 문제입니다.
- 어떤 문제가 NP와 NP-난해 모두에 속한다면 그 문제는 NP-완전 문제입니다.

연습문제 풀이

Chapter 1

1. 다음 질문을 보고, 정답을 맞혀 보세요.

1-1 128개의 이름이 알파벳순으로 정렬되어 있는 리스트가 있습니다. 이진 탐색으로 이름을 찾을 때 필요한 최대 추측 횟수는 얼마인가요?

>>> 7

1-2 만약 리스트의 크기가 두 배가 된다면 최대 추측 횟수는 어떻게 될까요?

>>> 8

2. 다음 각각의 실행 시간을 빅오 표기법으로 표시하세요.

2-1 어떤 사람의 이름을 알고 있습니다. 전화번호부에서 이 사람의 전화번호를 찾고 싶습니다.

>>> O(log n)

2-2 전화번호가 있습니다. 전화번호부에서 이 전화번호를 가진 사람의 이름을 찾고 싶습니다. **힌트** 전화번호부를 모두 찾아야 할 수도 있습니다!

>>> O(n)

2-3 전화번호부에 있는 모든 사람의 전화번호를 알고 싶습니다.

>>> O(n)

2-4 알파벳 A로 시작하는 사람들의 전화번호를 알고 싶습니다(이 문제는 4장에서 설명할 내용을 포함하므로 어려울 수도 있습니다. 답을 읽어 보면 깜짝 놀랄 거예요).

>>> O(n)

'26글자 중 1글자만 처리할 테니 런타임은 O(n/26)이 되겠지'라고 생각할 수도 있습니다. 여러분이 빅오에 대해 기억할 규칙은 더하기, 빼기, 곱하기, 나누기 숫자는 무시한다는 것입니다.

다음 중 어느 것도 올바른 빅오 실행 시간이 아닙니다.

O(n + 26), O(n − 26), O(n * 26), O(n/26)

이 값들은 모두 O(n)과 같습니다! 왜 그럴까요? 궁금하다면 4장의 '빅오 표기법 복습'에서 빅오 표기법의 상수에 대해 읽어 보세요(상수는 그냥 숫자이고, 이 문제에서는 26이 상수였습니다).

Chapter 2

1. 다음 설명을 바탕으로 물음에 답해 보세요.

1-1 가계부 앱을 개발하고 있다고 생각해 보세요. 돈을 어디에 썼는지 매일 앱에 기록합니다.

1. 식료품
2. 영화
3. SF 독서모임 회원 가입

월말이 되면 지출을 되돌아보고 소비 금액의 합계를 계산합니다. 그러니까 자료를 읽는 것보다 삽입하는 일이 훨씬 많습니다. 그럼 배열을 사용해야 할까요? 아니면 연결 리스트를 사용해야 할까요?

>>> 이 경우에는 지출을 매일 목록에 기록하고 월말에 내역을 읽습니다. 배열은 읽기 속도가 빠르고 삽입 속도가 느립니다. 연결 리스트는 읽기 속도가 느리고 삽입 속도가 빠릅니다. 여기서는 읽기보다 쓰기를 자주 실행하기 때문에 연결 리스트를 사용하는 것이 좋습니다. 또 연결 리스트는 임의의 위치를 읽을 때는 느리지만, 이 경우에는 원래 항목을 읽어야 하므로 연결 리스트로도 충분합니다. 그러니까 이 문제에서는 연결 리스트를 사용하는 것이 좋습니다.

1-2 레스토랑에서 고객의 주문을 받아서 처리하는 앱을 만들고 있다고 가정하죠. 그 앱은 우선 주문 목록을 저장해야 합니다. 서빙 담당 직원은 이 목록에 계속 주문을 추가하고, 요리사는 목록에서 주문을 꺼내어 요리합니다.

연습문제 풀이

이런 것을 주문 **큐**queue라고 합니다. 서빙 담당 직원은 큐의 뒤에 주문을 추가하고, 요리사는 큐의 앞에서 첫 번째 주문을 꺼내어 요리합니다.

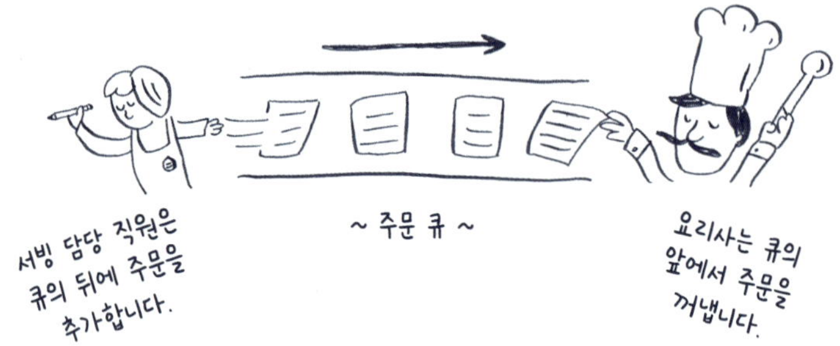

여러분은 이러한 큐를 구현하는 데 배열을 사용하겠습니까? 아니면 연결 리스트를 사용하겠습니까? **힌트** 연결 리스트는 삽입과 삭제에 좋고, 배열은 임의 접근에 좋습니다. 여기에서는 어떤 일을 해야 하죠?

>>> 연결 리스트입니다. 삽입(서비스 담당 직원이 주문을 추가)이 많이 발생하는 경우에는 연결 리스트가 훨씬 좋습니다. 또한, 요리사가 큐의 첫 번째 주문만 처리하므로 임의의 위치를 읽거나 검색(이 경우에는 배열이 훨씬 좋습니다)할 필요가 없으므로 연결 리스트가 좋습니다.

2. 사고 실험thought experiment을 해 보죠. 다음 설명을 바탕으로 물음에 답해 보세요.

2-1 페이스북이 사용자 이름 목록을 가지고 있다고 합시다. 누군가가 페이스북에 로그인하려고 하면 사용자 이름 목록에서 이름을 검색해야 합니다. 만약 사용자 이름 목록에 아이디가 없다면 로그인할 수 없겠죠.

사람들은 페이스북에 빈번하게 로그인합니다. 그럼 이름 목록 검색도 자주 이루어진다는 겁니다. 페이스북이 이 목록을 검색하기 위해 이진 탐색을 사용한다고 가정한다면, 이진 탐색을 하기 위해 임의 접근이 가능해야 합니다. 즉, 이름 목록 중간에 있는 값도 즉시 읽을 수 있어야 합니다. 이 경우에는 사용자 이름 목록을 구현하는 데 배열을 쓸까요? 아니면 연결 리스트를 쓸까요?

>>> **정렬된 배열을 사용합니다. 배열을 쓰면 임의의 값에 접근할 수 있습니다. 즉, 배열의 중간에 있는 값도 바로 읽을 수 있습니다. 연결 리스트에서는 이렇게 할 수 없습니다. 연결 리스트의 중간에 있는 항목을 읽으려면 처음 항목부터 시작해서 링크를 따라 해당 항목까지 계속 찾아가야 합니다.**

2-2 페이스북에는 새로운 사용자 등록도 자주 발생합니다. 만약 사용자 이름 목록을 저장하기 위해 배열을 쓰기로 했다면 삽입을 위한 배열에서 발생하는 단점은 무엇일까요? 현재 로그인할 때 이름을 찾기 위해 이진 탐색을 사용하고 있다고 가정했을 때, 이 배열에 새로운 사용자를 추가하면 어떻게 될까요?

>>> **배열에 원소를 삽입하는 것은 느립니다. 또, 사용자 이름을 탐색하는 데 이진 탐색을 사용하기 때문에 배열이 정렬되어 있어야 합니다. 만약 Adit B라는 사람이 페이스북에 새로 등록한다면 이 이름은 배열의 맨 끝에 추가되겠죠. 그러니까 누군가가 새로 등록할 때마다 전체 배열을 다시 정렬해야 하는 단점이 있습니다.**

2-3 페이스북은 사용자 정보를 저장하기 위해 배열이나 연결 리스트를 사용하지 않습니다. 다음과 같은 복합 자료구조를 생각해 봅시다. 26개 칸이 있는 배열이 있습니다. 각 칸은 각자 다른 연결 리스트를 가리키고 있습니다.

예를 들어, 배열의 첫 번째 칸은 A로 시작하는 모든 사용자 이름을 담은 연결 리스트를 가리키고, 두 번째 칸은 B로 시작하는 모든 사용자 이름을 담은 연결 리스트를 가리킵니다.

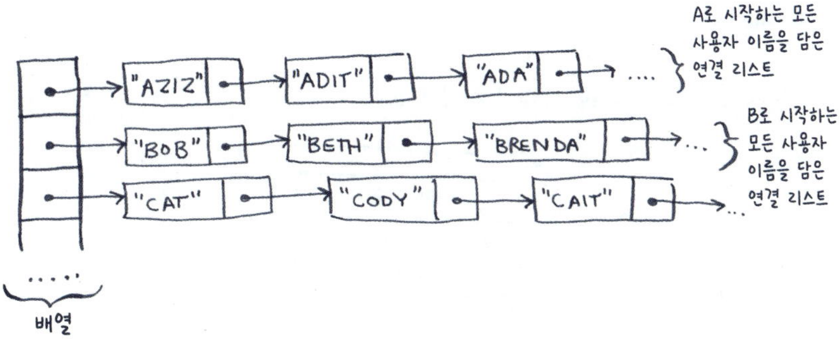

연습문제 풀이

'Adit B'라는 사용자가 페이스북에 새로 등록하면 여러분은 이 이름을 리스트에 저장하기를 원하겠죠. 그러면 배열의 첫 번째 칸으로 가서 연결 리스트를 찾아 'Adit B'라는 이름을 마지막에 추가합니다. 만약 'Zakhir H'라는 이름을 검색하고 싶다면 26번째 칸으로 가서 Z로 시작되는 모든 이름을 가진 연결 리스트로 갑니다. 이 리스트를 검색하여 'Zakhir H'라는 이름을 찾습니다.

이런 복합 자료구조를 배열이나 연결 리스트와 비교해 봅시다. 검색이나 삽입을 할 때 어떤 방법이 빠를까요? 빅오 표기법까지 대답할 필요는 없고 그냥 어떤 자료구조가 빠른지, 느린지만 대답하면 됩니다.

>>> 이 복합 자료구조는 검색의 경우 배열보다 느리고 연결 리스트보다는 빠릅니다. 삽입의 경우 배열보다 빠르고 연결 리스트와는 같은 시간이 걸립니다. 그러니까 배열보다는 검색 시간 측면에서만 느리고 연결 리스트보다는 모든 면에서 좋거나 최소한 같습니다. 이 책의 뒷부분에서는 해시 테이블이라는 또 다른 복합 자료구조를 이야기할 것입니다. 이 자료구조는 간단한 자료구조로부터 어떻게 복잡한 형태의 자료구조를 만들어 나가는지에 대한 아이디어를 줄 수 있습니다.

그래서 페이스북은 실제로 무엇을 사용할까요? 아마도 여러 데이터베이스를 사용하고, 각 데이터베이스 내부에서는 해시 테이블이나 B-트리와 같은 다양한 자료구조를 쓰겠죠. 배열과 연결 리스트는 이러한 복잡한 자료구조를 만드는 기초가 됩니다.

Chapter 3

1. 이렇게 생긴 호출 스택이 있다고 가정합시다.

이 호출 스택을 보고 어떤 정보를 알 수 있나요?

이제 재귀 함수에서 호출 스택이 어떻게 작동하는지 살펴봅시다.

>>> 다음과 같은 것을 알 수 있습니다.

- 처음에 greet 함수가 name=maggie 변수 값을 가지고 호출됩니다.
- 다음으로는 name=maggie 변수 값을 가지고 greet2 함수가 호출됩니다.

  이때 greet 함수는 아직 완료되지 않았으며 정지된 상태입니다.

  현재 함수 호출은 greet2 함수에 머물러 있습니다.

  이 함수 호출이 완료되면 다시 greet 함수가 재개됩니다.

2. 여러분이 어쩌다가 재귀 함수를 무한 실행하게 되었다고 가정합시다. 여러분이 앞에서 살펴봤듯이 컴퓨터는 함수를 호출할 때마다 스택에 메모리를 할당합니다. 재귀 함수를 무한 실행하면 스택에는 어떤 일이 발생할까요?

>>> 스택이 계속 커집니다. 모든 프로그램은 호출 스택에 할당할 수 있는 공간이 제한되어 있기 때문에 이 공간을 모두 사용하면(언젠가는 반드시 이렇게 됩니다), 스택 오버플로 오류가 발생하며 종료됩니다.

Chapter 4

1. 다음 질문을 보고, 정답을 맞혀 보세요.

1-1 처음 나왔던 sum 함수를 작성해 보세요.

```
>>> def sum(list):
      if list == []:
        return 0
      return list[0] + sum(list[1:])
```

연습문제 풀이

1-2 리스트에 포함된 원소의 숫자를 세는 재귀 함수를 작성해 보세요.

>>>
```
def count(list):
  if list == []:
    return 0
  return 1 + count(list[1:])
```

1-3 리스트에서 가장 큰 수를 찾아보세요.

>>>
```
def max(list):
  if len(list) == 2:
    return list[0] if list[0] > list[1] else list[1]
  sub_max = max(list[1:])
  return list[0] if list[0] > sub_max else sub_max
```

1-4 1장에서 배운 이진 탐색을 기억하나요? 그 방법도 역시 분할 정복 전략이었습니다. 이진 탐색에 대해 기본 단계와 재귀 단계를 찾을 수 있나요?

>>> 이진 탐색의 기본 단계는 원소가 하나뿐인 배열입니다. 만약 이 배열에서 원소를 찾으려면 바로 찾을 수 있죠! 그렇지 않으면 배열에 없는 겁니다. 이진 탐색의 재귀 단계에서는 배열을 2등분하고 하나씩 이진 탐색을 실행합니다.

2. 다음 연산들의 실행 시간을 빅오 표기법으로 표시해 보세요.

2-1 배열의 모든 원소의 값을 출력하기

>>> O(n)

2-2 배열의 모든 원소의 값을 두 배로 만들기

>>> O(n)

2-3 배열의 첫 번째 원소의 값만 두 배로 만들기

>>> O(1)

2-4 배열의 모든 원소 조합에 대해 곱셈표 만들기

힌트 만약 배열이 [2, 3, 7, 8, 10]이면 처음에는 원소를 각각 2배하고, 그 다음에는 3배, 그 다음에는 7배, 이런 식으로 곱해야 합니다.

	2	3	7	8	10
2	4	6	14	16	20
3	6	9	21	24	30
7	14	21	49	56	70
8	16	24	56	64	80
10	20	30	70	80	100

>>> $O(n^2)$

Chapter 5

1. 다음 해시 함수 중 어느 것이 더 일관성 있는 것일까요? 아래 설명을 참고로 답해 보세요.

해시 함수에서 중요한 점은 같은 입력에 대해 같은 출력을 일관성 있게 돌려준다는 점입니다. 만약 그렇지 않다면 해시 테이블에 넣은 항목을 나중에 찾을 수 없을 겁니다.

1-1 `f(x) = 1`

>>> **일관성 있음: 모든 입력에 대해 1을 반환합니다.**

1-2 `f(x) = random.random()`

>>> **일관성 없음: 항상 무작위의 값을 반환합니다.**

1-3 `f(x) = next_empty_slot()`

>>> **일관성 없음: 해시 테이블의 다음 빈칸의 인덱스를 반환합니다.**

1-4 `f(x) = len(x)`

>>> **일관성 있음: 문자열의 길이를 인덱스로 사용합니다.**

연습문제 풀이

2. 다음 설명을 바탕으로 물음에 답해 보세요.

해시 함수는 좋은 분포를 가지는 것이 중요합니다. 그래서 가능한 한 항목들을 넓게 할당해야 합니다. 가장 나쁜 경우는 해시 함수가 모든 항목을 해시 테이블의 같은 공간에 할당한 경우입니다.

여러분이 문자열을 받는 해시 함수를 다음과 같이 4개 가지고 있다고 해 보세요.

A 모든 입력에 '1'을 반환합니다.

B 문자열의 길이를 인덱스로 사용합니다.

C 문자열의 첫 글자를 인덱스로 사용합니다. 그래서 a로 시작하는 모든 문자열은 같은 값을 가집니다.

D 우선 모든 글자에 소수prime number를 할당합니다. 예를 들어 a = 2, b = 3, c = 5, d = 7, e = 11 이런 식으로요. 그리고 문자열이 주어지면 해시 함수는 모든 글자의 합을 해시 테이블의 크기로 나누어 나머지를 반환합니다. 예를 들어, 해시 테이블의 크기가 10이고 문자열이 'bag'이면 인덱스는 (3 + 2 + 17) % 10 = 22 % 10 = 2가 됩니다.

다음 예에 어떤 해시 함수가 좋은 분포를 가지나요? 해시 테이블의 크기는 10이라고 가정합니다.

2-1 이름을 키로, 전화번호를 값으로 가지는 전화번호부
이름: Esther, Ben, Bob, Dan

>> 해시 함수 C와 D가 좋은 분포를 가집니다.

2-2 건전지 사이즈에 건전지 파워를 할당하는 경우
크기: A, AA, AAA, AAAA

>> 해시 함수 B와 D가 좋은 분포를 가집니다.

2-3 책 제목에 대해 저자를 할당하는 경우
책 제목: Maus, Fun Home, Watchmen

>>> 해시 함수 B, C, D가 좋은 분포를 가집니다.

Chapter 6

1. 다음 그래프에 너비 우선 탐색을 사용해서 해답을 찾아보세요.

1-1 출발부터 도착까지의 최단 경로를 찾으세요.

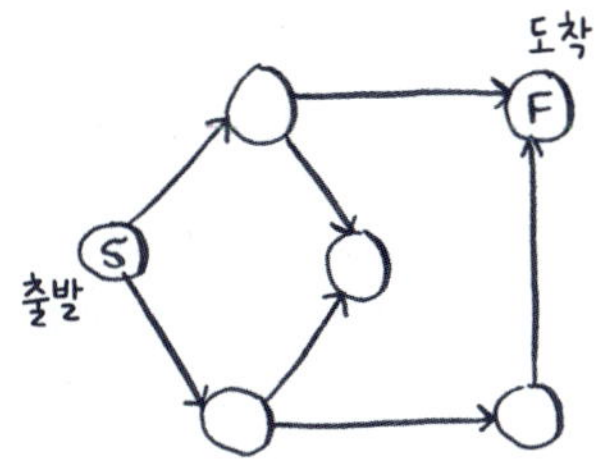

>>> 최단 경로의 길이는 2입니다.

1-2 CAB부터 BAT까지의 최단 경로를 찾으세요.

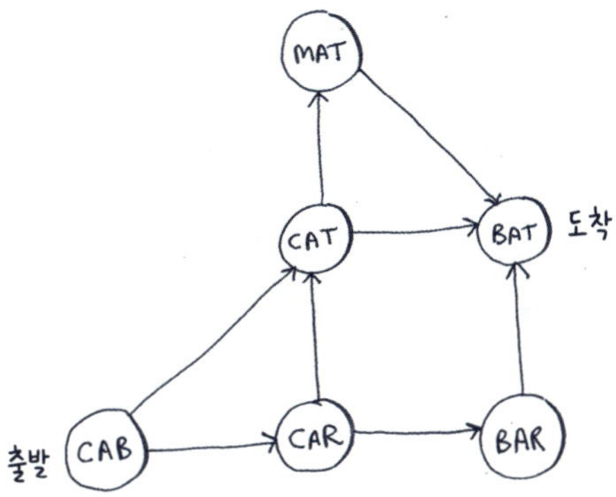

>>> 최단 경로의 길이는 2입니다.

연습문제 풀이

2. 다음 설명을 바탕으로 물음에 답해 보세요.

아래 그래프는 아침에 일어나서 하는 일에 대한 작은 그래프입니다.

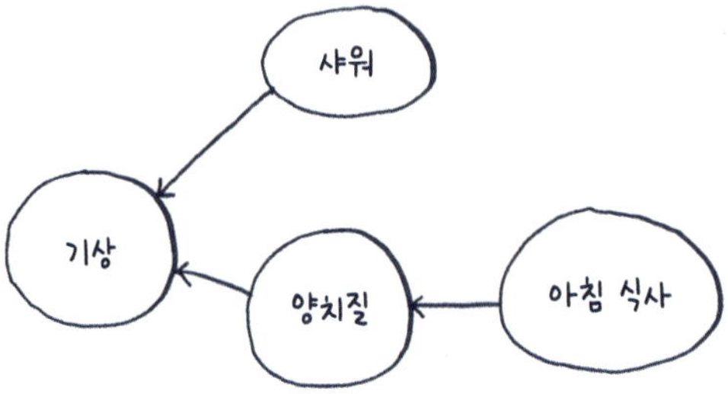

그래프를 보면 양치질을 하기 전까지는 아침을 먹을 수 없죠. 그러니까 아침 식사는 양치질에 의존합니다.

한편, 양치질을 하지 않아도 샤워를 할 수 있으니 샤워는 양치질에 의존하지 않습니다. 이 그래프를 보고 아침에 일어나 할 일의 순서 목록을 만들 수 있습니다.

1 기상

2 샤워

3 양치질

4 아침 식사

샤워는 어느 곳에 놓더라도 문제없습니다.

1 기상

2 양치질

3 샤워

4 아침 식사

2-1 다음 세 목록에서 올바른 것과 올바르지 않은 것을 고르세요.

A.	B.	C.
1. 기상	1. 기상	1. 샤워
2. 샤워	2. 양치질	2. 기상
3. 아침 식사	3. 아침 식사	3. 양치질
4. 양치질	4. 샤워	4. 아침 식사

>>> A – 올바르지 않음, B – 올바름, C – 올바르지 않음

2-2 다음은 더 복잡한 그래프입니다. 이 그래프에 대해 올바른 목록을 만드세요.

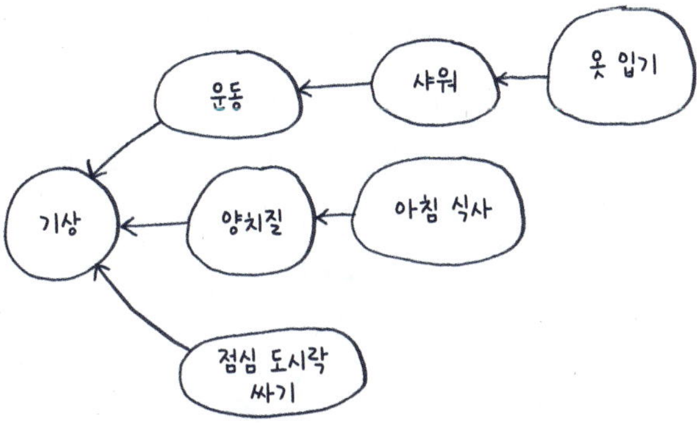

>>> 1 – 기상, 2 – 운동, 3 – 샤워, 4 – 칫솔질, 5 – 옷입기, 6 – 점심 도시락 싸기, 7 – 아침식사

3. 다음 설명을 바탕으로 물음에 답해 보세요.

이 목록은 어떤 의미에서는 정렬되어 있다고 할 수도 있습니다. 만약 작업 A가 작업 B에 의존한다면 목록에서 작업 A가 작업 B보다 나중에 와야 합니다. 이런 것을 **위상 정렬** topological sort이라고 하며, 그래프에서 정렬된 리스트를 만드는 방법의 하나입니다. 만약 여러분이 결혼을 계획하고 있다면 엄청나게 큰 할 일 그래프가 있을 것이고, 아마도 어디부터 시작해야 할지도 모를 거예요. 그런 그래프도 위상 정렬을 해서 할 일 순서를 찾을 수 있습니다.

연습문제 풀이

다음은 여러분의 가계도입니다.

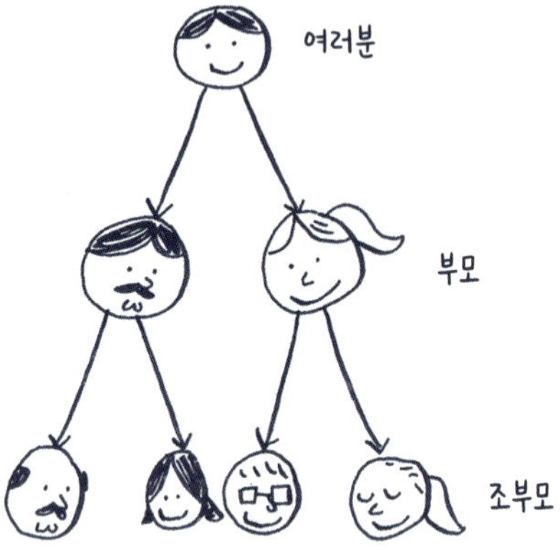

이것도 정점(사람)과 간선이 있으니까 그래프입니다. 간선은 각 정점의 부모를 가리킵니다. 하지만 모든 간선은 아래로 내려갑니다. 가계도에서 거꾸로 가는 선이 있다는 것은 말이 안 되죠. 아빠가 할아버지의 아빠가 될 수는 없잖아요!

이를 **트리** tree 라고 합니다. 트리는 거꾸로 가는 간선이 없는 특별한 종류의 그래프입니다.

다음 그래프 중 어느 것이 트리인가요?

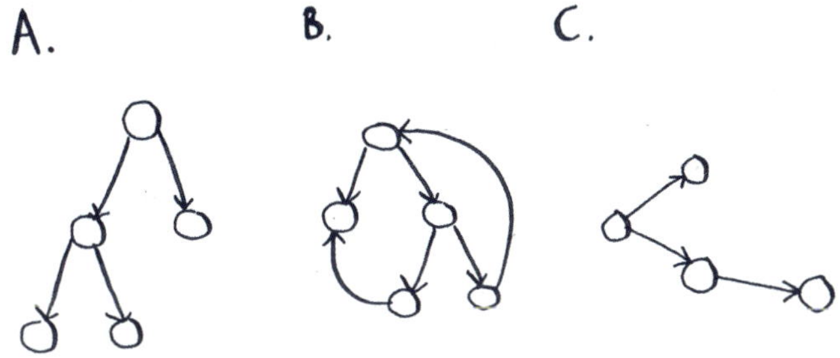

>>> A – 트리, B – 트리가 아님, C – 트리

트리는 그래프의 부분 집합이므로 트리는 항상 그래프입니다. 하지만 그래프는 트리일 수도 있고 트리가 아닐 수도 있습니다.

Chapter 9

1. 다음 그래프 각각에 대해 출발점부터 도착점까지의 최단 경로의 가중치는 얼마인가요?

>>> A – 8, B – 60, C – 4

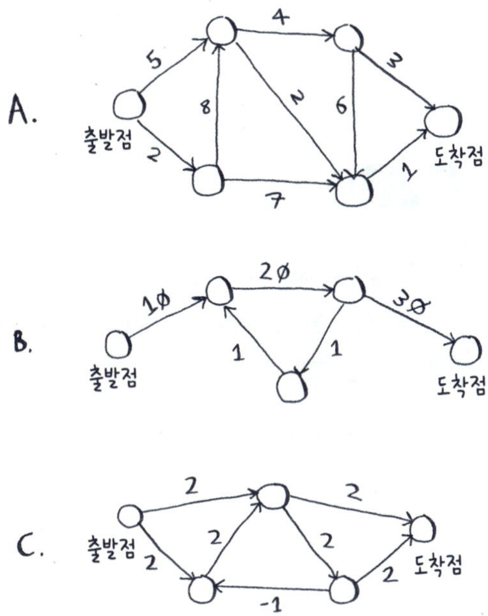

연습문제 풀이

Chapter 10

1. 여러분은 가구 회사에서 일하며 전 세계에 가구를 배송합니다. 그래서 트럭에 박스를 채워야 하는데 박스들의 크기가 각각 다릅니다. 트럭의 공간에 최대한 가득 채우려면 어떻게 상자를 골라야 할까요? 탐욕 알고리즘을 써 보세요. 이렇게 나온 답이 최적해일까요?

   >>> 탐욕 알고리즘은 남은 공간을 채울 수 있는 가장 큰 박스를 고르는 방법입니다. 이런 선택을 더 이상 넣을 수 있는 박스가 없을 때까지 반복합니다. 하지만 이렇게 나온 답이 최적해는 아닙니다.

2. 여러분은 유럽 여행을 가려고 합니다. 7일 동안 어디든 갈 수 있습니다. 여러분은 장소마다 걸리는 시간과 그곳을 방문해서 얻을 수 있는 가치(얼마나 보고 싶어하는지 정도)를 숫자로 적어 두었습니다. 여행하는 동안 총 방문 가치를 최대화하려면 어떻게 해야 할까요? 탐욕 알고리즘을 사용해 보세요. 과연 이것이 최적해일까요?

   >>> 남은 시간 동안 갈 수 있는 곳 중 가장 가치가 높은 방문지를 고르는 것을 반복하면 됩니다. 더 이상 고를 방문지가 없다면 끝입니다. 하지만 이 방법은 최적해를 주지는 못합니다.

Chapter 11

1. 앞서 살펴본 배낭 채우기 문제에서 만약 다음과 같은 물건을 추가한다면 어떻게 될까요? 추가하려는 물건은 무게가 1파운드이고 가치가 1,000달러인 기계식 키보드입니다. 이를 훔쳐야 할까요?

   >>> 네, 훔쳐야 합니다. 그러면 기계식 키보드, 아이폰, 기타를 합쳐서 4,500달러 가치가 됩니다.

2. 여러분이 캠핑을 갑니다. 배낭에는 6파운드까지 들어갈 수 있고 다음과 같은 물건 중에서 선택할 수 있습니다. 각각에는 역시 가치가 매겨져 있고 가치가 높을수록 중요한 물건이죠.

물건	무게	가치
물	3파운드	10달러
책	1파운드	3달러
음식	2파운드	9달러
자켓	2파운드	5달러
카메라	1파운드	6달러

캠핑할 때 가져가야 할 최적의 물건은 무엇일까요?

>>> 물, 음식, 카메라를 준비해야 합니다.

3. blue와 clues라는 두 단어의 최장 공통 부분 문자열을 계산하기 위한 격자를 그리고, 모든 칸을 채우세요.

>>>

	C	L	U	E	S
B	0	0	0	0	0
L	0	1	0	0	0
U	0	0	2	0	0
E	0	0	0	3	0

연습문제 풀이

Chapter 12

1. 넷플릭스 예제에서 여러분은 거리 공식을 사용해서 두 고객 사이 거리를 계산했습니다. 그런데 모든 고객이 같은 방법으로 영화 평점을 주지는 않습니다. 예를 들어, 요기와 핑키라는 두 고객이 있다고 생각해 보세요. 요기는 좋아하는 영화에는 대부분 5점을 줍니다. 하지만 핑키는 훨씬 더 까다로워서 5점은 인생 최고의 영화를 위해 아껴 두어야 한다고 믿습니다. 두 명은 취향이 비슷하지만, 거리 알고리즘으로 유사도를 측정하면 가까이 있지 않습니다. 이 경우에는 어떻게 해야 할까요?

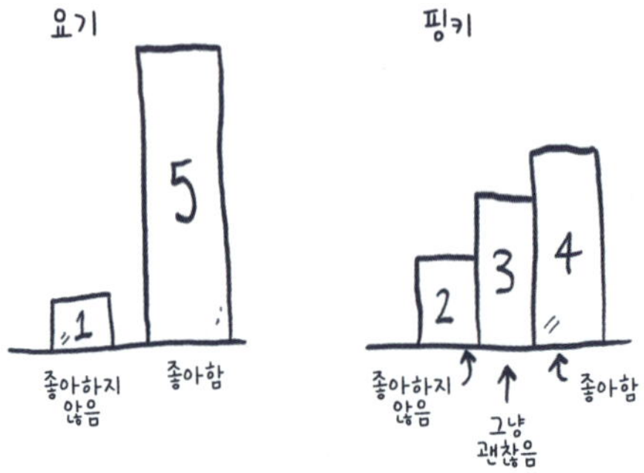

>>> 정규화(normalization)를 하면 됩니다. 우선 각자의 평점의 평균값을 구한 다음 이 값으로 전체 평점을 나눕니다. 이를 스케일링(scaling)이라고 합니다. 예를 들어 핑키의 평균 평점은 3이고, 요기의 평균 평점은 3.5일 수 있습니다. 그러니까 핑키의 평균 평점이 3.5가 될 때까지 전체 평점을 높이면 같은 스케일에서 평점들을 비교할 수 있습니다.

2. 넷플릭스에서 중요 고객을 따로 관리한다고 가정합시다. 예를 들어, 쿠엔틴 타란티노와 웨스 앤더슨은 넷플릭스에서 영향력을 행사하고 있으며, 시청 빈도수 역시 높습니다. 이렇듯 중요 고객의 평점은 일반 고객의 평점보다 더 중요합니다. 추천 시스템에서 이러한 중요 고객의 취향을 다른 고객의 취향보다 더 중요하게 고려하려면 어떻게 해야 할까요?

>>> KNN을 사용할 때 중요 고객의 평점에 가중치를 더 많이 줄 수 있습니다. 예를 들어 조셉, 데이브, 그리고 중요 고객인 웨스 앤더슨이 캐디쉑(Caddyshack)이라는 영화에 각각 3점, 4점, 5점을 주었다고 합시다. 이때 이 평점을 ((3 + 4 + 5) / 3 = 4)로 단순 평균하지 않고, 웨스 앤더슨에 3배 가중치를 주어 ((3 + 4 + 5 + 5 + 5) / 5 = 4.4)로 평균을 구할 수도 있습니다.

3. 넷플릭스 고객은 수백만 명입니다. 예제에서는 가까운 고객 5명만 골랐는데요, 이 숫자는 너무 작은 숫자일까요? 아니면 너무 큰 숫자일까요?

>>> 너무 작습니다. 이웃이 적으면 적을수록 결과가 왜곡될 수 있습니다. 보통 고객이 N명 있을 때, 이웃을 sqrt(N)명으로 설정합니다.

찾아보기

영문